除了野蛮国家，整个世界都被书统治着。

▲ 01

01 在 1899 年，年轻的战争英雄丘吉尔就很看重上头条，留着充满活力的发型。

02 英国在南非发明了"集中营"。利齐·范·兹尔（Lizzie Van Zyl）展现了其效果，尽管这种效果并非本意。

▼ 02

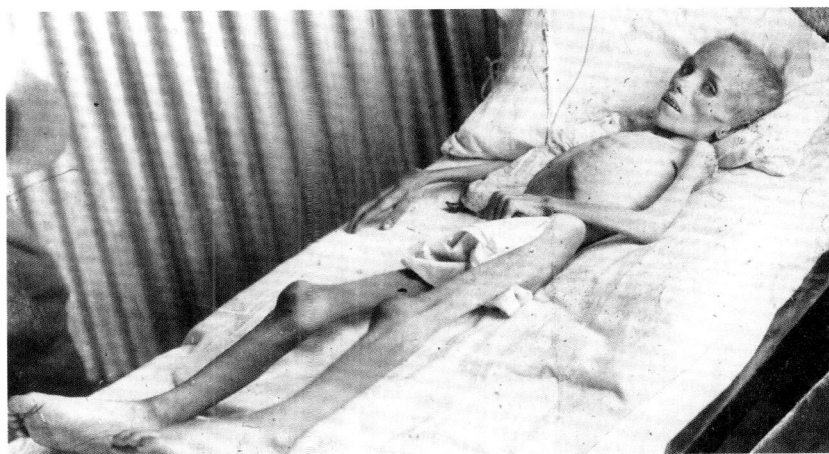

▲ 03

▼ 04

"Now children, I wonder if you realise that you have inherited the largest and the richest Empire the world has ever known."

03

旧世界消亡：1901 年，维多利亚女王的葬礼队伍。

04

《笨拙》杂志的庞特（Pont）或许是 20 世纪 30 年代最伟大的漫画家，他用几行斜体字就概括了本书的全部信息："孩子们，我不知道你们是否明白，自己继承了有史以来世界上最庞大、最富有的帝国。"

05 激进的约瑟夫成了伟大的大英帝国支持者。他曾经是地球上最著名也最声名狼藉的人之一。

06 "爱抚者爱德华"：伯蒂觉得自己作为维多利亚时代的人的时间已经够久了。

07 大恶人：维多利亚女王的外孙、德皇威廉二世，为世界上的野生动物尽了自己的一分力。

▼ 05

▼ 06

▼ 07

▲ 08

08 1906 年，英国的无畏舰率领着一支海军舰队。这种战舰棒
极了，但同时也贵得惊人。

09 反自由贸易宣传：一场把英国一分为二的经济争论。

▼ 09

▲ 10

10 工人阶级工程师和花花公子推销员: 1906 年的莱斯和劳斯,
这一年他们推出了著名的"银色魔鬼"汽车。

11 "银色魔鬼"就像一颗无声的银色子弹,至今仍然是世界上
最有价值的汽车。

▼ 11

▲ 12

▶ 13

12

伊迪丝·内斯比特：狂野、实验性的私人生活。

13

《彼得·潘》：爱德华时代的儿童文学为我们提供了一把了解那个时代人们内心生活的钥匙。

14

赫伯特·乔治·威尔斯：虽然时
常愚蠢犯错，却是那个时代最有
野心、最受欢迎的圣人。

▼▶ 14

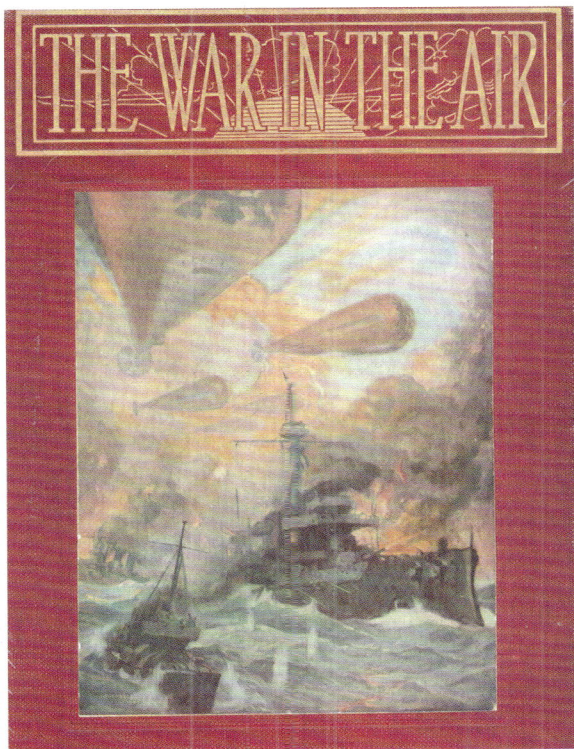

THE WAR IN THE AIR

▲ 15

15 英国达人秀：音乐厅就相当于爱德华时代的热门电视节目。

16 不守规矩的国宝：伟大的冯丽·劳埃德。

17 一位被遗忘的伟人：正处于黄金时期的小迪奇。

▼ 16

MARIE LLOYD.

▼ 17

TO LITTLE TICH
THE GREAT COMIC
JAN VAN BEERS

▲ 18

18 ⬛ 速度的奇特诱惑：英国的滑雪先锋们可以算是发明了速降滑雪比赛。

19 ⬛ "我们要去拍电影了，至少我们中的一些人去了。"1910年，弗雷德·卡诺的杂耍剧团前往美国，其中包括查理·卓别林和斯坦·劳莱（Stan Laurel）。

▶ 19

▶ 20

▶ 21

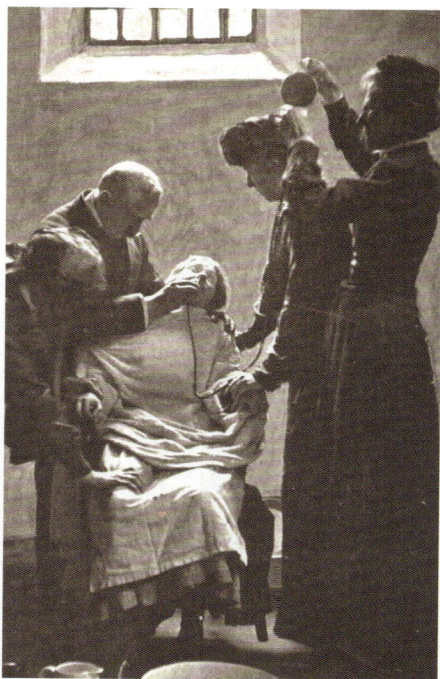

20

最成功的鼓动者之一：1911年，本·蒂利特向罢工者发表演说。

21

残酷的现实：1909年在哈洛威监狱，一个妇女参政论者被强制进食。

▲ 22

22 1912 年，西尔维娅·潘克赫斯特在激流汹涌的伦敦东区。

23 1914 年，潘克赫斯特家的成员奋力向国王递交请愿书。

▶ 23

LORD KITCHENER.

OGDEN'S "*Guinea Gold*" *Cigarettes*.
SERIES C 201 - 300.   № 224

24
▬

指挥军队不如当海报？ 1915 年，基奇纳命丧大海前不久。

25
▬

战争英雄、诗人和抗议者西格夫里·萨松。

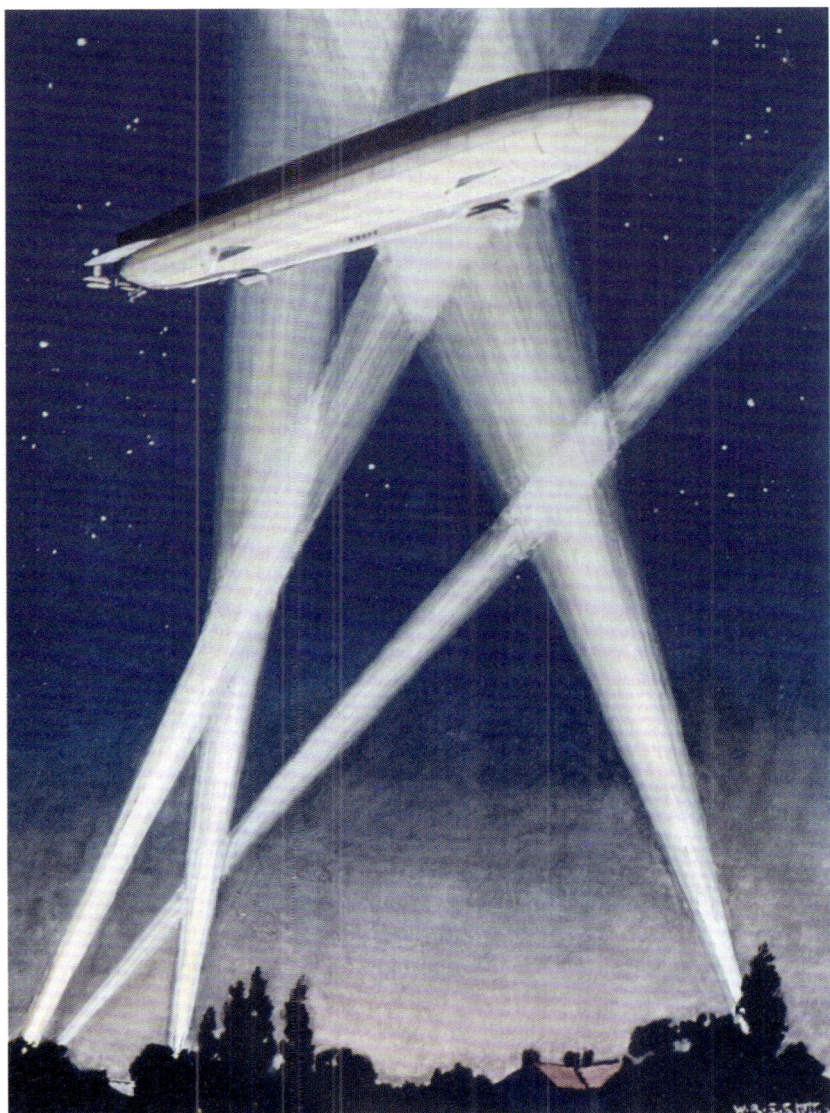

▲ 26

26 "婴儿杀手"的阴影笼罩伦敦。齐柏林飞艇给伦敦带来了第
一次闪电战，但现在几乎没有人记得这件事了。

▲ 27

▼ 28

27

难以想象的恐惧和勇气：英军在佛兰德斯的早期战壕战。

28

分裂的英国和令人震惊的政治错误：1916 年，英国军队镇压了都柏林复活节起义。

29 1918 年的比利时，德军取得重大突破后，陈尸战壕的英国士兵。

30 最后的水声：1919 年在奥克尼群岛斯卡帕湾，德国海军对英国比出侮辱的 V 字手势。

▲ 31

▲ 32

▲ 33

▼ 34

THE
GREEN SHIRT MOVEMENT
FOR SOCIAL CREDIT
ISSUE
THE
NATIONAL
DIVIDE

▲ 35

▲ 36

35

约翰·哈格雷夫在他创建的绿衫军集会上发表讲话。

36

奥特林·莫瑞尔夫人：艳丽、慷慨，却遭到了背叛。

37

嘉辛顿庄园，奥特林的天堂。

▲ 37

▲38

38
∎

红色克莱德河畔骚乱：在"乔治广场之战"中，负责维持道路畅通的警察。

▲ 39

▲ 40

39

斯坦利·鲍德温刻意装作英国式冷静的化身，
但他其实比外表看上去要更有趣一些。

40

预见灾难的国王：1924 年，乔治五世正在
掌舵。

▲ 41

▲ 42

▲ 43

▲ 44

41 夜总会女王：1928 年又一次从哈洛威监狱出狱后，凯特·梅瑞克（中）和朋友们在处的银拖鞋夜总会。

42 瘦成竹竿的模特，男女莫辨的时尚：20 世纪 20 年代的英国和今天并没有什么不同。

43 "够小了吗？" 1925 年在 BBC 新广播大楼前，声名不佳的雕刻家埃里克·吉尔站在被勒令调整了某部位尺寸的爱丽儿旁边。

44 1926 年，拉姆齐·麦克唐纳正当年。这位年轻时的激进英雄，后来却被视为傻瓜。

▲ 45

▼ 46

▼ 47

45

甘地说："国王穿的很多，够我们两个人的份了。"1931 年访问英国时，兰开夏郡的工人对他欢呼。

46

普里斯特利代表了英国左翼的声音，也是在受欢迎程度上能与丘吉尔匹敌的广播演说家。

47

最疯狂的苏格兰之子，诗人兼革命者休·麦克迪尔米德。

48

梦想更好的生活方式：一个沉迷抵押贷款的全新社会的早期广告。

▶ **48**

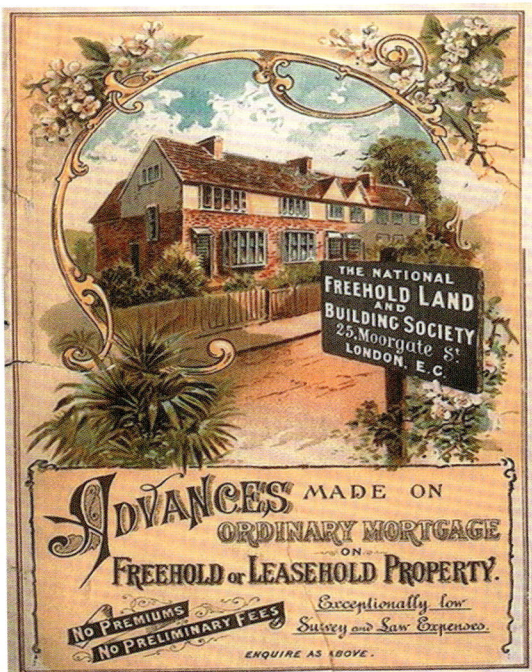

▲ 49

▼ 50

49 带薪假期终于在 20 世纪 30 年代出现了。花一周的工资就可以享受到比利·巴特林提供的一周假期。

50 大众的高跟鞋：对英国的大部分地区来说，大众消费主义最早出现在 20 世纪 30 年代。

51 非凡的米特福德女孩：纳粹分子尤妮蒂（左上），革命分子杰西卡（右上），小说家南希（左下），法西斯女郎戴安娜（右下）。

52

53

▲ 54

52 辛普森与爱德华：尽管退位危机给英国带来了创伤，但辛普森夫人其实帮了英国一个忙，赶走了一位令人担忧的亲德派国王。

53 乔治六世从未想过自己会加冕为王，但事实证明，他是一位明智而受欢迎的战时君主。

54 奥斯瓦尔德　莫斯利是最早的"小号希特勒"，但他得到的更多是英国人的嘲笑，而不是追随或恐惧。

▲ 55

▼ 56

▲ 57

55
◼

在西班牙内战中与共和党并肩作战的国际纵队成员返回伦敦。

56
◼

这并不是一种试图繁殖飞机的新奇方法，而是航空旅行黄金时代的一种奇特结合：帝国航空公司 1938 年推出的肖特－梅奥合成飞机。

57
◼

"一、二、三：绥靖——" 1938 年 9 月的首脑会议上，张伯伦和希特勒在镜头前微笑，当时英国做出了最大限度的让步。

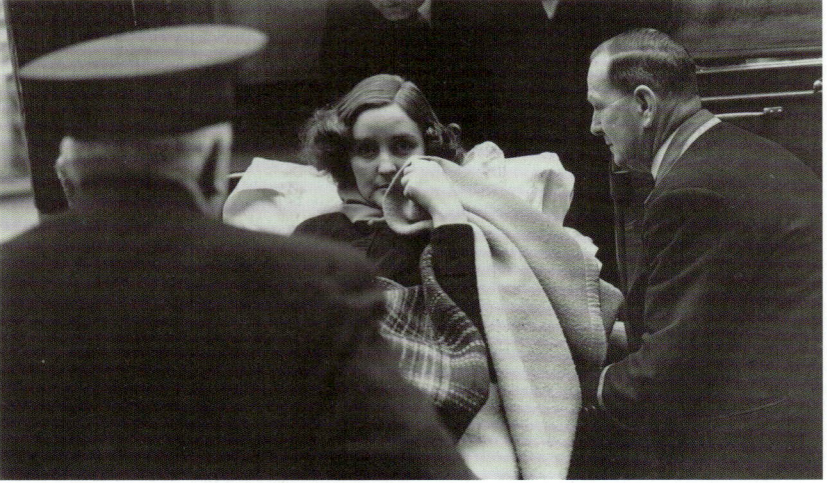

▲ 58

▼ 59

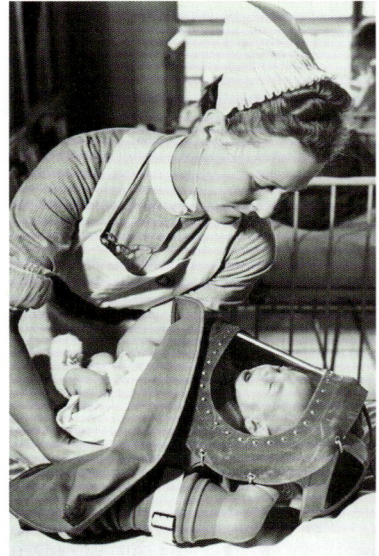

▲ 60

58 英国对德宣战后，尤妮蒂·米特福德自杀未遂，被送回英国。

59 我们前所未见的恐怖：1939 年，毒气袭击尤其令人恐惧，人们对此进行了充分的准备。

60 1940 年 1 月的儿童疏散是英国历史上规模最大的社会实验之一。

▲ 61

▼ 62

▲ 63

61 闪电战不是一次，而是很多次。1941年5月，普利茅斯的一家人回
到自家房子的残骸处。

62 劳拉·奈特（Laura Knight）的画作《露比·洛夫特斯生产炮尾
环》（*Ruby Loftus Screwing a Breech Ring*）。一个新国家在烈
火中锻造出来。

63 等待入侵：敦刻尔克撤退后不久，一名士兵
在威斯敏斯特教堂祈祷。

▲ 64

64 喷火式战斗机飞得很高，而在飞机下方的土地上，这一次，英国人比德国人组织得更好。

65 1943 年，蒙哥马利身处北非，身后是操盘手，前方是纳粹。他是一位媒体时代的名人将军，既被赞扬也被嘲笑。

66 1945 年 2 月盟军轰炸德累斯顿后，街上的尸体。

▶ 65

▼ 66

67

战时领袖丘吉尔对小玩意儿有着孩童般的热情。此刻，他正在试用一个美国步话机。

68

1945年在皮卡迪利大街彩虹角，美国流行文化第一次真正入侵英国。"吃到心都跳出来吧，清教徒们！"

▲ 67

▼ 68

[英] 安德鲁·玛尔（Andrew Marr）_ 著　　　徐萍 _ 译

现代英国的形成

The Making of Modern Britain

人民东方出版传媒

东方出版社

图书在版编目（CIP）数据

现代英国的形成 / (英) 安德鲁·玛尔著；徐萍译.
-- 北京：东方出版社，2020.7
书名原文：The Making of Modern Britain
ISBN 978-7-5207-1490-7

Ⅰ.①现… Ⅱ.①安… ②徐… Ⅲ.①英国—现代史
Ⅳ.①K561.5

中国版本图书馆CIP数据核字(2020)第043402号

The Making of Modern Britain
Copyright © Andrew Marr 2009
All rights reserved.

First published 2009 by Macmillan an imprint of Pan Macmillan, a division of Macmillan Publishers International Limited

版权合同登记号：01-2018-5650

现代英国的形成
（XIANDAI YINGGUO DE XINGCHENG）

作　　者：［英］安德鲁·玛尔
译　　者：徐　萍
策　　划：姚　恋
责任编辑：王若菡
装帧设计：李　一
出　　版：东方出版社
发　　行：人民东方出版传媒有限公司
地　　址：北京市朝阳区西坝河北里 51 号
邮　　编：100028
印　　刷：三河市金泰源印务有限公司
版　　次：2020 年 7 月第 1 版
印　　次：2020 年 7 月第 1 次印刷
开　　本：640 毫米 ×950 毫米　1/16
印　　张：32
字　　数：397 千字
书　　号：ISBN 978-7-5207-1490-7
定　　价：99.00 元
发行电话：（010）85924663　85924644　85924641

The Making of Modern Britain

前 言

————

　　这本新书既是前传也是续集。本书的写作是在《现代英国史》之后，那本书从"二战"之后节衣缩食的年代一直写到当今，本书则描写了在那之前的半个世纪。那短暂的 45 年时光，异常庞杂，接近现代，充满了悲剧。这 45 年中包括了爱德华时代，它是英国所有历史时期中最为有趣的一段，还包括两次世界大战，以及 20 世纪 20 年代和 30 年代疯狂的过山车之旅。这是现代英国诞生的时期。我们曾经是一个帝国，后来演变成了另一种民主国家。当时很少有人意识到这两者是多么不相容。过去，我们生活在大不列颠，那里有国王、皇帝和拥有大片土地的贵族，大多数人没有投票权。现在，我们发现自己生活在英国，一个处于美国阴影之下的北方福利国家。在从此及彼的变化过程中，数百万人都面临着如何生活得更好的困境，并在其中苦苦挣扎。这是新技术、政治骚动、阶级斗争和性别斗争的时代，是傻瓜和梦想家的时代，有时也是英雄的时代。而对于丘吉尔来说，所有这些特征都能够浓缩到他一个人的身上，他的精神贯穿了本书。

　　回首过去，才能更敏锐地看清自己。我们的祖辈生活在未来的边缘，就像我们现在一样。他们对于未来的幻想，使得身处现代的我们显得有点卑微。无论现在看起来多么古板，但他们曾经坚强、热情、年轻。他们担心丑闻，讲着拙劣的笑话，喜欢电影和高脂肪的食物，偶尔也会经历可怕的时代并因此变得伟大。毫无疑问，两次世界大战已经给他们生命中的很大一部分蒙上了阴影。近些年来，这两次世界大战都经受了相当粗略的重新审视和评估。对于很多人来说，第一次世界大战已经从非常典型的民族胜利，转变为毫无意义、惨无人道的灾难。有人说，这场战争为希特勒铺平了道路，是人类最大的失败之一。现在，人们又对第二次世界大战从根本上进行了重新评估：我们真的必须参与这场战争吗？如果希特勒在 1940 年同英国达成协议，那么他的立场是否会软化，不再进行种族灭绝呢？也许，大屠杀不会出现，帝国也将缓慢地演变成为民主的联邦；而且因为美国没有卷入，冷战就不会出现，是否也就不会有全球毁灭的威胁了呢？由于在两次世界大战的公开阶段，大不列颠的作用都极其重要，因此这些都是涉及英国在现代世界中角色的重大问题。

没有人能够确定，如果选择那条从未走过的道路，未来的世界究竟会如何。但是德国皇帝统治下的帝国是一个军事扩张的政权，几乎没有真正的议会制约，其目标就是统治欧洲。它提供了现代性的另一种版本，即强有力的专制政双，这种政权差一点就要成功了。如果德国在 1914 年或者 1918 年取得胜利，那么欧洲的未来既不会是和平，也不会是民主，当然，全世界殖民地的命运也不会好转。如果英国在 1940 年屈服于纳粹"你们控制帝国，我们控制欧洲"的提议，并没有证据表明希特勒会放弃把犹太人赶出欧洲的迫切渴望，同样没有证据表明他将遵守诺言。事实上，他在攻击斯大林时将处于更有利的位置，随之而来的必然是一场历时更久、更为血腥的冲突，因为同时对欧洲和苏联发动攻击是不可能的。在德国，原子武器终将成为现实，至少会和洛斯阿拉莫斯（Los Alamos）实验室的进展一样快，也可能更快一些。

那么英国呢？帝国将走向衰落，却没有市场和工业来维持和保护古老的荣耀。就像丘吉尔所预测的，我们将会沦为附庸国，会出台一个接一个的绥靖政策。没有大西洋联盟，美国独善其身，英国可能会被迫接受一个划分势力范围的世界——纳粹、苏联、日本等，不一而足。鉴于过去一个世纪的种种恐怖，这似乎并不是个诱人的选择。所以，在我看来，这场保护民主的战争是真正的冲突，无法回避，一旦开战必须取得胜利。

我在《现代英国史》里讲述的内容，被我用新闻工作者式的草率称为"消费对政治的胜利"，也就是说，意识形态被消费的物质主义击败了。当然，要想建立并保持由市场主导且模拟市场的生活方式，需要很多政治因素的参与。这种生活方式并非不可避免，我们还有其他未曾走过的道路。本书描写了市场或者说"购物"取得胜利之前发生的事情，那时整个世界似乎都是由政治塑造的。这样的时代并非天堂。如果说这是现代英国诞生的几十年，那么这一诞生过程是血腥而痛苦的。那些经历过流血和痛苦的人看起来和我们大不相同，气质不同，思想也不同。但在大多数情况下，他们是我们的近亲。他们的理想主义，他们的错误，甚至他们的爱好和娱乐，至今依然能为我们提供很多值得学习的东西。

和《现代英国史》一样，本书是一套BBC电视2台的系列电视节目的原著。我先是基于自身的研究写作了本书，所以本书的错误是我个人的失误。然后，我与朋友及同事一起工作，重新组织材料，形成了纪录片。但是，电视节目和书籍不尽相同。本书中的许多故事、判断和人物没有出现在屏幕上；电视片中涵盖的某些内容，本书也没有进行描述，这通常都是某一位导演或者研究者所强调的。在这里，我写作的是书籍，不是与其他东西配套的事物。我唯一的指导原则，就是写下自己认为最重要的东西，自己最感兴趣的内容。对于英国的爱国人士来说，最近几年是比较灰暗的时期，政治看起来令人尴尬，我们几乎要被淹死在一个相互指责的肮脏水沆里了。过去和现在并非截然不同，我们最需要的是转换视角。我的梦想就是，通过回溯距离我们不那么遥远的历史，我可以提醒读者，为什么尽管存在诸多缺点，英国还是一个幸运的宜居之地，也是我们应该默默感到骄傲和自豪的地方。

安德鲁·玛尔

2009年6月

The
Making
of
Modern
Britain

目录

The Making of Modern Britain

第一部分

生 活 在 未 来

1900—1914

亲爱的，不要担心

不，宝贝，不要烦恼

我们生活在未来

所有这些都还没有发生

——

布鲁斯·斯普林斯汀（Bruce Springsteen）

《生活在未来》（Livin' in the Future），2007 年

熟悉而又陌生的爱德华时代

爱德华时代的英国，距离今天看似颇为遥远，但其实又与我们的生活出奇地接近。当今活着的人们中，几乎已经没有人对那个时代还存有清晰的记忆。就这一层面而言，爱德华时代的确已经成为特定的历史。它那严格的阶级划分，它那帝国的骄傲，它那从神学到白人至上的各种令人捉摸不定的奇怪观念，这些情节虽然如珊瑚般多彩多姿，但都属于一个已经逝去的世界。如今，很少有人对那一时代感到熟悉了，哪怕只是瞬间的感受。在爱德华时代，每个城镇都有这样的情景：孩子们无鞋可穿，只能光着脚丫；大人们因为营养不良而异常清瘦（而不是变得更加肥胖）；城镇的空气中飘荡着奇怪难闻的味道，包括人体因为不能洗澡而发出的汗臭味，同时还混杂着烟草、啤酒、煤烟的味道，以及马匹带来的恶臭；繁华的街道上，雏妓随处可见。在那个时代，最大的雇佣群体不是工厂的工人，而是家庭用人。每个中产阶级的家庭都有一个甚至几个女佣、一名厨师，通常还会有一名园丁或者马夫。阶级的区别绝非抽象的概念，而是清晰可见的，这种区别存在于大多数家庭中，房子里的一切无言地展示出不同的阶层特征。

时至今日，我们仍然会以衣取人，即通过一个人的服装对其特征进行判断。巴伯尔牌的夹克衫是一种标志，连帽衫则是另一种标志，每个人都拥有为了第一份工作而购买的廉价套装。但是在爱德华时代的英国，服饰的区分异常明显，并且极为严格。如果一位商店老板的助理没有身穿燕尾服，周日就不能在海滨大道上散步；如果某位贵族被看见穿着一件晨衣、系着一条非常鲜艳的领带，则必然会招致君主愤怒的指责。在户外活动中，受人尊敬的女士们一定要戴上帽子和手套。绑腿、配有丝带的高帽子、马裤和三英寸 ① 的开领，所有这些不同的装饰都在传达某种信息，标志着车夫、主教、女权主义者或杂工的身份。穷人们享受不到任何国家福利，他们拥有的仅仅是慈善救济，以及令人恐惧的繁重劳动。大英帝国的国旗高高地飘荡在建筑物的上方。几乎每个人都接受了命定的阶层安排。现在我们拥有的是国家，过去他们面对的则是帝国。

如同现在一样，街道拥挤不堪，嘈杂混乱。不同之处在于，那时的公共交通是由马车承担的，噪声主要来自马蹄的嗒嗒声、马匹的嘶叫声、对马匹的鞭打声和咒骂声。自行车比较普及，也有少数几辆汽车。当汽车经过时，人们看待它的眼光既羡慕又挑剔。汽车驾驶员的着装，用某个观察者的话来说，看起来既像一头肥大的山羊，又像一块杂毛竖立的门垫。普遍认为，第一起汽车与行人之间的致命交通事故发生在萨塞克斯郡霍夫的南肖乐姆路上，当时的车速是每小时 8 英里 ②，非常危险，这样的驾驶行为属于犯罪。但在今天看来，这个标准显然太低了。

---

① 1 英寸约合 2.54 厘米。——编者注
② 1 英里约合 1.609 千米。——编者注

在爱德华时代，任何人都可以进入数量众多的商店里随意购买左轮手枪。当时非常流行的威伯勒－格林转轮手枪是蓝色的，有镍板，手柄用象牙或者珍珠做装饰。爱德华时代的英国是一个允许人们持枪的国家，虽然1903年出台的《手枪法》中明确禁止向18岁以下的青少年、"酗酒者或者精神病患者"出售手枪，但是其他人仍然可以配备手枪。在1909年的托特纳姆暴行中，警察追捕暴徒时使用的4把手枪是他们从行人那里借来的，其他持枪公民也加入了追逐的行列。

那一时期，英国的地方口音很强，对外国人也持有强烈的怀疑态度。正如乔治·奥威尔（George Orwell）指出的，在英国人看来，非洲人头脑简单，印度人极其忠诚，当然也可能极其奸诈。到处都有音乐，这种音乐不是来自录音，完全是现场表演，或者来自酒吧，或者来自公开场地的演唱。然而，城市的天空很少有放晴的时候。工业化的约克郡、克莱德和伦敦，到处都是雾气霭霭。1906年，自由党政府在竞选活动中取得了压倒性的胜利，国王召见了这些新的内阁大臣。从白金汉宫返回的时候，他们无法找到回去的路，不得不把手放在马身上，缓步前行，以免迷路。

当然，在其他很多方面，爱德华时代的英国也会因为异常熟悉的感觉给我们带来震动。如果你走过大多数英格兰城镇的中心区，仅仅从表面上看，爱德华时代和维多利亚时代的痕迹的确已经消失。那个时代随处可见能工巧匠们开设的小店，门前摆放着商人们的自行车，还有需要不断冲洗的台阶。现在这些都消失不见了，取而代之的是大型连锁店的玻璃橱窗和金属围栏，以及停放在门口的汽车。但是如果你把目光往上抬，就会发现古老的特征仍然与我们相伴。在高一点的楼层，仍然有精美的砖瓦、人造的塔楼、古老的烟囱、褪色的商店标志和日期、尖顶和精心设计的窗户，所有这些都是第一次世界大战之前的工匠们设计出来的。这些标志最初被竖立起来的时候，在木质的脚手架上响起的是爱尔兰人的声音。那些搬进来的人和我们一样，沉迷于名人的八卦，这些奇闻逸事都来源于廉价小报和流行杂志，人们对此津津乐道。他们吃炸鱼薯条，大量饮酒，即使按照当代的标准，其酒量也极为惊人。尽管婚外性行为和非婚生子都是让人感到羞耻的事情，但是非正常的性关系仍然很常见。

上层社会和工人阶级的行为方式令中产阶级感到恐怖，他们关心的是可怕的凶杀、败坏风气的年轻人，并且和今天一样，争论关于离婚、国家抚恤金、社会主义和失业率的问题。在新建的豪华大厅和剧院里，工人阶级的文化，连同伤感的音乐、魔术师、舞蹈家、艺人、易于哼唱的小曲、糟糕的笑话，都引起了中产阶级的兴趣，占据了他们的头脑，就如同 60 年之后流行的电视文化一样。中产阶级也是著名俱乐部的创始人，他们组建了众多的联赛和协会，包括许多延续至今的足球俱乐部和其他体育运动的俱乐部。

和现在一样，中产阶级一直对科学寄予厚望，希望自己的生活能够更加方便，并期盼世界可以避免未来可能发生的一切灾难。1901年的第一期《伦敦新闻画报》（*Illustrated London News*）采访了各个领域的著名科学家，希望他们对即将到来的新世纪做出预测。诺曼·洛克耶（Norman Lockyer）爵士的判断是，"太阳黑子研究将能够保证对于天气的准确预测"，并且可以据此来提前应对"印度的饥荒或者澳大利亚的干旱"。无线电报的发明人之一 W.H. 普里斯（W. H. Preece）爵士认为，"2000 年的人们将以赞赏的眼光欣赏我们的成就，如同我们对 1800 年人类成就的态度一样"；但是他坚持认为，无线电通信技术已经无法再进一步发展，对于人类能否在太空中飞行也深表怀疑。

约翰·沃尔夫·巴里（John Wolfe Barry）爵士是伦敦塔桥的工程师，他认为人类在20世纪将会运用水力发电；他还预测，街道的上方和下方将会出现"移动站台"，交通拥挤的情况会得到极大缓解。克鲁克斯（William Crookes）爵士认为，电话将变得非常普及；他还对"镭"表现出浓厚的兴趣，认为这将是新的重要能量来源；当时有人建议用一个大玻璃罩把伦敦罩起来，以解决糟糕的天气问题，他认为这纯属痴人说梦。时任化学协会主席的亨利·罗斯科（Henry Roscoe）爵士坚信，在20世纪，人们在"缩短距离"方面不会取得太大的进展，例如，以当时的航海技术，横跨大西洋需要5天，即使在20世纪，也不可能缩短到仅用一天。

如果说科学家对于未来感到不安，并且产生了某些误判，那么政治家的视野则更为狭隘和短视。当时，自我标榜的激进派和自由派都持有一个普遍的假设，帝国将维持非常庞大的规模，与之相对应的是，政府的规模和作用将变得极为有限。因为布尔战争的爆发，收入所得税飙升到了不可思议的程度，每1英镑要纳税1先令，也就是说税率达到了5%。战争导致公共开支急剧增加，几乎占到了国民总收入的15%。该数字逐渐回落到10%，直到第一次世界大战期间，才再次飙升至接近于20世纪70年代的水准。改革后，颇有效率的公务员队伍的人数维持在11.6万人左右（如今，公务员的人数是50万，还是在配有电脑的情况下），在爱德华时代，这一人数将会翻倍。

上议院仍然是贵族们进行政治斗争的场所，首相只在上议院就座，而不会出现在下议院。当然我们也得承认，索尔兹伯里（Salisbury）侯爵是最后一位看到这种政治场景的领导人。贵族们奢华的生活场景，即使是对冲基金经理和互联网大鳄们也难以想象。他们有数以百计的家庭用人，有的甚至拥有私人军队，还有人拥有能够伴随其整个旅程的私人管弦乐队。在查茨沃思，300 名火炬手被召集起来，在街道两边列队欢迎皇家访客。在伦敦，大公爵的住宅更像是欧洲大陆上那些小君主的宫殿。当然，工业企业家和金融家的势力已经渗透到了这片土地上，从而稀释了旧贵族的色彩。贵族小册子《德布雷特英国贵族年鉴》（*Debrett's Peerage*）因为增加了这些新人而变得愈发厚重不堪。在下议院，左翼政党自由党仍然受控于贵族或者行为方式已经贵族化的平民，在当时的下议院议员中，几乎找不到出身工人阶级的议员。

20 世纪初，英国面临的最大危机是发生在南非的战争，其实质是一支筋疲力尽的英国军队，试图延续大英帝国对一个讲荷兰语的小小共和国的统治。在英国本土，它直接释放了人们的爱国热情：城市里的工人们排队要求成为志愿者，贵族们自己出资武装队伍，当时所有的广告都充满了浓厚的军事色彩。褐色的卡其布（这一词语来自印度，是"灰尘"的意思）军装取代了色彩鲜艳、在战场上容易被击中的红色军服，这种颜色也成了时髦女性喜爱的色彩。当被包围的小镇马菲肯最终解放时，举国欢庆，场面极其繁华热闹，以至于出现了一个意为"公开狂欢庆祝"的词语"mafficking"。丘吉尔从布尔人手中逃脱后，人们对他极尽讽刺之能事。但是，尽管人们的爱国热情空前高涨，仍然无法掩盖这样一个基本的事实：在战争初期，英国军队战况不利，直到采取了令欧洲人极为不齿的残忍的新策略，情况才得以改变。

早些时候，英军装备沉重，行动笨拙，很容易遭到棋高一着的布尔人的分割伏击。布尔人熟悉当地的地形，懂得挖战壕的益处，而且能够以突击队的形式快速、灵活、机动地作战。对于大英帝国来讲，这是一种令人震惊的战术，如同越共的游击队带给美国的震撼一样。后来，在基奇纳（Kitchener）勋爵的指挥下，整个战斗区域被铁丝网和碉堡分割开来，英军烧毁了布尔人的农场，切断了游击队的食物供应，同时也使其失去了落脚点。布尔的女人和孩子们变得无家可归，被送到条件极为恶劣的营地，这些营地很快被称为"集中营"。集中营里肮脏不堪，有2.6万布尔人死在那里，其中大多数都是孩子。法国、美国、澳大利亚和德国均表示，这实在太耸人听闻了。当时有一位勇敢的女性，即来自康沃尔郡牧师家庭的埃米莉·霍布豪斯（Emily Hobhouse），她来到南非，对那里的情况进行了细致的调研。归国后，她向公众描绘了集中营里的苍蝇、营养不良和伤寒等现象，按照她的说法，这是"大规模的虐待"和"对儿童的谋杀"。她争取到了政治上的支持，而她只是当时众多活跃激进的女性中的一员。正是这些人定下了爱德华时代英国的基调。这是一个横跨了世界上的很多土地，在国内却遭到愤怒谴责的帝国；这是一个包容性极强的国家。

在当时的报纸和杂志上，有关海外的新闻报道主要来自帝国内部，但是也有来自美国、欧洲大陆和俄国的，总体而言，海外新闻数量之多令人震惊。当时并不需要护照，大量移民如潮水般涌出英国，涌入澳大利亚、加拿大和南非。一些有才华、有理想的年轻人，厌倦了英国的阶级划分、肮脏的城镇和机遇的匮乏，流向了美洲。但是另一方面，沙皇大屠杀造成的政治难民以及拉丁美洲的贫困人口则想方设法来到英国，这些人主要的选择是伦敦，也有人进入工业化大城市和主要港口。在布拉德福德和曼彻斯特，有德国人的聚居区域，同时还有意大利工匠和波兰犹太人等富有者聚居的地区。

这是一个旅行和探险的伟大时代。生活富裕的人们乘坐游艇或火车来到法国的"蓝色海岸"、德国的温泉或者威尼斯，在那里度过几个月的惬意时光。贵族们热爱狩猎运动，忙着捕杀羚羊、野牛和老虎，并且不断扩大自己的狩猎区域。当时，有专门的公务人员管理着大英帝国最大的一块殖民地——印度。大不列颠控制着世界上 1/4 的土地和人口，对他们而言，整个地球是一个开放的世界，也是一个顺从的世界。那时，大多数有文化的人可能比今天 24 小时接触互联网和新闻的人所知更多。他们对国外比今天的人更感兴趣，因为在他们看来这些事情都可能构成威胁。德国的威胁与日俱增，但人们当时热议的是法国入侵的危险。至于美国，人们普遍认为它非常富有，充满活力，但政治地位无足轻重。

在这样一个英国历史上最为生动、丰富、快速变化的时期，一个许多人感到幸福的时代，我们今天的世界似乎已经呼之欲出，隐约可见。当时，伦敦是世界上最大的城市，也是一个完全国际化的都市，来自世界各地的流亡无政府主义者和革命家，美国的百万富翁，无数来自波兰、爱尔兰和意大利的贫困移民，源源不断地涌入这里。如同今天一样，技术变革的速度令人眼花缭乱。这不仅仅体现在汽车和摩托车的出现，也不仅仅体现在第一架飞机的诞生，还体现在那些令人感到不可思议的速度奇快的轮船、远洋班轮和新型战列舰层面。这些物品造价昂贵，甚至改变了英国的税收制度。同时，新出现的还有新型的电报系统、电灯、遥远天线之的干扰系统，以及德国人发明的极其壮观的飞艇。然而上层社会及模仿他们行为的中产阶级仍然坚持认为，古典教育乃是重中之重。阅读古希腊语和拉丁语著作的人比阅读德语和法语著作的人更多，不过雄心勃勃的年轻人则更倾向于科学和工程学等比较前沿的领域。

那么，当时的人究竟是什么样的？我们应该怎样描绘他们呢？爱德华时代的照片和维多利亚时代的照片一样，这种使用化学方法进行的描述是不确切的，因为它们都是静止的。为了确保成像，照片所捕捉到的人们要么龇牙咧嘴，要么呆滞古板，面部表情僵硬而严肃。他们看起来冷峻得让人难以置信，有时则是一片茫然。然而，我们从文字的记录中会发现，这是一个充满玩笑和争论的年代。早期的电影虽然生涩，但也许比照片更接近现实。那么"艺术"呢？它能否成为切入爱德华时代生活的一条重要路径？这是一个讲故事的好时代。爱德华时代似乎处于伟大的维多利亚时代的小说家及其作品的阴影之下，尽管梅瑞狄斯（Meredith）和托马斯·哈代（Thomas Hardy）在 20 世纪仍然健在，当然哈代在 20 世纪更主要的是一位伟大的诗人。但在讲故事方面，爱德华时代从来没有被超越。

大约在 15 年的时间里，产生了柯南·道尔（Conan Doyle）创作的《巴斯克维尔的猎犬》（*The Hound of the Baskervilles*）以及其他一些夏洛克·福尔摩斯的经典故事。这一时期，也是约翰·巴肯（John Buchan）出版《祭司王约翰》（*Prester John*）和创作《三十九级台阶》（*The Thirty-Nine Steps*）的时期，是约瑟夫·康拉德（Joseph Conrad）进行伟大的海洋探险和他的无政府主义惊悚小说《间谍》（*The Secret Agent*）出现的时期，是萨基（Saki）令人捧腹大笑的滑稽讽刺小说流行的时期。赫伯特·乔治·威尔斯（H. G. Wells）在创造出现代科幻小说这种文学类型之后，写出了其最优秀的作品。

这一时期虽然不是吉卜林（Rudyard Kipling）的创作巅峰期，却是他最具声望的时期。当时的流行作品还包括《柳林中的风声》（*The Wind in the Willows*）、《彼得·潘》和《铁路边的孩子们》（*The Railway Children*），这些都刺激了英国儿童文学作品的创作，从此出现了长达几十年的繁荣期。这也是爱德华时代最为绚烂的一幕，其成就永远无法抹杀。如今，一些学阀把这些故事的创作者划分成严格的等级，但是当时的实际情形并非如此。亨利·詹姆斯（Henry James）在婚礼上帮助过吉卜林，康拉德也把自己的书献给了威尔斯。他们的作品一般刊登在《海滨杂志》（*The Strand Magazine*）和《伦敦新闻画报》等杂志上。当时还没有广播，但人们总会需要娱乐。于是我们看到，爱德华时代的国内生活比如今还要丰富多彩。这一时代的作家对今后产生了深远的影响。

在图像领域和建筑领域也存在同样的情形。爱德华时代是一个疯狂消费的时代，这一点和今天极为相似。摄影还没有普及，照片是黑白的，所以广告和插图主要依赖于绘画。在插图方面，爱德华时代也一直没有被超越。艾尔弗雷德·芒宁斯（Alfred Munnings）是维多利亚时代萨福克郡一位磨坊主的儿子，擅长画马和吉卜赛人的生活场景，这足以令他致富。他开始画起了广告海报，其中最为著名的就是为卡利的巧克力工厂设计绘制的广告作品。威廉·尼克尔森（William Nicholson）和杰姆斯·普赖德（James Pryde）是两位才华横溢的艺术家，受到惠斯勒（Whistler）的影响，他们成立了巴格斯塔夫公司（J. & W. Beggarstaff），为剧院制作海报，用木版画为朗特里的可可做广告。绘画无处不在，既有政治漫画《间谍》（*Spy*），也有阿穆尔（G. D. Armour）和菲尔·梅（Phil May）为《笨拙》杂志（*Punch*）创作的作品，他们仅仅用最简单的线条就能够表现出天才般的创意。总体而言，爱德华时代画家的水平要高于现在。

他们的设计更为大胆、有趣，因此也更加引人注目。城市里灯火辉煌，到处都是绚烂的色彩，挤满了机智幽默的人群。为了那些最富有的捐赠人，画家们要绘制出巨幅的画作，在这方面，爱德华时代的画家深受一个美国人的影响，他就是约翰·辛格·萨金特（John Singer Sargent），他的绘画技巧和华丽的色彩至今仍然令人叹为观止，其地位堪与范·戴克（Anthony van Dyck）曾经的辉煌相提并论。紧随其后的是威廉·奥宾（William Orpen）和菲利普·德·拉斯洛（Philip de

Laszlo），不过遗憾的是拉斯洛的创作潜力没有持续太久。接下来的10年，后印象主义绘画盛行，接着是野兽派、立体派以及苏格兰五彩画派。毫无疑问，艺术史要不断地推陈出新，但是在爱德华时代，英国的艺术并非仅仅在追随法国，而是要丰富多彩得多。

爱德华时代的公共建筑也同样缤纷多彩。市议会、大公司和政府官员们采用了各种风格的建筑模式，既有华丽的荷兰哥特式风格，也有威尼斯的砖式建筑，既有英式的小别墅，也有满是煤气灯的法式建筑。他们建造了大型钢筋结构的房子，前面则用石头和砖块作为装饰，结构复杂、华丽，有时看上去也有些滑稽，然而的确比两次大战之间那些毫无特色的建筑更令人赏心悦目。这些建筑物的风格比装饰繁复的维多利亚时代要简化一些，但是仍然相当注重装饰的作用，这些都是被后来的极简主义者所摒弃的。正如萨金特的肖像画中的金融巨头和享有头衔的贵族们往往带着自嘲的微笑一样，最好的爱德华时代建筑拥有帝国时代的规模，但也要避免浮夸之嫌。判定建筑物质量的一个途径，就是看它会在多少年后被拆除或者取代。总体而言，爱德华时代的建筑基本被保留下来了，包括整整流行了一代人的排屋，其工艺可以追溯到维多利亚时代。

可以看出，爱德华时代的英国不断地与现代英国相遇。在国外，英国面临着一系列规模较小的战争。人们不断面对新技术带来的巨大冲击：摩托车、飞机、电影摄像机和海底电报电缆，就好像今天我们面对的生物技术、数字平台和各种网络一样。他们被深深地卷入一个更为广阔的世界，但是仍然对家庭和祖国充满感情；他们怀有爱国的激情，但同时对政治家心存疑虑；他们沉迷于犯罪小说，在拥挤的都市中冲突不断，但是仍然坚守法制。这是一个咆哮的时代，一个极度不稳定的时代，一个瞬息万变的时代，同时也是一个不断自我反省的时代。在很多方面，爱德华时代的确存在千奇百怪的不公平现象，但它也的确在快速地进化和发展。这一时代虽然已经远去，对我们而言却并不陌生。

维多利亚女王之死

———

　　维多利亚女王死在床上，手里拿着一个十字架。如果她认为这能够洗涤罪恶、驱逐邪气，显然其作用是极为有限的。她的外孙、危险的德国皇帝威廉二世从背后抱住了她，胳膊就放在她的枕头旁边。她刚刚去世，威廉二世就评论说："这是一位伟大的女人。想想看：她还记得乔治三世，而现在我们已经进入了 20 世纪。"[1] 在家族里，威廉二世被称为威利表弟，正是他尽了自己的一份力，使得 20 世纪成了人类历史上最为血腥的一个世纪。他的历史也学得并不好。虽然乔治三世去世的时候维多利亚已经出生，因此她的确充当了连接 20 世纪与纳尔逊（Horatio Nelson）和塞缪尔·约翰逊（Samuel Johnson）时代的桥梁，但当时她只有 8 个月大。当然，她的统治时间之长是空前的。她在新世纪伊始走向了生命的终点，这并不令人惊讶，但是在世界上的大部分地区，此时足以称得上是一个令人震撼的时刻。

　　维多利亚女王出生于 1819 年，当时欧洲正处于滑铁卢战役之后的调整期，英国骑兵在曼彻斯特屠杀了 11 名抗议者，济慈（John

———

[1] 见 Christopher Hibbert, *Queen Victoria: A Personal History,* HarperCollins, 2000。

Keats）正在创作《夜莺颂》（*Ode to a Nightingale*），贝多芬则忙于巨作《庄严弥撒》（*Missa Solemnis*）。在这期间，老国王乔治三世四儿子的夫人怀孕了，他的四儿子 50 岁了，是肯特郡的公爵，形象不佳，体态肥胖，浑身散发着难闻的气味，而且还是个虐待狂，当时有人称他为"还没被绞死的最大流氓"。他之所以有着重大意义，原因只有一个。尽管英国的王冠要传给极其残暴的摄政王，也就是后来的乔治四世，但还存在一个很大的问题：乔治三世的 56 个孙子孙女中，没有一个拥有合法地位。为了确保自己的孩子某一天能够成为英国女王，当时生活在德国的公爵和他身怀六甲的妻子，带着借来的钱匆匆赶路，身边伴随着 9 辆大马车组成的车队，随行的包括医生、狗群、鸟群、女佣、男仆和厨师。他们穿越法国，终于让这个女婴出生在了英国的土地上。她"像鹧鸪一样丰满"，而且会一直保持这样的体态。她的叔叔很快成了乔治四世，对她的存在本身恨之入骨。当她的父亲因为急性肺炎死于英国德文郡的锡德茅斯之后，这个女婴和她讲德语的母亲处境非常凄凉。但是叔叔的态度渐渐变得平和了，维多利亚经常想起他那涂满油脂的脸庞和假发。下一任国王，也就是快乐的老威廉，一直试图让维多利亚改掉自己古怪的名字，因为迟早有一天她要戴上王冠。

按照威廉的想法，维多利亚将是伊丽莎白二世。然而事与愿违，20 岁的她在 1837 年成为维多利亚女王，这个名字很快传遍整个英语世界。她在政治上极为活跃，虽然固执己见，但的确才华横溢。她不仅会讲德语和法语，而且略懂意大利语，后来还学了一点印度语。她在共和主义反复兴起的过程中幸存下来，经历了几次暗杀，还遭遇了丈夫阿尔伯特去世的打击。阿尔伯特是德国人，女王非常爱他，这次打击使得女王在数十年中处于极为抑郁的状态，以至于人们嘲讽她为"温莎的寡妇"。早些时候，她是个土里土气的人，吃饭时狼吞虎咽，经常放声大笑，尤其是当她的首任首相墨尔本（Melbourne）勋爵用自己那些玩世不恭的故事挑逗她的时候。但是，19 世纪 40 年代那个比较狂野的英国逐渐被 19 世纪后期更为沉闷、更自以为是的帝国所取代。慢慢地，她也成了一个严肃的人，眼皮一直呈现向下的状态，这也是她给世人留下的印象。她就像一只胖乎乎的白色蜂王，以帝国的骄傲为生，周围充满了像迪斯雷利（Benjamin Disraeli）那样的阿谀奉承者，以及毫无活力的子孙们。

当然，她在位的近 64 年，见证了英国从一个由少数贵族世家统治、被地主的价值观支配、依靠船只保卫的国家，转变为全球性帝国的中心，成了一个工人阶级拥有投票权的工业化国家。1832 年、1867 年和 1884 年的政治改革使得拥有财产的男性、受人尊敬的中产阶级和工人阶级先后获得了选举权。当然，拥有投票权的人中尚不包括女性，在这块土地上，拥有政治权利的女人只有一个，那就是维多利亚自己。她对于工业英国的丑陋现状非常了解。在少女时代，她游历了英格兰中部的采矿区。

1832 年，也是第一部《改革法案》通过的那一年，她说："男人、女人、孩子，乡村、别墅，都是黑乎乎的。青草已经枯萎发黑。刚刚，我看到了一栋特别的建筑物，正在往外冒黑烟。这个国家在不断变黑，发动机在隆隆作响，燃烧着大量的煤炭，到处都是浓烟，其间混杂着简陋的棚屋、马车和衣衫褴褛的孩子们。"布莱克（William Blake）、恩格斯或奥威尔也不可能描述得更好了。民主被王公和大多数有封号的大臣视为大忌，他们认为民主是一种威胁，是一股神秘的力量，虽然不可能完全抵制，但是必须在某种程度上将其驯服。维多利亚女王登基时，政权掌握在少数家族的手中，他们关起门来，在下议院和上议院里手写笔记，发表做作的古典式演讲。而维多利亚去世的时候，政治斗争已经发生了变化，加入斗争的有后来获封爵位的人，有来自中部地区依靠自我奋斗取得成功的人，还有特别擅长粗鲁讲话方式的傲慢律师，斗争的场所也扩展到了公共集会和报纸专栏层面。

到了这一时期，英国对自己的看法与英国的真实状况之间出现的巨大反差，对于那些愿意进行实际观察的人来说已经非常清晰了。20世纪的人们将会一直生活在这条巨大的鸿沟之中。铁甲战舰组成的庞大舰队，骑兵队马蹄的嗒嗒声，宏大的公众庆典，都无法掩盖这样一个基本的事实，即英国军队在南非被善于射击的荷兰农民打败的巨大耻辱。在点着煤气灯的外交部办公室里，有着希腊血统的英俊年轻人正在讨论德国和俄国试图通过中东向南进军印度的计划，并为此忧心忡忡。当时，白人定居者分散在非洲、加拿大、澳大利亚和新西兰，他们在地图上被用粉色标注出来。但是，白人的分布极为稀疏。1900 年，大英帝国的白人数量为 5 400 万人，少于德意志帝国的 5 630 万人，[1] 更远远少于美国的 7 500 万人。当时，整个世界高筑关税壁垒，工业也是传统的。维多利亚去世之时，英国正大量进口德国的商品和美国的钢铁，并且试图通过挖掘和出口更多煤炭来弥补这一缺口，毫无发展新兴工业的征兆。

英国的造船技术还是比较领先的，但在技术层面并非始终享有优势。女王去世 4 年之前，她的儿子威尔士亲王伯蒂（Bertie），在考斯放弃了自己最为喜爱的游艇比赛运动。伯蒂的外甥德国皇帝以德国制造的新型船只击败了伯蒂的不列颠尼亚号，同时还在怀特岛展示了德国海军的最新舰队。伯蒂抱怨说："威利简直太盛气凌人了！"于是他怒气

---

① 见 R. C. K. Ensor, *England, 1870–1914*, Oxford University Press, 1936。

冲冲地放弃了自己喜爱的运动。同一年，蓝丝带号横渡大西洋的次数首次输给了德国威廉大帝号，1900 年又败给了德意志号。放眼望去，很多领域都是如此，从戈特弗里德·戴姆勒（Gottfried Daimler）的新型高速内燃机，到全新的有轨电车，大不列颠的创造力正处在不断下滑的过程中。

所以，当女王躺在封闭的棺材里，身边放着自己的照片和一缕约翰·布朗（John Brown）的头发，最后被送往朴茨茅斯时，气氛是灰色的、忧郁的，一切都处于不确定的状态。登比（Denbigh）伯爵夫人看到，英国皇家海军舰队和来访的德国战舰在皇家游艇阿尔伯塔号经过时鸣笛致敬。下午 3 点，蓝色的天空渐渐消失，天空中出现了一种美妙的金粉色，浓烟从礼炮筒中缓缓升起，就像国王下令挂起来的紫色窗帘一样。她注意到："白色的阿尔伯塔号看起来非常小巧，与威猛的战舰比起来十分脆弱。我们能够看到，绘着王冠、宝珠和王杖的白色罩布盖在棺材上，静止不动的身影围绕着它。游艇庄严而缓慢地在蓝色的水面上滑行，让人有种奇怪的窒息感，不自觉地抓住了人们的心。"[1] 几天来，伦敦举行了大规模的军事纪念活动，参与的人数要远远多于 1914 年英国远征军出发去法国的时候。随后，女王的遗体被带到位于温莎的皇家礼拜堂，但是由于设备出现裂痕，她的最后行程原本计划通过马车完成，最后却不得不由水手们拖曳，使用的是从火车上匆忙拆卸下来的警报索。这一刻被誉为英国历史上伟大的伤感一刻。无论怎样，它显然不是普鲁士式的，也不是美国式的。

《伦敦新闻画报》的编辑 L.F. 奥斯丁（L. F. Austin）认为，在旧

世纪终结的时候："没有人感受到精神上遭遇了打击，因为人们不会为了一个无法感知的时间节点而感到哀伤。但是随着维多利亚时代的结束，谁能意识不到这块巨大的空白呢？"在他看来，"天佑国王"这句话听起来会很奇怪："这个词从我们的嘴里吐出来感觉很奇怪，甚至很陌生。在过去的几天里，我听到人们在嘟囔着'国王'，似乎是在自身的记忆里寻找着一句古老而陌生的咒语。"[①] 当然，也有一些人迫不及待地渴望变革。比阿特丽斯·韦布（Beatrice Webb）与丈夫锡德尼（Sidney Webb）同为英国费边社（Fabian Society）的创建者，费边社是英国最成功的社会主义团体。她在几天之后给一个朋友写信，苦涩地嘲讽道："我们终于摆脱了葬礼。这是民族真正'清醒'的时刻，是感情和忠诚堕落的时期，以最令人印象深刻的方式展示了民众对君主制的支持。街道仍然是黑色的，充斥着大量哀悼的民众，从马车里的贵妇人，到穿着破旧绉纱裙子的卖花女孩。国王人气很旺，至于德国皇帝，我们都非常崇拜他。"

科幻小说家威尔斯则直言得到了解脱。他认为，女王就像一方"巨大的镇纸"，现在镇纸被挪开了，他期盼各种各样的新思想能够迅速扩散开来。事实果然如此，但正如我们将要看到的，这些新思想并不都是好事。亨利·詹姆斯是移居海外的美国小说家，也是一位精致利己主义者，他认为新国王伯蒂是一个"俗不可耐的人"，还认为正是布尔战争带来的耻辱导致维多利亚一病不起，最终死亡。"我向这位年长而慈祥的中产阶级女王表示哀悼，她把整个国家包裹在她那巨大的苏格兰格子图案的围巾的保护之下。"他承认对女王的去世深有感触，还预测说：

---

① *Illustrated London News*, 26 January 1901.

"现在我们即将迎来'滔天骇浪'。"①

年轻的温斯顿·丘吉尔是在多雪的温伯尼湖畔得知女王去世的消息的，当时他正在进行募集资金的巡回讲座。他的父亲曾经与伯蒂发生过冲突，但他在写给母亲的信件中没有流露出丝毫的情绪："我对这位国王非常好奇：他会彻底改变自己的生活方式吗？他会卖掉自己的马吗？他会远离周围的犹太人（指伯蒂身边的金融界朋友）吗？鲁本·沙逊（Reuben Sassoon）会被安排进入王室吗？伯蒂的情妇凯佩尔（Keppel）是否会被称为第一夫人呢？"②那么这个俗不可耐的国王究竟是怎么做的呢？他迅速摧毁了很多珍贵的布朗雕像，清除了女王的照片和文件，卖掉了她心爱的奥斯本庄园，一边抽着雪茄，一边漫步于新的宫殿。由此看来，他没有表现出任何悲伤的情绪。伯蒂曾经是维多利亚时代的人，他觉得这个时代已经够长了。

记录贫困

1900 年 7 月 7 日星期六，天气温暖而潮湿。在约克郡狭窄的后街上，当城市的第一缕阳光亮起时，已经有很多人开始出来走动了。人群中有一个穿着古板的男人，安静地站在一处阴影下，小心翼翼地拿着一

① Fred Kaplan, *Henry James*, quoted in Roy Hattersley, *The Edwardians*, Abacus, 2004.
② Randolph S. Churchill, *Winston S. Churchill*, vol. I, *Youth, 1874–1900*, Heinemann, 1966.

个笔记本，他关注的地点是一家看起来肮脏不堪的小酒吧，这条街道上一共有 14 家这样的酒吧。早晨 6 点之后不久，人们已经把酒吧的门推得吱嘎作响，今天它开门营业的时间有点推迟了。每一个进出这家酒吧的人都被这个男人记录在小本子上面。在这一整天的时间里，进入酒吧的客人是 550 位，包括 113 名儿童。站了 12 个小时之后，这位观察者在记事本上非常潦草地写道："下午 5 点到 6 点之间，有一个女人被赶出来，紧接着发生了一场争吵，女人使用了各种不堪入耳的语言大声咒骂，和往常一样，孩子们兴致勃勃地在旁围观，这一幕大约持续了 45 分钟。"一个星期之后，7 月 15 日星期日，这位调查者再度来到这里。即使是在这样一个安息日，在这个充斥着爱尔兰天主教徒的地方，所有的小商店都在开门营业，而且生意兴隆，特别是炸鱼店。大多数女人都站在街边闲聊，她们的衣着"非常随便"，穿着开襟衬衫，没戴帽子。

"孩子们成群结队。傍晚时分，女邻居们之间打了几场嘴仗，语言极其下流。7 点到 8 点之间，三个男人聚集在一起，探讨传播福音的问题，但是在唱了一首短小的赞美诗和发表了一篇简短讲话后，他们的努力很快告一段落。显然，此举并没有吸引人们的注意力，人们仍在继续彼此交谈。"记录者失望地离开了此地。

年迈的女王病重之际发生在约克郡的这些事情，可以解释为什么她的儿孙们从来不曾面临革命暴动的问题，这种暴动在欧洲大陆最终推翻了他们的表亲俄国沙皇尼古拉二世和德国皇帝威廉二世。有一个 20 多岁、体型健壮、留着大胡子的男人对于穷人们的处境感到极度愤慨，他就是本杰明·西博姆·朗特里（Benjamin Seebohm Rowntree），混合了丹麦和英国约克郡的血统，这两种血统原本毫无反叛的传统。他诞生于英国最为强大、最具活力的时期，丝毫不熟悉伦敦的政治生活，后来因为可可和糖果而发家致富。他天赋聪颖，但没有就读过遍及整个英国的任何一所公学。虽然牛津大学和剑桥大学的学费对他父亲而言完全不是问题，他也没有就读于这两所大学。朗特里是贵格会信徒，所以去了一所约克郡的地方中学，随后就读于曼彻斯特的欧文斯学院（Owens College）。这所学院建立的初衷，就是为那些不想向英格兰教会屈膝的人提供教育。在一个精神生活受到牧师、主教和祈祷书支配的国度，这种人的存在是很有必要的。朗特里的父亲约瑟夫（Joseph Rowntree）也写过关于穷人的文章，在建立自己的可可和糖果帝国的同时，一直在毫不留情地批判"不列颠文明"。这是一个对于贫困人口展开调查的时期，当时有政府的《蓝皮书》，有伦敦的社会调查工作者查尔斯·布思（Charles Booth）的工作，还有像韦布夫妇这样的社会主义者。但是，一直在约克郡静悄悄地进行调查的朗特里，才真正对议会产生了冲击。

他调查的对象和方式别具一格。他选取的调查地点不是某个众所周知的大工业城市中声名狼藉的区域，而是一个知名度一般、中等规模的城镇，该城镇拥有较大的教堂，有着古朴的中世纪风格的街道。他的工作严谨而细致。从 1899 年秋季开始，他和其他调查员进行挨家挨户的走访，最后一共调查了 338 条街道的 11 560 户人家。这些笔记是大英帝国全盛时期大量本土英国人生活的真实写照，是关于他们生活最为生动的记载。首先，是每家每户的简短介绍，调查对象有鞋匠、劳工、寡妇和工厂的工人："这家有 5 个孩子（其中 3 个是第一任妻子所生），丈夫不太稳重，妻子长得比较清秀。令人尊敬的是：有一个孩子被送到了中辍生学校。""父亲失去了一只眼睛，屋子里并不邋遢。""家里有一位声名狼藉的老太太，总是很强势。房间十分脏乱，可能被用作不光彩的用途。""有 4 个儿子和 3 个女儿（年纪很小），非常贫困，几乎找不到工作。房子非常肮脏，几乎没有家具。""有 9 个年幼的孩子。教区的救济站停止了对于非婚子女的救助，孩子们脏兮兮的、难以管控。问题是：他们究竟该如何生存下去呢？"

当这些调查员逐个街道进行入户调查、记录住宿条件的时候，记载变得更为详细，文字也更加令人心惊胆战。例如，在某条街道上，他们介绍了两栋相邻的房子："整个街区只有一个水龙头，没有下水道，污水都被倾倒在街道的栅栏旁边。院子里有两个厕所，只有一个能够使用，15个家庭就共用这一个厕所。"调查人员对这条街道的调查越发深入，即使透过这干巴巴的笔记，我们也能感受到他们的恶心和愤怒。有一位看来已经被历史遗忘的名叫梅·肯德尔（May Kendall）的女性调查员，她可能是一个非常强硬的女人，拒绝接受工资。她穿过了一块满是污垢、又黏又滑的脏地板，来到"卧室里面，肮脏的被褥放在一个箱子和两把椅子上面，肮脏的房间，污秽的空气，几乎让人无法忍受"。在附近，她又发现至少有16个家庭共用一个龙头，"水龙头下方的栅栏是用来处理人的排泄物的，当有人来检查的时候会被盖上。桌子上、地面上，到处都是面包屑、土豆皮、报纸上的肉渣、肮脏的锅碗瓢盆等"。

在全英国的城镇和乡村，到处都在进行同样的调查。朗特里工作的不同之处在于，他在深挖导致贫困的根源。富裕的英国解决贫困问题的方式主要是由志愿者和宗教人士进行援助，同时还会附赠大量的说教。是的，贫民窟让人感到恶心，但它们极为罕见（朗特里的调查则显示出，贫民窟无处不在），而且那些无用之人、酒鬼和道德败坏者是咎由自取。在女王去世之际，朗特里书籍的出版引起了强烈反响，《泰晤士报》对此做出回应："他们的工资足以使他们维持一种健康的生活，但是他们品质败坏，喝酒、赌博，不做家务，或是对家务漫不经心。"[1]

---

[1] *The Times*, 1 September 1902, quoted in Asa Briggs, *Seebohm Rowntree*, Longmans, 1961.

朗特里对于说教并不陌生，毕竟他是一位滴酒不沾的贵格会信徒，但他在这场争论中保持着不偏不倚的态度，认为贫穷并不是穷人的过错。他发现，在那些生活真正难以为继的人之中，有 2/3 是"遭到男人抛弃的女人、寡妇、因疾病和年迈而丧失劳动能力的人"。其他人虽然具备劳动能力，但是难以负担庞大家庭的开支。

正如他所指出的，他写作的时期正是贸易圈建立的时期，是贸易兴盛的时期，但是对于生活在下层的工人而言，他们的处境"特别让人感到绝望"："找不到合适的工作就意味着低工资，低工资则意味着食物缺乏，食物缺乏又会导致无法胜任工作，从而构成一个恶性循环。"有很多次，家庭主妇们向朗特里吐露，她们一直在向丈夫隐瞒食物匮乏的事实，以便丈夫能够保持体力，继续工作。饥饿不为人知，其受害者主要是妇女儿童："吉姆·奥列尔（Jim Ollers）带着晚餐去上班，这是我给他准备的，和平时一样，他并不知道我们没吃的了，而且我永远也不会告诉他。"

那么，究竟多少食物才算充足呢？朗特里与营养专家进行了探讨，并且仔细研究了约克郡济贫院为当地贫困者提供的菜单。他要探究的问题是，仅仅为了满足"基本体力劳动"的需求，需要什么样的食物供应。他很快发现，在约克郡，支付给非技术工人的工资，不足以满足一个中等规模家庭衣食住行的基本需求，不足以维持单纯的体力劳动。朗特里的书名非常简单：《贫困：关于城镇生活的研究》（*Poverty: A Study of Town Life*）。他谙言平和，没有表现出明显的愤怒之情，但是有时，他也给我们呈现出赤裸裸的事实：

让我们更清晰地理解"单纯的体力劳动"究竟意味着什么。生活在这一水平的家庭，没有多余的一分钱能够去乘坐公共汽车。如果想去郊外，他们只能走路（朗特里本人是一个非常热爱大自然的人）。他们无法花半个便士购买报纸，无法购买一张一便士的普通音乐厅门票。他们无法写信给离家在外的孩子，因为付不起邮资。孩子们没有零用钱购买洋娃娃、弹珠或者糖果。父亲们不能抽烟，不能喝啤酒。母亲们不能购买哪怕一件漂亮的衣服。如果孩子生病了，只能送到教区医生那里看病，如果他死了，只能由教区进行安葬。最后，挣工资的人一天也不能请假，否则家里人就活不下去了。

通过研究，朗特里指出，拥有超过三个孩子的家庭，"必然要经历一个吃不饱的时期，这个时期可能要持续10年"。他还用非常简明的图表证明，约克郡大约有1/3的人生活在他所划定的贫困线之下。

当然，穷人们也会享有瞬间的快乐。朗特里和他的调查员记录了一幅1901年穷人们自娱自乐的画面，这段文字与报告其他部分中让人郁闷的文字形成了鲜明的对比。他发现很多人在唱歌：

尽管房间里的装饰极为简陋，但是人们尽量让它显得灯火辉煌。在冬天里，这样会显得非常温暖。聚集在一起的全部都是年轻人，男女都有，大家坐在屋里的小桌子旁边，有时，屋里还会有一些士兵。每个人都在喝酒，但是喝得并不多，大多数男人都在吸烟。每隔一段时间，人们就会要求其中的一个人唱一首歌。如果有合唱的话，所有会唱的人都可以参与进来。很多歌曲都很伤感，其余的则非常粗俗。整个过程中充满着欢声笑语，看不到任何忧伤，在工厂和商店里工作了一天之后，这种活动非常具有吸引力。在1901年5月的某个星期日的夜晚，这幅场景给笔者带来了极大的震撼。

朗特里回归了可可经营，心中带着一个大胆的想法：这一切都表明，需要"在禁酒之后打造一些同样有吸引力的东西"。

朗特里的书有如一枚重磅炸弹，被投掷于英国的政坛之上。该书显示出，在大英帝国的心腹地带，在英国人一向自认为繁华、富裕和自我满意的区域，竟然有 1/3 的贫困人口食不果腹，许多人一贫如洗，和共产党人甚为不满的沙皇俄国的状况差不多。该书运用了统计学的研究方法，态度客观，无可批驳。由于不断再版，它的影响一直持续到"一战"之后，一直被认定为社会学领域最具有影响力的著作之一，毫无疑问也是爱德华时代最为重要的著作之一。戴维·劳合·乔治（David Lloyd George）是朗特里非常崇拜的人物，也是一位不从国教的改革者，他在会议上不断以此书为证。

朗特里本人尽管在演说的时候有点紧张，仍然在英国各地进行了巡回演讲以扩散信息，行程从格拉斯哥直到布里斯托尔。在他到达伯明翰，耐心解释数据的时候，当地的螺丝制造商、大政客约瑟夫·张伯伦（Joseph Chamberlain）的兄弟亚瑟·张伯伦（Arthur Chamberlain）慢慢地站起来宣布，自己竭尽全力也无法找出朗特里论证中的漏洞。因此明天一早，他就要去搞清楚在他的公司里究竟有多少人的工资低于每周 22 先令，然后对此进行调整。他的确这样做了。这件事随即引发了工资收入在 22 先令以上的工人的罢工，因为这些人希望保持工资差距。尽管如此，这依然是朗特里这本书的重要贡献。

在牛津大学贝列奥尔学院（Balliol College）的回廊里，院长告诉一位名叫威廉·贝弗里奇（William Beveridge）的学生，一旦他学会了在大学里能够学到的所有知识，接下来就必须"去探索这样一个问题：在如此富裕的英国，为什么还存在着大量的贫困人口"。

温斯顿·丘吉尔直接买了一本朗特里的书，并且告诉布莱克浦的一位听众，这本书"让他感到毛骨悚然"。他在撰写一篇关于约克郡穷人的评论时指出："尽管大英帝国的规模无与伦比，这些人却没有安身之地；尽管大英帝国看起来雄伟壮丽，但如果这些人出生在南部海域的食人岛上，也许还能生活得更幸福。这种溃烂的家庭生活使得大英帝国的权势看起来就像是一个笑柄。"在给米德兰保守党主席的信件中，他也是这个论调。他说美国工人阶层的生活要比英国优越得多："这的确是事实，我们这些肆无忌惮，关注于军备、税收和地盘的狂热的大英帝国支持者不应该对此视而不见。对我来说，一个能够掌控海洋，却看不到自己的阴沟的国家，毫无荣耀可言。"①

朗特里已经开始证明，穷人们的生活境遇并非仅仅是由于自身的道德缺陷造成的。狄更斯（Charles Dickens）也把自己对于维多利亚时代道德情感的关注，转向了对于贫民窟中的真实生活的关注，其他人随之转变。然而大部分人只是移开视线，梦想着能够找到某种解决贫困问题的新办法，既不带来革命的危险，也不会因为福利水平的提高而产生腐蚀人格的效应。这是工党开始出现于政治舞台的时代，是主张自由贸易的工会成员开始聚集在一起的时代，社会主义思想通过一小部分知识分子和鼓动者在英国的部分地区开始传播。但是很多有见地的人并不是社会主义者，在劳合·乔治和丘吉尔打破英国骄傲自大的外壳之前，他们都是反对福利国家的。那么，究竟应该怎么办呢？这就为我们引入了第二个角色，随着女王退出历史舞台，他的工作变得更为忙碌了。

---

① 引自 Randolph S. Churchill, *Winston S. Churchill*, vol. II, *Young Statesman, 1901–1914*, Heinemann, 1967。

改善人种的尝试

━━

弗朗西斯·高尔顿（Francis Galton）是维多利亚时代科学繁荣的最后幸存者之一。他看起来就像查尔斯·达尔文的缩小版，这个形容有点道理，因为他是达尔文的表弟。达尔文的祖父、他的外祖父伊拉兹马斯·达尔文（Erasmus Darwin）是 18 世纪最杰出的科学巨匠之一，高尔顿家的族谱上也满是天才和从事公共事务的人物。他是一位探险家，也是一位统计学家，还是著名的数学家。他的发现中既有理论性的构想，也有实用性的东西。例如，正是高尔顿发现了这样一个事实：每个人的指纹都是独一无二的，并且终生不变。苏格兰场很快把这一发现投入使用。尽管高尔顿并不同意达尔文进化论中的某些观点，但他对这门学科表现出浓厚的兴趣，特别关注将其应用到人类社会领域。在南肯辛顿郡科学馆里，高尔顿收集了英国儿童的身高、体重、握力和牵引力的数据，试图建立一个人类数据库。然而真正突破性时刻的到来，源于他偶然阅读到一本书籍，作者是前拉斐尔画派画家的儿子、顽固的乡绅约翰·埃弗雷特·米莱（John Everett Millais）爵士。这本书并不是科学著作，也不是小说，而是一本非常务实的书——1874—1896 年巴吉度猎犬俱乐部的规章和血统簿。约翰爵士非常迷恋于对细节的记录，包括每次配对所产下的小狗的斑点和色泽。通过这一点，高尔顿得出了一个简单的遗传学理论，计算出了我们每个人在多大程度上会继承父母及祖父母的特征。当时在英国，人们还不知道孟德尔（Gregor Mendel）的重大发现，所以这还不能被称作真正意义上的基因科学。高尔顿发明了一个新名词：优生学。

1901 年 10 月，高尔顿再接再厉，在人类学协会进行了第二次"赫胥黎讲座"（该讲座的目的是纪念这位刚刚去世的"达尔文的斗牛犬"及拥戴者）。他宣称，这"有可能在现存法律和情感允许的范围内，改善人类的品种"。一条将巴吉度猎犬的血统和纳粹德国政策联系在一起的知识链即将被锻造出来。高尔顿认为，自己发现了一条关于人口素质统计的钟形曲线，可以计算出那些具有开朗、健康、身材适中等优点的人所占的比例。这项工作非常细致，不仅仅局限于对人类身高差异的简单观察。他使用"公民价值"对人群进行划分。高尔顿很快把自己的理论应用于查尔斯·布思对伦敦东区的贫困人口进行的规模庞大且非常武断的统计学调查。在当时的《济贫法监护人法案》和许多日常争论中，经济和道义问题不可避免地被混杂在一起。于是"群体 A"包括"罪犯和游手好闲者"，而"群体 B"包括"那些依靠临时收入为生的极度贫穷的人，导致贫穷的原因是懒惰、失业或酗酒"。最大的"群体 E"是"所有周收入 22~30 先令的人，这是工会的认定标准。这是一个极为普通的阶层，其公民价值远远低于最高阶层，但是居于最低等级的罪犯群体之上"。[1] 最顶端的阶层，当然是那些富有并且聪明能干的人。

高尔顿试图计算出每个小组中孩子们的价值，用一生中的收入所得，减去童年抚养和在"没有收入的老年时期"所需要的花费，最后得出："埃塞克斯郡工人家庭孩子的平均价值为 5 英镑。"相比之下："上层阶级孩子的价值高达数千英镑，他们能够建立大工厂，开拓大事业，增加了巨额的财富，为自己积累了大量资产。其余的人——无论是贫穷也好，富有也罢，都是民族之光，引导着这个国家。他们不断发声，对于困难进行启迪，并且把理想付诸实施。"简而言之，他们就是

---

[1] 所有引文均来自 *Nature*, October 1901 对高尔顿演讲的全文转载，并包含图表。

像高尔顿一样的人。

虽然激进的自由党和社会主义者谴责这些差异的不公平性，高尔顿却认为这是自然选择。社会应该阻止底层的大量繁殖，鼓励精英们生育更多的孩子。"如果所有的惯犯都被彻底地隔离开来，采取强硬手段剥夺他们生育后代的机会，那么这将是英国的福祉。"与此同时，那些优秀的人应该被赋予机会，通过特定的政策鼓励他们通婚，并且尽可能在年轻的时候养育孩子。应该对男性进行测试，并且检测其家族状况。"不幸的是，通过这种方式选择女性的机会很少。在选择女性的过程中，因为无法判定其运动技能，所以严格仔细的医学检查非常必要。"高尔顿想知道，贵族头衔是否能够鼓励那些没有多少现金的高价值的夫妇："这可能是为了荣誉必须要做的事情，因为贵族家庭需要为人类积攒更优良的样本，这就如同要为牛群保留优良品种一样。要想做到这一点可能代价高昂，但是回报也会非常丰厚。"①

人们倾向于忘掉所有这些胡言乱语，忘掉《自然》杂志上那些发黄的纸页，当时它被夹在一篇关于西藏农业问题的讨论和一篇关于洋流研究的论文之间。没有比这更荒谬的观点了。然而高尔顿是他那个时代的科学巨星。在 20 世纪早期，尽管年事已高且没有子女，他仍积极提倡优生学，经常通过新成立的社会学协会进行演讲，介绍自己的观点，然后再通过报纸把这些观点加以推广。他认为，通过社会压力阻止不合适的婚姻至关重要，优生学应该"如同一种新型的宗教一样，被纳入这个民族的意识中"，这样一来，"就可以由最优秀的种族来代表人类"。他选择了 1905 年的情人节来宣布他对法律限制婚姻自由的乐观态度。《泰晤士报》用大幅版面刊登了他的发言。左右两翼均有他的支持者。

---

① *Nature*, October 1901.

萧伯纳（George Bernard Shaw）在其作为进步剧作家的声誉巅峰时期，认为除了优生的信仰，没有任何东西能够拯救文明。他还说："无论是在断头台上，还是在战场上，我们必须毫不犹豫地用满腔热情去贯彻优生学。"①

威尔斯被经纪人 J.B. 平克（J. B. Pinker）说服，将一些自己发表在英美报纸上的关于未来的文章合集出版。1901 年，在朗特里发表《贫困》的同时，威尔斯的《预测》（Anticipations）也是当年最为畅销的书籍之一。短短 12 个月里，该书被重印了 8 次，是大型流通图书馆及书商穆迪和史密斯的畅销书之一。韦布夫妇均认为这本书是他们那一年最喜欢的书籍，该书的观点深深打动了他们，于是他们来到肯特郡拜访了威尔斯，并把威尔斯拉进他们的圈子。威尔斯被介绍给后来担任首相的亚瑟·贝尔福（A. J. Balfour），还得到了自然博物馆主任的招待。丘吉尔买了一本《预测》，也非常喜欢。按照一位威尔斯传记作者的说法，这本书"把威尔斯的思想发射到了上层社会和中产阶级的客厅、火车车厢和俱乐部里"。② 那么，这本书究竟讲了什么呢？书中一些关于未来的预测非常准确。他预言，到 2000 年，英语将成为世界性语言；由于技术手段的提高，用人阶层将彻底消失。但是他传达出来的其他信息则体现出爱德华时代和我们之间的差距："如果犹太人存在某种不可治愈的社会寄生倾向，而我们阻止了这种寄生，那么犹太人就会被消灭；如果犹太人没有这种倾向，那么也就没有必要去消灭他们了。"威尔斯认同这样一种观点："许多犹太人面容丑陋，但其他非犹太人也有可能长着一张令人厌恶的嘴脸；许多犹太人衣着粗俗，态度恶劣，精于

---

① 见 Nicholas Wright Gilliam. *A Life of Sir Francis Galton*, Oxford University Press, 2001。
② David Smith, *H. G. Wells: Desperately Mortal*, Yale University Press, 1986.

算计，狡猾奸诈，但也并不比许多非犹太人更糟。"他还指出，反正犹太人一般都活不长。然而对于其他种族，他的判断毫不犹豫："至于其余的人，那些成群的黑色和棕色人种、落后肮脏的白种人，还有黄种人，那些不满足效能的新需求的人群，又会怎么样呢？好吧，世界就是世界，并非慈善机构，该走的总会离去。世界的要旨在于，他们必须离开，死亡和消失就是他们的命运。"

我们必须客观地指出，几年以后，威尔斯修正了自己对于种族问题的看法，但是对酒鬼、暴饮暴食者和其他身患遗传性疾病的人，他的优生学观点始终没有改变。1903 年，他出版了续集《创造中的人类》（*Mankind in the Making*），在书中指出："我们探讨马和羊的繁殖，关注如何改善猪和鸟的血统，对待人类自己的婚配却漫不经心，这是极为荒谬的。"对于那些患有遗传性疾病的人，对于那些酒鬼，国家应该采取"除酷刑以外的"一切手段来惩罚试图繁衍下一代的人。威尔斯本人性欲旺盛，生活放荡，因此他对于漫不经心的婚配的指责，看起来尤其虚伪。关键之处在于，他当时是自信地投身于主流的先进政治思想的。前自由党首相罗斯伯里（Rosebery）伯爵对于高尔顿的优生学兴趣浓厚。1907 年，英国优生学教育协会成立，至少一半的成员是职业女性，其影响迅速扩大。有人把中产阶级的观点汇报给高尔顿：如果生了一个行为不端的孩子，一个问题少年，该怎么办呢？"你看，这都是不根据优生原则选择婚姻的结果。"几年之后，一位博尔斯（Bolce）夫人给女儿起名叫"恩吉妮特"[①]，以此夸耀她和丈夫都具有非常优秀的繁殖基因。

1912 年 7 月，也就是高尔顿去世 6 个月之后，关于优生学的第一次国际会议在能够俯瞰泰晤士河的塞西尔酒店开幕。大会的副主席包

---

① Eugenette，意为"优生宝贝"。——译者注

括英国首席法官、外科医生协会主席、伦敦市长、伦敦大学副校长、里彭和伯明翰的主教、发明家亚历山大·格拉汉姆·贝尔（Alexander Graham Bell）、海军大臣，还有温斯顿·丘吉尔。伟大科学家达尔文最后一个健在的子女伦纳德·达尔文（Leonard Darwin）少校发表了一场激动人心的开幕式演讲，呼吁采取措施，反对不受欢迎的生殖。这次会议的目的是："广泛传播新的信条，实现通过有选择的繁殖改善种族和阶级的宏伟目标。"[1] 可悲的是，它竟然成功了。对于不同人群的强制绝育最早开始于美国的某些州。总统卡尔文·柯立芝（Calvin Coolidge）在解释《1924 年移民法》时说道："生物学的规则显示，当与其他民族融合时，北欧的日耳曼人会明显退化。"更糟的是，欧洲大陆的法国、斯堪的纳维亚地区，特别是德国也了解到了这一观点。在德国，很快就有关于优生学的论文发表出来。1905 年，一个名为种族卫生协会（Race Hygiene Society）的组织在德国成立。

关税之争与一闪即逝的政治彗星

判定某人伟大的一个标志，就是他能够成为某个俗语的来源。时至今日，我们使用最频繁的两个形容政治家的俗语——"所有的政治生涯都以失败告终"和某某"制造了政治气氛"，在最初使用时，指代的都

---

[1] Gilliam, *A Life of Sir Francis Galton*.

是维多利亚晚期和 20 世纪早期英国政坛中，对政党构成毁灭性打击的政治彗星约瑟夫·张伯伦。后来的反偶像主义者伊诺克·鲍威尔（Enoch Powell）在谈到这位活跃在英国中部的同乡时表示，自己也受到了同样危险的诱惑，想把一些想法引向合乎逻辑的结论："除非在巅峰时期急流勇退，所有的政治生涯都将以失败告终，这就是政治的本质，也是人类社会生活的本质。"温斯顿·丘吉尔有时是张伯伦的崇拜者，有时又是敌人，他评论道："约瑟夫是英国事务中最活跃、最闪耀、最反叛也最有趣的人物，他就是'制造气氛的人，也是最为大众熟知的人'。"

而如今，张伯伦这个姓氏主要指代的是约瑟夫的小儿子，那个在慕尼黑迎合希特勒的人了。这将使得爱德华时代的人大为震惊。约瑟夫·张伯伦在那个时代的名气如日中天，无人能够匹敌。到处都是他的政治漫画，他的名字在音乐厅的歌声中传唱，他的演讲能够吸引成千上万的听众，而且很快就会充斥第二天的报端。他的观点传入了柏林和莫斯科，法国漫画中充满了对他的嘲讽，他还占据了纽约新闻的头版头条。但是，所有这些都以失败告终。1906 年，他在选举中失败，而且情形比这还要糟糕。70 岁生日之际，在他的政治大本营伯明翰举行了隆重的庆祝活动，到处都是游行、演讲、宴会和庆祝的人群，就像今天的人们迎接夺冠的足球队归来一样，甚至还要更为隆重。两天之后，在他位于伦敦的家中，这位英雄因为中风摔倒在浴室里，没能下楼赴约进晚餐。之后他的生活非常凄凉，经常懒洋洋地默默靠在下议院的长椅上，这里曾经是他运筹帷幄的地方。

在其政治生涯中，张伯伦曾经是一个激进派的新手，是主张进行伟大改革的市民领袖。在抗议格莱斯顿（William Gladstone）决定支持爱尔兰自治政府的行动中，他导致了自由党的分裂；在南非发生的战争中，这位支持帝国的政治家的领导又使自己更加声名大噪，饱受争议。

但这也是张伯伦最为引人注目的事件中的最后一件。"关税改革"意味着在大英帝国周边树立贸易壁垒，标志着自由贸易的终结。就像今天第三世界国家呼吁"公平贸易"来帮助那些艰难生存的农场主一样，关税改革者呼吁减少竞争和残酷追求效率的行为。这是试图在一个日益危险的世界里把大英帝国绑定在一起，使其免于同欧美对手进行竞争。如果张伯伦倡导的关税改革取得了成功，英国现代史，乃至20世纪早期的世界历史，都将截然不同。

在其生涯的早期，张伯伦只能说是个有用的人。他在伦敦长大，是鞋业公司老板的儿子，生产有用的鞋子；去了伯明翰之后，又开始制造支撑起维多利亚时代工业的有用的螺母、螺栓，尤其是螺丝钉。有一段时期，他公司的螺丝钉产量占据了英国市场的2/3。如同维多利亚时代的许多企业家一样，他早早地退出商场，投身政坛。

在伯明翰，他很快成为不从国教者的激进圈子中的领导人物，一个典型的中产阶级现代化主义者，呼吁给予所有人投票权，肩负起推行世俗化义务教育的事业，发起反对乡村贫困的运动。正如他所说的："自由的教会，免费的学校，免费的土地，自由的劳动。"这也是非常有用的信条。张伯伦早期取得的最大成功，是在1873年他以自由党的身份当选为伯明翰市长之后获得的。他战胜了致命的恶劣水质、进行恶性竞争的无能的天然气制造商、严重不足的下水道、肮脏的贫民窟，等等，展示了持续不断的活力、乐观的精神和务实的市政政治。至今这些成就仍然被视为地方政府建设的楷模。张伯伦领导下的市政府很快就拥有了值得夸耀的体育馆、图书馆、被清理和重建的公共空间，以及明显更加健康的市民。

张伯伦很快投身于更广阔的政治舞台，这是维多利亚时代接连出台的《改革法案》所创造的舞台。张伯伦非常喜欢聚会，喜欢在大量观众面前展示自己。他身穿时髦的黑色天鹅绒外套，用兰花加以装饰，他的红色领带，特别是他的眼镜，很快就如同丘吉尔的帽子和雪茄、哈罗德·威尔逊（Harold Wilson）的烟斗、玛格丽特·撒切尔的手包一样，成了标志性的象征。他是一个善于使用生动语言的天才，这是每一个广告商梦寐以求的天赋。一进入下议院，他就着手创建一个全国性的组织，以提高自由党的效率，并在格莱斯顿的领导下就电力照明和破产改革等实际问题制定了有效的法案。但张伯伦的观点很快变得更加黑暗和危险。他梦想着一种新的政治形态，试图把最激进的大英帝国主义同国内的就业和社会改革联系在一起。爱国主义和手上的现金，是蛊惑人心的政客们经常摆弄的两张牌。

那些野心勃勃地寻求政治新生态的人士注意到了这一点。在带着敬畏之心观察他的人之中，有温斯顿·丘吉尔的父亲伦道夫（Randolf Churchill），有年轻的劳合·乔治，更不要说还有不大可能成为张伯伦朋友的亨利·海德门（Henry Hyndman），他是英国早期马克思主义者的领袖，是一个革命派。那个时代的政治同情远比那些戴着高帽子、面无表情的人所表现出来的阴郁形象更不稳定，瞬息万变。1886年，因为爱尔兰地方自治问题，张伯伦与格莱斯顿及大多数自由党人断交，建立了反对派的自由党统一派。他与保守党领袖索尔兹伯里侯爵（他曾谴责此人是无用的累赘）结盟。在与中国和德国的冲突中，在追逐非洲殖民地的时期，他成了一个领袖级的政治家。张伯伦的民粹主义抛弃了很多传统自由党人的理念，也使得他远离了老派保守党的贵族和财阀。他时常被称为"叛徒"，而且的确就是这样的人，似乎非常享受血腥的政治生活。在一次关于爱尔兰的著名下议院辩论中，争吵变成了拳头的争斗，地板上散落着撕破的衣服和破碎的牙齿，他却十分陶醉。他对布尔战争的喜爱导致这场战争被称为"约瑟夫的战争"。他在1900年的

"非常时期的选举"中，攻击自由党的对手为叛徒，这种行为激起了帝国自我正义的狂热情绪，这场选举被称为"约瑟夫的选举"。

在劳合·乔治于 1901 年 12 月进行冒险演说时，也可以看到类似的情况。他的演说将在张伯伦家的后院伯明翰发表，主要观点是反对布尔战争。由于早已经丧失了对张伯伦这位激进的大英帝国支持者的钦佩之情，这个"支持布尔人"的威尔士人身处可怕的威胁之下，甚至人身安全也受到了威胁。当劳合·乔治抵达伯明翰的时候，有人要求张伯伦至少应该公正地听一听对方的观点。张伯伦回答说："如果劳合·乔治想要保命，就最好远离伯明翰。如果他不去，我会认为他在害怕；如果他真的去了，那么一切后果都是他自找的。"劳合·乔治从来都不是懦夫，他去了，面对一群沸腾般的暴徒。

估计大约有 10 万名之多的战争拥戴者包围了市政厅，在劳合·乔治开始演讲之前，他们就砸碎了每一扇窗户，压倒了警察，携带武器闯入了这座建筑物。由于担心生命安全，劳合·乔治穿上了警察制服，戴着头盔，偷偷转移到安全地带。在这场暴乱中共有 40 人受伤，2 人死亡。对于政敌逃跑这件事情，张伯伦感到非常失望，当时他身处伦敦的俱乐部，密探给他发了一封电报，告诉他劳合·乔治至少没有得到开口说话的机会。[1] 有时，张伯伦似乎不知道议会和政治行为的明确界限在哪里，在新型民主主义中升起的其他新星也存在这个问题。

至此，张伯伦已经在头脑中形成了一套关于英国问题及其解决方案的观念。自从 19 世纪 40 年代展开关于《谷物法》的斗争以来，自由贸易已经成为英国权势和英国工业革命的同义词。最基本的政策是，

---

[1] 见 Robert Lloyd George, *David and Winston*, John Murray, 2005, 及 Peter Brent, *The Edwardians*, BBC Books, 1972。

从美国和阿根廷进口廉价的食物,养活城镇中的人口,让农民们尽可能幸福地生活下去。萨塞克斯郡的玉米地已经被奥尔德姆的梯田淹没了。但是聪明的观察者知道,1902年春,政府出于布尔战争的需要宣布对进口玉米征税之后,在大英帝国周边设置一个更高的关税壁垒这种观点势必将会回归。在过去10年的大部分时间里,张伯伦一直对德国忧心忡忡。在构建了高关税壁垒之后,德国的工业、财富和社会福利都发展起来,法国、意大利和奥匈帝国也是如此。美国的关税更高,发展也更快。因此,也许现在正是接受整个世界都处于敌对贸易区,大英帝国也应该设置这样一个壁垒的观点的时候了?工资收入停滞不前,工业增长缓慢。张伯伦建议,可以从南非、加拿大、新西兰和澳大利亚进口更为廉价的食物,其他商品则都应该征收重税。同时,英国的工业会再度复苏,得以供给整个帝国市场,因为它对于全部外来者都是关闭的。大英帝国自身就可以实现全球化。

但是,这里存在一个明显的问题:食品的价格会提高。张伯伦试图说服人们,繁荣的工业以及把关税收入用于福利帮助穷人,会抵消食品价格上涨带来的影响。但还有一个更大的政治问题。如果英国转向保护主义,修筑更高的关税壁垒,世界是否会变得更为贫困?各国彼此之间的敌意是否会进一步加剧?这是否意味着大英帝国的失败,说明刚刚创造出世界奇迹的英国工业,无力再参与平等竞争了呢?另一方面,贸易保护主义的政策看起来又非常有吸引力。受益者不仅包括处境日益艰难的工业家,也包括那些备受打击的农民和地主——于是旧自由主义和旧保守主义的壁垒成功地结合在了一起。帝国的受益者、军人家庭和殖民地管理人员当然都会支持帝国。说话尖酸刻薄的玛戈·阿斯奎斯(Margot Asquith)是自由党领袖的妻子,非常了解当时的形势。她认为:"随着有点头脑的人、受过中等教育的人、大英帝国支持者、公爵、记者和武装力量的加入，关税改革的战争将像野火一样蔓延开来。"①在当时，这些人联合起来就是一股很大的势力了。

如同张伯伦一样，在下议院的最后日子里，丘吉尔也意识到了这一点。在 1902 年 4 月关于预算的争论中，他谈到，人们很快会发出这样的疑问：为什么我们不能一石三鸟呢——集中收入，支持英国的工业，巩固帝国？他接着表达了自己的疑虑："如果这些卓越的权威人士抱着负责任的想法直言不讳地提出了公平贸易的问题（其实就是保护主义的委婉说法），那么 20 世纪会是什么样子呢？我们会发现自己再次身处一个古老的战场，周边是破碎的武器、长满野草的战壕和被无视的坟墓。还有政党的痛苦，这些都是这一代人还没有意识到的。这一切会如何分裂现存的政治组织呢？"他的儿子在为父亲撰写传记时，认为丘吉尔的演讲"具有令人难以置信的先见之明"，但其实年轻的温斯顿·丘吉尔一直在消息灵通的圈子里活动。丘吉尔和他那些堪称青年才俊的朋友自称"街头恶棍"（Hooligans），这是以他们的成员之一休·塞西尔（Hugh Cecil）的名字命名的。丘吉尔表达看法一个星期之后，他们请张伯伦吃晚餐。晚宴结束之际，张伯伦感谢他们提供的丰盛晚餐，于是回报给他们"一个无价的秘密"："关税！这将是未来的政治主流，而且这个未来不远了。仔细地研究这个问题，使自己成为专家，你们绝对不会后悔今晚对我的款待！"②

那时，张伯伦已经开始破坏在索尔兹伯里领导下的保守党政府，但其现任的统治者是索尔兹伯里那个像野牛一样的外甥亚瑟·贝尔福。作为最古老、最伟大的政治家族之一的一个分支，在其他议员看来，贝

---

① Margot Asquith, *Autobiography*, Eyre & Spottiswoode, 1962.
② 引自 Randolph S. Churchill, *Winston S. Churchill*, II。

尔福似乎只是一个软弱无能的家伙。他的第一份政治工作是索尔兹伯里给他的，即使以维多利亚晚期英国的标准看来，这也被广泛认为是一种极端的家族支持行为，还为英语中增加了一个词组"鲍勃是你的舅舅"[①]。贝尔福人称"漂亮的范尼阿姨"，是"灵魂"（Souls）组织的一员，这一团体的成员都是聪明、自诩精英的年轻贵族，他们聚集在一起联络感情、互相提升。他的哲学著作非常令人钦佩，但是其论调是悲哀、垂死的。他最著名的一句话是："什么事情都没有那么重要，很少有事情真正重要。"他最著名的著作是《为哲学质疑辩护》（*Defence of Philosophic Doubt*）。在一个社会辩论和科学辩论异常活跃的时代，他却似乎抱持着悲观的窄命论观点。他会从长远来看："星系的能量终将衰减，太阳也终将黯淡无光。地球将失去潮汐，死气沉沉，不再允许一个曾经短暂打扰了其宁静的种族的生存。"这虽然是无可否认的事实，但绝对不是大多数首相应该持有的论调。

然而，一旦执掌了政权，掌管了爱尔兰之后，贝尔福便充分暴露出残酷无情的本色，并因此得到了第二个绰号"血腥的贝尔福"，他成为这一时期保守党著名的政治家之一，自然而然地成为舅舅的继承人。在首相任期之内，他遭遇了一系列危机，但是大多数情况下，他一直在试图维系保守党和自由党统一派的联盟，因为张伯伦正在不顾一切地试图破坏这一联盟。在反对贝尔福提出的《1902年教育法案》的战役中，张伯伦输了，不从国教者之所以反对这一法案，是因为尽管它创建了一个统一的学校体系，但同时也使得教会学校变为由地方的纳税人支撑。贝尔福一直非常担心张伯伦可能会威胁到自己的首相职位，所以他仅仅是在维持政府的运转，在关税问题上并不持有强硬的观点。对于这一问

---

① "鲍勃"是索尔兹伯里侯爵的名字"罗伯特"的昵称。——编者注

题，他或者闪烁其词，或者采取拖延策略，承诺举办一次帝国会议，还发表了一些安抚性质的模糊声明，这一点如同20世纪90年代中期约翰·梅杰（John Major）试图把因为欧洲问题而分裂的保守党政府凝聚在一起时一样。然后他狡猾地诱骗内阁中强硬的自由贸易主义者和张伯伦双双辞职，自己则挺了过来，虽然并不光彩，但其政治生涯总体比较平静，而且任期比可能的时间还要长些。

在争吵不断的时候，丘吉尔写信给一位选民：

在我看来，努力建筑围墙把大英帝国围起来是一项非常了不起的政策。这个围栏极为巨大，其中可以产生很多东西，但是世界更大，可以找到比大英帝国更好的东西。我们为什么要使自己因为关税问题，而不能接触到更好、更为多样化的商品呢？与其他天体相比，我们的星球并不是很大，我实在找不出一个特别的理由，为什么要在这个星球上构筑一个被称为大英帝国的更小的星球，为什么要用不可逾越的空间与世界割裂开来。

丘吉尔刚刚从美国赚钱归来，他的母亲是美国人，但这些话并非出于对自身利益的考虑。在另一封写给张伯伦后院中一位主张自由贸易的保守党人的信中，他表达了自己的忧虑，指出一旦欧洲战争爆发，关税壁垒将切断英美之间的联系："我不想看到一个完全孤立的帝国。"[①] 在丘吉尔的早期政治生涯中，他经常被讽刺为一个头脑简单的帝国沙文主义者，但是这场简单却高贵的辩论将很快使得丘吉尔不仅抛弃张伯伦（他被丘吉尔的背叛深深伤害了），也抛弃整个保守党。

---

① Randolph S. Churchill, *Winston S. Churchill*, II.

在丘吉尔写下"小星球"那封信的前 5 天，张伯伦已经打响了 20 世纪这一崭新世纪中最为扣人心弦的争论中的第一枪。1903 年 5 月 15 日，在伯明翰市政厅（市政厅的玻璃在经历了劳合·乔治的友好访问之后已经修复）的一次演讲中，张伯伦抛开其他所有问题，带着明显的轻蔑口吻，告诫自由党党鞭："你们可以把传单烧掉了，我们将要谈一点别的问题。"这个国家正式分裂了，出现了敌对的联盟、敌对的报纸和敌对的争论。张伯伦得到了大多数媒体的支持，为海报、传单和全职工人筹集到了大笔资金。

他说，现在面临一个选择，是保卫帝国，还是坚持"一小撮残余的英国人"的自由贸易信念。对于没有保护的英国的未来，他的语言中充满了预警性，例如他 11 月 11 日在格里诺克所做的一次典型演讲："所有行业中最伟大的农业，以及这个国家的工业，实质上都遭到了严重的破坏。制糖业流失了，丝绸业流失了，钢铁业面临着威胁，羊毛业也是如此，棉纺业很快也将面临同样的困境，你们还能够忍受多久呢？这一情形就像一片土地上的羊，一个个被引出来，遭到宰杀。"在最初的十几次重要活动中，张伯伦一直在宣扬这样的观点，从格拉斯哥到纽卡斯尔和泰恩茅斯，随后一路向西来到利物浦，辗转到加的夫和纽波特，最后回到利兹。

随着忧心忡忡的制造商参与人数的增长，他的语言风格发生了变化，谈到帝国的时候少了，更多涉及的是如何拯救这些工业。在一幅非常典型的关税改革联盟的海报上，代表英国人的"约翰牛"惊恐地面临着美国的火车和电车、德国的卡车、奥地利的家具以及比利时的钢铁的狂轰滥炸。在伦敦的莱姆豪斯区，他发起了一系列新的攻击，针对的是新近的移民。作为社会革命家的张伯伦消失了，他的自由党统一派成员属于中产阶级，对于重大改革持有敌意。他放弃了对养老金问题的热情。通过与右翼联合，现在他也成了右翼。

反对他的是自由党，他们因为布尔战争而发生了分裂，现在又团结在一起攻击张伯伦。在马菲肯解围之后，劳合·乔治的肖像曾经被烧毁，现在他抓住机会惩罚老对手，用语恶毒但诙谐。他告诉一位听众："只有倒退回 50 年之前，人们才会因为面包被征税。还有就是 3 000 年之前，被一位名叫约瑟夫的人统治的伟大帝国时期。但是这里存在一个差异：古代的约瑟夫的梦想是为人民提供大量的玉米，现代的约瑟夫则梦想着出现玉米短缺的问题。"（没有什么比学习《圣经》更能提升谩骂水准的了。）还有，张伯伦把自己想象成小俾斯麦（Otto von Bismarck），那位"铁血宰相"，但实际上"他仅仅是螺丝钉——那是张伯伦帝国主义上唯一的铁制品"。[1] 然而，最终击败张伯伦的不是劳合·乔治，而是愚钝的自由党人赫伯特·亨利·阿斯奎斯（Herbert Henry Asquith）。

这位看起来非常冷漠的律师同样穿越了英国的乡村，走过克莱德河畔、纽卡斯尔、佩斯利和伍斯特，耐心地用铁一般的事实击溃张伯伦的论点，挑战张伯伦对于历史的掌控，并且在思想上超越了张伯伦，而张伯伦一直坚信自己才是思考最深入的人。张伯伦在伯明翰的爆炸性演讲发表之后，阿斯奎斯拿着报纸来到妻子的卧室，感叹道："今天有个好消息：我们横扫全国只是时间问题了。"[2]

有一段时间，张伯伦似乎要赢了。他的拉票员逐门逐户地宣讲、解释他的观点，记录下支持者的数量。年轻的伍德豪斯（P. G. Wodehouse）在《每日快报》（*Daily Express*）上发表支持张伯伦的诗歌，主角是一

---

[1] John Grigg, *Lloyd George: The People's Champion*, HarperCollins, 1997.
[2] Roy Jenkins, *Asquith*, Collins, 1964.

只鹦鹉，鹦鹉学舌般重复着自由党的廉价食品供应链。这些诗歌大获成功，被写入了音乐厅的歌曲，还举行了鹦鹉比赛。另一首音乐厅歌曲唱道："当地球上重新充满了财富与欢笑，每个人都可以告诉自己的邻居，所有这一切都是张伯伦的功劳。"整个国家似乎都陷入了这场关于经济理论的争论之中，比关于政府的争论规模更为庞大。现代英国已经成为一个拥有强大金融和城市传统的国家，总是试图打破贸易壁垒，并受到外部联系的影响，尤其是与美国的联系。关税改革如果成功，这样一个英国在萌芽状态就会被扼杀。

时间最终证明，阿斯奎斯是正确的，张伯伦的观点被彻底碾压不见。部分原因在于商业氛围的改善，1905 年曾经有利于张伯伦的失业和大规模破产现象都慢慢消失了。但他也的确在辩论中落了下风。在 1906 年的选举中，自由党取得了压倒性的胜利，甚至连首相贝尔福都丢掉了自己的议席，不过很快他又获得了一次机会。从此刻直到"一战"时期，一直是自由党执政，就爱德华时代的英国而言，保守党的定位始终是愤愤不平的反对派。张伯伦毁灭了自己的第二个政党。在中风之后，他那种被比阿特丽斯·韦布称为"机械野蛮的坚持"帮助他一直撑到了 1914 年，最终死于心脏病发作。政治新时代的曙光降临了，贫穷的问题、帝国的问题，都将由击溃他的阿斯奎斯、劳合·乔治和温斯顿·丘吉尔以截然不同的方式加以解决。此刻，丘吉尔已经离开了保守党，独自走上了一段漫长而奇怪的旅程。

音乐厅里的工人之声

——

　　甚至连《泰晤士报》都认为，动用 300 万朵玫瑰的确有些过分了，但是同时它也承认，在 1912 年 7 月 1 日的那个夜晚，正是由于这些玫瑰，连同那些紫藤、花朵环绕的彩灯和文艺复兴时期的金器，才产生了"炫目的光影效果"。位于伦敦沙夫茨伯里大街的宫廷剧院于 1891 年开业，首次演出的是亚瑟·沙利文（Arthur Sullivan）的歌剧《艾文霍》（*Ivanhoe*），其定位是一个大型歌剧表演场所。但是伦敦公众对于歌剧的热情是极为有限的。于是，它迅速地融入了市场，成为各种剧目的表演场地，并以高踢腿的歌舞女郎而闻名。正是这家综艺剧院订购了无数箱玫瑰。但在那个夜晚，人们穿的并不是廉价夹克或低档套装，而是正式的晚礼服。因为这是皇家乐团在音乐厅的首次演出。国王乔治五世和亚历山德拉（Alexandra）太后也在这群观众之中，观看宫廷剧院女孩们的舞蹈。维丝塔·蒂利（Vesta Tilley）女扮男装，哈里·劳德（Harry Lauder）演唱了歌曲《在暮色中漫游》（*Roamin' in the Gloamin'*），当时最伟大的喜剧演员乔治·罗比（George Robey）和小迪奇（Little Tich）表演了自己最为著名的段子，还有轰动一时的杂耍艺人辛科瓦利（Paul Cinquevalli）的杂耍，以及其他许多节目。从某种意义上说，这是一个历史性的时刻。大约 70 年来，发源自酒吧里屋的工人阶级传统慢慢地渗透到城市的中心地带，进入越来越奢华的场所。爱德华时代的音乐厅里充斥着对婚姻破裂、酗酒以及财富得失的嘲讽，这些都是不容忽视的。在赛马场、宫廷、帝国和大剧院，你都可以听到来自街边、列车车厢和会客厅的歌声。现在，甚至出身另一个"宫廷"的人也来这里"朝拜"了。

但是那个温暖的 7 月的夜晚有点问题，少了什么人。而且，尽管报纸报道说演出非常成功，但它的确不是一个真正美好的音乐厅夜晚应有的模样，不如真正的音乐厅之夜那样闪亮。《泰晤士报》认为，有些表演者看上去"有点胆怯"，和面对普通观众时比起来，缺乏"他们本身应该具有的奇异魅力"。还有人认为这是"相当枯燥的表演"。尽管有国王和太后的出席，尽管有强大的表演者阵容（共有 150 人参加了花园晚会的谢幕），尽管有 300 万朵玫瑰，但总让人有这样一种感觉：真正的表演是不是在另外一个地方呢？的确是这样的。在从此地向西几百码 ① 的伦敦亭台剧院，一个极度愤怒、极度骄傲的女人独自一人站在舞台上，观众为之疯狂。她唱了一首接一首歌曲，观众还是不肯让她停下来。这位歌手就是玛丽·劳埃德（Marie Lloyd），尽管她是最为著名的综艺歌手，但一直被认为太过粗俗下流，不能出现在皇家乐团之中。因为遭受冷落，她租用了宫廷剧院的竞争对手亭台剧院，传说她贴出了自己的海报，宣称："玛丽·劳埃德的每一场演出都是由英国大众定制的御前演出。"

音乐厅不可能变得驯服，其目标也没有瞄准体面的中产阶级，否则它就会失去灵魂而死，这种情形很快就会出现了。它是一项工人阶级的娱乐活动，从人民中来，到人民中去。它的幽默是多愁善感的，是爱国的，但也带有淫秽的色彩；它最为著名的马戏表演令人瞠目结舌；它的歌曲简单，却让人有忍不住倾听的欲望。《黛西，黛西，回答我，我愿意》（*Daisy，Daisy，Give Me Your Answer Do*）、《画廊里的男孩》（*The Boy in the Gallery*）、《我是格拉斯哥人》（*I Belong*

---

① 1 码约合 0.91 米。——编者注

to Glasgow），时至今日仍然是英语世界里到处哼唱的小曲。当然，这些在印刷品和残存的录音中幸存下来的歌曲，只是音乐厅精神的一小部分。大多数优秀的演员并没有被记载下来，很多都没有被拍摄过。有一小部分虽然被记录下来了，却是在其全盛期之后了。我们无法真正听到这些伟大的喜剧表演者在他们的"花言巧语"中都说了些什么，部分原因是人们常常认为这些话太粗鲁了，不值得被记载。我们也无法想象维多利亚时代和爱德华时代音乐厅里的噪声和气味，这是汗液和肮脏的衣服散发出来的气味。摊位上和回廊里的大多数人都在抽烟斗或雪茄，还有许多顾客喝得醉醺醺的，或在表演期间吃东西。煤气灯非常危险，有很多音乐厅因此被烧毁。

表演者只有几秒钟的时间来吸引观众的注意力。在表演失败时，不同的城镇有不同的传统。像格拉斯哥或纽卡斯尔这样的造船城市，过去的方式是专门投掷钢铆钉。在伦敦东区，投掷的则是猪蹄的骨头或者菜叶。有时人们也喜欢投掷沉重的锡制杯子，这会导致在台上苦苦挣扎的歌手受伤见血。死猫死狗也不是没见过。一些观众脱下靴子投掷上去。在许多更粗野的音乐厅，小型乐队的演出是在铁丝网内进行的，以保证安全。

早在维多利亚还是一个小女孩的时候，音乐厅时代就已经开始了。在酒馆里，既有专业的演出，也有业余的表演，这些被誉为"欢宴"。收入来自售卖的酒水，差不多算是入场费。自 19 世纪 40 年代以来，全伦敦的地下室里都可以看到这样的表演。1842 年，博尔顿的星星酒吧开始营业，人们普遍认为这是第一家开在伦敦之外的音乐厅。10 年之后，这个城镇已经有了 10 家欢宴场所。在苏格兰，到了维多利亚时代中期，人们不断抗议几乎全裸的女子舞蹈、粗俗的歌曲和包括很多 13 岁以下的赤脚女孩和男孩的观众群体。早期专门建造的娱乐大厅和今天受人尊敬的音乐厅截然不同。娱乐大厅里摆放着供人吃喝的桌子，舞台的边缘还有一位主持人举手示意，他的工作就是安排下一个节目的表演者——魔术师、歌手、喜剧演员和口技表演者，而且要在某种程度上维持秩序。在维多利亚晚期，首都伦敦已经拥有 500 所不同规模、不同格调的音乐厅，诸如拱桥下的加蒂、卡斯莫斯卡、老莫和福斯塔夫等，以及至少 50 所特别建造的豪华音乐厅。在伦敦以外，全国还有 200 多所音乐厅。

直到"一战"之前，当时的技术手段——火车、报纸和钢琴，都在不断推动音乐厅向前发展。这时，英国已经被错综复杂的铁路网络所覆盖。携带花花绿绿促销海报的表演者几乎可以乘坐火车抵达任何一个地方，伦敦流行的歌曲几天之内就可以传到埃克塞特、贝尔法斯特或者邓迪。一些比较流行的表演最初来自澳大利亚或欧洲，而英国歌手在美国的需求量也很大。在那些几乎看不到外来娱乐活动的城镇里，也出现了操着苏格兰或者伦敦东区口音的人，只是调门被适当地降低，便于理解。因为在维多利亚晚期，粗犷多样的地区英语才刚刚开始变得柔和。这些偏远之地的歌星成为国家名人，连同他们的缺点、口头禅和混乱的私生活都变得家喻户晓，这一切应该归功于 19 世纪 90 年代以来报纸的爆炸性发展。最后，由于大量廉价钢琴的生产（这主要是德国人的功劳），越来越多的家庭有机会学习和演唱新的流行歌曲，这反过来又助长了音乐厅里的明星制度。歌手们得以直接从作曲家那里购买歌曲，如果歌曲受欢迎，就能靠曲谱赚取一小笔财富。在英国，廉价钢琴对于音乐厅的影响，就如同电吉他和晶体管收音机在流行音乐时代所发挥的影响一样。

英国音乐厅最伟大的建筑师是德文郡一个多产的酒厂老板的儿子，名叫弗兰克·玛奇阿姆（Frank Matcham）。1879—1920 年，他设计了至少 150 家剧院，在 43 家最重要的剧院中，27 家被拆，一些被烧毁，其余大部分已经被改造得无法辨认。[1] 只有少数最为华丽的建筑被保留下来，包括伦敦大剧院、伦敦竞技场、牧羊人丛林帝国和布里斯托尔竞技场。如今取而代之的是一些毫无疑问更加有用的岔路、游戏厅和办公楼。在玛奇阿姆设计的音乐厅里，有着传统剧院的等级和座位安排，但是添加了更加神奇的装饰。他最伟大的作品是伦敦大剧院，其中配有全球第一部剧院用电梯、适用于赛马和其他大场面的旋转舞台，还有一条小铁路可以让国王及其随从直通皇家包厢。医生以及其他可能收到紧急信息的人会把自己的座位号码留在一个小隔间里，方便信息传递员很快找到他们。

在这些新式音乐厅里，由于早期的电灯和通风设备，古老的投掷和吃喝场面已被更像是剧院的体验所取代。尽管如此，在演出失败或者演员不受欢迎的时候，起哄者制造出来的噪声仍然非常嘈杂，使得观众根本无法听到表演的声音。嘘声会迅速扩散开来，使得表演当场中断，这被称为演员"得到了一只鸟"。一场比较典型的晚会通常包括 20 个节目，每一个都很短小，包括杂技、故意涂黑的"黑人歌手"、浪漫歌谣、嘲讽人们对于汽车喜爱的喜剧，还有魔术。在某些郡县，每晚通常有两场演出，第一场比较文雅，第二场则更加吵闹，原因显而易见。在伦敦和其他一些城市，表演者会从一所剧院奔赴另一所，一晚上通常表演好几场。在周五的晚上，许多剧院允许业余表演者演出，就像今天的电视选秀节目一样。不过在音乐厅里，并没有名人组成的刻薄挑剔的口头评审团，而是有一个经理一直在舞台边盯着，手里拿着一根带钩子的长杆，一旦表演者失败，就勾住他们的脖子让他们退出场地。

这些表演与流行文化的相似之处非常有意思，远远超越了技术带

---

[1] 见 Richard Anthony Baker, *British Music Hall: An Illustrated History*, Sutton Publishing, 2005。

来的影响。音乐厅歌曲的主题永远都是爱和心碎，和现在没有多大差别，尽管当时表达的是压抑的感情，而不是个人的反叛。歌曲的结构都是简单的旋律和有节奏的合唱，这也和现在没有什么不同。诱惑也是一样的。有很多青少年歌星因为酗酒、乱交乃至毒品而走向毁灭。绝望的感觉同样强烈。马克·谢尔丹（Mark Sheridan）有一部非常成功的作品《我喜欢在海边》（*I Do Like to Be Beside the Seaside*），在 1909年非常流行，但是后来他的职业生涯急剧下滑，在格拉斯哥体育馆演出的时候，观众嘘声一片，他感到非常绝望，在凯文葛洛夫公园开枪自杀身亡。

如果说现代的名人文化依赖于噱头的话，那么对于音乐厅里的表演者来说，这也不是什么新鲜事。哈里·胡迪尼（Harry Houdini）就曾经做了这样一件事：无论预定在哪儿演出，都会把自己锁在当地的监狱里，然后成功逃跑。谢尔德警方在三道锁头的死囚牢房里又增加了一个七杆锁，他还是成功逃脱了。歌手们则会带着风笛和马车出现，为广大公众带来一个盛大的出场秀。这样做的收益是非常惊人的，特别是对那些准备去澳大利亚、南非、巴黎和纽约巡演的歌手来说更是如此。玛丽·劳埃德虽然只有 20 多岁，但她拥有马车、仆人和随从，队伍规模极其庞大。她挥金如土，会向那些小艺术家抛撒现金，会给自己的父母每人在苏豪区买下一家小酒吧，而且到处高调旅行。弗雷德·巴恩斯（Fred Barnes）是一名同性恋歌手，他在伦敦亭台剧院取得了第一次大成功，很快赚取了巨额的财富，在蒙特卡洛一晚上就一掷千金，拥有 4 辆汽车（那时汽车还是非常昂贵的玩物）和大量的仆人。弗洛丽·福德（Florrie Forde）是一名澳大利亚歌手，她的热门歌曲包括《老牛与树丛》（*Down at the Old Bull and Bush*）、《谁见过凯莉》（*Has Anybody Here Seen Kelly?*），在 1909 年这些歌似乎风行一时，如同

60 年后的披头士金曲一样，很快让福德变得非常富有。有几位音乐厅的歌手与贵族结婚，哈里·劳德（Harry Lauder）还被封为爵士。

但是对于大多数表演者来说，和大多数摇滚歌手一样，生活就是日复一日的地方巡演，永远在路上奔波。他们睡在极为简陋的房间里，梦想着真正的成功。音乐厅歌手没有唱片，因此无法了解什么可能真正流行，只能通过音乐厅里的即时反应来判断。这种情形的优势在于，在录音出现之前的时代，明星们只需要几首流行歌曲就可以把自己的演艺生涯持续多年。在现场表演之外，没有人能听到你的声音。这也意味着，只要那些已经成名的歌手有力气演唱，他们的演出就可以一直持续下去。判定是否成功的标准非常简单，就是看看剧院经理所付的报酬。哈里·劳德第一次意识到自己是明星，是因为经理给他安排了去美国的巡回演出。他不想去，于是开出了一个自认为高得离谱的价格，没想到经理一口答应。另外一个判断方法就是看乐谱的销量。一位作曲家兼半职业歌手和鱼贩，写过一首《前往蒂伯雷利的漫长道路》（*It's a Long Way to Tipperary*），这首歌在 1912 年推出之后，很快达到了乐谱销售的顶峰，两年之后，也就是"一战"的第一年，日销量达到了令人震惊的 1 万份。但是大多数音乐厅歌手只是简单地依靠耳朵来判断。如果观众在一两周之后能够跟着哼唱副歌，便意味着这首歌已经流行开来；如果不是这样，那么这首歌就会被放弃。凯蒂·劳伦斯（Katie Lawrence）是演唱《黛西，黛西，回答我，我愿意》的歌手。她发现这首歌连续几个星期都没有流行开来，于是准备放弃。但是，在一次地方巡演之后，她回到伦敦，听到有人在车站哼唱这首歌："几分钟后，我又听到有人哼唱，发现它已经遍及伦敦。我感到非常惊讶，如你所料，我没有放弃这首歌。"[1] 但是这一行业的随机性意味着对更多歌曲的贪婪欲望。写出《黛西》这首歌曲的哈利·戴克（Harry Dacre）说，在他创作歌曲的头两年里，他写出了700首歌，卖出了600首。

我们必须意识到这是黄金时代。对于许多音乐厅的歌曲，不可避免的命运就是被遗忘。20世纪60年代的小说家科林·麦金尼斯（Colin MacInnes）是音乐厅传统的爱好者，他概括说，这些歌曲不像更古老的民间乐曲或蓝调音乐那样强大："它们在情感上过于压抑，在智力上的水平也极为有限，歌曲的商业目的过于直白。我认为对于它们的最高评价就是，它们是工商业帝国时代的杂交民歌。"[2] 然而他也承认，这是经历了半个世纪快速变迁的英国工人阶级的声音。几乎每一个关于它们的简单断言都是可以被反驳掉的。它们鼓吹沙文主义吗？是的，"沙文"这个词就来源于一首关于俄土战争的音乐厅歌曲。但是也有另外一种观点。"我们不想战斗，但如果我这样做了，那准不会错……"很快遭到了另外一位歌手的反驳："我们不想战斗，如果我这样做了，我将会被屠杀，我会换掉衣服，卖掉装备，端起我的步枪。我不喜欢战争。我不是真正的英国人，就让俄国人占领君士坦丁堡吧。"这些歌曲伤感吗？很多歌曲的确伤感，但有些却冷酷无情。它们下流吗？好吧，让我们再回头看看玛丽·劳埃德。

玛丽·劳埃德是一个流行了30多年的歌星，虽然她去世时只有52岁。她出生在伦敦东区，最初名为玛蒂尔达·伍德（Matilda Wood），父母是制作假花的工匠。15岁的时候，她以贝拉·德米尔（Bella Delmere）的名字初次登台。她的艺名姓氏来自一份当时流行的报纸。

---

[1] Richard Anthony Baker, *British Music Hall: An Illustrated History*, Sutton Publishing, 2005.
[2] Colin MacInnes, *Sweet Saturday Night*, MacGibbon & Kee, 1967.

她的私生活极为不幸，有过三任丈夫，两个都是暴力分子。她之所以受欢迎，是因为她的高智商、她的脸蛋，以及从未脱离自身阶级的态度。在一次远洋旅行中，因为受到时髦旅客的冷落，她拒绝为头等舱的乘客演唱，仅仅为二等舱乘客和船员演唱。在1907年的剧院罢工中，她一直身处前线，支持那些收入较低的表演者。

然而，当听到她的名字时，很多人第一个想到的是她有些不合时宜。她的嘴里似乎经常爆出非常肮脏的笑话。因为其智商惊人，这点让人很难理解。她那些著名歌曲的歌词，诸如"哦，波特先生，我该怎么办？我想去伯明翰，他们却把我带到了克鲁郡"，看上去非常纯真，虽然其中也有很多温和的暗讽。她还有许多歌曲是甜美浪漫的。但这些歌曲很明显是堕落女孩的心声，可以把观众带到尴尬不已的发作状态里。在伦敦郡议会执照委员会（London County Council licensing committee，LCC）针对音乐厅的下流行为进行的调查中，她唱了三首天真、娴静的少女风格的歌曲，令调查者大惑不解。在他们表达了自己的困惑之后，玛丽又选择了另一首歌曲，丁尼生（Alfred Tennyson）所写的《莫德》（*Maud*），这是一首中产阶级的父母会朗诵给孩子们听的诗，但是她演唱的方式却很下流，眼睛直盯着观众，在他们脸红的时候就大声嘲笑。这个故事所揭示出的音乐厅的本质，可能和十几篇论文一样多。

这是爱德华时代公共行为的另外一个秘密：影射比公开的指责更具有破坏性，因为如果你承认自己懂得暗讽的真正含义，也就意味着你懂得前弗洛伊德时代的押韵俚语和身体影像的隐秘世界。脸红就意味着承认。伦敦郡议会执照委员会放过了劳埃德，把关注点转向位于莱斯特广场的帝国剧院，就像许多音乐厅一样，那里有相当数量的妓女公开在观众席后的大型马蹄形"回廊"里工作。这种活动即将被取缔的前景引起了剧场工人和伦敦车夫的抗议，他们采取行动"阻止那些热衷于伦敦人道德的人士，他们不仅会毁灭公开场所的娱乐，也会毁灭马车业"。这激发了自由主义者和所谓的"假正经"的争论，尤其是在政府决定在剧院后设置一个大帷幕的时候，这样把后面围起来将有效地破坏那些酗酒、吸烟和好色者的聚会。

温斯顿·丘吉尔就在那些暴怒的人群之中，那时他还是桑德赫斯特军校的学生。他来到伦敦进行抗议，并且发表了第一封致报纸的信件，告诉《威斯敏斯特公报》（*Westminster Gazette*）："在英格兰，我们听从这些假正经的声音已经太久了。"根据他自己的描述，他在那时领导数百人冲击帷幕，或者说路障，将其撕毁。他向自己的弟弟夸口说："是我领导了骚乱者。"随后，他发表了第一次公开演说，站在一片废墟上向民众发出呼吁："你们已经看到，我们破坏了这些路障；那么在未来的选举中，也希望你们能够把对此负责的人拉下马来。"①

然而，尽管伦敦那议会执照委员会很可能暂时被轻骑兵丘吉尔和搔首弄姿的玛丽·劳埃德组成的奇特联盟所迷惑，但是对老式音乐厅精神的扼杀仍然在持续，这是赞助商的转变、体面的社会地位以及电影院的出现带来的必然结果。从 1900 年起，音乐厅里就为观众提供了老式放映机，或者说早期的电影，但是它当时没有引起表演者的重视，当然也无法同真人表演的声光效果相比。正如曾经在布拉德福德和北方工业区首先看到了这些事物的作家 J.B. 普里斯特利（J. B. Priestley）所描绘的那样："它们从焦煤镇出发，最终凯旋来到皮卡迪利广场。"但是尽管中产阶级开始大量涌入，"多样性依然是来自工人阶级的，而且从来

---

① Winston Churchill, *My Early Life: A Roving Commission*, Thornton Butterworth, 1930, and Randolph S. Churchill, *Winston S. Churchill*, I.

没有真正远离这个阶层"。① 在爱德华时代的英国，我们处处都会发现民主的潮流在席卷旧秩序。但是在每一处地方，我们都可以看到英国社会在融合、平息这股公众的浪潮。这适用于早期的工党，一定程度上也适用于工会制度。音乐厅当然也是如此。迎接来自西区的观众意味着自我约束、不再下流，甚至非演短剧。直到 20 世纪 20 年代，音乐厅始终运转良好，但一直停留在对早期自我更甜美、更洁净的模仿的程度上。那 300 万朵玫瑰上有着致命的尖刺。

国王与自由党

———

任何读过爱德华时代政治回忆录的人都会对一件事情感到震惊，那就是君主的观点有多重要。丘吉尔、阿斯奎斯和其他许多人的文章中到处都是皇家电报以及同爱德华七世、乔治五世艰难会面的记录。这两位君主都是天生的反动派，只是因为有着倾向自由主义的顾问而显得不那么极端。在爱德华的例子中，这个顾问就是他的情妇。尽管这是民主时代的开端，但是古老的王室联姻仍然遍布欧洲，外交因此具有家族性的特征。因为两位爱德华王不仅仅是国内的君主，而且还享有皇帝的头衔，他们也密切关注着帝国的事务。正如我们所看到的，爱德华七世对其外甥，也就是德皇高度不信任。相比于德国，他更欣赏法国。1903

---

① J. B. Priestley, *The Edwardians*, Heinemann, 1970.

年，他成功地访问了巴黎，当时的法国并不欢迎英国，然而这次访问的结果就是第二年签署的历史性协约。这是英国君主最后一次具有重要意义的外交行动，把英国带入了世界大战之中。爱德华非常了解巴黎，身为威尔士亲王的时候，他曾在那里过着放荡不羁的生活，名声遍布大半个欧洲。他是巴黎妓院的常客，认识很多著名的妓女，以调皮的好形象出现在"一战"之前的美好时代，就像是罗德列克海报上的人物，戴着礼帽，肚子鼓鼓的。爱德华如同福斯塔夫（Falstaffian）的这一面使其在自己的国家也深受欢迎，他的情人很多，从伦敦女孩到凯佩尔夫人。

在爱德华生活里出现的各种强势的女人之中，艾丽斯·凯佩尔（Alice Keppel）是最值得记住的一位。谁都没有她那么重要，没有她那么有名气，没有她那么具有政治意义。按照爱德华时代的标准，她属于左翼，是张伯伦的反对者，比较支持劳合·乔治。当爱德华接受了由反战的自由党领袖亨利·坎贝尔-班纳曼（Henry Campbell-Bannerman）担任首相的想法后，她出席了自由党的晚宴。1910年爱德华临终时，亚历山德拉王后邀请凯佩尔夫人也来到他的病床边。有一个传说故事足以说明凯佩尔夫人的名声。她曾钻入一辆双轮马车，说道："国王十字街。"车夫赶忙转过身来，说很遗憾听到这个消息，但是没关系，夫人会在适当的时候重获国王欢心的。[①] 爱德华的很多故事都与马车相关。还有一个故事讲的是他更加下流的伦敦情妇罗莎·刘易斯（Rosa Lewis）同这位未来国王在一辆出租马车里享受了狂野的时光。最后威尔士亲王给出的报酬少得可怜，愤怒的车夫表示抗议，结果罗莎给了他两个金镑。车夫说："我一眼就看出您是一位淑女，但是，您是

----

① 司机将"King's Cross"（国王十字街），理解成了"King's cross"（国王很生气）。——编者注

在哪里捡到这个人的呢？"

坎贝尔－班纳曼将成为这位"伟大的爱人"的保驾之人。他经常去德国的度假胜地玛丽亚温泉市做水疗，在那里，威尔士亲王和国王身份的爱德华他都遇见过。这位政治家担心的是围绕在爱德华身边的"数目过多的不知廉耻的女人"。如果爱德华七世对于建立一个由该死的自由党和激进派组成的政府感到担心，那么这位看起来非常严肃的大胡子坎贝尔－班纳曼则刚好能够使他平静下来。坎贝尔－班纳曼最为出名的激进主义时刻是在布尔战争期间，他对这场战争持激烈的反对态度，抨击英国的"野蛮行径"。几年之后，他的立场被人们淡忘，只有他评论中所针对的那些军事指挥官除外。坎贝尔－班纳曼看起来很安全。他令人难忘地谈到了自己的健康问题，其中或许也暗示了他的政治哲学："就个人而言，我认为卧床是最好的选择，也就是要保持水平，心脏和各个器官运转缓慢，整个系统都得到彻底的休息和放松。"但是这么做看起来并没有用，1908 年，他因病辞职，三个星期后死于唐宁街。他是唯一一位死在唐宁街的英国首相。

阿斯奎斯的继任意味着权力顶端出现了一个更强硬的人物，对于君主而言将是一段更艰难的时光。他被欣赏他的漫画家称为"最后一位罗马人"，后来又被为他的欢宴习惯所震惊的同事们称为"老醉鬼"。他渊博的学识令其他议员感到敬畏，他的私生活则引发了议员们的兴趣。他与海伦（Helen Campbell-Bannerman）的婚姻十分幸福，这是一个安静、温柔的女子，生育了 5 个孩子，在苏格兰度假的时候死于伤寒；而在同一年，阿斯奎斯在下议院的晚宴上遇见了玛格特·坦南特（Margot Tennant）。当时，阿斯奎斯正是一颗冉冉升起的政治新星，也是一位成功的律师，但是玛格特迟迟没有屈服。这一对看起来很不般配。阿斯奎斯出身于一个经常阅读圣经的简朴的中产阶级家庭，凭借其超群的智力和对努力工作的热爱不断向上攀爬。他是朴实、冷漠的维多利亚时代自由派中产阶级的一员，在格莱斯顿执政时期，作为内政大臣口碑极好。他身材敦实，着装正式，同那些与玛格特混在一起的贵族截然相反。当然，玛格特一直是一位狂热的自由主义者，对政治怀有极为浓厚的兴趣，并且一向钦佩高智商的人，而这一点阿斯奎斯肯定符合。他们的婚姻引起了议员们的兴趣，但是婚姻本身并没有带给他们预期的快乐。

玛格特·阿斯奎斯似乎是一个非常可怕的女人。她出身啤酒制造商之家，家境富裕，是家里幸存下来的 8 个孩子之一。她的家位于苏格兰边境，家庭气氛虽然经常有如狂风暴雨，但是也充满了聪明机智。她人生中最大的悲剧是自己崇拜的姐姐死于难产。她是"灵魂"组织，即那些极为聪明的贵族中的一员，熟识的政治家包括格莱斯顿、索尔兹伯里、贝尔福和罗斯伯里。她喜欢打猎。1906 年，她反思说："论骑马，我比大多数人骑得都好，我折断过两边的锁骨、鼻子、肋骨和膝盖，下巴脱过臼，颅骨骨折，还有过 5 次脑震荡，但是依然没有失去勇气，尽管我下个星期就要把马卖掉了。"[1] 她的语言比她的骑马行为更加危险。她有一些奇怪的信念。其中一个就是：一套完整的牙齿是精神错乱的典型标志，而且会导致人过早死亡。后来，她的男管家和男仆们都被鼓励拔掉牙齿。作为一位伟大的女主人，她是国王的朋友，而且也是连接自由党和宫廷的上流社会网络的一部分。

但是在阿斯奎斯就任首相之时，爱德华与自由党大臣们之间的关系正在迅速恶化。就像我们即将看到的那样，上议院和人民预算的巨大危机使冲突达到了顶点。1910 年乔治五世登基前后，王室对税收、沙

---

[1] Asquith, *Autobiography*.

皇乃至爱尔兰问题的抨击都需要仔细加以应对。并非所有大臣都反应良好。丘吉尔脸皮极厚，总是在议会送往王室的报告评论中加入自己的观点，当然这也是他的职责，该做法激怒了乔治五世。1911年2月，丘吉尔在一份报告评论中写到，"流浪汉和败家子"都应该被送到劳工殖民地工作，还补充说："但是不应该忘记，游手好闲的人和败家子在社会阶层的两端都有。"乔治五世非常生气，指示秘书写信给唐宁街10号："国王认为丘吉尔先生在附注中的观点具有社会主义的倾向。国王认为，对于丘吉尔来说，在一封写给国王的信中陈述如此观点是非常多余的，特别是关于'游手好闲的人和败家子在社会阶层的两端都有'这段话。"

丘吉尔又给国王写了一封信，表面上是道歉，实则傲慢无礼。他的建议是，如果国王不喜欢他的风格，那么可以直接阅读报纸上的议会辩论，甚至可以辞职。国王的秘书回复说"你的感情受到了伤害，国王感到非常遗憾"，并且补充说："国王也告诉我，你的信件非常有启发，也很有趣，如果不能收到这样的信件，他也会感到非常遗憾。"最后，这场小小的争论慢慢平息了。但显而易见的是，自由党政治家不愿意屈服于国王。在柏林和圣彼得堡都不会发生这样的事情，也许正因为此，那里的君主制最终垮台了，而肥胖、淫邪的爱德华和他那热爱集邮、总是道歉的儿子乔治仍能稳步向前。

为自由的婚姻

　　1900 年 10 月的一个清晨，有个男孩在花园里挖来挖去。他 15 岁，长得很漂亮，穿着旧夹克和灯笼裤。这所房子位于伦敦东南部郊区的埃尔瑟姆，面积庞大，配有阳台。如今房子已被烧毁，但花园仍在。当时，那里有护城河和漫无边际的花田，有巨大的雪松，到处都是猫头鹰和古老的砖墙，其历史可以追溯到一个古老的都铎家族，相传托马斯·莫尔（Thomas More）的头颅被斩下后，就被他的女儿埋藏在这里。这是一个充满魔法和黑暗的地方。那天上午 11 点左右，一位医生和麻醉师来到了花园的大门口。男孩的母亲还在睡梦之中，被吵醒了。她给男孩洗澡，换上干净的衣服，准备做一个小手术切除他的扁桃体以治疗重感冒。两小时后，男孩的父亲出现了，脸色惨白。在医生给孩子打了氯仿麻醉剂、做完手术离开之后，这个名叫费边（Fabian）的男孩死去了。当时有两个女人陷入了异常悲伤的状态，一位是慕斯（Mouse），另一位就是费边的母亲伊迪丝，她绝望地试图用热水瓶给孩子取暖，使孩子苏醒过来。后来，在谈到家里那个 13 岁的女孩时，她对丈夫大发雷霆：“死的为什么不是罗莎蒙德（Rosamund）呢？”这句话被吓坏了的罗莎蒙德听到了，她的世界崩溃了。她终于发现，自己根本不是伊迪丝的女儿，而是慕斯的女儿。这个家庭的主人名叫休伯特，是一个戴眼镜的大胡子男人，与妻子和情妇住在一起。伊迪丝是他的妻子，把他情妇的两个孩子都抚养长大了，就像对待自己的孩子一样。

　　当时的伊迪丝已经很有名气，时至今日仍然如此，她的全名是伊迪丝·内斯比特（Edith Nesbit），是著名的儿童作家，贡献给世界的作品包括《寻宝奇谋》（*The Story of the Treasure Seekers*）、《淘气鬼行善记》（*The Wouldbegoods*）、《五个孩子和一个怪物》（*Five Children and It*）、《铁路边的孩子们》等许多好看的故事。有人说正是她发明了现代儿童小说。费边死的时候，她刚刚 42 岁，沉迷于丝绸长礼服和银手镯，引人瞩目。正如孩子的名字所暗示的那样，她是一个狂热的社会主义者，是费边社的创始人之一。她被家人称为黛西，在一个散漫、不稳定的家庭长大。在她记事之前，父亲就去世了，母亲带着孩子们到处漂泊，先后来到法国、德国和英国，她也因此不断地转学。黛西是一个任性、尖锐、冲动的女孩，通过给当时舰队街上蓬勃发展的杂志市场撰写诗歌和言情小说攒下了一点钱。她爱上了一位风度翩翩的商人兼作家休伯特·布兰德（Hubert Bland）。他已经答应了要迎娶别人，但是没有告诉黛西。当黛西怀孕 7 个月时，他娶了黛西。黛西决定和自己的对手交朋友。这开启了一种新模式。嬉皮生活的矛盾之处在于政治与性的混合、理论上的高格调与实践上的低层次的混合，这在 20 世纪 60 年代以前就已经众所周知了。

　　休伯特和黛西刚结婚的时候，没有多少钱。休伯特名下制作刷子的公司，在 19 世纪 80 年代艰难的环境下破产了。黛西生下了孩子，通过写作维持生活，休伯特后来则慢慢成为一名成功的记者。黛西一直就不是一个因循守旧、循规蹈矩的人，剪掉了维多利亚式的长发、修剪成像庄稼地一样的平头，不穿紧身的胸衣，拒绝时尚的荷叶边，在公共场所吸烟、抽雪茄。这是社会主义思想第一次开花结果。黛西会在大英博物馆的阅览室里连续工作好几天，进行故事的创作。她所结交的朋友之中，有一位名叫安妮·贝赞特（Annie Besant），与声名狼藉的无神论者查尔斯·布拉德劳（Charles Bradlaugh）生活在一起。两人在全国各地进行节育讲座，结果贝赞特失去了对孩子的监护权。贝赞特后来领导了著名的伦敦火柴女孩罢工，并成为费边社的社会主义者中的一股推动力量，再后来却转而信奉通神论那软弱无力的神秘信条。黛西的另一位新朋友是埃莉诺·马克思（Eleanor Marx），卡尔·马克思的女儿。她曾经悉心地照顾马克恩，帮助其完成了《资本论》，随后自己也投身社会主义政治运动。她与另外一位社会主义者爱德华·埃夫林（Edward Aveling）同居。在维多利亚时代，这被视为罪孽，因为埃夫林已经与一位女演员结了婚，没有告诉埃莉诺。后来，埃夫林与埃莉诺相约共同自杀，却只留下她与氢氰酸。埃莉诺死了，埃夫林却默默地活着离开。这的确是罪孽。

这就是英国的乡村生活，充斥着满口理想主义但举止败坏的男人和坚强而饱受磨难的女人。休伯特是一个贪得无厌的性爱狂魔，而黛西以屡次不忠作为回报，她拥有众多情人，包括萧伯纳和一群忠诚于她的年轻人。当伊迪丝·内斯比特的第一位传记作者采访萧伯纳的时候，他的秘书替他做了回答："萧伯纳希望我这样说，伊迪丝是一位喜欢创新而非因循守旧的女士，休伯特是一位极其不忠的丈夫。萧伯纳并不知道怎样才能写出一部像样的传记；他对于这样一项简单的粉饰工作，实在是没有什么能够贡献出来的。"休伯特的所作所为就像是许多维多利亚时代和爱德华时代极其传统的男性一样，从爱德华七世到劳合·乔治都是如此；但是伊迪丝，或者说黛西，却在追求自由的、更为独立的女性生活方式。在这一中间过渡的世界里，在传统的贪婪男性和追求不幸婚姻束缚之外的自由关系的新思想之间，女性应该怎样界定自己的行为呢？这的确是个进退两难的困境。在社会阶层的顶端，通奸屡见不鲜，被组织乡村周末活动的女主人视为理所当然；而在工薪阶层的家庭中，就像朗特里、布思和其他人所报告的那样，很多孩子都是私生子，对于母亲来说，甚至无法确定他们的父亲是谁；中产阶级家庭介于两者之间，更加固执己见地坚持体面，从而把通奸者和未婚妈妈置于社会的黑暗面之中。

解决这种两难困境的一种方法，就是允许离婚，而且让人们不再将其视为一件可耻的事情。这至少会使一部分男男女女从无法忍受的婚姻中解脱出来。1890 年，罗素（Frank Russell）伯爵二世娶了一个名叫梅布尔·斯科特（Mabel Scott）的女人，这段婚姻没有成功，她回了娘家。10 年后，罗素来到了内华达，这是他唯一可以离婚的地方，随后，他又结婚了。在英国，这是违法行为。1901 年，他因为重婚罪入狱。1903 年成立的离婚法改革委员会和 1909 年的一个皇家委员会就是通过这一事件以及他对自己的积极辩护而诞生的。委员会里甚至包括一些女性成员，尽管国王提出了抗议，抱怨说"这不是一个可以方便地表达妇女意见的主题"。阿诺德·本涅特（Arnold Bennett）1915 年发表的小说《天作之合》（*Whom God Hath Joined*），直接涉及了不幸福的婚姻以及离婚法庭带来的危险："这是地球上最为普通的事情！两个人相爱，互相关心，而当他们不想继续彼此关系的时候，来了一位第三者。既然他们已经不再相爱，为什么不停止这一切呢？"小说的剧情在斯特兰特大街阴暗的离婚法庭上达到了高潮："渐渐地，离婚法庭（对旁观者的）神秘而专横的吸引力在劳伦斯的厌恶和恐惧中变得越来越明显。在这里，人们会坦率地承认，男人总是要'追逐'女人，而女人总是三步一回头，直到摔倒被俘。所有被掩盖的羞耻都暴露出来，为贪婪的眼睛提供了一场盛宴。每个人内心躁动的野兽都在舔舐着下巴，因快乐而颤抖。"

另外两个陷在失败婚姻的困境里的人，一个是风度潇洒、蓄着胡须的托尔斯泰翻译家艾尔默·莫德（Aylmer Maude），另一个是他所寄宿的房子的已婚女主人、一位引人注目的 33 岁生物学家，她曾经是英国最年轻的理科博士，在德国学习时曾与一位日本科学家产生了热烈但最终失败的爱情。现在，她的丈夫是一位有暴力倾向的加拿大基因学家，还是个彻底的阳痿患者。她急切地投入了艾尔默·莫德的怀抱，但是就和罗素一样，无法离婚。像包括她母亲在内的很多女性一样，她是在对两性并不了解的情况下走入婚姻的。她很困惑，问题究竟出在了哪里？所以，某天上午，本着科学求真的精神，她来到了大英博物馆的阅览室，要求阅读所有关于两性的书籍。

在之后的 6 个月里，玛丽·斯托普斯（Marie Stopes）博士一直在阅览室里学习，阅读了大量的英语、法语和德语的性专著和手册，包括至少一本锁在色情书柜里的书籍。其中最有用的是哈夫洛克·埃利斯（Havelock Ellis）的性学研究著作，于 1894—1910 年出版，但是只有在获得了医生或者律师提供的证明的情况下，才能供大多数男性阅读（女性就别提了）。埃利斯认为现在已经到了这样一个时刻，男人应该转变"女人要么是天使要么是白痴"这种看法，了解伴侣的性需求。阴道就像一把锁，需要合适的时机、最好的条件和一些技巧才能打开："最粗俗的暴行可能是，无知的丈夫仅仅是在单纯地、机械地运动，并且坚持认为自己是在履行'婚姻的责任'。这种情况并非少数。"慢慢地，斯托普斯积累了离婚所需的知识，要证明自己的婚姻"无效"。但当她从图书馆回到伦敦大学学院任教时，丈夫则在等着虐待她，奚落她。她说，感觉自己好像要溺死在下水道的污物里了，长期头痛，并且有自杀的倾向。[1]

最后，在经历了漫长的争吵之后，玛丽·斯托普斯终于离婚成功，但其间经历了可怕的争执，她也不得不离开伦敦。战争爆发之后，她住

---

[1] 全部取材自 Ruth Hall, Marie Stopes, A Biography, André Deutsch, 1977。

在诺克森兰海边的帐篷里，一度被当地的民兵怀疑是间谍。但她这些个人研究的真正成果是一本书，题为《婚后之爱情》（*Married Love*），直到 1918 年才得以出版，那时她遇到了美国人、生育控制的先驱玛格丽特·桑格（Margaret Sanger）。斯托普斯还是个处女，对避孕实践一无所知，这两位女性在费边大厅相遇之后，吃了一顿烤肉，然后探讨了有关避孕套的话题。对于无数女性来说，斯托普斯将成为最伟大的解放者，虽然最后她与桑格闹掰了。此后她的观点变得越来越奇特，但《婚后之爱情》激起了那些陷入无性婚姻和其他不幸婚姻中的人的想象力，也赢得了妇女参政论者的欢呼，她们力图推动女性在选举权之外的更大解放。在私人的信件和公开的运动中，在小说和关于丑闻的报刊文章中，关于性和性别的讨论日渐增多。当然，这些争论仍然处于社会边缘，在表层之下。即便是大多数费边社成员也都维持着体面的传统婚姻。爱德华时代家庭生活最阴暗的秘密，如酗酒或暴力的丈夫殴打女性、强奸、同性恋者有名无实的婚姻，从来没有被公开讨论过，只是在信件和回忆录中有所暗示。然而，越来越多的女性开始工作，人类对于生物学也有了更多了解，这些都是不可抹杀的事实。

那时人们所信奉的社会主义更多的是关于未来的愿景和梦想，而非已有的模型。小说是非常重要的方式。威尔斯把他的科幻小说的背景置于沃金镇之类的地方。他的小说是关于未来的幻想，但是根植于爱德华时代英格兰的尘土和人行道之上，并且存在着性幻想。威尔斯是一个热心的费边社会主义者，经常去位于埃尔瑟姆的内斯比特－布兰德家里。和休伯特·布兰德曾经的性侵犯行为一样，威尔斯开始了一段婚外情，对象是布兰德和慕斯的女儿罗莎蒙德，她已经在 8 年前那可怕的一天知道了自己的真实身份。罗莎蒙德打扮成男孩的模样，和威尔斯一起私奔了。布兰德在帕丁顿车站拦住了他们，把威尔斯从火车上拽下来，用拳头狠狠地揍了一顿。

当时威尔斯已经在与费边社的其他人进行政治争论，接下来又发生了更为耸人听闻的争吵。威尔斯认为，他正在把罗莎蒙德从其生父的不伦关注之中拯救出来："我坚决反对乱伦，我要用最有效的方式来让罗斯蒙德走出这个险境，那就是我自己占有她。"他告诉萧伯纳，内斯比特和布兰德经营着"一个地狱般的家庭"。当萧伯纳尝试使交战双方和解时，遭到了威尔斯的嬉笑怒骂：

> 我越想越觉得你像是一头十足的维多利亚时代的中产阶级蠢驴。你玩弄理念时就像一个胆大包天、喋喋不休的老阿姨，但当涉及类似布兰德的事情时，你就故作文雅，判断力和一只母鸡毫无二致。事实在于，你是一个脆弱的知识分子，贪求着思想，在一个你不了解的世界里随波逐流、叽叽喳喳。你不像我，从骨子里了解欲望、失败、羞耻、恨、爱和创造的激情。现在继续自娱自乐吧。[①]

尽管威尔斯的表现很糟糕，但是不能否认他的观点有一定的道理。然而在理想主义者、素食主义者和社会主义者之中，关于男性捕食者的故事才刚刚开始。

妇女参政时代的一本伟大的现代小说是威尔斯创作的《安·维罗妮卡》（*Ann Veronica*），讲述的是一个沮丧、聪明的年轻女科学家的故事。她从父亲身边出走，从郊区的家中出走，试图独自一人在伦敦自由生活。她把自己投入了一个充满男性捕食者和激进女性的世界——其中一位男性很像休伯特·布兰德。作为作者，威尔斯非常了解这样一个世

---

① 引自萧伯纳的文章，如 Julia Briggs, *A Woman of Passion*, Hutchinson, 1987。

界。在爱德华时代的伦敦，女性独立生存几乎是不可能的，找工作和养活自己都要面临各种威胁和侮辱，这些都在小说中表现得淋漓尽致。而威尔斯对于费边社及其朋友的讽刺也是毫不留情的。凯普斯（Goopes）一家不仅是素食主义者，而且是果素者。凯普斯夫人既没有孩子也没有用人，这在1909年绝对算是怪癖，她给《新思路》杂志（New Ideas）写了文章，内容涉及"素食烹饪、活体解剖、变性、乳汁分泌、阑尾炎和崇高的理想，就连他们的家具也有一种神秘的棕色"。但是人们很容易辨认出，《安·维罗妮卡》描述的是一个现实生活中的女人：安布尔·里夫斯（Amber Reeves），威尔斯最新的征服对象。在十几岁时，拥有一头黑发的她艳光四射，被称为"美杜莎"，是一位信奉社会主义的经济学家和哲学家。她与威尔斯曾公开躺在一棵大树下热烈地缠绵，身下垫的是一份《泰晤士报》，上面刊登着著名小说家汉弗莱·沃德（Humphry Ward）夫人攻击现代人没有道德感的文章。也有人说，压在沃德夫人文章上面的光屁股实际上是伊丽莎白·冯·阿尼姆（Elizabeth von Arnim）的，她是威尔斯的另一位情人。更复杂的是，沃德夫人那篇文章攻击的对象是丽贝卡·韦斯特（Rebecca West），她后来也成了威尔斯的情人。[①] 安布尔怀上了威尔斯的孩子。她的另一个崇拜者同意娶她为妻，以使其免受耻辱。后来丽贝卡·韦斯特身上也发生了同样的事情。最终安布尔、伊丽莎白和丽贝卡都成了小说家。这与内斯比特和布兰德家之前的故事太过相似，实在令人不舒服。

伊迪丝·内斯比特选择了爱情和英雄般的宽容。另一些人则是为了维持体面而维系着不幸的婚姻。这就是伟大的儿童文学背后的真实故

[①] 不同的叙述参见 David Smith, *H. G. Wells – Desperately Mortal*, Yale University Press, 1986; Victoria Glendinning, *Rebecca West*, Weidenfeld & Nicolson, 1987; 及 John Sutherland, *Mrs Humphry Ward*, Clarendon Press, 1990。

事。大多数这类作品都是平淡无奇的校园嬉闹，但最好的作品则能够反映出更多东西。在 1906 年出版的《铁路边的孩子们》中，孩子的父亲蒙冤入狱，母亲通过撰写新闻稿勉强为生，如同内斯比特一样。随后，一位逃亡的俄国社会主义者出现了，他看起来很像是内斯比特家的一位朋友、了不起的克鲁泡特金（Kropotkin）亲王。内斯比特在 1902 年发表的《五个孩子和一个怪物》之中，谈到了费边社的议程，尽管有些调侃的性质。标题之中的"怪物"是一个可以实现愿望的史前沙仙子，它恳求孩子们不要把它的存在告诉成年人，因为"他们要的是分级所得税、养老金、成年男子的选举权、免费的中等教育，以及其他一些无聊至极的事情，得到这些，维系这些，那么整个世界都会变得乱七八糟"。在 1906 年出版的《五个孩子和一个护身符》（*The Story of the Amulet*）中，巴比伦女王穿越到了爱德华时代的伦敦，抱怨伦敦东区里尾路奴隶区肮脏不堪的条件："如果你们不注意这些问题，必将面临奴隶们的反抗。"在内斯比特和其他作者的作品之中，幻想、魔法和孩子的奇想分外引人注意，因为读者身边的成年生活是危险、不公、难以预料、支离破碎的。孩子们可以清醒地观察到成人世界的失败。

如果我们不能部分地以孩童的眼光看待问题，不能通过一些挑战男性的杰出、顽强、自信的女性的眼光看问题，就不能真正地理解爱德华时代。这些女性中的一些人憎恨男性，这并不让人感到奇怪。在《安·维罗妮卡》中，极富战斗性的妇女参政论积极分子米尼弗（Miniver）小姐尖酸刻薄，反对性行为，坚信男人都是动物、母性是女人自我毁灭的原因。"当我们开始考虑孩子的时候，他们就夺去了我们的权利和自由。孩子让我们成为奴隶，男人们则利用了这一点。在最初的动物世界里，根本没有雄性，这已经被充分证明过了。然后雄性在较低等级的生物中出现了，在甲壳类动物和比较小的动物中，这些雄性比雌性差得多，只是依附者。"尽管好色的威尔斯支持女性投票权，但是我们仍然可以从中听出两性战争的刺耳声音。事实上，他并没有夸大其词。妇女参政论者弗朗西斯·斯威尼（Frances Swiney）坚信男性的精子是有毒的，男人的性欲是一种病态的排泄，而不是自然的冲动。伊希斯联盟（the League of Isis）宣称，女性的性行为只能为了生育的目的，四五年有一次就可以了。克丽斯特贝尔·潘克赫斯特（Christabel Pankhurst）本人也相信，高达 80% 的男性患有淋病，必须受到限制。她在 1913 年出版的关于这个主题的书名为《大祸根》（*The Great Scourge*）。爱德华时代的家庭生活中充满了愤怒。

叛逆的女孩们

———

1906 年 7 月一个美丽的周日早晨，在曼彻斯特古老的博格特霍尔克劳夫公园里，一个面容坚毅的年轻女孩向一大群人发表了公开演讲。这个公园的形状像一只碗，或者说像是古代的圆形剧场。她和其他演讲者站在底部，向上看着一大群听众，这些人并非都很友好。随后，有一大群年轻人，很多都是当地的足球运动员，带着棍子冲了下来。听众们感到了恐慌，这些男人手拉手把女人们围了起来。年轻的女性演讲者们被单独拎出来，抓着胳膊拖拽，像橄榄球一样从一个人手中传到另一个人手中。她们变得衣衫凌乱，血流满面。有一些老男人喊着污秽不堪的话语，人群中也不断迸发出"野蛮人般的"呼喊。最终这些女孩被其他进行反击的男女营救出来，送往附近的房子施救。那位年轻的女性演说家就是阿德拉·潘克赫斯特（Adela Pankhurst），是艾米琳·潘克赫斯特（Emmeline Pankhurst）最小的女儿。她一直觉得母亲没有给予她足够的支持和关爱，但现在她的确赢得了尊重。阿德拉曾经因为扰乱会议而被监禁，此次事件发生时她正在妇女参政论者的集会上发表讲话介绍自己的经历。她那位令人敬畏的母亲特意从伦敦赶来，在公园里听她的演讲，这个公园也是 10 年前艾米琳自己与当局对峙、进行关于言论自由的争论的地方。

爱德华时代的女性参政运动，手段极为暴力，包括游行和打碎玻璃，还包含纵火和死亡。艾米琳·潘克赫斯特组建了英国妇女社会政治同盟（Women's Social and Political Union，WSPU），其成员扰乱自由党政治家的集会，对他们进行激烈的质问，不断请愿，在街上兜售报纸。她们还冲击议会，发动大规模的游行挑衅警察，并且变得日趋暴力，砸毁了很多商店的玻璃橱窗，点燃信箱，毁坏布置在艺术长廊里的著名绘画作品，扰乱法庭，故意被捕，拒绝支付罚款，因此面临着被监禁的命运。在监禁期间，很多人进行了绝食抗议，被强制进食。她们攻击政客，首相阿斯奎斯被拳头打中，看到斧头在眼前挥舞，还有石块被扔进了他的车子。温斯顿·丘吉尔在布里斯托尔火车站遭到袭击，一个女人用马鞭打了他的脸。这个名叫特蕾莎·加内特（Theresa Garnett）的女人喊道："你真是该打！你这个畜生！你就是个畜生！我要让你看看英国女人究竟可以做什么！"劳合·乔治位于萨里郡沃尔顿希思的一所正在建造的房子被炸弹炸毁了。妇女参政论者并不想夺人性命，所以她们并不是现代意义上的恐怖分子，但是她们的行为的确比后来甘地的那种被动与和平的抗议方式更有活力。大多数的暴力事件都是她们故意让自己遭受伤害，而这比任何事情都更让传统的爱德华时代的英国感到困惑和震惊。

最著名的事件发生在 1913 年的德比郡埃普瑟姆，埃米莉·威尔丁·戴维森（Emily Wilding Davison）自杀于国王赛马的马蹄之下。埃米莉是赫特福德郡一个中产阶级家庭的 9 个孩子之一，无论从哪个方面来看，她都堪称意志坚定并具有理想主义色彩的女孩。她早年的生活异常闪耀，就像威尔斯笔下的女主角：游泳冠军，骑自行车的时髦女性，虔诚的基督教徒，戏剧爱好者。她崇拜萧伯纳的戏剧，还成功地上了大学，最终获得了牛津大学新圣希尔达学院的一等学位。但是，如同潘克赫斯特家的女孩以及其他很多杰出的妇女参政论者一样，她很早就失去了父亲，这不仅仅带来了性格问题，也带来了经济问题，于是她不得不从事自己并不喜欢的教师工作，以及相对更喜欢一些的家庭女教师工作。埃米莉可能是也可能不是同性恋者。女性参政论者的故事，就是住在一起的女性之间的激情故事，但是由于这个时代更习惯沉默寡言，所以对她们私生活的记录仅限于此。人们不会太过露骨，问得少，了解得少，可能也很少进行猜测。无论如何，她被朋友领进来，并很快成为激进分子，最初是发表演说，随后对自由党政治家公开质询，然后冲击下议院，她曾经三次藏匿在那里过夜，以巧克力和香蕉为生。

而所有的这些，都意味着监禁、强制喂食和粗暴的对待。她没有忘记自己的宗教信仰，在牢房的墙壁上写下"对暴政的反抗，就是顺应上帝的要求"。她纵火，参与了对于劳合·乔治住宅的袭击。1912 年11 月，在阿伯丁发生了一起奇怪的事件，一名无辜的浸信会牧师被狗鞭袭击，很明显，埃米莉把他误认成了自由党的大臣。当她来到埃普瑟姆的赛马场时，本来没打算自杀，还买了一张回程车票，但是后来却被殉道的思想所激发。她观看了头两场比赛，甚至还填写了赌马的卡片，然后冲进赛道，在乔治国王的赛马安墨跑过时试图抓住马的缰绳。不出所料，马把她踢倒在地。骑师得了脑震荡，而埃米莉则在 4 天之后于埃普瑟姆医院去世，死因是脑部受伤。完全可以预见的是，虽然整个国家都在关注她的命运，其中当然也包括王室，但是到达医院的信件都是充满敌意的：她怎么可以将那匹马置于生命危险中呢？（值得一提的是，安墨只是小腿被轻微擦伤，并无大碍。）

几乎每个人都听说过这起事故，部分是因为它被拍成了电影，部分是因为艾米琳·潘克赫斯特决心要将埃米莉塑造成为事业献身的伟大烈士，她的葬礼也成为英国妇女社会政治同盟的重大事件。但她绝对不是第一个献出生命的妇女参政论者。[1] 那时，至少有两位女性面临着同样的遭遇，因为被警察伤害而死于非命。对于那些被捕入狱后绝食抗议的人，强制喂食也是非常残忍的：警方会强行打开她们的口腔，固定金属装置，导致牙齿脱落，牙龈破损；或者是把橡皮管经过鼻子插进胃里。在伦敦的哈洛威监狱，有一位年仅 21 岁的来自莱斯特工人阶级家庭的女孩莉莲·伦顿（Lilian Lenton），她曾经是一名舞蹈演员，被强制喂食，管子不小心推入了气管，导致她的左肺里满是流体食物，差点死于脓毒性肺炎。匆匆忙忙被释放出来之后，她的案例导致了《猫鼠法案》的出台，该法案允许那些病重的妇女参政论者被释放出来，进行监控，直到恢复健康后再投入监狱。然而莉莲虽然只是一个瘦小、俊秀的女孩，但也是一个坚定的纵火犯。她在生日之后开始了一项砸窗户的计划，然后去妇女参政论者总部宣布改变策略："我的目标是，每个星期烧毁两座建筑物，只要看到空房子，我们就要点燃它。"其中也包括英国皇家植物园。事实证明，面对警察的追捕，莉莲善于伪装成男孩，在

① 见 Fran Abrams, *Freedom's Cause*, Profile Books, 2003。

走投无路的情况下顺利逃跑。[1]

许许多多类似的故事，使得激进的妇女参政论者成为 20 世纪英国最著名的政治成就之一。当然，对于她们的完整故事，还有许多方面需要做出补充。首先，大多数支持女性选举权运动的女性并不是妇女参政论者。这个词最初的意思是讽刺性的，是《每日邮报》杜撰出来的。到了"一战"前的运动高潮时期，潘克赫斯特的英国妇女社会政治同盟的成员大约是 2 000 名，而米利森特·加勒特·福西特（Millicent Garrett Fawcett）成立于 1887 年的全国妇女选举权协会联合会（National Union of Women's Suffrage Societies，NUWSS），成员约为 10 万人，分支机构遍布全国。这个更大规模的组织内部更为民主，没有发生像英国妇女社会政治同盟那样的分裂，如果不是战争的干扰，后者可能会完全崩溃。不那么激进的妇女参政论者同样十分勇敢，而且对于她们的激进对手也非常友好。对于很多中产阶级的女性来说，参与诸如"泥泞行进"这样针对议会的户外抗议活动本身就很痛苦，而且在很多家庭里，她们还要面对顽固的男性亲属的不理解。福西特和艾米琳·潘克赫斯特之间有很多相似之处。福西特同潘克赫斯特一样，嫁给了一位自由党政客，她的丈夫后来成为格莱斯顿政府的内阁成员，而潘克赫斯特的丈夫从未取得世俗意义上的成功，无论是作为激进的自由党候选人还是后来作为社会主义者都是如此。这两位女性都受到维多利亚晚期英国新思想的影响，福西特是早期女权政治家和哲学家约翰·穆勒（John Stuart Mill）的朋友。她们两人都很早失去了丈夫，都是很好的组织者，都非常坚定。但是福西特的运动是在体制内进行的，悄悄地转变了国会议员们的思想，到了 20 世纪的最初几年，下议院的多数议员都对给予女性

---

[1] Jill Liddington, *Rebel Girls*, Virago Press, 2006.

选举权表示了赞同。

　　福西特面临的问题在于，议员们一直微笑点头，但从来没有真正探讨过这个主题，而是不断拖延，这导致选举权运动的倡导者从正式的自由党和独立工党组织中分裂出来，后来甚至开始主动针对他们原先所处的组织。此外，爱德华时代的议员们并不准备给予工人阶级的女性任何选举权。新成立的独立工党和激进的自由党议员非常担心的是，投票权最终只被赋予中产阶级女性，也就是他们的阶级敌人的妻子和女儿，这将反而导致英国变得更为保守。尽管如此，凯尔·哈迪（Keir Hardie）还是支持给予女性投票权。早期工党历史中的另一位巨人乔治·兰斯伯里（George Lansbury）为了争取女性的选举权，甚至进了监狱，被强制喂食。后来在运动高潮时期，他站在下议院中攻击阿斯奎斯："你将作为虐待无辜女性的罪人被载入史册，你应该被驱逐出公共事务。"兰斯伯里 1912 年辞去伦敦东部选区的议席，开始投身于女性投票权事业之中，却很快便遭遇了失败。男性的工党领袖和妇女参政论者之间关系总是非常紧张，而且我们即将看到，战争到来之际，妇女参政论者的表现将会令社会主义者非常失望。

　　激进的自由党和工党担忧获得选举权的只有中产阶级，对于这一想法，最强烈的谴责来自二人阶级的好斗分子，也就是妇女参政论者故事中那些"叛逆的女孩"。书籍和日记中很少留下对她们的记载，只有一个罕见的例外，就是曼彻斯特的激进分子汉娜·米切尔（Hannah Mitchell）。1956 年她去世的时候，人们在她留下的文件中发现了她的回忆录《艰难的道路》（*The Hard Way Up*），这本回忆录 1968 年才得以出版。[①] 对于博格特霍尔暴乱的描述正是来自这本书。汉娜值得详

[①] Hannah Mitchell, *The Hard Way Up*, Faber & Faber, 1968.

加描写，因为正是她揭示出很多妇女参政论者和社会主义者的故事，而这些人的故事在那些境况较好的运动领导者的生平故事中是看不到的。汉娜来自德比郡的一个偏远农场，她的母亲因为繁重的家务劳动和各种苦活而脾气暴躁。她的回忆录非常直白，很清楚地表明了她对日复一日、异常单调的家务活动的厌倦。汉娜不喜欢做饭，对于母亲的身份也没有什么热情。她没有接受过正规的教育，离家出走，在北方的各个城市不断漂泊，做起了裁缝，后来嫁给了一位一起居住的房客，开始阅读，并且参加了社会主义者的集会。关于婚姻，她后来认为这是一个错误。她喜欢志同道合的关系，并且认为控制生育至关重要："这是到目前为止，女人保持自由的最可靠的手段。我曾经看到过很多漂亮、可爱的女孩，因为结婚，因为很早就成为孩子的妈妈，变成了非常邋遢、过早衰老的女人。"她自己生过一个儿子，在无麻醉的条件下使用了产钳，这"绝对是非常暴虐的行为，理应视作'故意的残忍'而受到处罚"。但是在那之后，她的丈夫"获得了坚定社会主义信仰的勇气"，所以没有再生孩子。在矿区，之后在阿什顿安德莱恩，安娜成为社会主义者集会上的一位非常活跃的演讲者，她参加了工党教会，1904 年成为《济贫法》督察员，这也是当时女性能够在公共领域从事的为数不多的工作之一。第二年，她毫无意外地投身潘克赫斯特的女性选举权运动，在外面公开宣讲，"在剧场的阶梯上，在环形交叉路口，在市场上，在街角，站在椅子上，或是站在从附近商店借来的肥皂箱上——商店之所以愿意把东西借出来，只是为了能找点乐子"。

在 1906 年的选举中，在曼彻斯特的自由贸易大厅，有人记述了温斯顿·丘吉尔遭到一位匿名女性的激烈责问，此人正是汉娜·米切尔。丘吉尔将她请上台，与她进行了短暂的争论。后来她经历了妇女参政论者的大部分仪式。她被抓进了监狱，按照她的描述，"服装非常糟糕，没有吊袜带，没有短衬裤，感觉就像裸体一样"。但是她拥有强大的能量，因此没有遭遇强制喂食的折磨。她参与了对下议院的一次著名袭击，张贴各种非法传单，还在全国各地不断巡回演讲，直至遭遇彻底失败。她的书籍留给人们最深刻的印象，是妇女参政事业使她得以逃离爱德华时代家庭生活里那些单调、重复的工作，是对于母亲和妻子角色的反叛。对于大多数请不起用人的贫困家庭来说，母亲和妻子的角色意味着无休止的苦工：擦拭、洗涤、捣碎、熨烫、打扫、烘烤、喂食，这些都是爱德华时代维持体面生活的基础。后来她加入了独立且更为民主的妇女自由联盟（Women's Freedom League）。汉娜代表着一支由未记录在案的国内持不同政见者组成的幽灵军队。

直到最近的人口统计信息出炉之后，关于约克郡、兰开夏郡矿业城市和其他北部工业城市的妇女参政论者的完整故事才得以被简单地描绘出来。① 她们之中的很多人都来自问题家庭，或者父亲酗酒，或者根本没有父亲，而母亲是家庭中的决定性角色。就汉娜而言，她的母亲性格极为凶悍，而父亲性格温和，也非常软弱。其他家庭的故事则更加狗血。来自利兹市的内莉·格索普（Nellie Gawthorpe）把她那位具有性侵行为的酒鬼父亲成功赶出了家庭，与母亲和妹妹生活在一起。1905年，安妮·肯尼迪（Annie Kenney）与她的偶像克丽斯特贝尔·潘克赫斯特在奥尔德姆对丘吉尔进行了激烈的质问，她是约克郡西区一个纺织工人的女儿，在她的早期生活中，母亲扮演着非常强势的角色。安妮年仅10岁的时候，就在工作中折断了一根手指。母亲去世后她成了孤儿，对她来说，争取选举权的事业带来了一个由女性组成的全新家庭。

---

① 吉尔·利丁顿（Jill Liddington）为著作《叛逆的女孩》（Rebel Girls）是一项开创性的研究工作，为拨乱反正做出了巨大的贡献。

伊迪丝·凯（Edith Key）是一位制造厂工人和制造厂主的女儿，就像一部低俗小说一样，他的父亲诱奸了自己的雇员，然后始乱终弃。这个时代，是女性被男性构建的社会体系辜负的时代，死亡、酗酒、遗弃等各种各样的情况屡见不鲜，但这也是女性开始瞥见更宽广的地平线的时代。潘克赫斯特家的女孩们虽然境况要好一些，但是因为父母无休止的激进政治运动，也曾经度过了一段非常艰难的时光。当父亲死于溃疡穿孔之后，她们的生活也被永远地改变了。来自爱丁堡的丽贝卡·韦斯特在少女时代就给《苏格兰人报》（Scotsman）写关于争取选举权的信件，还戴着女性选举权运动的徽章去上学。她的父亲是一位大话连篇的冒险家、右翼新闻记者和赌徒，很早就遗弃了自己的家庭，独自租住在利物浦。在最后一次病重期间，他往爱丁堡写了一封信，语气极为可怜："再见，莱蒂，温妮，茜茜。我要死了。我爱你们。爸爸。"① 已经 5 年没有见面的妻子独自去了利物浦，安葬了他。

很明显，有很多妇女参政论者，以及更多的较为温和的妇女参政支持者，家庭幸福，婚姻稳定，并且得到了热衷于这项事业的男性的支持。然而，爱德华时代的经济生活存在很大的风险，人行道上满是坑洞，不走运就会跌倒，而生活中同样充满严苛的限制，尤其是对于那些婚姻不幸的女人来说。这一时期对于妇女参政运动的理解也不仅仅是选举权的问题，卡通画、明信片和反妇女参政运动的宣传画都把她们描绘成憎恨男人的形象，其目标是管控她们可怜的丈夫、穿着裤装、颠覆社会秩序，也就是说，她们都是违反自然规律的男性化的怪物。妇女参政论者中的确存在女同性恋者和憎恨男人的人，这一点毫不奇怪，

---

① 丽贝卡·韦斯特的真实姓名是茜茜·费尔菲尔德（Cissie Fairfield），但为了方便起见，我在此使用了她的假名。关于她的故事参见 Glendinning, *Rebecca West*。

也的确有人主张坚决独立，诸如作曲家达姆·埃塞尔·史密斯（Dame Ethel Smyth）。她身着粗花呢的衣服，带着套叠式圆顶帽，丝毫不考虑男人们的想法。但是在一个传统社会里，女性会因为性取向以及缺乏女性气质而承受非常大的压力。这可能也是后来许多妇女参政论者在其他问题上采取了比较传统的保守立场的原因，从儿童护理到性病再到德国人的兽性问题都是如此。她们面对铁石心肠的男性政客，面对一群嘲笑她们的公众，勇敢地公于站出来，更不用说还要面临随之而来的抗议和逮捕，这种勇气决不能低估。妇女参政论者打破了爱德华时代的自满表象，也打碎了英国在世界上制造出来的假象，即英国是一个保守、传统、稳定的社会。

人民预算案

　　位于伦敦莱姆豪斯区的爱丁堡城堡是劳合·乔治发表演说的地方，那篇演说是激进的英国政坛中最为戏剧化的一幕。历史学家通常戏称这座城堡是一家酒馆，它是一座被刷成白色的奇怪建筑，带有城垛、炮塔、旗杆和狭窄的窗户。这里一度散发出松子酒和烟草的味道，后来被改造成伦敦东区的福音派会议中心，这对于劳合·乔治反对贵族的煽动性演说而言正是恰当的场所。1909 年 7 月 30 日晚上，大量警察在外警戒，努力阻挡那些集合起来的妇女参政论者。在城堡内，大约有 4 000人等待着。窗户是打开的，完全能够听到外面那些愤怒的女士的声音。

支持妇女参政论的男性潜入室内，其中一个成功爬上了台边的柱子，把自己绑在上面，他穿着代表妇女参政论者的绿色和紫色的衣服。他的身后很快就跟上来 6 个工作人员。一个爬到他身边，拿出一把刀割断了绳索和皮带，把他拖了下来。他和其他抗议者被赶出去之后，遭到了支持自由党的群众的拳打脚踢。接着，随着掌声响起，登上舞台的是身材矮小而健壮、头发长长的、一眼就能认出来的英国财政大臣。多年以来，我们已经习惯了大臣们在下议院辩论和广播采访中针对自己提出的预算进行答辩，但在当时这是一件很罕见的事情——一位大臣必须直接面向民众解说自己提出的预算，这一预算当时已经被称为"人民预算"了。而且劳合·乔治本来也不是普通的财政大臣。迄今为止，他仍是最具争议的首相，对于很多人来说，他是这个国家最危险的政治家。

在他的首相生涯中，有很多人认为他是英国民主政治缔造出的最伟大的演说家，甚至胜过了丘吉尔。在持有这些观点的人之中就包括丘吉尔本人，那时他还是劳合·乔治的追随者和助手。对于劳合·乔治最狂热的崇拜者来说，他是一位威尔士巫师，是奉行激进政治的大法师梅林，或者简单地按照一位在里尔介绍过他的人的说法，是"自耶稣以来最伟大的人物"；[1] 然而对其他很多人来说，他腐化而虚伪，一味追求自己的发展，就像约瑟夫·张伯伦一样将会撕裂政党；而且他又轻信又自我中心，最终也会像张伯伦一样，爬到希特勒的面前。历史学家罗伯特·布莱克（Robert Blake）充满困惑地问道："他是一个有原则的人吗？是否一直在通过狡诈的手段追求一以贯之的目标？或者说他是一个机会主义者，依靠直觉来适应每一次转变，满足自己对于权力和公职的欲望？"

威尔士公国北部就像是向着爱尔兰伸出的一根手指。这位年轻律师

---

[1] Donald McCormick, *The Mask of Merlin*, Macdonald, 1963.

就来自那个地区的一个沿海村庄，是一个非常离经叛道的人。劳合·乔治最初是作为一名威尔士民族主义者而出名的。在 19 世纪 80 年代，他攻击保守党，谈到"英国这只食人魔，这头残忍母狼的巢穴就在威斯敏斯特"。关于劳合·乔治风格的一个很好的早期体现，来自听起来晦涩难懂的"兰弗罗森埋葬案"。当时法律已经经过修改，允许威尔士的不从国教者葬在圣公会教堂的墓地里，但一位教区牧师固执己见。经过长时间的寻找，劳合·乔治终于发现了一位垂死的卫理公会派教徒，其家人允许他利用这具逐渐冰冷的尸体来挑战这位牧师。他们闯进了教堂墓地的大门，安葬了他，违背了兰弗罗森教区牧师及其女儿的意愿。然后劳合·乔治在法庭上为死者一家辩护，并且取得了胜利，从而名声大噪，成为威尔士的民族英雄。这种别出心裁、引发争议、品位不佳、充满勇气和自抬身价相混合的行为模式将会反复出现。作为一名自由党议员，他很快就站在了党内激进分子的一边，支持布尔人，好像他们只是威尔士农民，还支持爱尔兰的天主教徒，好像他们只是不从国教者。他谈论着相当高尚的道德论调，却卷入了更加激情的通奸行为，而他的妻子玛格丽特（Margaret Lloyd George）则被留在威尔士。他是一位自由党人，但不是社会主义者，早在 1904 年他就发出警告说，如果自由党不能成功地进行社会改革，那么新成立的劳工代表委员会迟早有一天会把他们扫到一边，"自由党就会被消灭"。当然，他不幸言中了。在关税争论过后，丘吉尔退出了保守党，那时他已经在下议院中坐到了劳合·乔治的旁边。贝尔福领导的保守党最终失利后，劳合·乔治成为内阁成员，担任贸易大臣，正如他的传记作者所说，进入了"地球上权力最大的董事会"。[①] 他的激进倾向一如既往地犀利。1906 年，他在伯明

---

① Grigg, *Lloyd George*.

翰说道，如果议会后的下一届自由党政府无所作为，不能"认真对待民众的生活状况，解除全国性的贫民区恶化状态，在一片充满财富的土地上消除普遍的贫困，那么这片土地就会呼吁产生一个新的政党，而今天坐在这里的许多人都会加入到新的政党中去"。

拔掉危险的激进分子的牙齿，是一项非常古老的英国政坛传统。劳合·乔治在皇宫里受到了谨慎的欢迎，受到了主流媒体的奉承，于是很快被转换为一种非常亲切的形象，被漫画家塑造成了一个吵吵嚷嚷、滑稽可笑的威尔士人。反过来，作为亨利·坎贝尔－班纳曼爵士的自由党政府中的内阁大臣，他总体上是一位令人安心的人物。没错，他是一位激进的改革者，有着超常的智力，但同时也是一个很实际、很敏感的人。他努力改善海员的生活条件，改善船只的安全状况，提高工业产值，促进专利法现代化，解决危险的工业纠纷，特别是关于铁路问题的纠纷。任何一个生存在全球贸易日益发展、工业化进程不断加快的时代的政府，如果力图有所作为，都必须面对和解决这些问题。威尔士的火种在无声无息地蔓延着，星星之火，足以燎原。随后，亨利·坎贝尔－班纳曼去世了。阿斯奎斯任命劳合·乔治为财政大臣，在1997年的戈登·布朗之前，他是担任这一职位时间最长的人。有趣的一幕开始了：劳合·乔治转向了狂野的一面。

有很多人认为，在新任自由党政府中，真正的激进分子是阿斯奎斯，而不是劳合·乔治。作为即将卸任的财政大臣，阿斯奎斯为养老金制度的早期版本做好了准备，而且已经开始为此寻找资金来源。劳合·乔治也是为了老年人救济事业长期奔走的活动家。我们已经提到，朗特里的书给他留下了深刻的印象。在布尔战争期间，他抱怨战争对于资源的浪费：在非洲爆炸的每一枚炮弹都是可以用于支付养老金的钱啊！第一项改革幅度很小，而且非常拙劣。为了走得更远，劳合·乔治利用 1908 年 8 月的夏季议会休假期，前往德国和奥地利旅行，试图寻找关于真正良好的福利体系的第一手资料。在爱德华时代，德国在很多方面对英国影响巨大。德国给英国带来了不断上升的军事和海上威胁，且处在工业发明的最前沿；但也同样是在德国，英国的激进分子看到了一种更为公平、更有组织的对待人民的方式。自 1776 年以来，德国煤矿工人的工作时间和工作条件得到了更好的保护；1839 年以来，童工也受到了严格的限制。德国之所以没有出现狄更斯这样的作家，这也是一个原因。1881—1889 年，俾斯麦建立的德国保险体系扩展到病人、老年人和失业者，其应用范围甚至比其他任何欧洲国家时至今日的设想更为广泛和周密。

劳合·乔治参观了德国的工厂、养老金办公室、海员组织和港口，拜访了德国的社会民主政治家。回到南安普敦之后，他告诉《每日新闻》（*Daily News*）的记者："以前，我从来没有意识到德国养老金的规模如此庞大。如果只在国内进行研究，我们永远都不会拥有关于德国养老金的清晰概念，更不会明白这对德国人究竟意味着什么。"丘吉尔现在被提拔到了劳合·乔治在贸易部的旧职位上，开始向阿斯奎斯争取劳工介绍所、失业保险、健康保险、为扫除失业而设置的公共工作、17 岁以下儿童的义务教育乃至铁路国有，事实上，大部分议程都与他后来的政敌艾德礼（Clement Attlee）在 1945 年提出的相同。在 1908 年，他告诉首相："德国的气候更为恶劣，财富积累也比我们少，却一直致力于改善民众的生活条件，这种组织架构不仅是为了战争，也是为了和平。而我们除了政党政治，什么都没有组织起来。在我看来，应该把俾斯麦主义插入工业体系的底端，等待结果。我们只要按照良心做事，无须考虑结果。"[1] 后来他的幸福名言又增加了这样一条："我们必须使用平均的魔法，以拯救上百万人。"

劳合·乔治和丘吉尔的理想愿景如果能够在爱德华时代表达出来，可能会改写现代英国的历史，并且使这个国家免于即将到来的困境和绝望。然而，英国对于德国模式普遍存在着传统的敌意，认为它太专横，不太适合拥有小政府传统、热爱自由的英国。布雷斯韦特（W. J. Braithwaite）是被派往德国更加细致地研究学习俾斯麦主义的一位重要官员，他反馈回来的报告认为德国的方式过于官僚主义，更好的选择是把保险建立在自愿的友好社群和私人保险公司的基础之上，这样其成员才能够避免官僚化的弊端。劳合·乔治不是一个非常注重细节的人，也不是一个十足的社会主义者，因此并未就此进行争论。1911 年最终出台的《国民保险法案》的序言中说道："真正有效的检查只能来自工人阶级对自身利益的关注，纯粹的国家机制将不可避免地导致无节制的伪装和欺骗。"尽管这种说法有一定道理，但该断言抛弃了德国国家福利计划的基本原则，转而支持"最琐碎的个体信贷机制"。[2] 但是，资金来自哪里呢？英国的工业面临着经济衰退和工人失业率问题。在街道上，爱国群众在为耗资巨大的最新战争机器，也就是英国的无畏舰大唱赞歌："我们需要 8 艘无畏舰，我们不能再等了！"要枪炮，还是要黄油？这才是激进派自由党领导人与旧秩序发生冲突的真正原因。

按照计算，为了这些无畏舰，劳合·乔治至少需要找到 800 万英镑，还需要另外再找到 800 万英镑"把 70 万人从济贫院中拯救出来，还要加上 200 万英镑用于 20 万老龄贫困人口"。这些钱大部分来自提

---

[1] 引自 Roy Jenkins, *Churchill*, Macmillan, 2001。
[2] E. P. Hennock in W. J. Mommsen, ed., *The Emergence of the Welfare State in Britain and Germany*, Croom Helm/German Historical Institute, 1981.

高收入所得税、遗产税以及对酒精和烟草的税收，来自新兴的汽车和汽油方面的税收的份额也在不断上升，当然总体数量仍然比较小。不久还会增加额外税和土地税，这些都是对于少数超级富豪的挑战。当时缴纳所得税的大约100万人中，几乎没有谁的收入足以受到新提案的冲击。只有1.2万人面临额外税，8万人需要缴纳遗产税。然而，这些人自然都是在爱德华时代的英国深具影响力的人。总的来说，自由党内阁被吓坏了。土地税在征收时付出的代价比税金本身更为高昂，后来被撤回。那是在1920年，劳合·乔治仍然担任首相时的事。但是在当时，如果没有丘吉尔慷慨大方的支持，在大臣们连续几周的愤怒讨论之中，劳合·乔治根本不可能坚持下来。在这一舞台上，这位威尔士的煽动者和公爵的侄子结成了非常亲密的政治友谊，令人感觉匪夷所思。丘吉尔婚礼上邀请的唯一政坛友人就是劳合·乔治。他请这位正在崛起的阶级战士和他一起住在布莱尼姆宫，在那里，劳合·乔治曾试图走出去，"在这座宏伟宫殿的阴影下"找到一个不从国教者的礼拜场所，最后"在一次野外的联合祈祷会上发现了一些人，他们很快认出了我，喜出望外，可怜的家伙们"。[1] 随着关于"社会主义"措施的争论不断升温，丘吉尔被家族和社交圈子里的其他人视为阶级叛徒。当然，他对此可能早有心理准备。40年前，他的父亲伦道夫（Randolph Churchill）也被伦敦上流社会排斥，原因是他用曝光一起复杂的离婚诉讼来威胁威尔士亲王，还有人说他真的用决斗威胁过威尔士亲王。这是出于对家族的忠诚：伦道夫要保护哥哥布兰福德勋爵，即后来的莫尔伯勒公爵。按照当时报纸的说法，他是一位因"野蛮和挥霍行为"而闻名的人，"言语粗

---

[1] William George, 'My Brother and I', London, 1958.

俗，殴打妻子，议会两院里的很多人都希望让他遭受到可耻的鞭刑"。[1]由于这种恶意排斥，有名望的家庭都不愿意接纳他们，丘吉尔一家不得不逃亡爱尔兰。这一事件被温斯顿牢牢记住了。他从来没有认真对待过爱德华国王，早已准备好走出贵族政治的怪圈。博福特（Beaufort）公爵虽然和丘吉尔有着千丝万缕的联系，但是在 1909 年，他认为丘吉尔造成的威胁和劳合·乔治一样大，特别希望两人能够"像身陷猎犬群中一样"都被撕成碎片。

劳合·乔治 1909 年所做的预算演说冗长无聊，然而却引发了 1914 年之前英国公众生活中的巨大对抗。他坚持认为，4 艘无畏舰是最低需求。诚然，如果把这笔本应用于其他目的的钱浪费在"建造庞大的舰队来对抗传说中的敌人"上，是一种"精神错乱"的行为，但对于英国来说，"海上霸权是国家生存的必要条件"。接下来，他对于德国的国家福利体系赞誉有加，呼吁更好地利用英国的土地和自然资源，而且用非常详细的细节解释了应该提高税收额度的原因。他的结论是，这是"战争的预算，筹集资金，给予福利，战胜贫穷和肮脏"，我们将盼望这样的时刻，"不幸和堕落将彻底远离这个国家的民众，就像将狼群逐出其曾经肆虐的森林一样"。

人们早期的反应还算平静，但是当针对富人征税的意义完全显现出来之后，局面很快变得激烈起来。政府面临着越来越自信和咄咄逼人的保守党的反对，其中最重要的是上议院，他们驳回了自由党提出的措施，尤其是关于酒吧执照的问题。丘吉尔曾经警告说，上议院会收到"6 月份的预算，这会吓到他们；他们发动了一场阶级战争，最好小心一点"。在预算出台时，闲适的贵族和前任自由党首相罗斯伯里伯爵回

---

[1] R. F. Foster, *Lord Randolph Churchill*, Oxford University Press, 1988.

答说："这不是预算，而是革命。"他还暗示，下议院没有权力实施这个法案。这是"纯粹的社会主义，是一切的终结，将否定信仰、否定家庭、否定财产、否定君主制和帝国"。建制开始反击，在媒体上，在城市中，在乡间地主中间，在上议院里，战役打响了。金融家举办会议，贵族和富有的自由党人亲自对阿斯奎斯提出抗议，一个反预算的联盟得以形成，新闻媒体的字里行间都洋溢着愤怒的情绪。

于是，在那个炎热的7月的夜晚，人们发现劳合·乔治出现在莱姆豪斯区，妇女参政论抗议者最终被驱逐，庞大的人群安静而充满期待。在包括保守党贵族在内的很多人眼中，保守党通过上议院成功地击败了民选政府。他们的领导人亚瑟·贝尔福对于激进分子的狼狈状况感到十分满意，那些人曾经在投票中击败了他，而现在他们却在建筑师普金（Augustus Pugin）设计的那座金碧辉煌、红木环绕的贵族宫殿中面临重创。劳合·乔治反地主的言辞一向强硬。他似乎真的对贵族非常蔑视，就如同他热衷于"新资金"和那些开拓进取的粗俗企业家一样。他所依靠的是反对上议院的长期激进传统，该传统希望看到上议院被废除，或者至少被边缘化，永远不能对选举产生的下议院构成挑战。这是一场真正的对抗，一场具有历史意义的对抗。这是城市民主和土地权力的对抗，远远超出了筹募资金问题的范畴。那天晚上，劳合·乔治运用他的魔力点燃了火种，令这个问题达到了沸点。

他告诉自己的听众，他需要金钱打造无畏舰，而工人们已经"贡献出了自己的铜板"。但是，当他走在贝尔格莱维亚区①的时候，"那里却是一片惨叫声"。对于英国这样富裕的国家来说，让那些辛勤工作的人忍受贫穷和饥饿，这难道不是一件非常可耻的事情吗？在一篇最令人

---

① 该区域为伦敦的上流住宅区。——编者注

感动的文章中，他讲述了自己深入一个大约半英里深的煤矿下的故事：

随后，我们进入大山深处，头顶上是 0.75 英里厚的岩石。地面在我们的周围、在我们的上方，似乎试图把我们压扁。你可以看到矿井里弯曲、断裂的支柱，其中的纤维在抗压的过程中已经折断了。有时，支柱会倒塌，从而导致残疾和死亡。往往只要一点火花，整个矿坑都会被火焰吞没，生命的气息也会被火焰燃烧殆尽。

劳合·乔治和阿斯奎斯去找那些地主，要求他们拿出一些东西，让矿工们不至于在济贫院终老，"这些人冒着生命危险挖掘出了税金，他们其中有一部分人已经老了，丧失了劳动能力，不能再挣更多的钱了"。贵族们却皱着眉头转过身去，指责他们是小偷。劳合·乔治说："我觉得，他们被清算的时间已经指日可待了。"

到了这个阶段，一些地主已经开始了小规模的抗议活动，比如拒绝按照惯例向当地足球俱乐部捐款，或者威胁要在预算通过后解雇工人。劳合·乔治毫不留情地继续发动攻击："难道他们要自己吃饭、自己穿衣，以此来威胁英格兰乡村吗？难道他们会削减猎场的看守人吗？"他向他的工人阶级听众们问道，"周末不能和诺福克公爵或其他人一起狩猎"，他们还能在这个季节里做什么？在得到了背后民众的支持后，他又补充道："我们可以扫除爵爷们，就像扫除摆在我们面前的谷壳一样。"他告诉听众，一个全副武装的公爵，其花费相当于两艘无畏舰，"公爵和无畏舰一样恐怖，而且存在的时间更加长久"。典型的贵族"早上有一个专门的用人帮他整理衣领和领带，早餐时有另外两个人把煮鸡蛋送到他面前，第 4 个人专门给他开门，第 5 个人扶着他上下马车，第 6 个和第 7 个人则是他的马车夫"。财政大臣非常了解乡间宅邸的经济状况——这是一种煽动性的智慧。

在考斯的游艇上，曾经花费了相当长的时间与公爵们一起狩猎松鸡的爱德华七世，因为听到劳合·乔治的话而气得脸色发紫。阿斯奎斯写信给劳合·乔治，警告说：在对付贵族们的时候，他们需要君主这个盟友，而国王"目前非常恼怒，我从来没看到他像现在这样难以取悦，虽然我已经尽了最大的努力"。劳合·乔治写信给国王，想知道自己究竟在多大程度上激怒了国王，爱德华在皇家游艇上回复说，尽管他个人在预算问题上没有任何取向，"但是在国王看来，财政大臣所使用的语言是打算制造阶级之间的对立，煽动工人和底层人民反对财富持有者的热情"。《泰晤士报》做出了同样的谴责，在莱姆豪斯事件的两天之后表示，劳合·乔治是在"公开宣扬这样一条教义，有钱人没有权利拥有财产，政府的职能就是从他们的手中取走这些"，并且攻击他"故意歪曲事实，恶意谩骂，强词夺理，性格粗俗，哗众取宠"。

无论是王室的指责，还是《泰晤士报》的报道，都没有对劳合·乔治产生什么影响。几个月之后，他在纽斯卡尔表示，想知道究竟是谁在管理这个国家，是民众，还是贵族？之所以出台这个预算案，并不是为了挑起与上议院的斗争，但是既然事实已经如此，500 个"从那些没有工作过的阶层中被凑巧选举出来的普通人"，怎么可以置真正为这个国家创造财富的上百万人的意愿于不顾呢？如果这是一场革命，那么也是先由上议院引发，然后才由人民接过指挥棒的。爱德华·卡森（Edward Carson）是一位非常聪明而且不易妥协的律师，他在未来将领导阿尔斯特运动。卡森宣称劳合·乔治已经"摘下了自己的面具，公开宣扬阶级战争、人身侮辱、满足贪欲以及可能使煽动者获得短时间胜利的激情刺激"。在人们看来，丘吉尔也有着同样的社会主义倾向。他曾警告说，如果社会改革停止，将会出现"阶级与阶级之间的野蛮冲突"，而且他就像劳合·乔治一样，随时准备嘲笑公爵的生活方式，尽管他自身与布莱尼姆有着密切的联系。他曾经告诉莱斯特郡的一位观众，公爵们都是非常不幸的生物，只能过着安静、脆弱、娇生惯养的生活："我们不要太过苛刻。这是一项拙劣的运动——几乎就像逗弄金鱼一样。这些观赏性的动物会咬住它们看到的每一个钩子，想要抓住它们不费吹灰之力。让他们在众人的奚落下喘不过气来太残忍了，让我们温柔地把它们放回喷泉里吧。"[①]这一次，宫廷再度介入，国王的私人秘书给《泰晤士报》写了一封抗议信。丘吉尔认为，这封信展示出来的观点表明秘书和国王都已经疯了。

1909 年 11 月，上议院否决了《人民预算案》，票数是 350 票对 75 票，打破了自 1688 年光荣革命以来的宪法惯例。这是一种类似自杀的愚蠢行为。地主阶级的贵族已经面临经济的衰退，自从 19 世纪 80 年代农业开始衰退以来，爱尔兰、威尔士、苏格兰和英格兰有大批的地产被出售。大量房屋遭到遗弃，众多珍贵的艺术作品年复一年地不断出现在伦敦的拍卖场上，其中包括范·戴克、缇香（Titian）、伦勃朗（Rembrandt）的画作，华丽的家具，还有具有历史意义的文艺复兴时期雕塑。"土地"的社会价值开始动摇，虽然只是动摇了一点点。被授予骑士称号的人的数量急剧上升，所以索尔兹伯里侯爵评论说，在伦敦，如果向狗扔石头，就有可能打中一位骑士。军队的改革彻底颠覆了通往红色军装和彩色穗带的贵族路线，雇佣兵出现了。爱德华七世的圈子里包括很多犹太金融家，而且，他似乎更享受奢华美好的生活，而不是关注基于土地的古老阶级划分。粗糙的手掌之下，贵族的血液仍然在汩汩流淌，他们用这样的双手捂着嘴，悄悄称国王及其大臣们为叛徒。

---

① Randolph Churchill, *Winston S. Churchill*, II.

对于偏执狂来说，很容易抓住旧秩序的咽喉，特别是"老醉鬼"阿斯奎斯那些年轻的女性仰慕者和他对酒瓶子的热爱，以及劳合·乔治众所周知的绯闻和金融腐败都已经成了全城的话题。

如果没有预算，政府无法长期维持下去。在自由党这边，通过大选来提供道德上的权威性，从而对上议院进行全面攻击的想法变得越来越清晰。在英国的宪政体系之下，上议院不可能被简单地废除。保守党的多数席位必须被稀释掉，然后，长期讨论过的让上议院永远服从的计划才可以付诸实施。该计划将剥夺他们终止任意财政法案的权力，还将授权下议院，在上议院三次要求修改或者废止法案的尝试之后，下议院有权在其他立法上也推翻上议院的决定。上议院拥有推迟的权力，但是没有否决权。国王认为，需要举行两次大选，第一次是关于预算的，第二次则是关于上议院的未来，然后上议院的权力才能被剥夺，而剥夺上议院的权力是一个令他厌恶的想法。但事实的确如他所料。在一个非常短暂的时期里，所得税的缴纳是自愿的，因为预算没有通过。在1910年举行的第一次选举中，自由党在1906年所享有的巨大优势不存在了，尽管由于和爱尔兰民族主义者组成了联盟，他们依然击败了保守党。随后，预算得以通过，阿斯奎斯很快把注意力转向剥夺上议院的权力问题。5月初，国王去世了，继位者是他45岁的儿子乔治。新王迫切地希望双方达成妥协。保守党和自由党的领导人举行了会晤，试图找到一个妥协的办法，但是没有成功。劳合·乔治幻想着能够让政党制度解体，由来自下议院两党的精英组建一个新的联合政府，由他自己担任首相。也有人提到要把一切问题都诉诸全民公决。

乔治五世一直为该做什么而苦恼。或许他应该拒绝增加贵族爵位，转而号召保守党领袖贝尔福组建政府，然后在选举中，也许人们就会把票投给贝尔福、国王和贵族，而不是该死的激进分子。然而，如果他们再一次投票给阿斯奎斯和劳合·乔治，也许就意味着君主制和上议院的废止。如今看来，乔治国王似乎是被自己的顾问骗了，顾问对他隐瞒了这样一个事实：如果有人提出要求，贝尔福会尝试组建政府的。于是，最终国王以为自己别无选择，便向阿斯奎斯做出了他想要的承诺：如果有必要，将会增加 500 名左右的新贵族，但这件事在第二次大选之前不得公开。这位并不习惯夸大其词的国王在日记中写道："我最终还是不情愿地同意了，其实我非常不喜欢这样做。"1910 年冬天的第二次选举几乎没有对下议院产生什么影响。1911 年上半年，下议院通过了推翻上议院旧有权力的《英国议会法案》。7 月，阿斯奎斯正式宣布了 8 个月之前他与国王达成的协议。他拟好了一份 200 多人的封爵名单，包括退伍军人、牛津大学的教授、大量的骑士和商人，现在看来，这份名单足以令人肃然起敬。但上议院并不打算就此放弃。

康普顿·沃尼（Compton Verney）是一座建于 18 世纪 60 年代的亚当风格的大房子，坐落在埃文河畔沃里克郡的斯特拉特福德附近，这里是威洛比·德·布罗克（Willoughby de Broke）家族的领地。几个世纪以来，那里一直有着等级制度、顺从、猎狐，以及诚实的农民和犁夫牵引的船闸。1906 年，19 岁的威洛比·德·布罗克勋爵理查德·格雷维尔·沃尼（Richard Greville Verney）正天真地纵马乡间，思考着自己一生痴迷的猎狐运动。他遇到一位年迈的农民，告诉他自由党大胜意味着"我所拥有的一切将被剥夺，被那些投票给激进候选人的人所瓜分。当然，我对此一点都不相信，我继续猎狐，就好像什么都不曾发生"。[1] 这片土地曾经拒绝了通铁路的无礼要求，约瑟夫·张伯伦和附近伯明翰的激进分子的粗鲁评论也都在此受到了蔑视。就像他的很多朋

---

[1] Lord Willoughby de Broke, *The Passing Years*, Houghton Mifflin, 1924.

友一样，威洛比·德·布罗克的生活与他的乡村和土地紧密地联系在一起。现代世界只是一个令人讨厌的传言。像很多人一样，他被《人民预算案》惊醒了。

就像其他许多来自"偏远地区"的保守党贵族一样，威洛比·德·布罗克参加了兰斯顿（Landsdowne）勋爵在伦敦大宅举行的一次非常活跃的会议，同意对授权法案投反对票，然后休会，在卡尔顿俱乐部享用了一顿体面的午餐。即使威洛比·德·布罗克也能看出，这恐怕是对现任民选政府的一种冒犯："一位住在靠近梅菲尔心脏地区的宫殿里的大贵族"给他住在乡村的贵族兄弟写了一封信，"召集他们在他的屋檐下进行私人的秘密协商，断断续续地谈了不到一个小时之后，他们一致同意拒绝一项议案，而提出该议案花费了自由党大约25年的时间"。当然他也承认，这次会议本身非常有趣。一些保守党贵族以为兰斯顿的宅子就是上议院，他们正在进行的是正式的投票。在自由党赢得下议院多数议席之前，上议院很少有人参加投票，当有人投票的时候，同伴会嘲笑他们，就好像他们"下了一个蛋"一样。但是随着激进分子在下议院之中占据了多数，所有这些都将改变。

那些猎狐的人很快开始乘坐早班的火车从沃里克郡赶往南方，试图摧毁劳合·乔治的预算案，捍卫上议院，抵挡阿斯奎斯的民主威胁。尽管威洛比·德·布罗克和他的世界都早已消失了，但是他的动机仍然值得理解。在他的回忆录之中，大多数篇幅都记载了对乡村的追求，他坚持认为，维多利亚后期是统治阶级的黄金时代：

他们的命令在议会两院之中占有主导地位，怪人、时髦客、阴谋家和教条主义者要么没有进入下议院，要么在一个由某位出身贵族的演说家所谓的"像我们这样的人"组成的集会上感到格格不入。在他们自己的郡县，乡绅政治是至高无上的，他们随心所欲地狩猎和射击，没有人对他们说"不"。他们在政治上具有压倒一切的影响力，在银行里的存款也足以让人舒适地生活，那种建立在现代意义上的舒适度，是他们的父辈无法想象的。

这位闷闷不乐、看起来非常古怪的贵族还在自己祖传的 1.8 万英亩[1]土地上保留着这一切，从驯狗员到牧师，每个人都因为清楚自己的位置而感到心满意足。他说："不论是对贵族还是对猎狐犬，我都准备捍卫世袭的原则。"[2] 据说，他坚信"对待英格兰民众的方式，应该如同对待猎场看守人、马夫和家庭用人一样——也就是说，既友好又严厉。他有很好的写作天赋，思维非常清晰，只是落后了时代将近 200 年"。[3]

当时的保守党领袖，包括兰斯顿勋爵和寇松（George Curzon）勋爵，在这场伟大的保守战役之中冲在最前线，但是那些居住在边远地区的人一直在怀疑贵族大人们最终会出卖自己。即使在贵族气息浓郁的爱德华时代的英国，人们也认为寇松傲慢得令人难以忍受。据说，有人告诉他这辈子应该尝试一次公共交通，于是他登上了一辆公交车，把家里的住址告知了司机。他曾经担任印度总督，并且希望能够担任首相。1911 年 5 月的一次晚宴上，他给自己这些强硬派起了个绰号："让他们成为贵族吧，我们会在投降前死在最后一条沟里。"于是他们成了"挖沟人"。那些决定妥协、实际上是屈服的保守党人，则被称为"骑墙派"——很快寇松也成了其中的一员。

经过下议院喧闹的场景之后，政党领导人之间寻求妥协的努力最终

---

① 1 英亩约合 0.405 公顷。——编者注

② 见 David Cannadine, *The Decline and Fall of the British Aristocracy*, Yale University Press, 1990。

③ George Dangerfield, *The Strange Death of Liberal England*, Harrison Smith/Robert Haas, 1935.

流产，最后的演出将在上议院上演。第二次大选最终确认了自由党的权力，虽然这一权力仍然是在得到爱尔兰支持的条件下获得的。那些贵族能够接受这个国家的民主意愿，投票取缔自己的权力吗？保守党本身就处于剑拔弩张的状态。该党领袖呼吁投降；"挖沟人"则决定继续战斗，建立了自己的组织，为了贵族政府的存在而斗争。政党开始分裂，各派有着自己的打字员、活动家、公开演说家和游说者。激烈的争吵爆发了，家庭破裂，老朋友分手。1911 年 7 月 24 日，国王许诺要把上议院掌控起来，阿斯奎斯在从唐宁街乘坐汽车前往下议院的短暂旅程上受到民众的夹道欢呼。但是在内阁内部，首相则受到了长达半个小时的愤怒的狂暴攻击，保守党议员高喊"叛徒""谁杀死了国王""美元"（这句比较晦涩难懂），最终他不得不放弃，离开了。后来，丘吉尔给乔治国王写信报告说这是"肮脏、严酷、有组织的侮辱首相的企图"。但就像下议院中的很多场景一样，此事的结果与目标背道而驰。它刺痛了保守党领导层的神经，而阿斯奎斯并没有打算屈服。由于担心另外 500 名出身较低的贵族人士会对自己的社会地位产生影响，234 名保守党贵族同意认输。寇松写道，任何继续战斗的人都应该被送进疯人院。

威洛比·德·布罗克和其他许多人宁愿选择疯人院，也不愿意选择寇松。在这支队伍中，很多人都是骑兵，总是行动先于思想。最终的"不投降"晚宴在塞西尔酒店举行。威洛比·德·布罗克在伦敦上上下下记录数字，开列清单。形势非常紧张。8 月 8 日，这两大派系在上议院交锋，许多"挖沟人"在纽扣眼里插着白色的石楠花，而"骑墙派"则戴着红色的玫瑰花。在一场激烈的争论之后，当要求投票时，一些"挖沟人"开始改变主意。为了让一位公爵留在上议院投票，威洛比藏起了他的大礼帽和大衣，但他还是逃跑了，消失在夜色之中。在这个时代，一位绅士出门不戴帽子是不可想象的，更别提是一位公爵了，于是这一幕成了贵族秩序最终溃败的极佳象征。"挖沟人"失败了，阿斯奎斯和劳合·乔治取得了胜利。

这是一场议会革命。革命的过程中没有发生流血事件，但是毫无疑问，乡绅阶层最终失败了，几个世纪以来人们一直坚信，即使是在"煽动者"云集的时代，这个国家的运行也不可能违背乡绅阶层的切身利益。这一事件的效果时至今日仍然在影响着我们，但它的确是一次非常具有英国特点的革命。威洛比·德·布罗克是一位多愁善感、痴迷于狩猎的人，也是旧日美好时光的虔诚信徒。他是一个极具幽默感的狂热分子，知道自己在什么时候被击败了。1921年，他被迫放弃了自己心爱的康普顿·沃尼，把它出售。最后的耻辱是，买走这块地皮的是一位肥皂制造商。威洛比·德·布罗克在第二年去世了。在写作本书的时候，他的后代是残存的上议院世袭席位中的一员，也是英国独立党的成员。

战争的阴影

━━━━

波罗的海沿岸一个冰冷的沙滩上，灯光在逐渐熄灭。在一间瓦楞铁皮做成的小房子里，一群人正在用某种密码进行交谈。房子外面，有一个人蹲在那里，他的心怦怦乱跳。这是一位年轻的外国雇员，一直在这片危险的水域乘坐一艘破旧的游艇来回奔波。他辨认出一个引起他注意的单词——"查塔姆"（Chatham）。慢慢地，关于水深、拖船和天气的抱怨清晰起来。这位有着令人愉快的老式英国姓氏卡鲁瑟斯

（Carruthers）的观察者，跟着这些喃喃自语的陌生人偷偷爬上了一艘小型拖船，这艘拖船正把一艘装了半船煤炭的驳船拖进阴暗的海景中。现在，他理解了。他正在观察的是"一幅伟大场景的试验彩排，在不久的将来，这样的场景也许就会变为现实：航船灯光密布，7 支排列整齐的舰队从浅海的出海口出发，在帝国海军的护航之下穿过北海，一路扑向英国海岸，船上载着整艘的士兵，而不是半船的煤炭"。尽管这是出现在 1903 年一本小说之中的场景，但感觉实在是太真实了。它准确无误地描绘了环绕东弗里斯兰的德国海岸，书里有非常详尽的图表，其中关于德国入侵计划的巧妙叙述，使得许多人都相信它是准确无误的。这个故事的构想者是下议院的一名工作人员。自由党领导人、即将成为英国首相的坎贝尔－班纳曼把他叫进自己的办公室，询问他写的这些内容是不是真的。前任首相罗斯伯里伯爵同样对这个问题很感兴趣。德国登陆的目标显然是英国东海岸，这些选区的议员们很快开始用各种焦虑的问题对政府和海军狂轰滥炸，英国海军大臣与海军情报部进行了紧急交流。

这本书名为《沙岸之谜》（*The Riddle of the Sands*），作者名叫厄斯金·柴德斯（Erskine Childers），他是一位经验丰富的业余水手，也当过兵。在爱德华时代的英国，该书是最好的"侵略惊悚小说"。柴德斯曾经探索过德国波罗的海多沙、多雾的危险海岸，这本书是他航海历程的结晶。他决心提醒政治家和公众关注英国的这一弱点，即德国军事力量入侵的危险。就像其他很多严肃的航海者一样，他注意到了德皇的赛艇和战舰日益迫近的危险。在 20 世纪的头几个月里，插画杂志大肆渲染伦敦金融城招募的一支新的志愿军，即将前去参加日益绝望的布尔战争，书记员和律师在画中列队而立——他们都是伦敦金融城的帝国志愿者，其中一位就是柴德斯。由于在南非作为普通士兵的这段经历，他发现自己的保守派观点软化了。在柴德斯小说的后记中，有这样一份备忘录解释说："我们只有一支小型的军队，分散在全世界的各个地方……我们没有北海基地，没有北海舰队，没有针对北海的政策。最后，我们的经济处境也非常危险。"很多人对这种关于英国真正军事实力的悲观看法嗤之以鼻。首相索尔兹伯里侯爵是个脾气截然不同的海员。他不愿意为此惊慌失措，提出只要每一个英国人都知道如何用自己的马匹、自行车、汽车和步枪来保卫家园，入侵的威胁便会退却。

然而，这个民族对于入侵的紧张不安压倒了贵族式的怀疑。1914年之前，《沙岸之谜》被一再重印。柴德斯的书籍出版三年之后，一位戴着尖顶德国头盔、身穿蓝灰色制服的男子震惊了伦敦牛津街的路人。这是《每日邮报》为《1910入侵英伦》（*The Invasion of 1910*）这一故事制造的宣传噱头。这个故事是一位在宫廷中很受欢迎的哗众取宠的小说家威廉·勒·奎（William le Queux）所创作的系列，其中包含德国军队登陆的血腥描述，登陆地点就是柴德斯预测的地方。小说里有执行死刑的射击队，有德国士兵对妇女的屠杀，还有带枪的骑兵快速冲进没有设防的英国城镇，等等。勒·奎同英国陆军元帅、前布尔战争指挥官、多才多艺的帝国英雄罗伯茨（Roberts）勋爵紧密合作，对方又反过来在威斯敏斯特大力宣传这本书。事实上，《每日邮报》的老板北岩（Northcliffe）勋爵认为，这些看似可信的入侵场景太过乏味，不适合在报纸上连载。他要求确保德国人一次入侵一个城镇，由《每日邮报》提供每天的事件地图。1909年，北岩把社会主义者罗伯特·布拉奇福德（Robert Blatchford）送上前往德国的旅程，以此警告英国人提防"德国为了将独裁统治笼罩整个欧洲而做的大量准备工作"。[①]

[①] 见 S. J. Taylor, *The Great Outsiders*, Weidenfeld & Nicolson, 1996, and I. F. Clarke, *Voices Prophesying War*, Oxford University Press, 1966。

其他很多有影响力的新闻记者也在探索同样的主题。利奥·马克西（Leo Maxse）是一位海军上将之子，也是才华横溢的右翼人士。1908年，他帮助煽起了反间谍的热潮，甚至告诫一位朋友应当解雇其德国保姆，理由在于那位保姆能够灵活地骑自行车，由此可以判定她是一位军事间谍。勒·奎完全同意这样的观点，并警告读者，德国的最高司令部有着秘密的军事计划，其间谍冒充服务员、书记员、面包师、理发师和用人潜伏在英国各地："每个遵循帝国命令加入德国军队的人，都在他们大衣的翻领上缝上了一枚特殊形状的纽扣，这是很久之前交给他们的，是他们向德皇效忠的标志。"[1] 其他地方的报道则声称，每一间杂货店、乳品店、小酒吧和电话亭都被涂上了标志，为入侵做好了准备；德国军乐队已经秘密在伦敦郊区架设了攻城炮；按照一位议员的说法，有6.6万名德国预备役士兵秘密生活在英国伦敦周边各郡，而在查林十字街囤积着大量武器，就在下议院不远处。

对入侵的恐惧接连不断。另一次震动来自一条"新闻"：德国的战舰已经开始轰炸，摧毁了哈里奇的港口，随后是5 000人的军队登陆，齐柏林硬式飞艇攻击了查塔姆的造船厂，德国军队穿过科尔切斯特和切姆斯福德不断向前推进。当他们抵达首都时，伦敦发生了恐慌。吓坏了的民众试图阻止英国军队前往法国守卫防线："4月7日下午。伦敦发生了严重的骚乱。庞大的人群聚集在威斯敏斯特，不断遭到骑警驱逐，最后被两个警卫营的士兵开枪驱散，他们的任务就是保护国王陛下的人民的安全。人们到处努力，试图冲破防线，阻止军队火车离开，他们破坏铁路，甚至躺在火车前。"政府在下议院被彻底击败，很快被一个新政府所取代，其唯一的目标就是拯救伦敦。德国人抵达了罗姆福德和伍

---

① 引自 Clarke, *Voices Prophesying War*。

尔维奇，连续不断地进行巷战，最终抵达了托特纳姆。同时，位于法国的英法军队被彻底击败。随着故事在清晰的细节中推进，形势最终开始逆转。这个故事非常引人入胜，比柴德斯强得多。也许理应如此，因为作者正是时任英国海军大臣的温斯顿·丘吉尔，而读者则是满怀崇敬之心的海军将领们。

然而在 5 年之前，丘吉尔曾经发表了一次重要讲话，嘲讽了与德国开战的观点。这两个国家之间需要彼此的贸易，而且英国殖民地也没有遭遇来自德国的威胁。"还有什么值得两个伟大的国家去争夺的呢？只有热带种植园和散布在各处的小煤矿。尽管媒体上和伦敦的俱乐部里充斥着喧嚣吵闹，但是这两个国家的民众实在没有什么需要争夺的东西。难道我们都是愚蠢的绵羊吗？难道我们都变成了牵线木偶，会被操纵着违背自身利益，陷入这种可怕的骚动之中吗？"丘吉尔对未来屠杀的暗讽戳穿了一个人们普遍相信的谎言，即爱德华时代的人们不知道未来欧洲的战争意味着什么，于是信步走向了战壕。在威尔斯的《预测》一书里，他也预见到了"一位在已经逝去的 19 世纪习得了战争艺术的灰发老将军"，佩戴肩章，手持利剑，骑着已经过时的马匹，行进在他那注定失败的队伍的最前面："那些步兵营的孩子毫无必要地牺牲了自己可怜的生命，这是唯一的可能。那些分散隐匿着的射手将用枪支驱散队列，这更像是放羊，而非实际的战斗。"爱德华时代中有思想的那些人很清楚可能会发生什么，这是一场机器时代的对骑兵和年轻战士们的大屠杀。如同丘吉尔在 1908 年所做的一样，许多人决心不惜任何代价，一定要避免战争。

究竟是哪里不同了呢？对于丘吉尔来说，这不仅仅是从贸易部到承担国防责任的内政部，再到海军部的转变。最初，他和劳合·乔治站在一起，试图把新型无畏舰的数量限制在 4 艘；而人们则高喊："我们需要 8 艘无畏舰，我们不能再等下去了！"但是他后来承认，这是自己犯下的一个巨大错误。与日俱增的德国威胁改变了他，还有其他很多人也是如此。他与德国商人建立了友谊，还曾经两次得到德皇的邀请，观看德国的军事演习，所以了解德国，也了解其高层。他知道德国帝国海军扩张非常快，而且德皇的意图也非常明显，他们的战舰并不是用来展示和表演的。1911 年，德国向摩洛哥派出了一艘炮艇，这是在与法国的殖民争端中的蓄意挑衅行为，让伦敦也打了一个寒战：严肃的战争准备已经开启了。直到劳合·乔治发表了一次威胁性的演讲，明确表示英国将在一切战争中帮助法国之后，德国才做出让步。著名的 1912 年《德国海军法案》大大提高了德国战舰的制造速度，拓宽基尔运河的工程也加速了，从而使得波罗的海到北海的自由通行更为方便，这些都直接挑战了英国皇家海军对于近海的控制。英德之间展开了疯狂的海军竞赛，尽管有人不断呼吁停止这样的竞赛，丘吉尔也呼吁要进行"休假"，但竞赛一直持续到了战争爆发。在 1912 年的一次讲话中，丘吉尔指出，对两个国家来说，危险的程度不同，这极大地冒犯了柏林方面。英国海军是必需品，而德国海军则"更像是一种奢侈品"："海军对我们来讲是一种存在，对他们来说则是扩张。无论我们的海军变得多么强大，都不可能威胁到欧洲大陆哪怕一个小村庄的和平。"但英国可能会被击败，可能因为海军的失利而被"彻底荡平"："正是英国海军使得大英帝国成为一支强大的力量；而德国在拥有第一艘船之前，就已经是一个受人尊敬的大国了。"

我们回到了厄斯金·柴德斯的世界，德国计划对英国发动袭击。尽管这一切并未真的发生，而且遭到了柏林方面的嘲笑，但并不能以此否定丘吉尔的观点。当乘坐巨大的海军部游艇愉快地穿行在港口和海军舰队之间，制订新的战略，将整个舰队从烧煤更新到烧油时，丘吉尔开始意识到，海军的一次简单的失败就能终结一切。在日德兰海战中，血腥的战争最终打成了平局，但其实英国皇家海军完全有可能在一个下午就输掉这场战争。尽管德国的造船技术和最新的潜艇技术都很先进，但这一切都没有发生，这在一定程度上要归功于丘吉尔，也要归功于这个国家对于德国人的恐慌情绪所给予他的支持。间谍恐慌往往是非常愚蠢的，在爱德华时代，类似海军联盟（Navy League）这样的组织都处在极右阵营的范围之内，从而助长了政府对于政府中外国人和激进分子的怀疑。当然，这种威胁是真实存在的。在爱德华时代的政治家确认这一点之前，他们必须找到一种可靠的方式来支付昂贵战舰的费用，同时又能保证福利制度的运行。那时，丘吉尔已经勾勒出欧洲战争可能采取的策略，并且对于双方的力量、德国最高司令部最终将采取的行动有了大体的认识，且具有不可思议的准确性。从那时开始，他一直认为战争是有可能发生的。

工人运动的不同道路

———

再早一点的时候，一个身材矮小、带着软毡帽、看起来怒气冲冲的男人，给当时的内政大臣丘吉尔送来了一封信。这位本·蒂利特（Ben Tillett）说道，码头工人"将引发战争状态……饥饿和贫困驱使码头工人和造船工人不得不采取这样的手段，无论是你的警察、士兵、杀手，甚至是哥萨克骑兵都无法避免灾难降临这个国家"。这是在1911年的炎热夏季写的，码头上的肉开始发臭，成排的桶装黄油变质了，大堆的蔬菜开始腐烂，人们的情绪越发焦躁。爱德华时代的英国如同今天的英国一样，食物依赖进口。但和现在不同的是，食物完全由船只运输进来，而且是手工卸载，成千上万工资极低的装卸工、驳船夫和装箱工推着手推车和滚桶，开动吊车，往马车上装卸物品，拆装箱，一小时只有几便士的收入。几十年来，他们一直激烈竞争，组成相互敌对的团体争抢工作。现在，在蒂利特及其同志的带领之下，他们突然成了一个整体。政府和资本在他们面前都无能为力，除非丘吉尔真的像德国皇帝一样做好了在骑兵队中发号施令的准备。内阁迅速妥协，罢工令码头工人赢得了他们要求的每小时 8 便士工资。

蒂利特是在维多利亚晚期的英国涌现出来的一群杰出的工人阶级领袖中的一位。他重婚，满口脏话，反复无常，却是真正了解底层生活的人。他出生在布里斯托尔一个极为贫穷的大家庭，年仅 1 岁时母亲就去世了。他父亲不喝酒的时候会在货车厂里工作，当然这种时候非常少。为了支付账单，蒂利特 7 岁就开始在一家砖厂工作，从清晨到黄昏，切割一块块的黄土。在苏格兰，他的劲敌凯尔·哈迪（Keir Hardie）年纪比他稍大一点，同样经历了早年的严酷生活，这也是典型的维多利亚时代的工人生活。根据家族的传说，他生在芜菁田里，母亲是一位未婚的农场工人。后来，母亲结识了一位木匠并嫁给了他，搬到了格拉斯哥。哈迪当时年仅 10 岁，每天工作 12 个小时，负责分发面包。一天早晨，为了帮助自己的母亲，他工作迟到，结果被老板解雇了。他还记得，老板对他讲话时坐在红木桌子旁边，家人环绕，咖啡冒着热气，盘子里装满了考究的食物。当时感受到的愤怒伴随了他的一生，使他几十年来在寒冷的街头举行集会时一直感到斗志昂扬。

在布里斯托尔，蒂利特跑去加入了老乔·巴克（Old Joe Barker）

的马戏团，成为一名杂技演员，直到一个姐姐把他抓了回来，教他做鞋。但是蒂利特野性难驯，满腔愤怒，在他 13 岁时，他的父亲在剧院抓住了他，把他送进皇家海军。在同样的年纪，哈迪正在拉纳克郡一家煤矿的黑暗房间里一坐就是几个小时，操作活板门让空气进入矿井。这些孩子并不需要朗特里的调查人员来告诉他们什么叫作不公平。蒂利特和哈迪将断断续续地弥补他们在知识领域的欠缺：蒂利特是在海军中，直到他从绳索上摔下来，被迫退伍；而哈迪则是通过母亲和继父，也通过黑暗的地下作业进行学习。在他们成长的过程中，会反复阅读某些书籍，直到能够真正理解——这些书中包括卡莱尔（Thomas Carlyle）、拉斯金（John Ruskin）、狄更斯和莎士比亚的作品。他们都参加了公理教会，通过帮助陷入绝境的工人组织工会不断向上攀爬。在哈迪的故事里，这些工人就是 19 世纪 80 年代拉纳克郡和埃尔郡的矿工。几乎是在同时，蒂利特离开了商船队，住在贝斯纳格林残旧的贫民窟，靠当码头工人讨生活，成为每天早晨排队找活干的 10 万名临时工人之一。他们等在码头大门外，等待被雇用，根据当时提供给上议院的报告，"人们像野生动物一样挣扎向前，踩在其他人的肩膀上"。

蒂利特满脸胡荏，还患有严重的口吃，但是一直在训练自己进行公开演讲。在哈克尼的一家酒吧，他与别人合作组织了第一个工会。像哈迪一样，他遭到了公司保安的粗暴对待。在 1889 年的伦敦码头工人大罢工之后，他建立了码头、船坞与河流职工总联合会（Dock, Wharf, Riverside and General Labourers' Union），后来又适时合并为庞大的运输工人联合会（Transport and General Workers' Union）。与此同时，哈迪已经为苏格兰的矿工做了大量工作，并建立了英国第一个劳工政党——苏格兰工党。这些人刚开始的时候都不是社会主义者，而是激进的自由派。他们都被马克思主义所吸引，也都认识恩格斯，并逐渐转变为 1893 年在布拉德福德成立的独立工党的初始成员，最终都进入了议会。因此，他们看起来旗鼓相当。然而哈迪和蒂利特最终将走向截然不同的方向，他们的经历合在一起，共同解释了"一战"之前英国社会主义者的成功与失败。

哈迪是一位温和的活动家、鼓吹者和组织者，走上了建立议会政党的阳关大道。蒂利特则认为，社会主义只有通过在议会之外举行工会暴动才能实现。在一段时期之内，对于上百万工人来说，两个人虽然敌对，但都是英雄式的人物。在下议院，凯尔·哈迪是第一个社会主义者、第一个出身工人阶级的议员，看起来也的确名副其实。在那样一个议员们都穿着黑色大衣、领子坚挺、戴着大礼帽的时代，他却穿着一件简单的羊毛外套，围着红色的围巾或者打着领带，戴着一顶宽檐帽，这顶帽子通常被形容为一顶布帽，但其实更像是猎鹿帽。更为重要的是，他拒绝接受那些人们习以为常的下议院规则，反对把时间浪费在对王室的卑躬屈膝上。他坚持认为，议会有权力、也有责任讨论工人阶级生活的细节，并且应该支持各地的罢工。时至今日，人们脑海中关于哈迪的形象是一位基督式的人物，文质彬彬，留着胡子，非常谦逊。但在他的全盛时期，在中产阶级看来，他极为吓人，是个残忍的角色。女佣们经常用他的名字来吓唬她们哭泣中的小主人。

蒂利特看上去则是个威胁。1912 年，在第二次伦敦码头工人的罢工中，他公开准备进行暴力对抗。他站在塔丘的露天空地，头上的帽子向后倾斜着，面前是一条寂静的河流和无数张脸组成的海洋，呼吁对一些人进行军事训练，要求他们加入运输工人民兵组织。随着越来越多的人举手，他的语言变得更为狂野："无论是否在煽动叛乱，我想说的是，如果我们之中有人遭到了射杀，我将会拿起枪，射杀德文波特（Devonport）！"德文波特是雇主的领袖，也是正在与他进行谈判的人。三个星期之后，在海德公园，蒂利特再度宣称要使用暴力，并且扣响了左轮手枪，在罢工者和反对罢工者的冲突中，有人受伤了。于是，蒂利特向上帝祷告，诅咒德文波特去死。人们随之高呼："他该死！他该死！"那次罢工最终失败了，但在之后的1911—1912年，有大波的罢工浪潮席卷铁路、纺织厂、矿山和造船厂，对爱德华时代的自由党和保守党精英造成了冲击。在法国和美国，左派中流行的是革命性的工会主义，这被认为比社会主义政党具有更大的威胁。

1910年11月，在威尔士南部的托纳潘迪罢工的矿工们开始了为期三天的暴乱。警察已经无法控制局势，时任内政大臣的丘吉尔被要求提供轻骑兵和步兵支援。与他后来对于罢工者采取的令他声名狼藉的暴力行为不同，丘吉尔拒绝让军队继续前进，要求他们停在斯文顿，同时给矿工发电报，呼吁他们停止鲁莽的行为。他命令伦敦的警察进行增援。在给国王的一封电报中，他解释说，警察才是更好的选择。要想阻止抢劫商店的行为，军队是赶不及的，"而步兵面对攻击或者投石行为，只会用火力进行还击，这往往会波及傻乎乎的游客或是无辜的民众"。轻骑兵和步兵最终还是被派出去了，但当时暴乱已经停止。《泰晤士报》对于丘吉尔的软弱进行了猛烈的抨击；《曼彻斯特卫报》（*Manchester Guardian*）则反驳说，他阻止使用军队的行为可能拯救了很多人的生命，因为军队只懂得用刺刀来对付暴徒。然而令人感到奇怪的是，关于丘吉尔的早期政治生涯，唯一"众所周知"的事实就是他曾经派出军队屠杀托纳潘迪的罢工者。利物浦的码头工人罢工实际上是更为严重的事件，暴乱持续了一个星期，市长向大臣们声称这不是一次罢工，而是一场不断壮大的革命。丘吉尔再次呼吁使用警察，而不是军队。但罢工很快蔓延到整个利物浦，一旦国有铁路也开始罢工，气氛就变得令人难以忍受了。宣读了《取缔暴动法》之后，整个奥尔德肖特要塞的卫戍部队被派往北方，一艘军舰出现在伯肯黑德的海岸。城市里的大型集会和持续暴乱导致了两人死亡。

国王乔治五世给丘吉尔发来了一封电报，针对他"对于军队部署的三心二意"提出了警告。国王在电报的最后写道，军队只能作为最后迫不得已的手段使用，但是"如果真的在迫不得已的情况下使用军队，那么应该给予他们充分的行动自由，让暴徒们感到恐慌。乔治于罗得岛"。与此同时，惊慌失措的伯肯黑德市长告诉内政部："我没有足够的资源可以使用，如果不能给我更多的陆军或海军支援，我无法保证任何人的生命和财产安全。"在这种环境之下，尽管劳合·乔治停止国有铁路罢工的谈判才是真正的突破，丘吉尔的节制同样令人印象深刻。而在其他地方，到处充斥着恐慌的情绪。在伦敦的俱乐部里，上流社会的绅士们争相购买左轮手枪保护自己，军营驻扎在海德公园、摄政公园和巴特西公园里。很多人认为，全国的士兵都在待命，人们开始不断讨论即将到来的革命。1912 年，在规模庞大的煤矿工人罢工过程中，8.5 万名矿工停止工作，另有 130 万工人受到影响。他们的大部分要求在议会中得到满足之后，罢工才最终停止。

这样看来，也许工团主义者是对的。凯尔·哈迪开始主张建立一个单一的大联盟来摧毁一切障碍："独立工会的陈旧观念已经过时，煤矿工人、钢铁工人、技工、铁路工人、学校教师、商店的售货员、燃气工人和清洁工，都应该联合起来，都应该成为同一个阶级的成员。"[1] 蒂利特的第二次码头罢工失败了，工人们最终由于忍受不了饥饿而选择回去工作，但罢工和暴动的语言已经流传开来。次年，另一场大规模的运输工人暴力罢工在都柏林爆发，这场运动由詹姆斯·拉金（James

---

① Caroline Benn, *Keir Hardie*, Hutchinson, 1992.

Larkin）和詹姆斯·康诺利（James Connolly）领导，最终导致 5 人死亡，上千人受伤，几百名罢工者被逮捕入狱。1913 年，在曼彻斯特举行的英国劳工联合会议上，蒂利特回应了发生在都柏林的大屠杀，认为罢工者有权持有和使用枪支："针对工人的战争已经发动。这是极权主义的体现，我们将进行反击，即使是煽动叛乱和内战也在所不惜。"[1] 在制造汽水、果酱、雪茄和项链的工厂里工作的女工们，都在 1911 年闷热的夏天举行了罢工。学生们也罢课抗议使用藤条体罚和家庭作业繁多。[2]

19 世纪 80 年代，在工人阶级之中，社会主义已经成为一种活跃的思想。它就像是一种早期的宗教，并不成熟、含糊不清、容易分裂，对美好未来的构想也是模糊的。对于威廉·莫里斯（William Morris）以及布拉奇福德等英国社会主义者的追随者来说，它描述了人间天堂的模样，可以让人们回归一种更简单的生活，没有贫民窟，也没有震耳欲聋的工厂。这很容易遭人嘲笑，但是在大城市的边缘及郊外，大量工人阶级家庭确实在饲养牲畜、种植蔬菜、养鸡，以弥补收入的不足。那些矿工生活的村落更是从未远离乡村生活。

在无数的小工会之中，有大量自学成才的工匠。以现在的眼光看来，莫里斯复杂的墙纸设计、对于古老字体及寓言的运用，已经完全过时了。然而对于很多生活在维多利亚晚期的人来说，他是摩登的，是未来的先驱；也许可以将他比作我们这个时代的激进环保主义者。对于其他人来说，社会主义与基督教密不可分。劳工教会和社会主义教会的运作方式非常类似于工业化英国中不从国教者的教堂，往往通过巡回演讲者串联在一起，这些人包括罗伯特·布拉奇福德发起的号角运动中那些

---

[1] 见 Jonathan Schneer, *Ben Tillett*, Croom Helm, 1982。

[2] 见 Juliet Nicolson, *The Perfect Summer*, John Murray, 2006。

骑自行车和乘坐马拉货车的人。在早期的日子里，几乎所有的激进主义者和社会主义者都处在自由党大家庭之中。但是，人们开始越来越难以想象，一个地主和磨坊主在其国会议员中占据主导地位的政党，怎么可能真的成为剧烈社会变革的推动者。

1900 年，劳工代表委员会（Labour Representation Committee）成立，这是社会主义者和工会会员的正式联合。但是在威尔士的一次小小的争端升级到难以控制的局面之前，这种联合实在是难以运作下去。事情开端于生活在乡村的一位受害者，他本是一名信号员，由于发起要求提高工资的运动，被调离了工作岗位，不得不远离妻子和 10 个孩子。他的命运掌握在塔夫谷铁路公司的一位暴力且反对工团主义的经理手中，这激起了强烈的反应。铁路工人们决定采取破坏活动。他们在一个比较缓的坡道上涂抹了油脂，于是货车的轮子开始打滑，客车车厢的速度也慢了下来，这时，他们从轨道边的灌木丛中冲出来，拆解了各节车厢。这是极端危险的行为，非常富有侵略性，但也非常高效，迫使铁路公司开始进行谈判。然而塔夫谷铁路公司的管理层并没有善罢甘休，他们起诉了工会，并且赢得了胜利，获得了在当时堪称一笔巨款的 3.2 万英镑损害赔偿。如果事态总是这样发展下去，那么任何针对公司的罢工及类似的行动都将导致工会破产。这件事最终令旧式的工会领袖明白，除了投身政治，他们别无选择——必须拥有自己的议员，才能够改变法律。

在塔夫谷案之后，工人出身的候选人开始参加补选。在 1906 年的大选中，29 位候选人赢得了席位，不久之后他们开始自称为工党，并且帮助取胜的自由党推翻了塔夫谷案的判决。最初，工党议员几乎没有什么影响力。在一个主要由牛津和剑桥毕业生组成的内阁中，他们很明显处于劣势。只有在有着亲身体会的问题上，他们才有发言权，比如工人的补偿金、公立学校的检疫等。波普拉区的工党议员威尔·克鲁克斯（Will

Crooks）为了限制取消养老金的立法，追问道："酗酒达到什么程度就要取消享受养老金的资格？半醉半醒，持续饮酒，酒后失言，醉酒闹事，耍酒疯，烂醉如泥？"于是限制养老金领取的"人格审查"被从立法案中删除了。[①]1907年，在科恩谷举行的一次著名补选中，年轻而富有魅力的前神学院学生维克多·格雷森（Victor Grayson）以独立的社会主义候选人身份战胜了两大主要政党，很多人都认为这是一次革命性的突破。但是，格雷森是个酒鬼，三年后失去了自己的议席。1912年，尖刻的比阿特丽斯·韦布写道："工党的议员之中，很多都是普通的工人，除了工会和自己的切身利益，他们对其他事务一无所知，也漠不关心。"

相比之下，工业发展的情形更激动人心。当时的英国是否正走向一场工人起义，只是因为"一战"这一特殊环境才被扼杀呢？纵观所有煽动性的言论、船只和部队的行动，以及偶尔爆发的暴力行为，这似乎不大可能。大多数工会成员的要求都是坦率而适度的，只是要求每小时增加1~2便士的收入，要求相对公平的收入差异，要求每天工作8小时、儿童在学校能够享受免费的饮食，以及一份虽然微薄但有保障的养老金。从工党议员第一天开始工作起，工会发起人就倾向于控制那些社会主义的梦想家，而不是刺激他们。即使是那些比大多数人更为激进、支持最低工资和工业公有制的矿工和铁路工人，实际上也反对国家福利政策，因为这将破坏他们建立自己的友好社区和互助组织的基础。

但是，在爱德华时代，在国外的确有一些非常严肃的革命者：后来成为共产党核心力量的自卫队支持者，以及欧洲和俄国的无政府主义者和马克思主义者。英国对政治异见者和政治难民持放任态度，并为之

---

① Pat Thane, 'Labour and Welfare', in D. Tanner, P. Thane and N. Tiratsoo, eds., *Labour's First Century*, Cambridge University Press, 2000.

自豪，这使得外国政府非常愤怒。1907年，列宁、斯大林、托洛茨基（Leon Trotsky）、高尔基、一大批布尔什维克分子以及其他人聚集在伊斯灵顿，开会探讨彼此之间的分歧。列宁和他的爱人娜杰日达·克鲁普斯卡娅（Nadezhda Krupskaya）住在罗素广场的帝国酒店里，而斯大林和其他没那么知名的同志则在小旅馆里落脚，或是在伦敦东区租房居住。未来的工党领导人拉姆齐·麦克唐纳（Ramsay MacDonald）系着白色的领带，穿着燕尾服，在切尔西的酒会上见到了列宁和斯大林。列宁把革命分子带到自己最喜欢的酒吧，那里能够为他们的会议提供啤酒和三明治，但他们中似乎没有几个人喜欢伦敦。

毫无疑问，无政府主义者和共产主义者在伦敦有了一个避难所，这非常有利于其共产主义事业。在1910年12月的锡得尼街之围中，一伙拉脱维亚帮派分子抢劫东区一家珠宝店失败，杀害了三名警察，然后带着步枪藏匿起来。丘吉尔从伦敦塔召集了苏格兰卫队，并且调来了大炮。随后，由于无法遏制的好奇心和强烈的表演欲，这位内政大臣也抵达了现场，他戴着大礼帽，穿着羔羊皮领子的大衣。现场照片捕捉到了他凝视房子的场景——那所房子着火之后，他下令任由其燃烧下去。他后来告诉阿斯奎斯，那是一幅震撼人心的画面："从每一个窗口射击，子弹炸碎了砖墙，警察和苏格兰卫队都装备着上了膛的武器……我认为最好的情形就是让房子自己烧毁，而不是牺牲善良的英国人的生命来拯救那些无恶不作的恶棍。"但是，丘吉尔的大出风头遭到了人们的嘲笑。他提出了一个针对外国移民和"外国人"的紧缩法案，遭到很多自由党人的抨击。一位议员警告说："与思想的消亡和对英国传统的背叛相比，人类的生命并不是最重要的。"

旧有土地秩序的终结，威斯敏斯特显而易见的腐败和世界性财阀统治，社会主义煽动家，迫在眉睫的革命和建立一支更强大军队的失败——所有这些都在妄想狂的画布上闪闪发光，有时甚至让人联想起"一战"后的魏玛德国。但无论何时何地，英国人总有一种温和、妥协和随机应变的本能。利奥·马克西曾领导过"贝尔福必须下台"运动，并鼓励人们谈论叛国行为，在 1911 年，他如愿以偿了。贝尔福在辞职时遗憾地评论道，自己和马克西"可能是伦敦最开心的两个人"。与此同时，劳合·乔治前往巴尔莫勒尔拜访王室家族，发现乔治国王是一个"非常渺小的人，所有的同情心都给了富人"，并且抱怨宫廷对他过于礼貌，"就像对待一头危险的野兽时一样"。[①] 当然，贝尔福可以拿邀请马克西吃饭来开玩笑，而劳合·乔治则的确在与国王和王后交谈共饮。在这场叛乱之中，保守党的领导层在最后一刻退却了。尽管非常不高兴，但是国王仍然接受了民主无法挫败的事实。没有人奋战至死。上议院在未来很长的一段时期内仍在对下议院的法案提出异议。搪塞和犹豫不决同样是英国的古老传统。

制造名垂千古的汽车

列宁一直在追问这样一个问题："谁对谁？"在访问伦敦期间也是如此。他追问的是普遍的权力关系：谁能对谁做什么？不过你可以缩小这个问题的范围，将其变成一个比较现实的问题，换成另外一种问法：

---

① Grigg, *Lloyd George*.

"谁在追随谁？"在学校、办公室、商业事务或商业谈判中，谁是召集者，谁是应答者？这会告诉你权力所在。劳斯（Charles Rolls）和莱斯（Henry Royce）的第一次会晤，是在曼彻斯特新建的极为华丽的米德兰酒店，时间是1904年5月，那次是劳斯前去拜访莱斯。这件事一定出乎你的意料。查尔斯·劳斯是威尔士边境一个拥有贵族头衔的乡绅之子，先后就读于伊顿公学和剑桥大学。因为在新兴汽车业取得的成就，他经常出现在报纸上，是一个非常著名的人物。对于上层社会来说，他是一位成功的潘哈德汽车经销商、伦敦的驾驶指导员和多才多艺的汽油时代冒险家。他在伦敦西区拥有一间陈列室，还在富勒姆的一个废旧溜冰场建有能够容纳200辆汽车的车库。很自然，他并不认为自己应该离开伦敦，追逐亨利·莱斯。以劳斯的标准来看，莱斯几乎没有受过什么教育，生活在社会底层，是一个失败的磨坊主的儿子。他9岁就辍学了，为了谋生，他送过电报，在工厂干过活，还在彼得伯勒的铁路站场做过一小段时间的学徒，那是难得的快乐生涯。他在英格兰北部穿街走巷寻找工作，依靠面包和牛奶维生，深知饥寒交迫的滋味。他不断地向上攀爬，直到在曼彻斯特找到了一份小型电气工程方面的工作，开始制造灯座、发电机和小型气动起重机。

如果说劳斯象征着爱德华时代富有男性的冒险精神，是一个被速度技术的冒险所吸引的纯粹车迷；那么，莱斯则是一个被迫通过严酷的工作向上攀爬的工人阶级男子的典型例证。他是一位天才的工业工程师。随着事业的不断壮大，他购买了属于自己的第一辆汽车。劳斯早就换上了由法国先驱发明的潘哈德汽车，莱斯则不同，他对于自己购买的二手汽车非常不满，这辆车是同样来自法国的德科维尔轿车。于是他把整辆车拆开，把部件一样一样地拿出来，包括汽缸、化油器、点火系统、配电器、冷却系统、齿轮箱、悬挂、刹车和润滑部分，从里到外对其进行了重新设计。当他完成这项工作的时候……不对，对于这位瘦高个子、满脸胡须的工作狂莱斯来说，工作永远不会完结。他很快就制造出一辆全新的汽车。从外表上看，这辆牌号为 M612 的汽车似乎没什么特别，然而当它开始行驶在柴郡的街道上时，其与众不同便显现出来：它异常安静，舒适，罕有故障。此时在伦敦，查尔斯·劳斯的潘哈德汽车销量开始下滑。尽管在之后 50 年间，大部分汽车的设计都延续了法国车的基本样式，但在 1904 年，这些法国车看起来非常老旧，外形像个箱子，而且行驶缓慢。所以当劳斯从朋友亨利·埃德蒙兹（Henry Edmunds）那里听说了莱斯的新型汽车之后，立刻产生了浓厚的兴趣。也许莱斯会想要过来见见他？ 1904 年 3 月 26 日，埃德蒙兹给莱斯写了一张字条："跟您通过电话之后，我昨天见到了劳斯先生，他表示如果你可以到伦敦见他的话会更加方便，因为他的确非常繁忙。"但是，这个请求没有成功。莱斯是不会让步的。

于是，劳斯乘坐火车北上，来到了曼彻斯特。两人的关系是怎样的呢？在路上，与埃德蒙兹一起坐在餐车里的时候，劳斯承认自己真正的梦想是拥有一种和自己的名字联系在一起的汽车："在将来，这个名字将家喻户晓，就像'布罗德伍德'和'施坦威'与钢琴联系在一起、'查布斯'与沙发联系在一起一样。"通过这番谈话，可以看出劳斯的性格。后来莱斯也通过一件事暴露出了真实性格，这件事是这样的：当被告知要想在汽车业获得成功，应该制造质量过硬、价格低廉、面向大众市场的车型时，莱斯表达了截然相反的观点，他只想制造出世界上最好的汽车，完全不考虑价格因素。[1] 亨利·福特（Henry Ford）和年轻的威廉·莫里斯在前一年已经开始运营一家小小的牛津汽车公司，

---

① Max Pemberton, *The Life of Sir Henry Royce*, Selwyn & Blount, 1936.

他们走的是另外那条路线。同时，劳斯和莱斯则发现彼此对汽车业的共同热情打破了一切社交障碍。他们的午餐大获成功，之后的汽车旅行同样如此。这次会面之后，紧随而来的是现代英国制造业中最伟大的成功故事。在那个年代频繁举行的汽车竞赛之中，劳斯莱斯取得了第一次成功；第二次成功则是 1906 年推出的"银色魔鬼"，能以 40 马力的功率跑出每小时 80 英里的速度，而且没有噪声，非常安静。那样的汽车是财富和地位的象征，但当它们第一次出现的时候，真正令那些有经验的汽车驾驶员也目瞪口呆的，却是其优良的性能。其中一人后来写道："它停在了我的房子前面，这是我见过的最令人震惊的汽车。它的长度，它的无声，还有它优美的外形，超越了我所知的任何一辆汽车。我被告知，这是一位伟大工程师的杰作，他的名字就是莱斯。我们带着一种使乘客大吃一惊的狂喜在车流中滑行，以最快的速度冲上了山顶。"[1]

在营销精英劳斯和痴迷的工程师莱斯开始合作一年之后，英国公路上奔跑的汽车已经跃升到 1.6 万辆，在整个爱德华时代，汽车已经开始变得普及，几乎达到了无处不在的程度。"一战"爆发时，在英国注册的汽车达到了 13.2 万辆，观察者认为道路上已经开始变得"拥挤"或者说"有活力"。一个世纪之前，英国已经是"无马马车"的先锋，但是后来长期落在了后面。早在 1803 年，一个康沃尔郡人就开办了伦敦蒸汽运输公司；19 世纪 30 年代，乡绅们拥有大型的蒸汽驱动马车，奔驰于帕丁顿和艾奇韦尔之间，远达伦敦西北部，速度是每小时 20 英里，这大约也是今天在伦敦开车的平均速度。格拉斯哥和佩斯利之间有一条蒸汽动力的运输路线，最多能够同时运输 60 人。在 19 世纪 30 年

---

[1] Max Pemberton, *The Life of Sir Henry Royce*, Selwyn & Blount, 1936.

代早期，国会议员们就开始预测马车将被蒸汽汽车所取代。[1]锅炉的爆炸和铁路时代的到来证明了他们是错误的，但蒸汽动力汽车是全球变暖时代出现的新型汽车的祖先，并且一直到 20 世纪仍在流行。爱德华时代英国的汽车厂还出售了大量电动汽车，甚至国王都拥有一辆。

但除了由苏格兰人约翰·博伊德·邓洛普（John Boyd Dunlop）发明的充气轮胎，汽车的所有关键部件都是在 19 世纪 80 年代由法国人以及德国人，比如著名的戈特利布·戴姆勒（Gottlieb Daimler）和卡尔·本茨（Karl Benz）发明的。部分原因在于英国的路况。铁路时代给这个国家留下了太多疏于照管、湿滑泥泞的古道，它们蜿蜒曲折、颇为古雅，但并不利于汽车行驶。同样扯后腿的还有英国过时的交通法规。19 世纪 60 年代，机动车在道路上的限速是城镇中每小时 2 英里，乡村每小时 4 英里，而且前面还要有一个人徒步引领，白天手里举着一面红旗，晚上则举着一个红灯笼。这项措施后来成了自愿行为，但是早在测速相机出现之前很久，英国警察就对逮捕和惩罚早期的汽车司机充满了热情。1895 年，约翰·奈特（John Knight）成功地制造出一辆属于自己的汽油驱动汽车，并且以每小时 8 英里的速度穿过了法纳姆的街道。很快，他就因为超速被逮捕并处以罚款。

就像其他许多新事物，如航空旅行、家庭影院、手机一样，汽车最初是富人的玩物。其推广者中包括大卫·萨洛蒙（David Salomons）爵士，他是伦敦的第一位犹太人市长。1896 年，他建立了名字非常具有吸引力的自行交通协会（Self-Propelled Traffic Association），一年之后并入汽车俱乐部，该组织聚集了相关的同行，和一些诸如罗斯伯里和贝尔福之流的大政治家。1903 年，上议院讨论了一项议案，要求把

---

[1] 见 Peter Thorold, *The Motoring Age*, Profile Books, 2003。

限速提高到每小时 20 英里，这被抨击为"富人的立法，是由富人制定的为了富人利益的立法"。当时的驾驶者感觉自己受到了过时的法律和好管闲事的警察的迫害。1905 年，汽车俱乐部分裂了，分离出来的汽车协会（Automobile Association）代表了更为激进的汽车驾驶者。

对于成为早期汽车驾驶者的感觉的描述，见于《每日邮报》创办者北岩勋爵与他人合著的一本了不起的书籍。《汽车与驾驶》（*Motor Cars and Driving*）出版于 1902 年，后来不断再版，主要内容包括购买汽车的建议（是买阿吉尔还是纳皮尔？）以及出现故障时的应对措施。汽车的作用体现在能带你去参加猎狐聚会，去偏远的乡村打野鸡或猎鹬，去苏格兰寻找盛产鳟鱼的湖泊。书中还收录了亨利·汤普森（Henry Thompson）爵士所写的一篇关于开车有益健康的文章："我个人的看法是，驾驶汽车有助于改善人体健康状况。当汽车以适当的速度行驶在高速公路上的时候，用俗话来说，其产生的震动会'作用于肝脏'，从而有益于身体健康。也就是说它有助于肠道的蠕动，从而强化其功能。"这对于便秘是非常有效的。换句话说，这就像骑着马一样。（如果以后你能够看到爱德华时代关于骑马或者驾驶当时最好的无马马车的电影，可以思考一下他们真正需要的是什么。）但是亨利爵士也承认，骑马还有助于强健腿部肌肉。这正是驾驶汽车的不利之处，但"某种程度上可以通过在驾车行驶了 20 英里路程之后，在距离目的地还有大约两三百码①的地方下车，跑完剩下的路程来克服"。这毫无疑问是一个非常好的建议，虽然恐怕缺乏事实的支持，因为在 1904 年这本书再版的时候，老亨利爵士已经去世了。

汽车驾驶是一项户外运动。汽车上方几乎没有什么遮盖物，关于

---

① 1 码约合 0.914 米。——编者注

驾驶员应该穿什么衣服，人们一直争论不休。法国汽车俱乐部主席佐兰·冯·涅瓦尔特（Étienne van Zuylen van Nyevelt）男爵指出，汽车驾驶员的衣服是"非常不敬的下流玩笑的主题，而且在许多情况下，这些玩笑说得很有道理"。他认为，普通的花呢服装毫无用处，因为人们会感觉到"空气在肋骨间吹起了口哨，而且大衣会在后面膨胀起来，就像气球一样"。另一方面，"皮夹克和裤子也是不可取的，因为身体里的湿气无法排出去，结果内衣就会变得异常潮湿，让人无法忍受"。男爵的建议是，束腰的套装，里面穿透气的麂皮里子，用毯子包裹双腿，穿雪地靴和橡胶短裙，后者在寒冷的天气特别有用，因为当你调整姿势的时候，"下面仍然存有热气"。但是，最好的选择是身着一件外面有毛的毛皮大衣，再加上高高的领子，尽管这种装束"在英格兰的旁观者和小男孩看来会显得非常有趣"。[①]

　　然而，到"一战"开始时，汽车几乎已经成为旅途常用的普通机器。汽车工厂迅速发展起来，法律也发生了改变。全国各地的汽车比赛和展览使得人们能够观看、触摸，甚至是对这种新机器进行驾驶体验，它发出的突突声不再会使得动物和人们惊恐地跳起来了。一些知名人士，例如陆军元帅罗伯茨勋爵、拉迪亚德·吉卜林和温斯顿·丘吉尔都热衷于驾驶汽车，并且留下了很多照片。在城市之中，公共马车开始消失，出现了更多使用石油驱动的公共汽车。双座出租马车开始被机动出租车取代，卡车也取代了运货马车。汽油原本只能从化学家那里弄到，现在则在新建的车库里公开出售。乡村酒馆也开始服务汽车驾驶员，把拴马的院子改为停车场。汽车取得成功的速度非常快，远远超过了工人

---

① 全部引自 *Motor Cars and Driving* by Lord Northcliffe and others, Longmans Green & Co., 1904 edition。

阶级投票权和妇女参政取得成功的速度。劳斯莱斯汽车公司搬到了位于德比的新工厂，因为那里承诺给予其廉价的电力和土地。很快就将出现军用汽车，其引擎也将被用于飞机。

对于飞机，莱斯从来没有产生过深刻的印象，查尔斯·劳斯则被深深打动。1910 年 6 月，他已经成为全英国最著名的飞行员，以长途飞行而著称。他与莱斯及其他公司董事达成了一份严格保密的协议，从汽车技术总监的岗位退休。几天之后，32 岁的劳斯乘坐火车前往伯恩茅斯，因为他在海德公园超速被抓，所以无法驾驶汽车。他要前去参加这个城镇的百年庆典，庆典中有爱德华·埃尔加（Edward Elgar）爵士指挥的音乐会，有假面舞会，有童子军游行，还有航空表演。在城市的南部郊区新建了一个飞机场，为此人们拆除了篱笆，移走了 40 多块菜地。为了进行空中比赛，特意准备了一套彩旗系统，并提供了大量的现金奖励。后来，有一位过于激动的记者宣称，劳斯来到这个度假区的时候，"看起来就像末日来临一般，突如其来的失败预感把他的脸色完全变成了灰色"。对于他那脆弱的莱特式双翼飞机来说，这是一个狂风大作的坏天气。他的法国竞争对手艾德蒙·奥德马尔（Edmond Audemars）的飞机已经坠毁，飞行员本人倒没有受伤。此人走近劳斯，告诉他最好推迟飞行，任劳斯表示拒绝后出发了。他的计划是环形飞行，然后在靠近裁判帐篷的指定地点着陆。观众们认为他飞得太高了，并报告说当飞机出事时，发出了"刺耳的断裂声"。飞机坠毁了。劳斯被甩出了飞机残骸，乍看上去好像完好无损，只是昏过去了。但实际上他当场就去世了。他的朋友和崇拜者围着他的尸体站成了一个圆圈。一个想对他进行拍照的新闻摄影师遭到了攻击，相机被抢走摔坏了。①

---

① Lord Montagu of Beaulieu, *Rolls of Rolls-Royce*, Cassell, 1966.

就这样，英国汽车驾驶的先驱，作为飞机驾驶的先驱而死，那时的他显然已经厌倦了劳斯莱斯。4 年之后，包括他在内的这一小撮人的努力最终造就了世界上第一次空战。尽管莱斯对于飞行缺乏兴趣，但这并没有妨碍劳斯莱斯在航空时代扮演非常重要的角色。它所生产的引擎会带动第一架横跨大西洋飞行的飞机，也会装备在喷火式战斗机和有朝一日的协和式超音速喷射客机上。在创建公司的过程中，劳斯扮演了一个举足轻重的角色。他不会把注意力集中在同一件事情上，也从来没有真正理解莱斯对于细节和管理的狂热，正是这种狂热令更年长的莱斯总是被誉为天才工程师。但是劳斯明白，突破性的消费产品需要吸引力，需要能够引起媒体关注的神奇细节。他的圈子和关系是劳斯莱斯汽车能够赢得利润的保证，使得这些汽车能够引起大量新兴媒体的关注并获得赞誉，并且在当时由德国、法国和美国主导的汽车市场竞争中，散发出一种爱国的气息。如果来自贵族的财富和活力能够更频繁地同北方的工程学相互磨砺，现代英国的工业史也许能焕发出更为夺目的光彩。

土地和帝国

在"一战"爆发之前的几年里，有很多次，你都可以透过萨塞克斯旷野的一所詹姆斯一世风格的房子里的竖框窗户，或者伦敦一家男士俱乐部"萨维尔"的窗户，发现有两个人正在热烈地交谈，他们讨论的是英格兰民族和大英帝国的未来。其中一位身材肥胖，50 多岁，胡须浓密，看起来像是一个乡绅。另外一位下巴突出，眼镜片和胡须同样厚重。赖德·哈格德（Rider Haggard）爵士和拉迪亚德·吉卜林是英语世界中两个最著名的人物，而且是铁杆好友。哈格德的故事，例如《所罗门王的宝藏》（*King Solomon's Mines*）和《她》（*Her*），使他成了名人，受到美国总统的喜爱，还进入了皇家委员会。吉卜林是大英帝国的诗人、短篇小说作家，也是儿童文学的作者，其创作的儿童文学在当时和现在都广受欢迎。尽管哈格德在英格兰东部长大，但他是在祖鲁战争期间，在南非迅速成长起来的。吉卜林出生在印度，在拉合尔和西姆拉作为一名记者和诗人度过了青年时光。这两个人的生活都很不稳定，但是最后都回到英国乡村定居，对婚姻的乏味都感到非常不满。他们都有一个孩子因病去世。到了这时，他们最富活力的工作生涯都已经过去了，但是作为公众人物，他们关于英国在未来世界中地位的看法仍然广受关注。

在爱德华时代的英国，帝国并不全然是毕业于公学的冒险家、殖民地总督和"那些穿着法兰绒的傻瓜"（吉卜林语）的专有财产。只有少数人公开表达了反帝国的思想，他们中有些是基督教激进分子，有些是马克思主义者，有些是爱尔兰民族主义者，还有一些是具有自由精神的人，诸如冒险家和记者威尔弗雷德·斯科恩·布伦特（Wilfred Scawen Blunt）。进步派和保守派都仍然坚信帝国是文明的一大成就。他们可能对于帝国内部不同部分走向自治的时间点持有不同的观点，对于加拿大是否注定会被合并到美国存在分歧，对于怎样用土著居民自己的法律和宗教文化来进行统治意见不一。但人们普遍感到，英国肩负着播撒文明的使命。在爱德华时代，最暴力的领土扩张论者已经成为历史。1902 年，塞西尔·罗得斯（Cecil Rhodes）以马塔贝列人的仪式下葬。帝国不再向外扩张，只有少数例外，例如荣赫鹏（Francis Younghusband）在一年后对西藏的袭击。相比之下，在西奥多·罗斯福（Theodore Roosevelt）总统时期的华盛顿，或者是德皇统治下的波茨坦，更容易发现对于土地和疆域的渴望。英国的英雄们是探险家，罗伯特·法尔肯·斯科特（Robert Falcon Scott）船长和欧内斯特·沙克尔顿（Ernest Shackleton）驾着加固的船只前往南极，霍华德·卡特（Howard Carter）和卡那封（Carnarvon）勋爵在埃及的土壤和石堆中搜寻。英国人曾经举着旗帜攀登跋涉，力图抢占领土、攫取财富；但在"一战"爆发的前些年，他们的攀登跋涉仅仅是出于探险的兴趣了。

哈格德和吉卜林更感兴趣的是转向帝国的内部，两人都认为英国已经由于政治家的缘故而变得软弱和堕落，亟须改变。哈格德十分佩服祖鲁人的古老法律和清晰的道德感："他们和我们的主要区别在于，在白人教会他们饮酒之前，他们并不会喝醉；他们的城镇在夜间与我们不同，不会发生那些令人蒙羞的事；他们很爱护孩子，不会残忍地对待他们，尽管可能偶尔会把畸形的婴儿或者双胞胎丢弃；他们经常投入战斗，那时他们会把整件事做得极为彻底。"[1]至于白人踏上祖鲁人土地的权利，哈格德认为上帝不可能赋予某个民族灭绝或者掠夺其他民族的特权或使命："在我看来，只有在一种情形下，我们才有权夺走黑人的土地，这种情形就是，我们能够给他们提供一个平等而公正的政府，保证他们不会受到虐待，否则这种做法肯定是站不住脚的。"如果帝国要发挥作用，那么更强壮、更聪明、更坚强的人就必须移民。然而与此同时，英国本身也处于一个可怕的状态——农业衰退，城市肮脏腐烂。

吉卜林也持有同样的观点。早年在印度生活的时候，他赞美过那些无私的行政长官，他们同霍乱、杀害女婴的行为和种姓制度不断进行

---

[1] H. Rider Haggard, *Child of Storm*, quoted in Tom Pocock, *Rider Haggard and the Lost Empire*, Weidenfeld & Nicolson, 1993.

抗争。他写信给一位表亲："首先为了人民的生存，其次为了他们的健康，这些委员会里最优秀的人死于过度工作和疾病。"[1] 在他看来，帝国是一项道德事业，但是国内工业城市中的衰弱群众很难理解这一点。在伦敦市中心，他发现了"4 英里拥挤、沸腾的罪恶"，那是一个充满了文学和道德上的腐败堕落、令人窒息的黄色雾霭和恶言恶语的地方。和哈格德一样，他是约瑟夫·张伯伦帝国关税改革的信徒，虽然他也认为大部分政客都是腐败的，民主是个谎言。布尔人给英国带来的惨败令他写出了一首尖刻的诗歌《岛民》（*The Islanders*）。在这首诗里，他指出了英国人的衰弱，抨击了那些缺乏训练的士兵及其政治领导人："这些来自被庇护之城的孩子，尚未长成，未经洗礼，根本不合格，然而汝等将他们从街上捡来，直接推进战壕。"他对于板球运动员和足球运动员在自家主场浪费时间同样充满嘲弄，说他们就像"满身泥泞的痴呆"；对于打野鸡的乡绅们也是一样。从印度回来之后，吉卜林更加确信这个国家的灵魂存在于土地和永恒的农业智慧之中。

同吉卜林一样，哈格德也在担心英国的状况，认为"土地和帝国"才是唯一的出路。年轻人疯狂地涌入城镇，"在那里寻找谋生之道，有时候会成功，有时候会陷入不幸，或者是游荡于船坞的门口，希望找到一份临时的工作，以换取面包"。针对这些问题的答案就是重新创造自耕农的英国。他认为可以给予人们土地上的股份，而不是像激进分子所希望的那样，让一个阶级反对另一个阶级。他"极力主张对土地进行重新划分，把拥有土地者的数目提高到现在的 10 倍，这会破坏大量的私有地产，损害那些爱好打鸟和狩猎者的利益与乐趣"。在农业为主的萨福克郡，他很快被人们指责为危险的社会主义者。有一段时间，卜威廉

---

① 见 David Gilmour, *The Long Recessional*, Pimlico, 2003。

（William Booth）将军的救世军通过开办训练营拯救城市中的酒鬼和妓女，哈格德建议在殖民地这一更大的范围内采取类似的举措。政府把他派到了加拿大进行更深入的调研。因为帝国如今已经消失了，我们很容易忘记大英帝国支持者曾经拥有多么深远的影响力。对于思考英国命运的多数人来说，哈格德和吉卜林代表了对于未来的清晰景象，绝非社会主义者、自由党和其他人提出的那些迷惑不清的未来。吉卜林正在走进他所谓的"憎恶的十年"，他"憎恶的对象"包括了印度的民族主义者、爱尔兰民族主义者、德国人以及所有自由党或软弱的保守党政客。但是到了 1912 年，"英格兰还包括了工会、民主、自由主义、自由贸易、社会主义和平房小屋"。[①] 帝国仍然有价值吗？对于帝国而言，这是一个切实的挑战，激发了吉卜林最极端的热情。

内战边缘

战备工作进展顺利。大约有 10 万人入伍，他们受到经验丰富的严厉军官的训练和打磨，这些军官中有许多都是曾经为帝国而战、打得尘烟四起的老兵，参与过许多次行军。他们拥有 6 挺最新的维克斯·马克沁机枪，还有 5 万支步枪，许多都是崭新的。他们在有史以来最大的英国国旗下行进。那时他们还没有大炮，也没有任何空军（这可是 1914

---

① David Gilmour, *The Long Recessional*, Pimlico, 2003.

年），但是在他们的兵团和骑兵部队中，有一个比敌人先进得多的机动化部队，能够派出和部署骑兵、信号员、战地电话和破坏小队。士兵们穿戴着卡其色军装和军帽，通过艰苦的训练建立了战友般的情谊，在平民生活中有着更高地位的专业人士愉快地学会了听从社会出身较低的军官的命令，所有人都因爱国热情而团结在一起。为了应对冲突，女性被招募进大型辅助护理机构。其他家庭成员都被疏散，包括妇女和儿童。粮食和弹药储备已经准备好了，军事管制计划也已出炉，甚至还有战时的货币计划。没有人小看未来的前景。最新的战舰已经下海，敌人的庞大舰队已经逼近。

如果这一切看起来就像是 1914 年夏天英国准备抵抗德国入侵时的一幅非常熟悉的画面，那么还需要补充一个事实：这里的敌人实际就是英国军队。这是处在全面叛乱边缘的阿尔斯特志愿军，其领导人是非常著名的议员，他们匆匆忙忙逃离威斯敏斯特，以避免被抓捕的命运。据说，搜查令已经准备好了，将有 200 人遭到逮捕，一半英国人认为这些人是叛徒，另一半则认为他们是英雄。他们的事业得到了保守党领导人安德鲁·博纳·劳（Andrew Bonar Law）、伟大的民族作曲家爱德华·埃尔加爵士、吉卜林、米尔纳（Milner）勋爵和南非前政要的支持，也得到了许多重要的新闻媒体、上议院的大部分成员、一位海军上将以及汽车驾驶员兼战争英雄罗伯茨勋爵的支持。阿尔斯特的事业还得到了很多不那么有名的英国人的热情支持：近 200 万人在"英国盟约"上签名。特别让政府感到尴尬的是，许多在职的军官和士兵也支持叛军。相比工会、妇女参政论者和反叛的贵族，这才是真正把英国分裂为两半的威胁所在。

到了 1914 年夏天，消息灵通的柏林、莫斯科、华盛顿和巴黎方面似乎都认为，大不列颠联合王国已经处在内战的边缘，战斗即将展开。

悲观的乔治五世国王表示同意这一观点。持有这一观点的还包括军队的实际指挥官亨利·威尔逊（Henry Wilson）爵士，甚至连丘吉尔都这样认为。在把这出戏中的几乎每一个部分都演砸了之后，他气急败坏地向下议院表示，如果发生叛乱和内战，政府将全力以赴投入战斗，不惜一切代价取得胜利。爱德华·卡森是一位经常面无表情的都柏林律师，简直就是阿尔斯特事业不可动摇的决心的化身，他也认为现在"丝毫看不到和平的希望"。卡森目前躲藏在克雷加文一所可以俯瞰整个贝尔福斯特湾的丑陋房子里，现在这里是统一派叛军的指挥部，由阿尔斯特志愿军的哨兵守卫。他告诉自己的追随者，"必须维护我们种族的男子汉气概"。1913 年的一次统一派会议给出了一份未署名但看起来相当权威的评估报告："英国军队也不想这样，但总的来说我相信他们会同你们战斗。为了给英国人留下深刻印象，你们不仅要打一场仗，而且一定要打好这场仗。如何打好这场仗呢？关键在于先发制人。"另一篇文章是1914 年早期的阿尔斯特志愿军的"头号计划"，副标题为"政变"，在文章中详尽地安排了切断铁路、电报和电话线，夺取武器弹药库，攻击并缴获野战炮，封锁道路和炸毁桥梁的计划。[1] 这些都是前英军指挥官制订的，他们有渠道获取充足的资金和数以万计的武器，其中最好的武器通过船只从德国和奥地利走私而来，这次颇为大胆的行动是通过基尔运河和浅滩遍布的波罗的海进行的，这些都曾出现于厄斯金·柴德斯的小说之中。全英国的年轻人都偷偷地跑去加入叛军的队伍。

这一切看起来太奇怪了。萨塞克斯和格拉斯哥的人们都因为贝尔法斯特而拿起了武器——这不可能吧？但是在当时，这样的事并不稀奇。在丘吉尔的出生地布莱尼姆宫，保守党领导人博纳·劳告诉莫尔

---

[1] 见 A. T. Q. Stewart, *The Ulster Crisis*, Faber & Faber, 1967。

伯勒公爵和那些聚集起来的知名人士，温斯顿和他的自由党政府完全是"一个革命委员会，通过欺骗掌握了专制的权力"，并承诺自己一定会支持"长期抵抗"。保守党将会支持使用武力。在伦敦的另外一场示威游行中，贵族们以及来自俱乐部的最受人尊敬的老绅士们，戴着大礼帽，穿着俄国羊羔皮的大衣，共同为叛军高呼。《泰晤士报》也持支持态度。在利物浦的造船厂和哈默史密斯的酒吧里，工人们都为阿尔斯特储备了大量走私武器。在坦布里奇韦尔斯公园发起了一场支持阿尔斯特的示威游行，根据《泰晤士报》记者的报道，这支长长的队伍由"强健的肯特自耕农骑兵护卫队"领头，绕着城镇行进，吹着军号，还唱着圣歌。吉卜林以最具煽动性的言辞发表宣言。在攻击了政府的腐败之后，他指出，《爱尔兰自治法案》已经打碎了几代人的信仰："它正式认可了暴动、私下的阴谋和叛乱，资助了进行抵抗的秘密部队、恐吓、暴动和谋杀。"这位诗人接着指出，这意味着"生存和死亡，而相比其赋予（阿尔斯特的）孩子们的生活，死亡是更好的方式"。此话引发了人们的欢呼。吉卜林接着说道，"对于生活在英伦三岛上的每一个自由人而言"，此事同样事关生死："今天爱尔兰被出卖了，明天可能就会轮到南部的各个郡县，它们也会成为秘密交易的筹码，为什么不呢？"

这场生死攸关的危机，导致了军队的调动，并在英国保守党中引发了近乎偏执的情绪，这一切的源头就是一纸给予爱尔兰地方自治，也就是建立都柏林议会的法案，其实这距离真正的独立还非常遥远，爱尔兰还是留在联合王国和帝国之内的。这仅仅是一点权力下放，而国防、贸易、外交政策和帝国事务的决定权仍然掌握在伦敦方面。然而，爱尔兰是英国的第一块殖民地。都柏林的统治就意味着罗马天主教的统治，同时也是新教统治的终结。至少，应该允许阿尔斯特的新教信徒可以自行其是。吉卜林和他的朋友们，也许还包括英国一半的中产阶级，都认为这是帝国终结的开始。爱尔兰并不是外国，至少对于那些伟大的保守派土地拥有者和贵族来说就是如此，他们在爱德华时代的伦敦占有相当大的比例。在《笨拙》杂志的故事和漫画中，在爱尔兰的狩猎季节，在新教徒占据支配地位的豪宅里，在自由遍布上流社会的爱尔兰男爵之中，南部爱尔兰的感觉和英国很接近。即使是下议院中的爱尔兰民族主义者，那些在那段时间里态度激烈的人，也成了熟悉的政治生活的一部分，他们大都是些机智诙谐的家伙。但是现在，因为该死的自由党人依仗爱尔兰民族主义者在下议院的投票，使得阿斯奎斯做了一单魔鬼交易。一切都变质了。

在 1910 年的大选中，阿斯奎斯几乎没有提及爱尔兰。而现在，作为获取权力的代价，他突然威胁到了联合王国的未来。此时劳合·乔治刚刚从一起股票交易腐败案中侥幸脱险，而上议院最终被架空，种种事实更加剧了这种模糊但真切的受到欺骗的政治不满，这种感觉被吉卜林富于雄辩地充分利用了。卡森那赢得了近 50 万人签名的伟大的阿尔斯特契约，还有贝尔福斯特和市政厅里那些挂旗仪式，在英国人的脑海中留下了深刻的印象。多年来，民族主义者沉溺于暴力袭击，嘲笑英国国旗，抱怨自己的命运，现在似乎还在议会中拿住了阿斯奎斯。阿尔斯特统一派挥舞着旗帜，以苏格兰式的冷静践行着勤俭的美德，同时悄悄地向国王呼吁。那么，作为议会讨论的结果，为什么会出现英国支持其批评者来反对自己的朋友这样的事呢？

丘吉尔完全是在帮倒忙。在危机的早期，他坚持要在贝尔福斯特的市政厅向支持自治的阿尔斯特天主教徒发表演说，正是在这里，他的父亲曾经承诺要站在阿尔斯特的立场上与格莱斯顿进行战斗。尽管丘吉尔的自我辩解越来越华丽，但这看起来的确是一种很奇怪的不孝行为。有人警告他说，为了迎接他的到来，阿尔斯特的工人们在囤积螺栓和铆钉，还从士兵那里取得了左轮手枪。于是，最终他同意把演说地点改到这个城市的天主教区域一个足球场的帐篷里。即便如此，他还是受到了愤怒人群的推搡，甚至车子的后轮都被抬起来了，直到警察赶到才将这些人驱散。有 4 个营的步兵负责保护丘吉尔。在反响平平的聚会上发表讲话之后，他便落荒而逃。不过丘吉尔仍然以典型的必胜姿态，认为自己的冒险大获成功："这简直是太完美了，恶人们挖了一个坑，结果掉进坑里的是他们自己。"然而事实上，他为统一派制造了一次宣传上的大胜。从那时起，在公众场合，他依然使用煽动性的语言，而私下里则在寻找把阿尔斯特从《自治法案》中排除出去，至少排除出去一段时间的方法。

这是一个危险的游戏。爱尔兰民族主义者自然而然地听到了丘吉尔的讲话，感到非常振奋。他们认为自己即将得到整个爱尔兰。在布拉德福德，丘吉尔对保守党提出的可以迫使爱尔兰民族主义多数派留下来的观点予以嘲讽："在这里你可以真正了解保守党的思维方式：强迫 4/5 的爱尔兰人是一种健康而令人振奋的有益行为，但如果干涉了仅占 1/5 的保守党，那就是亵渎、暴政和谋杀！"在谈到上议院的争议时，他说，"暴力的否决已经取代了特权的否决"，保守党在攻击宪法时足可与"最野蛮的无政府主义者"相匹敌。如果真的爆发内战，政府绝不会退缩。爱尔兰领导人约翰·雷蒙德（John Redmond）表达了自己的喜悦之情。然而在公开场合之外，丘吉尔对其保守党的老朋友悄悄提到了要将阿尔斯特排除在外，甚至还要创立一个贝尔法斯特议会。丘吉尔的两面游戏也许可以被看作机智的政治艺术，但更像是公开反对与私下贩卖的不那么令人愉快的组合。站在英国海军大臣的立场上，他派出船只去对抗卡森筹建的自治政府；而在各种游艇上和私人住宅里，他则提出了一笔又一笔的交易。

阿尔斯特事件中最意义重大的一幕并不是发生在海军部、唐宁街和武装军人列队行进的贝尔福斯特的街道上，而是发生在都柏林附近的骑兵兵营、库拉富，然后是白厅阴郁而宏伟的陆军部。中将阿瑟·佩吉特（Arthur Paget）爵士是英国驻爱尔兰军队的指挥官，他并不是一位出色的战士。当自由党政府决定向阿尔斯特志愿军施压时，军队坚信突袭并夺取军事仓库的计划已经成形，他们被告知要做好准备，率先占领阿尔斯特的战略据点。人们越来越开始怀疑，这是对卡森临时政权发动军事打击的开始。曾经当过军人的傲慢的陆军大臣约翰·西利（Sir John Seely）爵士召见了佩吉特并警告称，军队将被派往北方。毫无疑问，这是一个非常棘手的问题。军队中有很多出身统一派家庭的爱尔兰军官，他们会感觉自己是被派去威胁乃至屠杀自己人。当一队英国士兵在行军中路遇阿尔斯特志愿军时，他们会敬礼，并且在交错而过时"向右看齐"。

在伦敦，西利告诉佩吉特和他的同事们，有家人住在阿尔斯特的军官可以离队——在本次行动中直接消失，事情过去之后再返回岗位。但是其他人都要执行命令。佩吉特返回了都柏林。他召集了 7 位最高级的军官，不仅传达了可能发出的命令，也表达了自己的恐惧和疑虑。他坚持说，除非遭到射击并引起伤亡，否则任何人都不会被要求开枪。事实上，根据丘吉尔后来所写的一份回忆录，"他打算自己走到前面，在部队接到还击命令之前先被橙带党击中"。尽管这一情景极富吸引力，但并没有得到周围的高级军官们的认同。在一系列会议之后，以第 3 骑兵旅指挥官休伯特·高夫（Hubert Gough）将军为首的大部分军官表示，如果只能在向阿尔斯特行军或者辞职之间做选择，那么他们宁愿辞职。佩吉特向陆军部报告了这一结果，他在第一封电报中写道："指挥第 5 枪骑兵团的军官告诉我，所有军官中只有两人没有拒绝执行命令，还有一人态度犹豫。我很担心第 16 枪骑兵团也会发生同样的状况，害怕他们会拒绝行动。"这封电报发出之后，没有得到任何回复。不久，他又发了第二封电报："准将和 57 名第 3 骑兵旅的军官表示，如果向北进发，他们宁愿被开除。"

这究竟是否属于军队哗变呢？辩论从当时一直持续到现在。反对的理由是，倒霉的佩吉特给了手下军官选择的权利，而他们只是做出了自己的选择而已。赞成一派的理由则是，英国政府告知军队采取一种出于政治需要的行动，但是军官们拒绝执行。正如一位议员后来简短告诉下议院的那样，这件事的含义在于，如果普通士兵不愿意在骚乱期间对罢战者开枪，这种行为是被允许的。军队起义的第二阶段更为平静，但是在某种程度上更加有效。这些反抗的军官被召集到伦敦，直接面对他们的统帅约翰·弗伦奇（John French）伯爵的质问，随后又与陆军大臣西利当面对质，直接击败了对方。高夫坚持说，他想要一份手签的保证书，保证他的手下不会受命在阿尔斯特强制执行《自治法案》，这个请求对一位在职军官来说是彻底违宪的。西利几乎是在恳求对方，他说这是一场误会，部队向北移动只是为了保障供应。弗伦奇说，也许把这一点手写下来，能够对高夫和他的军官们有所帮助，西利顺势假装这样一来，军官们的请求便可以接受了。经内阁同意，出具了一张纸条。但是这张纸条上说得还不够明确，于是西利又亲手补充了一些内容，承诺政府没有任何意图使用军队"来镇压对于《自治法案》的政策或原则的政治上的反对"。高夫仔细地考虑了一下，认为这还是不能令人满意。他又补充问道："在现行的《自治法案》成为法律之后，我们是否会以维持法律和秩序的名义被要求执行这个法案？"他告诉弗伦奇，除非答案是否定的，否则他和上校们都将离开军队。弗伦奇拿起自己的笔写道："我是这么理解的。"并签了名。高夫把这份政府向军队屈服的书面证据装进口袋，然后回到了自己的岗位。这份文件的内容远远超出了政府同意的范围，在随之引发的风暴中，弗伦奇和西利都被迫辞职。即便如此，政府也已经蒙羞，陆军部认输了，军队的反抗达成了自己的目的。有些人在柏林观察着这一切。

国王也在进行观望。在爱尔兰南部，爱尔兰国民志愿军见到阿尔斯特志愿军的战斗热情不断高涨，于是也开始了自己的军火走私和操练。当事态发展到顶峰时，丘吉尔下令一支舰队从阿尔斯特海岸出发，船上装载着野战炮。他被指控准备对阿尔斯特人进行一场"大屠杀"。统一派领导人之一查尔斯·贝雷斯福德（Charles Beresford）勋爵称他为一位错乱的极端利己主义者；卡森则补充说，他将被铭记为"贝尔法斯特的屠夫"。同时，丘吉尔和他的同事正在一个村庄接着一个村庄地深入讨论把阿尔斯特排除在《自治法案》之外时可能的边境解决方案。在白金汉宫举行了乏味的会议，试图寻找妥协之道，但是当时没有人认为存在这种可能性。丘吉尔后来写到，当内阁正在弗马纳郡和蒂龙郡的泥泞小道上艰难跋涉时，他听到外交大臣爱德华·格雷（Edward Grey）爵士宣读了一份刚刚收到的文件。奥地利向塞尔维亚发出了最后通牒。一开始，丘吉尔努力试图把思路从阿尔斯特问题上转移过来："我们都已经疲惫不堪，但是渐渐地，随着词组和单词不断地出现在我的脑海之中，我开始形成了完全不同的印象。这封信显然是最后通牒，看起来世界上任何一个国家都不可能接受它。弗马纳郡和蒂龙郡逐渐隐退于爱尔兰的迷雾和狂风之中。一道奇怪的光突然出现，以肉眼可见的速度投射到欧洲地图上并逐渐扩散。"

爱尔兰将被鲜血浸透，但是阿尔斯特的事业取得了成功。这是以一种最可怕的方式实现的。阿尔斯特志愿军被重组为第 36 师，其成员在 1916 年 7 月的索姆河战役中壮烈牺牲。这场战役太过势不可当，他们的表现英勇无比，令人着迷，以至于英国人不可能"背叛"对他们的记忆，接受一个统一的爱尔兰。在蒂耶普瓦勒发动对德国的自杀式袭击之后，来自香基尔区的西爪尔法斯特部队的 700 人，幸存者只剩下 70 人。在宁静、潮湿的田野和村舍里的长时间操练把这些阿尔斯特人团结在一起，缓步走向枪林弹雨。这是血的代价。开启阿尔斯特叛乱的事件发生一个世纪之后，北爱尔兰仍然是联合王国的一部分，卡森的雕像仍然竖立在斯托蒙特议会外。然而，讽刺的意味却向着四面八方蔓延。走私军火的阿尔斯特志愿军英雄们很快就被爱尔兰民族主义者效仿：他们在都柏林城外架起了步枪，时间就在萨拉热窝的大公遇刺事件之后几天。卡森有着临时政府所有的外部标志，而且已准备好应对阿尔斯特被围困的局面。德国皇帝对比表现出浓厚的兴趣。随之而来的是都柏林复活节起义后的临时政府，其间德国也予以了少量帮助。也许正是阿尔斯特的叛乱使得德国人相信，当战争来临时，英国不会参战，即使参战也不会发挥有效的作用。德国的将军们一直期盼着爱尔兰爆发内战，奥地利指挥部的人员也把这作为一个可能使他们得以自由处理塞尔维亚问题的因素。在一次晚宴上，劳合·乔治讲道："由于对爱尔兰形势的错误报告，德国人受到了过度的刺激。"人们听到了阿尔斯特发出的声音，但不该听到的地方也听到了。

战争的到来

——

丘吉尔的同事们一直猜测他渴望战争。这并不是说他特别嗜血，尽管莫尔伯勒家族的确有着一腔热血。但是更确切地说，自从在 1911

年成为海军大臣以来，丘吉尔创建了一支非常强大的海军，特别想检验一下海军的战斗力。他总是对细节着迷，陷入对飞艇、水上飞机、火炮和锅炉的追求中。他总是高谈阔论地谈到想要更多的无畏舰，其长篇大论令内阁深感绝望。他的一些观点在早先有些道理。然而后来，即便没有达到偏执的程度（丘吉尔从来都不偏执），但他至少已经是对此过于迷恋了。同事们都特别害怕被他在走廊里逮到。他从劳合·乔治最亲密的政治盟友变成了敌人，并一直与这位财政大臣斗争，争取更多的资金。这可能是阿斯奎斯的策略，确保其内阁中最为危险激进的同盟被逐渐削弱；但这也意味着实际上丘吉尔只能依靠其他几个人来保证海军在与德国的军备竞赛中持续发展，其中一位就是阿斯奎斯本人，另外一位则是爱德华·格雷爵士，这位外交大臣费尽心力试图寻找巴尔干半岛和中欧火药桶的外交解决方案，但是毫无成效。尽管内阁的大多数成员都持怀疑态度，丘吉尔仍然挺过了 1912—1913 年这段关键期。在德国，庞大的战舰接连出现，单单战列舰就有 8 艘；而在同一时期，英国制造了 13 艘战列舰。德国为阿尔伯特国王号、大帝候选号和边境总督号等船只而欢呼；英国则回以国王乔治五世号、征服者号、阿贾克斯号和铁公爵号，诸如此类。

这是不是像劳合·乔治和其他人倾向于认为的那样，只是一个过分热爱玩具的大男孩在浪费时间和挑衅呢？丘吉尔一如既往，在愿景中掺杂着喜悦。他非常有自知之明。在宣战前几天，他写信给自己的妻子："我美丽的爱人，一切都指向灾难和崩溃。我很有兴趣，已经准备就绪，感到非常快乐。这岂不是很可怕吗？对我而言，准备工作虽然丑恶却让人迷恋。愿上帝原谅我这种轻浮的可怕情绪。"他对于飞行的狂热态度正好体现了他自己深知的这种特性。在齐柏林硬式飞艇方面，德国领先于全世界，后来这种飞艇轰炸了伦敦。同时，丘吉尔正在拼命建立皇家海军航空兵部队，设计了制服，向官员们大肆宣讲飞机发动机控制设施的设计问题，并且亲自学习如何驾驶，他的妻子和政治官员们都对此无能为力。由于事故导致了大量伤亡，他最终罢手了，那时他已经飞了将近 140 次。

海军飞行员们把整件事情看作一个笑话——飞机主要用来运送新鲜的牡蛎，还有一次是为海军大臣射杀晚宴用的野鸭子。丘吉尔跟他们讲述了即将到来的空战，预言飞机将被武装起来，这让他们感到非常震惊，因为从来没有人考虑过这样的事情。认为丘吉尔只是在不列颠之战之前几年才开始抓紧重整军备和认识到战斗机的重要性，这种观点是完全错误的。他在爱德华时代末期就已经做出种种表现了。与 1940 年英国皇家空军的英雄事迹相比而言，对海军的强化已经被遗忘了。但是丘吉尔在 1911—1914 年的战术也是正确的。如果德国帝国海军已经强大到能够击败英国本土海军了，那么英吉利海峡就会被封闭，战争也将结束，当时的情况距此已经不远了。

更大的问题在于，丘吉尔关于战争必要性的看法是否正确。1914 年 8 月 1 日是欧洲历史上最黑暗的日子之一，丘吉尔和劳合·乔治在内阁会议上把匆忙涂写的纸条不断地传来传去。劳合·乔治撕碎了大部分纸条，但是它们都被其情妇（后来成为其妻子）弗朗西丝·史蒂文森（Frances Stevenson）收集并保存下来。这些纸条向我们展示了丘吉尔如何对仍然不相信战争即将打响的劳合·乔治使尽浑身解数，极力劝说。他在纸条上写道，如灵劳合·乔治选择辞职而不是战争："我们的余生都将遭到攻击和反对。在将近 10 年的时间里，我一直听从着你的直觉和指引。"以及："哦，上帝啊，这是我们的全部未来——同志还是敌人，事态的发展将会占据主导地位。"劳合·乔治的回答比丘吉尔纸条中显现的狂风暴雨要少得多，简洁得近乎玩笑。但是他会倒向这一方的。不到两个星期前，在弗朗茨·斐迪南（Franz Ferdinand）大公遇刺后，他告诉伦敦金融城里的一位听众，"尽管在外交事务中从来不会风和日丽"，"即便在当下"也有乌云蔽日，但是现在的事态要好于1913年。劳合·乔治从来都不是和平主义者，他极为支持法国，并且感觉到，英法这两个民主国家最终一定会站在一起，并肩作战。

如今，我们已经知道内阁辩论的结果如何，也见过了伦敦街头好战的人群欢呼的景象（就像这类人在巴黎、柏林、维也纳和莫斯科所做的一样），所以很容易忽略有关英国是否应当参战的争论。阿斯奎斯本人认为，在下议院中，3/4的本党议员都是反对介入战争的。如果在8月初举行投票，即便那时德国已经进犯了中立的比利时，但几乎可以肯定大多数人都会反对宣战。所以，丘吉尔、格雷和阿斯奎斯的争论非常重要。一旦劳合·乔治被拉了过来，那就成效显著了：无论投票结果如何，如果首相、财政大臣、外交大臣和领头的陆军大臣都已经同意，就很难看到一个由更低层人士组成的内阁阴谋集团能够战胜他们。那些认为战争不可避免的人都很沮丧，只有丘吉尔除外。

时至今日，格雷之所以被人们记住，是因为他站在下议院办公室里，看着下面正在工作的点灯人，说道："欧洲的灯光已经熄灭了，在我的有生之年，恐怕很难看到它再度点燃。"更意味深长的是，在1914年7月，他粗略记录了自己的一个预言："在现代社会的条件下，欧洲的大战将是一场大灾难，以前任何战争都无法与之相比。在过去的日子里，国家只需要动员一部分人和资源，以不同的程度来使用它们。但是在现代社会，整个国家都会立刻被动员起来，全部生命和资源都会被倾入激流之中。过去只有几十万人在战场上真正交锋，现在则是数百万人，现代武器将使毁灭的力量成倍增长。"[1]

---

① Sir Edward Grey, *Twenty-Five Years*, London, 1925.

直到最后时刻，英国仍然在努力寻求和平。8月1日凌晨1点30分，也就是宣战前三天，可斯奎斯驱车来到白金汉宫，"把可怜的国王从床上拽起来"，要求他向沙皇发出呼吁，阻止俄国全面动员，这样也许就能阻止德国的计划。首相这样描述国王："在他的睡衣外面套上了棕色的家居服，当我向他宣读这一信息的时候，他带有很明显的从'美容觉'中被唤醒的迹象。"在国王把这条以"亲爱的尼基"开头、以"乔吉"结尾①的信息发送出去之后，首相返回了唐宁街。格雷一直与德国大使一起尽力斡旋，后者仍在试图说服英国政府，德国才是真正的受害者，害怕遭到俄国和法国的双重打击。那么，为什么关于战争的争论变得如此不可抗拒呢？在宣战当天，格雷对美国大使做出的解释非常简单直白。他说，如果德国赢了，将统治法国，比利时、荷兰、丹麦乃至挪威和瑞典的独立性都会变成"泡影"，它们不可能独立存在，德国将占据它们的港口，统治整个西欧。"在那样的环境之下，我们无法作为一个一流国家而存在。"被阿斯奎斯任命为陆军大臣的基奇纳勋爵是一位非常著名的帝国军人，蓄着八字胡，在1871年与德国人的战斗中，他曾经真正同法国人并肩作战。他说，德国人将会"像鹧鸪一样突破法国军队"，如果英国不支持法国，就将永远失去在世界上行使实际权力的机会。

因此，尽管威廉二世统治下的德国并不同于邪恶的希特勒德国，但是对于德国控制下的欧洲大陆以及随之而来的英国未来的担忧，在1914年和1939年几乎是一样的。格雷能够找到妥协方案吗？他已经竭尽全力了。有人批评他没有及早向柏林方面清晰地表明立场：如果德国入侵比利时，便将导致英国宣战。但是，德国军事计划的冒险之处完全

① "尼基"和"乔吉"分别是俄国沙皇尼古拉和英王乔治的昵称。——编者注

取决于德军能否横穿比利时，在英国真正出手干预之前就击败法国。无论格雷说些什么，德国人必须出其不意地执行这个计划，才能获取成功的好机会。他们几乎成功了。

所以，英国的准备工作和其他地方一样，变得非常明确。武装力量突然出现在铁路枢纽和港口。大炮被架设在南部海岸的关键地点以及泰晤士河的河口。舰队熄着灯滑过海峡，进入北海的战斗基地。英国大使从柏林悄悄地返回家园。内阁一直拿不准要不要把军队送往法国，希望这场战争仅限于丘吉尔的海军之战。伦敦金融城里开始出现近乎恐慌的气氛。德国人收回了海外贷款，囤积了黄金储备。阿斯奎斯抱怨说，英国的金融家们都是"大傻子，全都身处恐惧之中，就像老妇人在小镇的大教堂边喝茶聊天时一样喋喋不休"。下议院中的保守党和爱尔兰民族主义者都向阿斯奎斯保证，他们将支持保卫比利时和法国的战争。所有这些都发展得非常迅速，仅仅花了几天的时间，让人感到不知所措。格雷后来说道，即使作为外交大臣，他也不能代表一个伟大的民主国家就战争或和平做出承诺。他有一种强烈的感觉："我没有权力决定政策，只是英格兰的喉舌。"[①]

在街头巷尾，人们的确是支持战争的。8月2日星期日，特拉法尔加广场举行的反战示威游行没有取得预期成果。第二天深夜，当阿斯奎斯听到有人在向国王欢呼时，简直感到恶心。这是"遥远的咆哮"，距离他所在的唐宁街足有半英里远。他写信给情人维尼夏·斯坦利（Venetia Stanley）："战争，或者是任何可能导致战争发生的事情，总是受到伦敦暴民的欢迎。想想沃波尔（Robert Walpole）爵士的评

---

① 引自 Michael and Eleanor Brock, eds., *H. H. Asquith: Letters to Venetia Stanley*, Oxford University Press, 1982。

论："现在他们在敲钟，几个星期之后，他们将为此捶胸顿足。'"自从 1815 年赢得滑铁卢战役之后，英军再也没有在欧洲大陆上战斗过。按照欧陆的标准，英国只拥有一支小规模的军队。具有历史感的政治家们，以及那些研究军队和武器的发展与力量的人，有着某种关于战争的感觉：这不是对付布尔农民和阿富汗部落的战争，英国面对的是准备充分的现代军事力量。然而在街头巷尾，支持法国的观点很受欢迎，且多年来媒体都在大肆渲染德国威胁。问题看起来要简单得多：英国是世界上最强大的力量，是时候给德国人一个教训了。那么，丘吉尔呢？在精神层面，他一如既往地与广大民众站在一起。玛戈·阿斯奎斯带着厌恶的心情写道，在战争最终爆发的 8 月 4 日，经过唐宁街 10 号楼梯口的时候，"我看到丘吉尔带着愉快的表情向内阁的那两扇门大步走去"。丘吉尔进入内阁之后，玛戈丈夫的记载基本相同："温斯顿对战争的全部期望终于如愿以偿了，他一直期盼着海上的战争。"接下来发生的一切将会多么有趣啊。

The
Making
of
Modern
Britain

第二部分

宛 如 地 狱

1914—1918

房子里挤满了人，层层叠叠，他们开怀大笑，

为了表演叽叽喳喳，一群跃跃欲试

的妓女齐声尖叫，醉醺醺的，一片喧嚣：

"德国皇帝一定会喜欢我们亲爱的老坦克的！"

我很想看到一辆坦克沿着过道开过来，

碾过流行的黑人音乐或者"家园，我可爱的家园"的曲调，

很快音乐厅里就不再有欢歌笑语，

去嘲弄巴波姆附近堆积的尸体。

——

西格夫里·萨松（Siegfried Sassoon），

《"讨厌的家伙"》（"Blighters"），1916 年

一场改变世界的战争

　　有一些关于第一次世界大战战场的航拍照片，是由最早的军用飞机拍摄的。于是，我们得以看到 1914 年凡尔登郊外的村庄弗勒里在战争刚刚爆发时的样子。整洁的农场建筑清晰可见，田野上的道路、排水沟、树木向各个方向延伸，让人感觉那里的生活就像中世纪的田园牧歌一样。但是到了 1916 年，还是同样的地点，照片上的景象已经面目全非，死气沉沉，到处都是光秃秃的树桩，周边的土地看上去也满目疮痍，所有的生物都消失了。到了 1918 年，从照片上已经根本无法辨认出弗勒里的任何痕迹。炮兵、迫击炮、铁丝和战壕在这里划出了一片空白，只能看到坑坑洼洼的粗糙纹理，就像大象皮肤的特写。如果不加以说明，你根本看不出这里曾经是一处风景。这种抹去一切意义的过程也是一个隐喻。从战争结束的那天起，人们就开始争论战争的意义：这究竟是一场胜利，还是一场灾难？是否真的有必要战斗？从那之后，争论一直在持续，远远超过了对反抗希特勒的战争的争论。争论涉及和平主义者和首相，左派和右派的历史学家。他们在舞台上、小说里、电视节目和各种文献中彼此为战，直至今天。

关于这场战争意义的争论永无休止。德国皇帝统治下的德国，确实是军事主义者、扩张主义者，并且处于失控状态，决意要发动大规模战争，英国要么被迫抵抗，要么迅速衰落。1914 年的德国和 1939 年的纳粹德国不同。当时的德国，有正常运转的议会，有反对党的存在，反犹主义主要局限在言辞方面。但是，这是一个领导人起主导作用的国家，而且决意进行扩张，为发动侵略战争做好了准备，以其他欧洲各国无法理解的方式将整个国家军事化。如果德国皇帝取得了胜利，统治了荷兰、法国、斯堪的纳维亚和中欧，封锁了欧洲大陆通往英国的港口，将会塑造出一个截然不同的 20 世纪。大英帝国将迅速消亡，而不是留存到 20 世纪中期。阿道夫·希特勒也许将只是一个平庸的画家，或者是酒吧里的一个讨厌鬼。俄国将发生什么事情无从猜测。也许沙皇的专制统治会通过改革演变成为资产阶级民主，列宁则继续在瑞士流亡。美国也不会那么显著地占据统治地位。

不难看出为什么英匡的多数领导人认为必须进行战斗。一旦承认了这一点，军事历史学家们就能令人信服地指出，尽管做出了可怕的流血牺牲，尽管存在致命的错误，但我们不该像以前那样指责将军们。这是一种新式的战争，没人对此有着完全的心理准备，德国人也是如此。战壕体系不可能被其他某种更加聪明的策略所突破。但是即便承认所有这一切，也无法平息人们对屠杀的持续愤怒和怀疑。深深刻在人们脑海之中的是前线的故事，是异常惨烈的自杀式的悲壮，是最年轻、最优秀的人们的牺牲，而历史学家那些自圆其说、具有说服力的解释已经转瞬即逝。从军事角度研究一下对于索姆河战役首日的诸多描述和解释，想象一下黑格（Douglas Haig）的困境：他的情报极为匮乏，不仅不能解救法国人，而且己方已在凡尔登遭到重创。抛开那种认为军人们仅仅是出于军事上的愚蠢才会行军缓慢的错误印象，在此之后，剩下的就是那些颤抖着的中尉，吹着哨子，带领自己的队伍冲向死亡。

所有卷入了索姆河进攻的英国军队中，有 3/4 的人安然无恙，当然，其中很多是没有身处前线的人。但是和德文郡团第 9 营的马丁（D. L. Martin）上尉的故事相比，这又算得了什么呢？马丁上尉曾是一名数学老师，他通过绘图和建模算出，7 月 1 日他的队伍必定会死于敌人机枪的纵射。他向高级军官解释了这一切，但军官还是按照上级命令发动了攻击。马丁是正确的，他以及其他来自德文郡的 160 人几乎立刻就被射杀，被集体安葬，墓碑上这样写道："德文郡人负责把守这条战壕，德文郡人仍然坚守着这里。"类似"马丁上尉"的故事成百上千。本书不会涉及对战争中各场战役的详细描述，不会逐月逐地进行介绍。那样的书籍已经有很多了。本书只会论述主要的转折点。更重要的是通过对战争意义的争论，触及那些参与作战的士兵和在战争中煎熬的人民。从很多方面来讲，他们已经消失在了泥沼中。时至今日，我们对于阶级、种族和宗教差异的态度，对于痛苦和死亡的态度，对于爱国主义的看法，已经在我们与他们之间划下了不可跨越的鸿沟。高唱爱国主义的爱德华时代消失了，正如中世纪的弗勒里消失了一样。

尽管战争没有彻底改变英国的历史轨迹，但是它的确改变了很多。在战争期间，出现了大政府、高税收、职业女性，脏话也变得常见起来。战争结束之后，政府无法再剥夺女性的投票权，古老的自由党也分裂了。战争之后，过去所谓的"高阶政治"，也就是内阁大臣的活动与议会的争论，其重要性降低了很多。灰色的下等人走过了政治中的艰难时光，在他们周围，一个新的世界即将开启，这是一个抗议的时代，一个政治实验的时代，充斥着享乐主义和犬儒主义。战争开始之前，阿尔斯特的叛乱已经带来了内战的威胁；战争之后，爱尔兰共和国独立了。

1918 年之后，人们仍然爱国，但是不可能再以从前那种轻松的方式去爱国了。

很快，人们又开始了新的斗争，即理解战争意义的斗争。这场战斗从来不曾结束。20 世纪 20 年代，许多人非常明确地认定，这是上帝取得的胜利。在新雕刻的纪念碑上，死者栩栩如生，在他们的遗孀、孩子和朋友们的观念中也是如此。说他们的牺牲毫无意义，是无礼且残酷的，也是亵渎神灵的。应该被谴责的人是德国皇帝，只可惜他躲藏在荷兰，无法对他处以绞刑。多年以来，每逢停战日都会举办喧嚣的酒会庆祝活动，甚至还有在时尚酒店举行的停战舞会。随后，逐渐出现了更为悲伤的论调，伤痕作家的影响逐渐显露。威尔弗雷德·欧文（Wilfred Owen）死后，其作品从默默无闻到影响日益扩大，在战争刚刚结束时几乎没有人听说过他的名字，后来他却成了 20 世纪英国最著名的诗人之一。在激进的 30 年代，对于那些指挥了这场战争的"百战将军"的敌意，对于这片不适合英雄主义之地的幻灭，让很多英国人开始重新思考这场世界大战。当事实证明，"一战"并不是一场"终结战争的战争"，英国又开始了第二场与德国的战争时，前一场大战就成了一首序曲。尽管在 1939—1945 年，至少对英国人来说没有出现索姆河那样的战役，但是这两次大战之间的确存在着相似之处，而且比人们通常所理解的要多得多。

但也正是在 1945 年之后，"一战"的意义引发了人们最激烈的争论。福利国家的创建，伟大的消费经济的出现，也许让人们感受到了一种相对于 20 世纪早期的优越感。"一战"流血更多，对付的是一个邪恶性质不那么明显的敌人，而且并没有缔造出一个更为公平、更为幸福的英国。但是"二战"则不同，敌人是十恶不赦的，战争是不可避免的，战争涉及国家的存亡，胜利属于每一个人。战后的领导人都参加过"一战"的战斗，如艾德礼、麦克米伦（Harold Macmillan）和艾登（Anthony Eden），他们对于军队的大量牺牲怀有一种阶级的罪恶感，因此抱定一种"永不再犯"的心态。在左翼这边，核战争的威胁以及后来反对越南战争的运动，使得军事无能和上流社会麻木不仁的论调非常流行。"二战"中的盟军领导人仍然是不可置疑的，而"一战"中的种种行为已经成了显眼的靶子。于是，在60年代早期，琼·利特尔伍德（Joan Littlewood）开始创作《多可爱的战争》（Oh, What a Lovely War!），反战诗人欧文、西格里夫·萨松和艾萨克·罗森伯格（Isaac Rosenberg）也开始崛起，认为"一战"是毫无意义的大屠杀的论调不断涌现。这与那些公学男生的反建制情绪十分吻合，他们早已厌倦了装饰着战争纪念碑的小教堂里的虔诚演讲。阶级森严的爱德华时代沉默了，雕塑是不会说话的。

发出这种论调的不仅仅是左派。喋喋不休的保守党辩论家现在开始追随那些著名的保守派历史学家，如巴兹尔·里德尔·哈特（Basil Liddell Hart）。艾伦·克拉克（Alan Clark）1961年出版的《毛驴》（The Donkeys）在公众中获得了巨大的成功，尽管学术界对其持鄙夷的态度。历史学家可以动用大量原始资料对将军们进行攻击，因为在两次世界大战期间，那些当权的领导人大力出版了自己同黑格伯爵以及弗伦奇伯爵争端的记录，特别是劳合·乔治和丘吉尔。而众多工人阶级家庭的流血牺牲为这场争论提供了新的视角。电视也是影响因素之一，这一点和现在相同。诗人们的强烈厌恶怎么可能抵不过陈腐的军团回忆录呢？你唯一需要记住的，难道不是听到长官口哨声后，那个18岁男孩颤抖的苍白脸庞吗？难道德国人不是像我们一样，准备在圣诞节踢足球、唱圣歌，和英国兵一样都是政治的无辜受害者吗？在今天的同理心文化中，这似乎是论点的终结。

最终，在反攻的浪潮中，又出现了"一战"的修正主义者，诸如加里·谢菲尔德（Gary Sheffield）、戈登·科里根（Gordon Corrigan）和丹·托德曼（Dan Todman）这样的历史学家再度追问，1914 年的英国究竟面临哪些选择，将军们是否真的像人们宣称的那样愚蠢和残酷无情。他们并不是顽固地站在今天的世界里，对过去的一切指指点点，而是试图站在当时的角度理解那些选择和信念，无论如今看来它们是否都是错觉。"应该使用坦克。""让士兵列队前进、直接冲向机枪，纯粹就是谋杀。"1915—1917 年，事情并没有这么简单明了。修正主义者向新一代指出，英国指挥官面临着巨大的困难，也提醒我们，战争的故事中不仅有前期充满血腥的艰苦岁月，也应该包括英国军队在 1918 年取得的突破性胜利。这些历史学家为真相做出了巨大贡献。但他们有时也试图过分缩减战争的恐怖一面，而且对待政客们（士兵们轻蔑地称他们为"穿长袍的"）也不公平。劳合·乔治可能是一个诡计多端、不值得信赖、自以为是的替罪羊，但在团结、维持和维系一个年轻的半民主国家，帮助其度过一个可怕时代的过程中，他也被崇高触动了。

陷入地狱

自从 17 世纪的残酷内战以来，这是第一场涉及每一个英国人的战争。它对于英国国内的影响，远远超过对抗拿破仑的战争或帝国的其他任何战争。你能够倾听到这一切：漫步在国内的乡村，或者在伦敦郊区打开一扇窗户，如果风向适宜，空气中就会传来法国的隆隆炮声；当开启索姆河战役的英国地雷爆炸开来，在伦敦中部也能够清晰耳闻。记者迈克尔·麦克多纳（Michael MacDonagh）回忆道，1918年3月，当最后一次德军进攻开始的时候，他沐浴在温布尔登高尔夫球场的阳光下，感觉到"一种极为奇怪的氛围——一种规律的脉动。那里没有一丝微风，但仍有持续性的震颤和悸动"。[①] 前线非常近，从诺曼底海岸乘坐火车走一小段路就能抵达。士兵们每周把脏衣服和信件寄回家，而格拉斯哥和赫尔的家庭则寄回家里做的蛋糕、照片、新织的袜子和新熨烫的内衣裤。在英国的大部分地区，公园和广场都被占据，用于士兵宿营。学校的操场和足球场也被占据，士兵们在这里操练，进行刺刀练习。街道上到处都是穿卡其色军装的士兵——虽然在早期缺乏染料的日子里，你还会看到很多穿蓝色衣服的士兵，他们穿的是邮递员的制服。你会看到征兵海报，还有面孔铁青的女人们手持白羽毛，迫不及待地扑向那些身穿平民服装的男人——这对于政府来说的确是个问题，政府不得不给那些在国内从事必不可少工作的人发放袖章和徽章。随着战争的继续，你会发现女人们也要工作，工作场所包括银行、工厂，甚至在田间地头，以前这些工作都是男人的。其他匮乏也会令你感到震惊，许多马匹都消失不见了。随着战争的继续，到处都充满了肮脏的东西。灯光逐渐熄灭，到了1916年，甚至"篝火之夜"都被禁止了。

你还会清楚地感知到战争，最先感知到的器官就是你的胃。在一开始，惊慌失措的人们开始囤积糖、面粉和罐头，由此出现了食物短缺，食品价格飞涨。但是这一切很快过去了，在一段时间里，食品供应几乎没有什么变化。然而英国有1/3的食品来自进口，现在急需大西

---

① 引自 Brian MacArthur, ed., *For King and Country*, Little, Brown, 2008。

洋航运来运送战争物资，而一旦德国 U 型潜艇开始发动攻击，就会出现真正的饥荒。在"二战"早期就开始实行普遍配给制，并确立了公平的分配原则，使得很多贫困家庭的饮食甚至得到了改善。而在"一战"中，配给制来得太晚了，1918 年才开始实施，而且极不公平。乡村居民的日记和信件显示，他们在贪婪地采集蘑菇、诱捕兔子和猎杀野鸟。可供猎取的鹧鸪和松鸡十分充足，因为猎杀它们的活动早已经停止了。但是仍然有一些乡村儿童死于饥饿的报道。从公学的操场到城市公园，到处都是被挖开的土地。当时，也有政府发起的"自愿配给"计划，食品大臣德文波特（Devonport）勋爵 1917 年 5 月告诫全国人民："我们必须减少食物的摄入量，特别是必须少吃面包……敌人正在试图夺走我们每天的面包，击沉了我们运输小麦的船只。如果敌人成功地饿死了我们，士兵们的战斗和牺牲终将毫无意义。为了国家利益，我呼吁你们不要完全遵从自己的需求，要在那些焦灼的日子里架设起桥梁，从今天通往最终的胜利。"在某个时刻，国内甚至只剩下了两个月的存粮和只能用 4 天的糖。熟悉的白面包消失了，伦敦和利物浦的部分地区爆发了食品骚乱，很多人怀疑店主囤积商品、有意让人排起长队。危机终于过去，随之而来的是更严格的配给制，由地方议会和私人公司进行监督。与此同时，在学校里，瑟瑟发抖的孩子们不得不咽下令人难以忍受的残羹剩饭；在家里，人们也要战战兢兢地把面包切成越来越稀奇古怪的形状。

匮乏的不仅仅是食物，大多数物品都处于短缺的状态。英国历史上第一次开始对酒吧的营业时间和啤酒的度数进行严格限制，这是一个特殊的时刻，开启了 20 世纪英国酒类限制的先河。新规定允许啤酒注水，随即又开展了强有力的反对酗酒运动，这主要是出于对生产军需品的工人们喝酒的忧虑。这些手段看起来极为有效：酗酒现象急剧减少，虽然这个国家的领导人在这方面被证明是虚伪的。劳合·乔治逼着国王发表声明，宣布自己将在战争期间滴酒不沾，并表示内阁大臣、职员、商人和法官们都会紧随国王的脚步。但实际上，几乎没有人效仿可怜的乔治国王，尤其是劳合·乔治自己。当时的首相阿斯奎斯也是一个臭名昭著的酒鬼，他对这项声明极为震怒，直到劳合·乔治向他保证，如果得到医生的证明，"证明你的身体的确存在这种需要"，那么就可以饮酒，阿斯奎斯的心情才好起来。

如果你非常不走运，就会亲身经历战争。斯卡伯勒、惠特比、布里德灵顿和哈特尔普尔遭到了德国战舰的轰炸，这些战舰距离海岸非常近，能够清楚地看到那些他们极力试图杀死的人。这令英国皇家海军十分难堪，尽管很多人被杀，还有很多人受伤，但是当时皇家海军的部分船只处于沉寂状态。德匡海军的意图就是让英国舰队感到难堪，从而诱使其出动，然后动用 U 型潜艇和鱼雷进行攻击，除此之外，炮击仅仅是恐怖行为，不具备任何军事价值。房舍、仓库和古老的惠特比修道院的部分房屋被击中，惊慌失措的人们逃到了山上。后来，齐柏林飞艇袭击了英格兰南部的部分地区，即使没有造成指挥官们所希望的破坏，也引发了人们的恐惧和震惊。对于还在适应载人飞行的人们来说，来自空中的死亡和号称"婴儿杀手"的齐柏林飞艇令人极为惊骇。发出空袭警报的方式是骑自行车的警察吹着口哨，贴出公告。人们在床边不断祈祷着死去。后来，伦敦还遭到了更加致命的哥达轰炸机的袭击。这时不是1940 年，在大战期间，德国的袭击只造成了英国境内 850 人的死亡，而在"二战"中这一数字是 6 万人。但是恐惧的心理影响深远而持久，人们时刻都在担心炸弹蜂拥而至，这一影响一直持续到 20 世纪 30 年代，是绥靖政策产生的一个重要根源。

然而，大多数人见证战争的方式，是通过那些被送回国的伤员，以及那些收到亲属阵亡信件或者电报的人的表情。最重要的是，这是见证死亡的年代。尽管我们可能永远无法获得特别精确的数字，有600多万人被动员起来加入战争，超过72.2万人死亡，其中4.1万人是在停战协议签署之后死于伤势恶化。但是，危险的分布并不均匀。参加战斗的军人中，1/8被杀死，1/3受伤，算上那些被俘虏的人，军队的伤亡率达到了47%。最悲惨的地方是佛兰德斯：从英国送往那里的每9个人之中，有5人战死、受伤或者失踪。在海军部队，大约有一半的人战死，但受伤的人数很少，因为船只一旦沉没就没得救了。在空军部队，死亡率只有2%。危险的分布也因为阶级和地理位置而有所不同。在阵亡者中，苏格兰人比例很高，阿尔斯特人也是如此，在某些最危险的战斗中，他们往往会充当先锋部队的角色。军官的死亡率也高得不成比例，基层军官尤其如此，但也有78名将军战死。牛津和剑桥毕业生的死亡率是全国平均数字的两倍。一项针对年龄在50岁以下的贵族及其子女的调查得出了这样的结论：自1880年以来的50年间，出身公爵家庭的人因暴力死亡的比例比1330—1479年的百年战争和玫瑰战争期间还要高。作为前线的底层军官尤其危险。那些认为画家和作家是懦夫的人，可能会有兴趣了解这样一个事实：没有一个团、营或者师级军队的死亡率比艺术家步枪营，即伦敦郡团第28营更高，这个营专门用来训练下级军官，因此被称为"自杀俱乐部"。[1]

在全英国的成年男性之中，25岁以下青年的死亡率达到了1/7。30岁以下英国男性的死亡人数达到了50万。[2]令人惊奇的是，尽管有着关于丧失一代人的传说，英国人口实际上还在持续增长，部分原因在于

---

[1] 统计数据参见 J. M. Winter, *The Great War and the British People*, Harvard University Press, 1986。
[2] 见 Dan Todman, *The Great War*, Continuum, 2005 对 Winter, *The Great War and the British People* 数据的加工处理。

战争期间，英国人停止了向外移民的进程。一位历史学家指出："1911年被列入统计的那些人以及 1914—1918 年达到服役年龄的那些人，在 1921 年进行再度统计的时候，86% 还在册。"[1] 问题的另一面在于，巨大的伤亡数字主要出现在这个国家的部分地区，从布拉德福德和利物浦的"伙伴"营，到苏格兰兵团。姑且不论军官的高死亡率，伤亡者中的大部分还是工人阶级。随着军队的一再扩张，征兵运动被分包给地方议会和商业领袖，他们很自然地充分利用了男性同朋友和邻居一起工作的价值。下文中我们将会谈到，这可能有助于士气的提高。但是在特殊攻击导致的快速屠杀中，那些可怕的信件也会同时抵达相邻街道上的一座座房子。阵亡事件发生在某些地方的严重性，并不会因为其他地方没有发生同样的事而减弱。

在这里，我们必须凭确切的态度和对历史的谦卑感尝试触摸过去。90 年前的人们更加了解死亡。在战争之前，男性的平均寿命是 45~50 岁，女性则是 50~55 岁。我们可以看到，疾病夺去了众多生命。那些在佛兰德斯挖掘战壕或者在地下工作的士兵，在国内的时候是矿工或者技工，在工作中也经常发生致命的事故，对此已经司空见惯。在麻醉剂普及之前，人们更习惯于疼痛。在整形手术和人工流产出现之前，国内有更多破相和残疾人士。那是一个艰辛的时代。如果把当时英国的损失与西方主要交战国的损失进行比较，从统计学上看，其实英国的数字更小一些。法国死亡人数是英国的两倍，死亡率为人口总数的 3.7%，而英国则是 1.5%；德国死亡人数是英国的三倍，死亡率为 3.2%。然而，这些都无法真正抵消那些残酷的事实，比如索姆河战役首日就有 2 万名英国士兵阵亡，也无法抹去工业化战争体验的可怕本质。显然，与外国

---

[1] Gordon Corrigan, *Mud, Blood and Poppycock*, Cassell, 2003.

的比较或对生活本身艰辛的反思，都没有对当时的人们产生很大影响。只经历过帝国战争的英国人根本不习惯眼前的这些事情。

为英军画像

英国远征军的故事能够告诉我们很多关于派遣它的国家的事情。英国远征军既是折射过去生活的一面破碎的镜子，也为即将到来的世界点亮了坚韧不拔的光芒。虽然我们说的是"英国军队"，但在这次战争中其实有着好几批军队。首先是最早的英国远征军，规模很小，职业化程度极高，受过专业训练，但装备很差。它把法国军队从德军的大屠杀中拯救出来，结果自己遭受了巨大损失。下一支军队是英国地方自卫队及其附属成员，很快就因为第三支部队，即基奇纳招募的志愿军的加入，导致其规模急剧膨胀。最后，还有并非由志愿者组成的募征军。在很长一段时间里，这些不同的军队中仍然保留着明显的阶级差异，郡县和职业的对立始终存在，战前英国的一些失败，尤其是在组织和技术上的失败，都被复制下来。这不仅是一场士兵对士兵的战争，还是体系对体系的战争。有组织、有纪律的普鲁士传统与更混乱、更不公平的爱德华时代的英国方式正面抗衡，对后者极为不利，直到英国从中吸取了教训，开始改变。

征募的时候，能够看出阶级的忠诚度多么强大。正如威尔弗雷德·欧文发现的，在战争的早期，只有"优秀"的公学毕业生才能被任命为军官，那些来自普通文法学校的男孩是不行的。当时甚至有特殊的大学和公学旅，专门为那些不能忍受与工人阶级士兵一起战斗的人设立；还有"校友团"和"运动员营"，"仅限上等阶级和中产阶级人士加入"。在很多其他地区，在市中心的露天集会上，公学毕业生、律师和职员发现自己同劳工及工厂的工人们一起排队，他们在生活中第一次跨越了阶级的障碍，与工人阶级一起排队和闲谈。根据百分比，那些最有可能应征志愿者的人主要是专业人士、银行和办公室职员以及娱乐界人士。当然，农业工人和工厂工人更有必要留在国内，而矿工则往往倾向于参军。同布尔战争一样，对志愿者的体检显示出这个国家的营养状况仍然很糟糕，医疗状况也不容乐观。最初，由于每有一个志愿者通过体检，医生就能获得一先令，于是大批体质不合格的人都被送进了军队。后来，因为脊柱弯曲、视力低下、牙齿腐烂、呼吸有问题的人比例很高，引起了当局的注意。也许最能够揭露事实的统计数据是，服役士兵的平均身高比军官矮 5 英寸。"班塔姆营"全部是由身高不足 5 英尺 3 英寸 ① 的男子组成的。

在法国，这些差异也曾经一度被保留下来，至少在最初几年是这样。上层阶级的战友们会唱校歌、庆祝学校创始人的纪念日、用拉丁语或希腊语开玩笑。公学毕业的军官们写给家里的信件都是文字优美的描述性文字，而普通士兵的信件不能密封，因为要进行审查。军官们有自己的用人——"勤务兵"，还有手工缝制的衣服，伙食也很好。一位 1916 年在维米岭服役的炮兵军官记录道，晚餐有"汤、鱼（如果可能的话）、畜类或禽类的肉、芦笋、蔬菜（都是新鲜的）、开胃菜（常有）、布丁（常有）、威士忌、巴黎水、波特酒（每晚都有）、苦艾

---

① 1 英尺约合 0.305 米。5 英尺 3 英寸约等于 1.6 米。——编者注

酒、雪利酒、饼干、雪茄和香烟、咖啡、茶或者可可、水果"。[1] 温斯顿·丘吉尔作为军官在法国短暂服役期间，曾写信给妻子，要她每 10 天寄来两瓶白兰地和一瓶枣子酒，还要加上"斯蒂尔顿奶酪、黄油、火腿、沙丁鱼、干果，你几乎可以要一个大块牛排馅饼，但是罐装松鸡不行"。当然，这些高层和中产阶级的官员的"位高责重"同样令人印象深刻。跟他们的法国同僚不同，前线军官与士兵们住在一起，并且身先士卒参加战斗，还会组织足球比赛和其他体育项目，让士兵们保持忙碌，非常符合强健基督徒的传统。有一个著名事件：东萨里郡第 8 团的军官内维尔（Nevill）上尉在索姆河战役首日里，为了准备战斗，在一只足球上写道："欧洲杯决赛，东萨里郡对战巴伐利亚，零点开赛。"另一个足球上写着"没有裁判"。进攻开始时，这两个球被踢过护墙，内维尔还提出悬赏，看谁能把球运进德国防线。但他当场就战死了。[2] 他的行为被广泛报道，英国国内认为他非常了不起，德国则认为他是精神错乱。

对于英国士兵来说，很多人是平生第一次吃得这么好，尽管食物有些单调。他们的供给比法军和德军丰富得多，只要可能，就可以吃到新鲜的肉和蔬菜，以及饼干、奶酪、培根、面包、香烟，每天还有少量的朗姆酒。这比很多工人阶级在国内的饮食好很多，当德国军队攻破英军防线时，这一点也令德军感到震惊和嫉妒——那时德国不得不应付英国的长期封锁和由此带来的所谓"萝卜冬天"。英国军队在前线的时间较短，医疗水平也更高。然而，军队是国家的反映，相比德国军队，英军教育水平更低，身体素质也很差。他们大多是工业工人，顽强、坚韧、

---

[1] 引自 Peter Parker, *The Old Lie*, Constable, 1986。
[2] 同上。

顺从，同时也愤世嫉俗、粗鲁无礼。有些人很早就参军了，因为没有什么切实可行的其他选择。据估计，在战争开始的头几个星期，有50万人失业。很多人在生活和战斗中团结一致，因为他们来自相同的街道、村庄或者工厂。

虽然战争相对来说是机械化的，但也反映出英国尚处于畜力时代。在高峰时期，在法国的英军动用了45万匹马和骡子，主要是作为交通和运输工具，偶尔也用来进攻。许多动物是从加拿大、美国和南美洲穿越大西洋运过来的，但是也有1/5的马和骡子是从国内的农场、马厩和街道上拉过来的。等待它们的生活并不美妙，军队里的骡子被割断了声带，以防它们的叫声向敌人泄露部队所在，而灰马和花马则被染成了黑色。它们在通往前线的路上运输人员、信息和装备时面临着高度风险。所有的军队都有庞大的骑兵部队，但除了1917年康布雷战役中的几次攻击中有锡克教徒、加拿大骑兵以及英国轻骑兵的参与，英军很少用到骑兵。尽管如此，由于有着马匹和贵族军官，又可以免受社会主义者或妇女参政论者言辞的打扰，很容易理解为什么那么多思想保守的英国人在肮脏、无聊和令人恐惧的前线反而感到安心。

对于官兵来说，由1 000人组成的战斗营保卫着属于自己的一小块前线阵地，它变成了一个集体、一个战时的村庄或公司，有自己的阶级划分，但每个人都互相认识。那些徽章、口音和性格各异的战友使人产生了一种强烈的归属感，令老兵们终生铭记。但这并不是真实的英国，因为在这里没有工会，没有罢工，没有政治划分（所有的政客都是被鄙视的，连同那些佩戴红色标志的参谋人员也是如此，据说他们住在远离危险的城堡里）。这是个粗俗的时代，人们所唱的歌曲都以粗鲁而搞笑知名。恩斯特·利索尔（Ernst Lissauer）写了一首著名的《仇恨之歌》（*Hymn of Hate*），表达了德军对英国人的憎恶，但令人欣慰的是，这首歌曲很快被英国远征军翻译并吟唱，合唱部分问道："我们在哪里？"整个营队的人会齐声回答："英格兰！"舍伍德林业工人第12营的一位上尉为最生动的战壕歌曲提供了发源地，1916年2月，他发现自己身处战场上最糟糕的位置，即伊普尔阵地突出部，这个位置深入德军的防线，遭到了来自各个方向的攻击。罗伯茨（F. J. Roberts）上尉最终在战争中幸存下来，并在索姆河战役中赢得了一枚十字勋章。在伊普尔的废墟中，他偶然发现了一家已经破损一半的旧印刷厂，铅字散落在外面的泥里。尽管不是新闻记者，他还是迅速决定拯救和修复这些印刷机，为周围的部队创建一份报纸。于是，他这样做了，工作地点先是一栋古老的建筑物，当它被炸毁之后，又转移到一个鼠患肆虐的地窖里，这个地窖位于由军事建筑师沃班（Vauban）建造于7世纪的伊普尔残余城墙的下面。

罗伯茨的报纸最初被称作《维普尔时报》（*Wipers Times*），这可能是英国远征军的第一任指挥官、不会说法语的约翰·弗伦奇爵士念错了"伊普尔"发音的结果。后来，随着舍伍德林业工人营的转移，这个名字也随之改变。这是一份薄薄的报纸，时而滑稽，时而愤怒，时而八卦。但是，要了解其写作、印刷和发行时所处的特殊环境，有必要求助于记者菲利普·吉布斯（Philip Gibbs）。在他的描述中，当时的突出部是一片红色液体泥浆的海洋，充斥着砖灰、"尸体、残缺的肢体、血块、易爆气体形成的绿色金属状黏液。人体腐烂发臭，几乎成了肉浆，涂抹在泥滩上。如果进一步深挖，铁锹就会触碰到柔软的尸体，那都是曾经的战友。肉的碎片、套着靴子的小腿、烧焦了的胳膊、没有眼睛的脑袋，随着敌人迫击炮的发射，都撒落到战士们的眼前"。[①] 这场景

---

① 引自《维普尔时报》的复写版本，由 Patrick Beaver, Peter Davies, 1973 提供。

堪比斯大林格勒，可能也是英国兵在相当长的时间里所能经历的最坏场景。在属于他们自己的这张篇幅有限的小报里，他们究竟是如何看待自身的呢？

首先要说的是，这张报纸具有彻头彻尾的英国气质。只有在夸张的广告中，才会提及他们的可怕处境，这些广告用狂放不羁的字体描述着喷火器、毒气和迫击炮。愤怒情绪的确存在，但主要是针对前线后方的军官和国内那些一直在描写战争进展如何顺利的吹牛大王。国内的审查制度遭到了嘲笑：该报承诺将以"谨慎的方式"提及这场"听说正发生在欧洲的战争"。更多的讽刺广告针对的是军官阶层："你痛苦吗？你不快乐吗？你憎恨你的指挥官吗？是的，那么就给他购买一份新专利尖头战壕遮泥板吧……如果他踩上去，脸上至少要挂彩一个月。"但是大部分苦难都被轻描淡写了。"自然笔记"专栏解释道："鸟儿只有两种——信鸽（前线战壕的美味），以及下级军官通常收集的那些未驯服的无名品种。"报纸上还有很多关于某个不知名的少校和他的比利时朋友以及墙纸的八卦，当时的人一定能够理解个中意义。令人震惊的是，人们发现有人抱怨"一种潜伏性疾病感染了整个部队，后果是出现了诗歌的狂潮。人们会看到中尉们一手拿着笔记本，另一手拿着炸弹，在铁丝网附近漫步，陷入沉思之中"。

最重要的是，有很多差劲的诗句和糟糕的双关语，例如"来自索姆河的女孩坐在 5 号炮弹上"的五行打油诗，诸如此类。《维普尔时报》的记载引人入胜，因为它告诉我们，面对恐怖，许多人并没有深思宗教、政治或者战争的意义，而仅仅是努力制造幽默和诙谐，以这种他们日常喜爱的方式渡过难关。爱德华时代的英国是一个充斥着糟糕的笑话、糟糕的诗歌和胡闹的地方，也是一个处于危机中的国家；英国远征军也是这样。下面这段无名氏的打油诗或许比欧文或萨松的抗议诗歌更能说明可怜的步兵们的真实想法：

> 某天，三个英国兵坐在战壕里，
> 以正常的方式讨论战争，
> 他们谈到了泥浆，谈到了德国兵，
> 谈到了将来要做什么，谈到了过去做过什么，
> 他们还谈到了朗姆酒……
> 但是他们从头到尾争论的问题
> 是诺茨郡队能否击败阿斯顿维拉队。

内阁中的三角恋

在令人费解的战争时期，1915 年 4 月 19 日是一个非常忙碌的日子。惨烈而血腥的加里波利登陆战正处于最后的准备阶段，尽管政府内部存在激烈的争论，但是这场战役将在 6 天之后打响。在法国的新沙佩勒战役中，英军刚刚损失了 1.3 万人；三天之后，德军在伊普尔发动反攻，并且第一次使用了新型的武器——毒气。佛兰德斯的失败让基奇纳发出了他最令人心寒的战争言论之一，他抱怨英国的指挥官约翰·弗伦奇爵士在浪费炮弹，而不是士兵。他说：人很容易被替换，但是炮弹不能。整个政府都面临着炮弹和其他军事装备的供应危机。这是英国的最后一届自由党政府，很快就将被这场危机以及另外一件事共同摧毁，这

另一件事指的是在海军部，热切期待着加里波利冒险的丘吉尔和他的老朋友、才华横溢但情绪不稳定的第一海务大臣杰基·费舍尔（"Jackie" Fisher）发生了激烈的争吵。与此同时，劳合·乔治正在与其他大臣激烈地争论完全禁止酒精饮料是否正确。委婉地说，这是英国内阁的一个重要时刻。

那天早晨，内阁的讨论仍在继续，内容涉及军需品、地中海战略以及禁酒的可能性，首相则像往常一样心烦意乱。他给一个 28 岁的女人写了一封信，那是他深深爱慕了三年的女子。他几乎每天都给对方写信，有时一天写好几封，信里尽是些闲话，虽然出自一个 63 岁男人之手，却像一个热情洋溢的年轻人写的那样充满激情。与此同时，如同阿斯奎斯只竖起一只耳朵听着内阁的讨论一样，在几英尺之外，另一位大臣也在写作。埃德温·蒙塔古（Edwin Montagu）一直是阿斯奎斯最信任的支持者之一，年仅 30 多岁就已经进入了内阁。作为一个新来者，他被认为有可能会接管军需事务。在私人信件中，阿斯奎斯开玩笑地把蒙塔古称为"亚述人"，他下巴突出，方形的大脸盘上长着浓密的黑色胡须。蒙塔古对于内阁的争论也不太上心。事实上，他也正在写一封情书："亲爱的，也许我不必告诉你，我从来没有收到过一封如同今晨你的来信那般，让我感到如此振奋、如此甜蜜的信件。上帝保佑你！"而他的信件和首相的信件，是写给同一个女人的。

维尼夏·斯坦利来自一个富有、聪明、爱争论的家庭，她经常被描述为一个假小子，有着黑色的眼睛。从照片上看，她并不是很漂亮，但明显极具活力。在她那里受挫的人还包括温斯顿·丘吉尔，她和丘吉尔的妻子是表姐妹。她写给阿斯奎斯的信已经找不到了，很可能是被阿斯奎斯销毁了，但是阿斯奎斯写给她的信还在，其中有一些非常感人、非常详细的对当时政治的描述，并由此反映出阿斯奎斯是一个浪漫、机智、复杂的人。在狂热地表白了爱慕之情后，阿斯奎斯又写下了一些恶毒的流言蜚语以及详尽的军事状况，比如英国破译了德军的密码，这件事甚至连其他内阁成员都不知道。当阿斯奎斯开始意识到维尼夏有可能会嫁给别人时，他在深夜用铅笔写道，命运将切断他与"这个时代任何人所拥有的最丰富的爱和幸福"之间的联系。但他还在心心念念那片"应许之地"，那里有"牛奶、蜂蜜、葡萄和其他东西。这些东西我已无缘品尝，而是被某人拥有和享受着，他更能激发爱、更能填满心灵，因此也比我更值得享有这一切"。

这段引自《圣经》的话表明，尽管当时并不确定，但阿斯奎斯可能已经下意识地知道了自己的情敌就是蒙塔古。因为蒙塔古是犹太人，所以结婚之前维尼夏必须转变信仰，她也同意了。使得情况越发复杂的是，阿斯奎斯和蒙塔古经常在一起，他们在会议桌前碰面，一起在伦敦漫步，在火车上也是旅伴，而且蒙塔古很喜欢这位长者。在那次内阁会议上，他继续给维尼夏写信："我不知道应该怎么做，我真的无法面对。我不想伤害首相，不想终结我们之间的友谊。我的一切都应该归功于首相，我爱他，为了自己的幸福而伤害他，让我感到非常罪恶。"他恨自己，声称自己是"懦夫和犹太人"，不适合政治。他总结道："我不知道如何才能维持我们三人间的关系。我不能与其他人分享你，他也不能。"在结束之前，他确认了这一时期内阁会议的很多内容，最后的落款是："你的心烦意乱的爱人（因为温斯顿一直在吹牛）"。然而最终，蒙塔古和维尼夏还是决定结婚，这对于阿斯奎斯来说犹如一枚炸弹——虽然在 1915 年的环境下，这可能并不是一个很好的比喻。在数百页喋喋不休、自我分析、探讨文学和爱情的信件之后，他写给维尼夏的最后一封信简短而凄凉，全文如下："我的最爱，如你所知，这件事令我心碎。我不能再来看你了，我只能请求上帝保佑你——也帮助我。"

　　也许有人会问，阿斯奎斯那强硬、聪明的妻子玛戈怎么样了？对于阿斯奎斯喜爱年轻女性这一弱点，她一直抱有宽容的态度，把那些女性称为"阿斯奎斯的后宫"。但在那次内阁会议之前几天，她曾经与阿斯奎斯谈论过维尼夏的问题。她写了一封信，对蒙塔古解释了自己的感受："如你所知，我经常想，维尼夏是不是要取代我了，虽然这个想法并不深入，但已足以令我感到受伤、迷惑和羞辱。"她总是邀请维尼夏参加晚宴和会议，并不是毫无嫉妒，但这种嫉妒并非出于自己受伤的虚荣心，而是出于对阿斯奎斯的爱，以及这样一种认识："唉，我毕竟不再年轻了。"接着，她又描述了自己与阿斯奎斯之间非常独特的关系："每一个深夜，我都会穿着睡衣来到他身旁，坐在他的膝盖上，我们彼此倾诉，他给我看了他和维尼夏的所有信件，把每一个秘密都告诉了我。"这似乎不太可能，如果确有其事，那么玛戈可真是一个不同寻常的女人。为了证明自己的观点，她还给蒙塔古送去了一封她丈夫所写的信件，这封信是在一次争吵后写下的，阿斯奎斯坚称，自己的心并没有转移到那位年轻女子那旦去："我对维尼夏的喜爱从来没有影响过我们的关系，也永远不会影响我们的关系。"[1]

　　今天回头看去，我们很难理解爱德华时代的人们对于爱和性的态度，就像我们也不能理解爱德华时代的其他东西一样。一方面，男人们经常谈论彼此之间的爱恋，却没有丝毫好色或同性恋的倾向。另一方面，就像我们即将看到的，当时的男女经常拥抱，晚上睡在同一张床上，但由于担心危险而并不发生性关系。换作今天，阿斯奎斯那激昂如

---

[1]　所有信件均引自 Michael and Eleanor Brock, eds., H. H. Asquith: *Letters to Venetia Stanley*, Oxford University Press, 1982。

火山岩浆般的散文显然表明，他与维尼夏之间一定存在性关系。年轻的外交官达夫·库珀（Duff Cooper）正是这样想的，他认识这个家庭的成员，并在日记里写到，他的情妇戴安娜·曼娜斯（Diana Manners）夫人在 1915 年 7 月维尼夏和蒙塔古举行婚礼时，收到了一封阿斯奎斯的信件："戴安娜很确信维尼夏是首相的情妇，这点让我非常惊讶。这封信表达的意思晦涩不清，但似乎是想让戴安娜填补这个空白。"戴安娜和维尼夏一样，想同首相走得更近一些，但是又不想"发生肉体上的关系，她不能也不愿意这样做。于是我建议她拟一个模糊的回复，就像首相所提的建议一样晦涩难懂 让对方感到困惑——那个老色鬼"。[①]然而，库珀和戴安娜都是很放浪的人，他们完全有可能在阿斯奎斯的问题上犯了错误。充满激情的友谊在当时是正常的行为，虽然在如今看来已经不合常理了。

　　除了那一系列未被破坏的信件为高层政治世界投射出了一道独特的光芒之外，1915 年内阁核心的三角恋还有其他意义吗？对于即将吞没阿斯奎斯的政治危机来说，这件事其实很边缘，但在这样一个关键时期，它把阿斯奎斯绊住了。阿斯奎斯的下台不会使唐宁街 10 号在道德上焕然一新，因为劳合·乔治也有一个情妇——弗朗西丝·史蒂文森和他一起生活了很长时间，后来成为他的妻子。如果说阿斯奎斯是一个年长的浪漫主义者，或者说是一个好色之徒，劳合·乔治则无疑是一个著名的色鬼。基奇纳曾经说过，他反对在内阁讨论敏感的军事问题，因为这些人回家之后就会把机密泄露给自己的妻子，只有劳合·乔治例外，他会在回家之后把机密泄露给别人的妻子。维尼夏·斯坦利的信件揭示出的阿斯奎斯无疑是来自另一个时代的人。尽管他承认自己有过愤怒的

---

① *The Duff Cooper Diaries*, ed. John Julius Norwich, Phoenix, 2005.

时刻，甚至达到了自我憎恨的程度，但他的形象自始至终是一个穿着男式礼服大衣的知识分子，浪漫，在政治上愤世嫉俗，很容易从赢得一场世界大战这一冷酷而残忍的事业中分心。整整9年来，他是英国最重要的人。但是到了1915年，他看起来和爱德华时代一样过时了。更加粗糙的时代已经到来，人们需要更为粗俗的人。

第一场危机

战争可以分为几个阶段，每个阶段都改变了英国的政治。在第一个阶段，人们对于短期内轻易取得胜利抱有乐观的态度。阿斯奎斯的自由党政府并没有经历太多改组。他仍然是一位坚决主张自由贸易的大臣，对于政府掌握过多权力心怀疑虑，对于国家革命毫无概念，然而这些正是应对即将到来的大规模战争所需要的。人们曾经希望陆地上的战争主要在法国、俄国与奥地利、德国之间打响，英国则控制海洋，并在金融上援助其盟友，只提供一小部分陆军。然而，英国的主要敌人是一个彻底军事化的中央集权国家，以战争为主要国策，拥有庞大的陆军和经验丰富的军事指挥官，基本摆脱了文人的制约。当然，这正是此次战争的一个重点，即普鲁士的帝国主义对阵某种形式的民主。只要是密切关注德国崛起的人，也就是说只要是对公共事务有些兴趣的人，都一定会意识到，自由放任根本不足以击败普鲁士。但是老一辈人一直在延续着旧的方式。没有人说要把保守党统一派和工党引入内阁，组建一个联合的国民政府，这一点和下一场战争是不同的。

英国做出了一些艰难的决定，《领土防务法案》很快得以通过，该法案允许政府对新闻媒体和平民生活的诸多方面享有近乎独裁的权力。目前为止最有力、最有战争气氛的演讲来自劳合·乔治，他最初对支持这场冲突抱着迟钝而谨慎的态度。但从一开始，他讲起话来就像是个战时领袖，这更多是出于本能，而不是政治运作。相比之下，阿斯奎斯则根本不是这块料。劳合·乔治极力主张对德国人民宽宏大量，但同时也对前方面临的战斗规模不抱幻想。在伦敦的一次征募会上，他发表了一次演讲，在当时被认为是英国历史上最杰出的演讲："敌人认为，我们无法击败他们。这的确不容易。这是一项漫长的工作，这是一场可怕的战争，但是最终我们将战胜恐怖，走向胜利。"战争的目的是把欧洲从军事集团的掌控中解救出来，因为这个军事集团正力图把世界带入"流血和死亡的混乱状态"。劳合·乔治也用更精准的语言，展示了对于更高战争目标的期盼：

在这场冲突之中，已经涌现出了更伟大、更持久的东西——一种新型的爱国主义，更丰富，更高尚。我看到所有的阶级无论高低，都摆脱了自私自利的倾向，而且都认识到，国家的荣誉不仅仅取决于在战场上维护荣耀，也在于保护家园免受苦难。对于所有的阶级而言，这都是一幅全新的景象。曾经淹没这片土地的奢华和懒惰都已经退去，一个全新的英国出现了。

这是在 1945 年的乐观主义出现之前 30 年。当时在后方最活跃的是劳合·乔治的财政部，他们迅速提高税率，并授权发行了一英镑的纸币，以防出现黄金囤积现象。

阿斯奎斯对于宣战最为戏剧化的政治反应，是为了回应公众和新闻界的请求，任命帝国战争英雄基奇纳勋爵为内阁陆军大臣。基奇纳当时是埃及的统治者，但恰好正回国探亲，从一艘跨海峡渡轮的甲板上被直接传唤到白厅。同劳合·乔治一样，基奇纳认为这场战争将血腥而持久，并立即断定英国小规模的职业军队完全不足以赢得胜利。这位陆军元帅对法国军队很熟悉，而且和他那面色苍白、目光呆滞的外表不同，他是个有趣的人。但事实很快证明他是一个糟糕的内阁成员，几乎总是独自行动，认为民选领导人的观点都是胡扯。然而，借用阿斯奎斯的一个孩子不大礼貌的说法，他是一张"伟大的海报"，通过自身鼓舞人心的形象在战争的第一阶段征募了大规模的志愿军。"你的国家需要你。"他的伸手一指产生了戏剧性的效果。他原本估计能招到10万名志愿者，但仅仅第一个星期，就有17.5万人响应，1914年9月末，共有75万英国人报名。到了1916年春季征兵的时候，有250万人应征入伍。当然，基奇纳本人最终结束了与将军们在战场上的争论和与政治家在伦敦的争论，成为军火供应不力和加里波利战役惨败的主要替罪羊。这在一定程度上是因为他与战时英国的另一股强大力量——新闻媒体不和。但是当他于1916年6月在前往俄国的途中溺水遇难时，他仍然被认为是一位伟大的民族英雄。

在战争早期阶段，全体内阁仍然如同和平时期一样，以宽松的旧方式进行会晤，即使在1914年11月"战争委员会"成立之后也是如此。该委员会主席由首相担任，开会时间并不规律。几个月之后，这个委员会便显得过于庞大了，它不是一个能够快速反应的机构，无法卓有成效地工作。经历了一系列军事失败之后，战争的第一阶段走向终结，人们意识到，战争将是长期的，而且会非常艰难。在海上，德国军队成功避开了皇家海军的进攻，炮轰了东海岸的城镇。海军还有其他败绩，包括因为 U 型潜艇和鱼雷打击而损失船只，以及在智利对抗德国海军失败。这些失败都不是毁灭性的。然而在丘吉尔极度活跃地准备在海上一决胜负的时候，现实却尤其令人感到失望。丘吉尔对此的反应是，召回杰基·费舍尔爵士担任第一海务大臣，此人后来差点毁了他。

更为重要的是英国远征军的命运。他们不是后期那支由敏锐的公学毕业生中尉和骨瘦如柴的工人组成的部队，而是一支经过严格训练、机动灵活的职业化军事武装。其射击能力非常突出——德国人第一次和他们遭遇时，他们使用步枪，打得又快又准，竟使德国人以为自己面对的是机枪。而且在布尔战争失败之后，这支部队经历了彻底的重新整合。它有着相当数量的骑兵，不过在比例上少于德军和法军。英国骑兵受到的训练是下马像步兵一样战斗，他们并不像普鲁士枪骑兵和法国胸甲骑兵那样老派，戴着马尾装饰的头盔，胸甲和军刀闪闪发亮。然而另一方面，英军缺少迫击炮、足够的机枪、可用的手榴弹以及用于数量不足的大炮的高爆炸弹。

最为重要的是，英国远征军的规模很小，共有 5 个步兵师，而德军有 100 个步兵师，法军有 62 个。英国远征军只有 1 个骑兵师，德军有 22 个，法军有 10 个。英国远征军的规模甚至要略微小于比利时军队。比利时军队早先进行了英勇的抵抗，但最终溃败，目前只坚守着残存的一小块土地。正如一位军事历史学家所指出的："1914 年 8 月，英国远征军坚守着 25 英里长的西部战线，法军则负责 300 英里。"① 对英国战略的批评必须考虑到这样一个事实：在大部分时间里，实际上直到战争的最后阶段，英军都只是次级盟友，对法国人所遭受的苦难、希望和不时提出的要求做出被动反应。因此，尽管在与德军的第一次遭遇以

---

① Corrigan, *Mud, Blood and Poppycock*.

及发生在拉加多的第二次遭遇中，英军震慑并阻挡了冯·克鲁克（von Kluck）将军的第一集团军，显示了英国军队的战斗能力，但是一旦法国人后撤，英国远征军也只能后撤。这是英国军队最成功的撤退之一。与敦刻尔克撤退不同的是，英法军队坚守住了自己的阵线，不久就轮到德国军队撤退了。很多人都讨论过，英军没有意识到德军防线上存在一道缺口，可以借此进行一场老式的机动推进战——在大屠杀发生之前，这是最后一次机会。然而，通信状况非常恶劣，指挥官显然也极为谨慎。交战双方都拼命地在各自的侧翼迂回，战线迅速延伸到海边。丘吉尔勇敢而荒唐地亲自带领一些水手控制了安特卫普的防御体系，但是港口陷落了，从奥斯坦德到瑞士边境，双方终于面对面了。英军开始挖掘战壕，尽管与后来的工作相比，最初的战壕只能算是微不足道的划痕。机枪和电线被架设起来。接连几个月，一直在下雨。德军的炮弹轰炸也一直在持续，证明敌人在炮兵的装备上要好很多。战争的世界突然改变了。其后果将彻底改变英国和欧洲大陆。

如果说英国的领导人没有很快意识到发生了什么，没有在遭受伤亡后意识到其后果，是不确切的。第一次的猛烈攻击已经足够血腥，在1915 年新年之前，丘吉尔给阿斯奎斯写信说："我觉得很有可能的情况是，双方都没有能力突破对方的阵线……我的看法是，两军的位置很可能不会发生决定性的变化，但毫无疑问的是，要想达成这样的军事成果，需要牺牲几十万人的生命。除了把军队送到佛兰德斯面对铁丝网，我们难道没有其他选择吗？"[1] 受到自己的仰慕者费舍尔勋爵的影响，丘吉尔已经转变了观念，决定攻击德国的海上防线，夺取基尔运河，然

---

① Martin Gilbert, *Winston S. Churchill*, vol. III, *The Challenge of War, 1914–1916*, Heinemann, 1971.

后让俄国军队通过波罗的海挺进到柏林 100 英里的范围之内。自从一位德国将军告诉费舍尔德国的海岸防线多么脆弱之后，费舍尔一直梦想着能有这样一次行动。在战争之前，他曾经和德国皇帝讨论过这个问题，德国皇帝对此不屑一顾，开玩笑说他会派出普鲁士的警察抓捕英国海军。费舍尔没有被吓倒，他设计建造了特别的浅底战舰进攻德国。这几艘战舰分别名为勇敢号、愤怒号和光荣号，但是它们太古怪了，于是海军将它们重新命名为反常号、虚假号和喧嚣号①。但费舍尔绝对是认真的，准备好了轰炸计划，还为沙皇的军队建造了登陆艇。和他一样胆气十足的丘吉尔对于波罗的海计划也感到非常兴奋。

　　劳合·乔治则沿着另一条平行线思考。他也写信给阿斯奎斯，谈到更多的战壕战会破坏军队的士气，任何试图强行突破德国良好防御体系的努力，终将以"失败和骇人听闻的伤亡"告终。他倾向于通过巴尔干半岛进攻奥地利，唤起塞尔维亚人、希腊人和其他人，或者通过叙利亚进攻土耳其，援助俄国军队，他们在高加索地区陷入了可怕的麻烦，正在寻求帮助。这些试图避免在法国发生大屠杀的政治方面的探索，导致了他与军队之间越来越激烈的争吵，尤其是同基奇纳勋爵和费希尔。军方的最高司令部认为，尽管过程异常惨烈，但击败德国的唯一方法就是在佛兰德斯正面作战，今天的许多历史学家也认同这一观点。劳合·乔治和丘吉尔被批评为只会空想、什么也不懂却多管闲事的人，干扰了那些正在指挥战争的军人，而且把重要的士兵和武器装备投入了毫无希望的事业。

　　的确，劳合·乔治对巴尔干半岛起义寄予厚望，就足以表明他对该

---

① 反常号（*Outrageous*）、虚假号（*Spurious*）、喧嚣号（*Uproarious*）分别与勇敢号（*Courageous*）、愤怒号（*Furious*）、光荣号（*Glorious*）谐音。——编者注

地区的政治一无所知，对于希腊也缺乏了解。我们永远也不可能知道，如果有更好的运气或领导者，穿越北海的进攻能否取得成功，对达达尼尔海峡的惨烈进攻能否让土耳其退出战争。无论劳合·乔治还是丘吉尔，都有一个共同的特点，那就是认为自己比专家更加了解局势，丘吉尔学生气的滑稽行为更是引发了内阁成员的嘲笑。丘吉尔对于战争的态度非常古怪，在 1915 年 1 月的一次晚宴上，他告诉玛戈·阿斯奎斯："我绝对不能退出世界能够提供给我的这场美妙的伟大战争。别告诉别人我说过'美妙'这个词，不过你知道我是什么意思。"但是，他和他的威尔士老领导都是民主政治家，非常清楚地认识到，在一场充满流血牺牲、看不到胜利希望的长期战争中，维持公众的支持态度非常困难。他们两个人，特别是劳合·乔治，不断在全国到处演讲，维持士气，提供希望——一些军事历史学家很容易将之当作简单的政治活动而予以忽略。这两个人有责任试着利用自己的聪明才智去寻找替代策略。然而，这不可避免地让他们与另一些人陷入了对立，那些人确信战争的胜负取决于法兰西，任何转移注意力的做法只会延长杀戮的时间。

这些争论在战争委员会和大臣之间得到了协商和解决。极富智慧的战争委员会秘书莫里斯·汉基（Maurice Hankey）的观点似乎起到了决定性作用（此人后来还很有成效地创立了现代内阁办公室体系）。他强烈反对丘吉尔的北部进攻计划，支持对达达尼尔海峡进行攻击。内阁同意了这一提议，最初授权海军向君士坦丁堡发动进攻，这座城市容易受到轰炸的威胁，进而很可能由此推翻奥斯曼帝国。尽管战舰的炸弹是致命的，卓有成效，但是舰队却径直驶入了一个雷区。一艘法国战舰和两艘英国战舰沉没，整个舰队只得后撤。这给了土耳其方面强化防线的时间，为那些原本能够轻而易举攻克的地方提供了增援。现在，英国决定让部队全面登陆。基奇纳了解中东局势，因此非常明白，土耳其投降对于联军来说将是非常光辉的前景，于是他成了丘吉尔冒险计划的支持者。最终的登陆是英国和澳大利亚军队在加里波利完成的，组织松散，供应不力，直接闯进了由后来的现代土耳其缔造者凯末尔·阿塔图尔克（Kemal Ataturk）领导的凶猛致命的土耳其防线。仅仅抵达海岸线已经足以致命了，几乎是不可能完成的任务：士兵们被淹死，被自己的军队误杀，还很容易沦为早已架好的机枪的牺牲品。一开始，他们不得不使用刺刀来对付机枪，结果可想而知。他们被压制在沙滩上，找不到掩蔽，任由土耳其炮兵摆布，大屠杀非常惨烈。大约有5万名英国、澳大利亚和新西兰士兵死于重伤或疾病。随着灾难的继续，状况更加恶化，到处都是尸体，苍蝇嗡嗡作响，如同佛兰德斯一样糟糕。军事上则更加令人绝望。现代媒体大亨鲁珀特·默多克（Rupert Murdoch）的父亲是一位目击者，尽管他的笔记被没收销毁，他还是发了一封报告给澳大利亚和伦敦，揭露了英军的无能。尽管丘吉尔当场谴责了海军上将和将军们，但他自己才是最受公众谴责的人物，这场灾难几乎摧毁了他的政治生涯。当时《每日邮报》对他的形容是"一级罪名成立"。

　　诗人鲁珀特·布鲁克（Rupert Brooke）是这场冒险中的牺牲者之一，虽然他的诗作是二流的，但他已经成为英国男子汉气概的闪亮象征。他梦想着这是第二次特洛伊战争。然而在到达达达尼尔海峡之前，他的嘴唇遭到昆虫叮咬，因血液中毒去世。他被埋葬在希腊的斯基罗斯岛，这里据说是忒修斯的成长之地。这是"外国土地上的某个角落"，应该会令他感到欣慰吧。他的墓志铭以希腊文写道："这里长眠着上帝的仆人，英国海军的一名中尉，他为了把君士坦丁堡从土耳其人手中解放出来而死。"这种对英国战争目的的扩展甚至超出了丘吉尔最大胆的想象。在国内，阿斯奎斯的女儿维奥莱特（Violet Bonham Carter）曾经与布鲁克相恋。阿斯奎斯告诉维尼夏，布鲁克之死给他"带来了极大的痛苦，超过战争中的任何损失"，还讲到自己有种"模糊的预感"——下一场损失将更加靠近英国本土。第二年，阿斯奎斯的儿子雷蒙德（Raymond Asquith）牺牲于索姆河战场。丘吉尔亲自为《泰晤士报》撰写了布鲁克的讣告，罗列了他的一系列事迹，使其成为那一时代最为标志性的形象。布鲁克华丽的后浪漫主义风格、赤裸裸的自发的爱国主义精神以及英俊的金发外形，使得他成为"丧失的一代"最完美的画像，尽管他的形象总是有些复杂，介于阿拉伯的劳伦斯（Thomas Edward Lawrence）和萨松之间。如果活着，他一定会成为一位更强硬、更愤怒的战争诗人。然而他死了，于是成了英国年轻的圣洁骑士加拉哈德——这是唯一一次，一只小虫就把活人变成了大理石雕像。

同时，在伟大而古老、几乎是国中之国的海军部，费舍尔和丘吉尔一直在相互攻讦。他们两人的关系堪称英国战争史上最古怪的关系之一。费舍尔始终魅力非凡，几乎认识维多利亚后期和爱德华时代的每一位有趣的统治者：沙皇、皇帝、大公、总统。他长着一张奇特的东方人面孔，很多人都怀疑他究竟是不是纯种的英国人，但他也具有一股迷人的强大魅力，男人和女人都非常喜爱他。这位海军上将在爱德华七世挚爱的散步场所比亚里茨第一次见到丘吉尔，记录道："我不可救药地爱上了温斯顿·丘吉尔。"而丘吉尔则非常明确地告诉费舍尔："你是世界上唯一一个我真正爱慕的人。"我们已经在前文中指出，用21世纪的有色眼镜去解读爱德华时代是非常危险的，但是费舍尔对于丘吉尔的仰慕已经足以使他和丘吉尔的妻子克莱芒蒂娜（Clementine Churchill）成为敌人了。在加里波利危机期间，丘吉尔曾经在法国短暂停留，第一海务大臣没有随同前往。克莱芒蒂娜邀请费舍尔共进午餐，费舍尔则突然转过身来警告她："你是一个愚蠢的女人，你认为温斯顿和约翰·弗伦奇爵士在一起的时候，他实际上正在巴黎和情妇待在一起。"克莱芒蒂娜心烦意乱地把他赶了出去。很久以后,当费舍尔和丘吉尔都已经离开了海军部,他们两个似乎又开始合谋时,克莱芒蒂娜对费舍尔喊道:"离开我的丈夫,你上次几乎毁了他,现在离他远一点!"①

所以这并不是单调的办公室联盟。费舍尔重返海军部,就像基奇纳来到陆军部一样深受欢迎。在他任职的第一个星期,他鼓动英国巡洋舰发动了一场快速的报复性袭击,由此引发了福克兰群岛②战役,这是一次著名的压倒性胜利,击败了 5 艘德国军舰,并有效地把德国皇帝的水面舰队逐出了对世界上大部分海洋的争夺。但是此时的费舍尔已经是一位老者了,他狂暴的工作效率、古怪但通常都很绝妙的想法,同一个年轻人撞在了一起,这个年轻人就是丘吉尔。丘吉尔同样勤奋,同样聪明,但此时他不再是一个可爱的晚辈,而是费舍尔的顶头上司。丘吉尔没有做什么事来安抚或者激励费舍尔。费舍尔并不喜欢达达尼尔战役的主意,部分原因在于这不是直接对于德国的打击,部分原因则是他想让整个舰队准备好迎接即将在北海发生的特拉法尔加海战式的对抗。他赢得了一段时间的胜利,但变得越来越暴躁和无法预测。在战争委员会的关键会议上,他强行退席,基奇纳不得不将他拉回到会议桌前。他的备忘录变得愈发狂躁,而且在汉基看来完全都是些疯狂的想法。他至少有 8 次宣布辞职。达达尼尔的情况越是危急,他越是怒气冲冲地说,自己一直在反对这件事。

1915 年 5 月 15 日早晨,当加里波利的血腥灾难变得显而易见时,他直接消失了。他去看望了劳合·乔治,告诉对方自己即将前往苏格

---

① 对费舍尔的概述参见 Jan Morris, *Fisher's Face*, Penguin, 1996。
② 英国对马尔维纳斯群岛称福克兰群岛。——编者注

兰，然后就不见了……后来的事实证明，他躲在查林十字街的一家宾馆里，距离海军部只有几百码的距离，当时那些官员正在伦敦中心地带和火车站疯狂地寻找他。最后终于有一张阿斯奎斯写的纸条交到了他的手上，以国王的名义要求他返回岗位，同时收到的还有来自丘吉尔的安抚信件，但他无动于衷。他返回唐宁街 10 号，告诉阿斯奎斯和劳合·乔治，他不能再忍受"那个家伙"（丘吉尔）了。与此同时，他已经把自己要做的事情暗中通知了统一派领导人安德鲁·博纳·劳。这是更严重的背叛。而且在这一过程中，有很多信息显示德国公海舰队即将开启最终的决战。整个伦敦谣言四起。王后写信给费舍尔，要求他像纳尔逊一样坚守岗位。丘吉尔说他认为第一海务大臣的行为是临阵脱逃，国王也同意这个观点，后来还说费舍尔应该"因面对敌人擅离职守而被处以绞刑"，至少也应该遭到"免职及降级"的惩罚。[1]

费舍尔对此全然不知，还沉浸在兴奋之情中。他给阿斯奎斯发了最后通牒，只有将丘吉尔开除出内阁，并且赋予他控制海战的绝对权力，让他掌控所有的海军任命、舰队部署，拥有"对所有海军力量不受任何限制的独立指挥权"，他才愿意留下来。他也不愿在贝尔福的手下工作。而且，他希望能对舰队公开宣告这些内容，这样每个人都会清楚他所取得的胜利。同时，他还给博纳·劳写了一封信，告诉他"长期来看，丘吉尔是比德国人更大的危险"。这有点类似于某种宪政革命的幻想，希望由军人压倒政治家，许多将军可能都会开这种玩笑，但是向英国首相提出这样的建议，真是前无古人，后无来者。即使是严重偏袒费舍尔的传记作者也称之为"一封疯狂的信件"，这封信导致了费舍尔政治生涯的终结。阿斯奎斯告诉国王，费舍尔有点精神错乱了。一些报纸

---

① 见 Robert K. Massie, *Castles of Steel*, Cape, 2004。

也认同这个观点，尽管也有其他报纸对他表示支持。但是，费舍尔的辞职对于丘吉尔来说是灾难性的。毕竟，是丘吉尔首先任命了费舍尔，现在却无法与他共事。如果此事的最终结果是与保守党结盟，那么他知道自己很可能会失去海军部，因为保守党仍然憎恶他。他拼命向阿斯奎斯请愿，希望能留任，一次次写信和做出私人请求，但是阿斯奎斯考虑的是其他事情，包括自己能否保住首相的位子。而且这只是击溃阿斯奎斯的危机的一个部分。费舍尔是一枚致命的鱼雷，但是更猛烈的攻击来自另外一股力量，它本身便重塑了英国的公共生活。

媒体参战

1915 年 5 月 21 日星期五的早晨，伦敦证券交易所一层大厅出现了不同寻常的喧哗。1 000 多名各个年龄段的人大喊大笑着，把成捆的报纸堆积到地板中央，点燃了这堆报纸。篝火引发了欢呼声和呻吟声。欢呼是献给基奇纳勋爵的；呻吟则是为了《每日邮报》和《泰晤士报》的老板北岩，他是英国当时最有权势的人之一。被点燃的报纸就是当天的《每日邮报》。有些人写了一条口号"德国的盟友"，转弯进入思罗格莫顿街的报纸办公室，把它挂在门外。再往西一点，在伦敦的俱乐部区，穿着细条纹连衣裙的仆人们把北岩出版的报纸收集到一起扔进垃圾箱，其中包括《新闻晚报》（*Evening News*）和《每周快讯》（*Weekly Dispatch*）。这一反应并不局限于少数穿皮衣的俱乐部成员和城市职员，同样的抗议事件也发生在布里斯托尔和利物浦，甚至席卷了整个英国。作为英国最广为人知、最成功的报纸，《每日邮报》的发行量仅仅一夜之间就下降了100多万份，从138.6万份跌落到23.8万份。在英国新闻史上，从来没有任何一篇文章对于发行量产生过如此巨大的影响。负责人阿尔弗雷德·哈姆斯沃斯（Alfred Harmsworth），即北岩勋爵，一直声称自己的皮如同大象一样厚。当这个消息传到他那里的时候，他正和手下的高级记者们待在一起——他坐着，这些记者站着，以示尊敬。他摘下眼镜，告诉记者们他并不介意别人怎么想，他是正确的。然后，他转向新闻编辑，询问第二天的新闻："菲什，明天有什么新闻？"

这篇引发轩然大波的文章是北岩本人在乡下的家中用铅笔写成的，他试图让政府认真对待西线高爆炸弹严重短缺的问题，这篇文章正是他撼动政府运动的高潮。这不是学术性问题，也不仅仅是出于个人恩怨。它触及了一个核心问题，即战时政府究竟应该做什么。为了突破德国防线，约翰·弗伦奇爵士已经在佛兰德斯造成了难以想象的人员伤亡。他本应自我检讨，但是他谴责的却是炮弹短缺问题。榴霰弹会发射出金属小碎片，在开阔地带可以对部队造成毁灭性打击，但是在破坏战壕和深掩体方面效果有限。基奇纳的名声是在南非建立起来的，供应错误的炮弹这件事正是由他负责的，而且他接受了在加里波利发动攻击的想法之后，又立刻从给弗伦奇的炮弹中分出了1/5运往达达尼尔海峡。另外，英国海军至今没有采取任何措施来阻止对斯堪的纳维亚地区和其他中立国的棉花供应，这些棉花从那里被直接运往德国，用于制造"火棉"，这在当时是高爆炸弹必不可少的原材料。德军的大炮更加有效。弗伦奇和英国最高指挥部是正确的；基奇纳一直纠结于炮弹的浪费，则是难以挽回的错误。劳合·乔治了解这些情况，但是阿斯奎斯和政府成员中的大多数仍然支持陆军大臣，一位《每日邮报》的记者将他们称为"一群疲惫律师组成的内阁"。《每日邮报》一直在大力宣传炮弹问题，并且加上了类似"棉花杀死了我们的军人"这样的标题。在新沙佩勒，炮弹已经用光了。阿斯奎斯发表了一次演讲，对此嗤之以鼻，否认存在短缺问题。于是约翰·弗伦奇爵士终于失去了耐心。

他做了一些被大家普遍认为应该受到谴责的事情，直接导致了《每日邮报》的危机。他向《泰晤士报》战地记者查尔斯·雷丁顿（Charles Repington）泄露了与陆军部的秘密通信，其内容支持了他对炮弹短缺的看法。雷丁顿因此报道说，英国的失败是由"致命的"烈性炸药短缺直接造成的。基奇纳大怒，阿斯奎斯演讲的真实性或是他对事实的把握能力则受到了质疑，北岩也因此开始正面攻击"疲惫的律师"。《每日邮报》的领导者毫不客气地断言：

在高爆炸弹方面，我们在法国的军队已经要被基奇纳勋爵饿死了。公认的事实是，基奇纳下令供应了错误的炮弹。不断有人警告他，前线需要的是爆炸性极强的炸弹，这样才能炸开德国的战壕和铁丝网，我们那些勇敢的士兵才能够继续安全行进。那些可怜的士兵正在使用的炮弹导致了数千人的伤亡。我们对于死亡、受伤和失踪的数字变得越来越麻木不仁了，上千个家庭正在哀悼那些本来不应该牺牲的人。

"上千"这个数字严重低估了实际的伤亡人数，但这仍是一次对于基奇纳声望的残酷打击，而他在当时仍被大多数英国人视作这个国家最伟大的战士、最杰出的军事领导人。人们通过海报认识了基奇纳，也知道他招募了大量新兵，因此异常愤怒。而北岩是正确的。他的攻击，再加上另一位媒体所有人、即将成为比弗布鲁克（Beaverbrook）男爵的马克斯韦尔·艾特肯（Maxwell Aitken）的努力，终于说服了保守党领导人和一些主要的自由党人，特别是劳合·乔治相信，事情不能再这样继续下去了。现在到了清除北岩所说的"爱德华时代乡村政府模式"的时候了。

北岩并没有马上如愿以偿。全国上下都在谴责他是卑鄙的叛徒，更糟的是，他眼看着阿斯奎斯引入了博纳·劳，建立了一个联合政府。费舍尔的辞职是最后一击，但其实是炮弹危机严重削弱了阿斯奎斯政府，而且正如丘吉尔后来反思的，没有任何胜利能够对此进行弥补，帮助政府渡过危机。联合政府仍然由自由党主导，工会成员接受了极低的职位，只有贝尔福接替了丘吉尔在海军部任职，丘吉尔则遭到降职，最后退出政坛，奔赴前线的战壕。基奇纳仍在坚持，谴责北岩和新闻界，凭借自己的国家地位带给他的宽慰，在玫瑰园里忙忙碌碌，直到淹死在去俄国执行公务的路上。最重要的是，劳合·乔治受命管理军需品事宜，并开始重塑国家和民众之间的关系，最后终于取代阿斯奎斯成为首相。北岩以及他后来的对手、目前正掌控着《每日快报》的比弗布鲁克男爵，都参与了对最后一个自由党政府的毁灭。自此之后，一直存在着无聊的争论，即究竟是谁对这一切的贡献更大——是北岩对于炮弹问题的正面攻击，还是比弗布鲁克男爵的幕后阴谋。比弗布鲁克是博纳·劳的朋友和门徒，劳最后被费舍尔的辞职所打动，认定政府必须做出改变。那么究竟谁的贡献更大呢：是炮弹问题，还是费舍尔问题？是《每日邮报》，还是《每日快报》？真正的答案是，两者兼而有之。在经过了整整一年令人失望的悲惨战争后，新闻界终结了自由党的时代。阿斯奎斯和基奇纳都鄙视新闻界。但是，虽然新闻界并没有政治家那样的权力，如今却已经掌握了强大的力量，如果有合适的环境，足以毁灭一个政府。这种状况究竟是如何发生的呢？

人们普遍相信，流行的英国新闻业基本上来自美国。事实并非如此。美国的新闻业更为敏锐、迅速，攻击性更强，而英国的新闻业则是独立发展起来的，主要来自一位天才阿尔弗雷德·哈姆斯沃斯的创造。他是一个相貌异常英俊的金发男孩，出身贫困家庭。到了 1915 年，他已经成长为一个膨胀的怪物，在德国遭到妖魔化，德国人认为正是他把英国带入了战争，他是议会和宫廷背后真正的权力，操纵着整个帝国。哈姆斯沃斯出生在都柏林，母亲非常强悍，父亲性格软弱并且酗酒。他是一个大家庭的长子，在伦敦北部长大。对于那些挣扎在生存边缘的家庭来说，维多利亚中期的英国是一个艰难的时代：哈姆斯沃斯家的邻居破产后，全家都自杀了。哈姆斯沃斯聪明，热情，痴迷于技术。自行车、汽车、飞机，任何新鲜事物都会令他感到兴奋。他对新崛起的大批受过教育的中下层阶级的阅读需求有着不可思议的理解。

他以自行车杂志和体育杂志入行，但他的帝国是从所谓的短篇新闻开始创建的，这是一种引用、信息碎片、奇闻逸事、新闻和笑话的混合体。他创办的第一份报刊《回答读者投书》（*Answers to Correspondents*）模仿了早先自己曾经参与出版的极具原创性的杂志《花边新闻》（*Tit-Bits*）。但哈姆斯沃斯的精力、营销手段和引发争议的才能使得《回答读者投书》很快就超过了《花边新闻》。他举办了一个简单的竞赛，由此奠定了成功：竞猜英格兰银行的黄金储备量，胜者可终生获得每周一英镑——这些钱在当时足以支付结婚和成家的费用。他收到了超过 70 万份答案，开始了迅速扩张，先是创办青少年杂志和女性杂志，后来又购买了运营不善的《新闻晚报》。在他的劝说下，他的弟弟哈罗德（Harold Harmsworth）离开了相对稳定的公务员岗位，这一决定非常正确，因为哈罗德恰好具备兄长所缺乏的组织能力和金融常识。于是，依靠着勇气、胆识和适当的粗俗，一个维多利亚晚期的出版帝国得以从无到有地建立起来。而这一切只是序曲，最主要的一幕还是关于《每日邮报》的。

今天的我们对于《每日邮报》已经非常熟悉，因此很难解释当它在 1896 年 5 月首次出现时，带给人们的新奇感及其令人震惊的价值。它开创的就是我们今天所谓的新闻业。它摒弃了逐字逐句报道枯燥无味的政治演讲的方式，采用第一人称单数，以"亲临现场"的方式进行报道。它所讲的故事很短，但引人注目。它喜欢争论，有意利用争议让人们感到愤怒，并就此展开讨论。当时的大多数报纸都是灰色的，排字密集，难以阅读，它的印刷则采用明亮的白色纸张，而且字词间的空间很大，视觉上非常舒服。

它的目标受众是被喋喋不休的政客（和索尔兹伯里侯爵）所忽视的"办公室小弟"，哈姆斯沃斯称他们为"忙碌的男人"——尽管哈姆斯沃斯坚持报刊也要有能吸引女性的颜值。他的报纸属于右翼，宣扬爱国主义，对进步持乐观态度。他要求记者去"解释－简化－澄清"，并且发明了如今广为人知的一句话："狗咬人不是新闻，人咬狗才是新闻。"他告诉另外一位新闻记者："最容易成为新闻的三个领域分别是健康、性和金钱。"总的来说，这至今仍然是正确的。他告诉早期《每日邮报》的编辑托马斯·马洛（Thomas Marlowe）"不能跪舔首相的靴子，我对那一类新闻有种天然的恐惧"，还有"长篇文章不适合发表，因为人们不会去阅读这样的文章，他们的注意力只能在很短的时间内保持集中"。哈姆斯沃斯风格不断变换的激进主义，引领了一场流行文化领域的革命，其带来的冲击堪比收音机和互联网。在广播出现之前，这就是新式民主之声。

哈姆斯沃斯有各种各样的销售绝招，从拼图到空中写作，从免费赠书到飞行奖励。布尔战争开始时，他的报纸从南非带回了惊心动魄的消息，与当局纠缠不清。它很早就开始使用照片，而且是大面积地经常使用；定价又便宜，只有竞争对手的一半。这一策略几乎立竿见影地取得了成功，使得哈姆斯沃斯在《每日邮报》出版的第二天就惊呼自己找到了一座金矿。

短短几年之内，《每日邮报》就已经成为英国人生活的一部分，以至于出现了关于它的音乐厅歌曲和笑话。也有人称之为"每日谎言"，哈姆斯沃斯则被称为"人类之敌"和"帝国毁灭者"。反过来，他也在回避建制，尽管他在 1905 年接受了贵族头衔，那时他是获得这一头衔的人中最年轻的。爱德华时代的政治精英不知道该如何应对哈姆斯沃斯以及以他为代表的"新型新闻业"。我们也许可以把这个人妖魔化，但不可能对他的所有读者都不理不睬，因为他们正是刚刚获得了选举权的新兴阶层。哈姆斯沃斯代表了英国一股新生的力量：粗鲁，不可预测，但处于上升的态势；而贵族们和"乡村政府"的势力则在下降。政治家们在私下里向他示好，却在公开场合谴责他——丘吉尔尤其如此。但是他们也已经意识到，流行的媒体比古老的政治新闻业重要得多。1908年，当哈姆斯沃斯买下《泰晤士报》时，这两者发生了碰撞。

这件事使得他成了英国最有权势的人物之一，最为关键的原因是，他不仅有手段，而且也有想要推动的议程。作为一个充满激情的大英帝国支持者，他很早就对德国的入侵进行了冷酷的预言。他可以说是一个特立独行的人，一个反对党派的右翼分子，相信技术的进步，埋头实干，没有时间关注议会和政治阶层。在 1914 年 7 月，哈姆斯沃斯和他的报纸同政治家们一样志得意满、毫无准备，但是一旦战争爆发，他满脑子都充斥着如何赢得战争的想法，而且他拥有遍布整个欧洲的情报网络，比任何大臣都更加消息灵通。因此，他与阿斯奎斯和基奇纳的冲突是不可避免的。

这场冲突非常严重，因为基奇纳藐视新闻记者，决心要打一场没有任何新闻报道的战争。早些时候，很多报纸都把记者派往前线，一些人带回了极为生动的故事。当克鲁克的第一集团军正面遭遇英国远征军时，这些记者就在现场，他们描述了从蒙斯撤退的过程以及战壕战的第一阶段，对读者毫不隐瞒。《每日邮报》的汉密尔顿·法伊夫（Hamilton Fyfe）阴郁地描述了筋疲力尽的士兵，在持续不断的轰炸中，他们却得不到战壕的保护。另一位记者沃德·普莱斯（G. Ward Price）目睹了兰斯大教堂遭遇的轰炸，报道了行进中的德军即使被砍倒依然继续向前的顽强勇气，还描述了遭到枪击的感觉。在国内，成立了保守党政治家史密斯（F. E. Smith）领导的新闻局，负责审查出版物，很快这一机构就被记者们称为"镇压局"。菲利普·吉布斯（Philip Gibbs）是当时最伟大的记者之一，为《每日电讯报》（*Daily Telegraph*）和《纪事报》（*Chronicle*）工作。他设法来到前线，进行了各种伪装，有时是勤务兵，有时是抬担架的，有时还冒充法国记者。很多人都采用了这种办法。吉布斯在试图带回自己的报道时曾经 5 次被捕。然而，报道还是得以传播出去，有的是通过美国的报纸，有的则要感谢那些天才的记者，他们把报道缝进帽子里，偷偷潜回伦敦。随后，基奇纳宣布，不允许记者出现在前线，否则将被枪毙。法伊夫被流放俄国。《每日邮报》在军队中很受欢迎，于是它开始印发士兵们写给家人的信件，这些信都是由士兵们的家人递交才得以发表的。

这是一次典型的军事思维和民主观念的对抗，在大战期间，这个问题难以解决。国内的人们对于前线的恶劣形势和伤亡状况知道得越多，士气崩溃的危险就越大。而且未加限制的报道还会令德国人通过藏身伦敦的间谍了解到关键信息。然而如果没有民众的支持，这场战争也不可能取得胜利，人们知道得越少，谣言传播的可能性就越大。例如当时有这样一个谣言，有人看到俄国军队已经在苏格兰登陆，靴子上还残留着冰雪的痕迹，他们正向着法国进军。随着时间的推移，随着大屠杀的增多，官方的报道同信件及归国伤兵的描述差距越来越大，这样反而会比真实的报道引发更多愤怒与失望情绪。基奇纳在战争爆发之前是埃及地区的独裁者，对于战争期间人们对议会民主制的需求毫无概念。有趣的是，尽管德国在很多方面比战时的英国更加独裁、管制更严，但是其军队对媒体的态度却更为开放，包括那些中立国家的媒体，所以有时候反而更容易从敌人那里得知究竟发生了什么。

最终，基奇纳妥协了，允许一小部分官方认可的记者来到前线后方的英军指挥部。这些记者做出了一些非常精彩的报道，例如菲利普·吉布斯对于第一场伊普尔战役停战间歇时战壕生活的描述，那时正在下雨：

在战壕中，他们站在水里，周围都是软软的泥土构成的墙面，士兵们的腿开始腐烂，因为冻伤而变黑，直到很多人因为肺炎和支气管炎被抬走，直到所有人都被冻得瑟瑟发抖，就像湿漉漉的稻草人一样，身上涂满了烂泥。这些来自干净家庭的体面的英国绅士，曾经是漫步于蓓尔美尔街道甜美背阴处的花花公子，完美无瑕，如他们的薰衣草羔羊皮手套一样芳香，如今却浑身虱子，在地上爬行。他们遭受着蚊虫的叮咬，浑身瘙痒难耐。[1]

战争诗人并不是唯一向公众描述真实战争状况的人群。对于现代人来说，吉布斯的文章似乎不可思议地活泼，然而他日复一日发回的关于索姆河战役的报道清晰表明，无论胜利与否，英国人必须顶着死神镰刀般的机枪扫射发起冲锋，地上很快便布满尸体；而德国人非但没有因

---

[1] Philip Gibbs, *The War Dispatches*, Anthony Gibbs & Philips Ltd, 1964.

为轰炸而沮丧，反而展现出巨大的勇气。他还报道说，被俘的德军士兵声称 10 年之内还要和英国人再打一场。这并不是在简单地散布传说。"一战"不是英国新闻事业发展的最好时期。任何一场令国家牵涉如此之深的战争，都不可能产生特别大胆或批评性的报道。但是冒着报社被关闭、记者被逮捕的危险，在沉重的负担下工作时，许多报纸的反应都值得称颂。政治家们也许会发怒，但是如果他们想要生存，就离不开媒体。有两个人预见到了这一点。其中一位是丘吉尔，尽管他还在学习与媒体打交道的技巧；另外一位是他的上司劳合·乔治。然而在他们重新崛起之前，一个在战前几乎毁灭了他们的问题在英国再度凸显，那就是爱尔兰问题。

自残酷而生的希望

——

1916 年那场悲惨、英勇却无力的复活节起义的故事，几乎可以从任何地方开始讲起：芬尼亚兄弟会在美国募集资金，爱尔兰共和兄弟会的建立，甚至发生在德国的事件。但既然这是对帝国理念的反叛，我们当然也可以从远离欧洲的地方开始。1890 年，在比属刚果潮湿的中心地带一个叫马塔迪的肮脏小镇上的瓦楞铁棚屋里，两个白人会面了。他们都身材修长、留着胡须，也都非常激动。在他们周围尽是冒险家、酒鬼、虐待狂、妓女和亡命之徒，希望通过屠杀大象、获取象牙发家致富。伟大的约瑟夫·康拉德（Joseph Conrad）遇见了一位英国领事官员罗杰·凯斯门特（Roger Casement）爵士，这位官员的故事丝毫不逊于康拉德小说中的任何人物，而这位小说家的著作《黑暗之心》（*Heart of Darkness*）将会成为英文小说中对殖民主义罪恶的最有力的谴责。康拉德发现自己的同伴聪明且富有同情心。两人在一起畅谈了 10 天。后来，当他们在伦敦再次相遇时，康拉德这样形容自己的新朋友：这位帝国官员"可以告诉我们很多事情，那些我们试图忘记的事，那些我们根本不知道的事"。在爱德华时代的早期，康拉德和凯斯门特是站在同一阵线的，都渴望正义。

凯斯门特和一位热衷于收集人头的比利时官员一起旅行。他看到了当地的居民按照命令采集橡胶，还会遭到殴打、截肢和屠戮。他徒步旅行，带着斗牛犬深入丛林，收集记录暴行的第一手资料。他租了一艘铁皮汽船，航行到内陆深处，亲眼见证黑暗。他还学会了当地人的语言。他没完没了地用怒不可遏的信件轰炸外交部，揭露贪婪的白人对手无寸铁的黑人的残暴行径。在国内，另一位作家福特·马多克斯·福特（Ford Madox Ford）这样描述他的所作所为："我亲眼见到了凯斯门特爵士偷运出来的刚果儿童的手脚，这都是因为孩子的父母未能按照限额上交橡胶和象牙，而被刚果自由邦的官员砍断的。"甚至康拉德都在怀疑这件事情的真实性，但事实证明康拉德错了。凯斯门特也给比利时官员写信，预言他们的统治只会导致当地人近乎灭绝，对整个地区造成整体性的破坏。后来这个预言不幸应验了，刚果变成了无法无天、几近荒芜、与世隔绝之地。凯斯门特不是一个普通的帝国官员。他有着不太稳固的官方背景：1904 年他关于比属刚果暴行的《凯斯门特报告》是由政府主导的，震惊了世界各地的民众。

凯斯门特的活动促使他开始资助并暗中支持爱德华时代英国最活跃的激进组织之一——刚果改革协会（Congo Reform Association）。

它的组织者是曾做过装运工、具有一半法国血统的年轻激进分子莫雷尔（Edmund Morel）。很多英国人对比利时国王利奥波德（Leopold）在非洲的私人封地做出强迫劳动和没收财产的行径感到大为不满，[①]他们之中包括贵族，柯南·道尔（Conan Doyle）和高尔斯华绥（John Galsworthy）等著名作家，坎特伯雷的大主教，许多议员，慈善的商人，还有退休的殖民地官员。他们给比利时国王制造了足够的舆论，使得他成为《笨拙》杂志中一个令人憎恨的形象，并且把影响扩展到了美国。更为重要的是，《凯斯门特报告》最终被比利时议会接受，议员们开始采取行动把刚果置于比利时的正规统治之下，摆脱国王的私人控制。1913 年，刚果改革协会解散，此时刚果已经进行了宪政改革和一系列其他改革，足以使协会宣称至少取得了暂时的胜利。凯斯门特转向了下一个问题。1906 年，他前往巴西，然后又到了秘鲁，在那里为同样受到橡胶种植园主残忍奴役的当地人开展运动。他在英国建立了反奴隶制协会（Anti-Slavery Society），并且和在刚果一样，取得了某种程度上的真正的胜利。1912 年从领事馆退休时，他已经获得了勋章，成为一位受人尊敬的知名人物，与众多政治家和作家建立了联系。他很激进，但是一个建制内的激进分子。然而，还有其他一些关于凯斯门特的事情，使人们对他的记忆产生了改变，彻底颠覆了他留给民众的印象。

凯斯门特和康拉德一样，都不是英国人。他是爱尔兰人，父亲是一名典型的帝国战士，曾经是第一次阿富汗战役中的龙骑兵；母亲则是一个都柏林人，是天主教徒。凯斯门特就出生在都柏林的郊外。他的父母很早就去世了，他是被住在阿尔斯特的亲戚抚养长大的，始终认为自己是一个爱尔兰人。我们已经讲到，1912—1914 年的事件如何撕裂了爱

---

① 完整故事见 Adam Hochschild, *King Leopold's Ghost*, Macmillan, 1999。

尔兰，迫使成千上万的人开始重新思考自己应该向何处效忠。凯斯门特加入了爱尔兰志愿军，这是一个支持地方自治的组织，旨在对抗卡森领导下的阿尔斯特志愿军。他在非洲和南美洲的经历使得他成为坚定的帝国主义批判者，那是不同寻常的。更不寻常的是，他有意识地将英国在爱尔兰的不公正统治与英国在非洲、埃及和印度的不公正统治进行了类比。他坚信，爱尔兰人是"欧洲的白人奴隶种族"。1914 年，凯斯门特来到美国，试图通过那旦的芬尼亚兄弟会为爱尔兰起义募集资金。而在战争打响后，他认为，爱尔兰要想获得解放，只能寻求德国的帮助。敌人的敌人就是朋友。他乘船返回欧洲，来到了柏林。1914 年 11 月，他说服德国皇帝的手下宣布："德国在任何情况下都不会入侵爱尔兰，征服或推翻该国的任何本土机构。德国并不追求那样的目标，假如这场大战的命运将德军引向了爱尔兰海岸，他们也不会是劫掠和摧毁爱尔兰的入侵者，而是一个怀有良好愿望的政府的军队。"

对于凯斯门特来说，这一点非常重要，因为他坚信德国人一定会获胜，因此能够给予爱尔兰未来。在都柏林，爱尔兰共和兄弟会的领导人在战争刚开始时就已经认定，他们最好的机会是在德国的帮助下于某个时刻进行起义。他们逐渐渗透到爱尔兰志愿军和其他机构中，准备进行一场血腥的反抗。这至少能够迫使英国政府从法国撤军，从而加速英国的失败。他们也很快通过瑞士与柏林方面进行了接触。与此同时，凯斯门特试图在德国招募被俘的爱尔兰兵团成员，这些人都是自愿选择为英国而战的。凯斯门特试图把他们组织成"爱尔兰旅"，效仿 12 年前和布尔人一起反抗英国人的'300 壮士'。但他的提议被大多数俘虏嗤之以鼻。在林贝格战俘营，他遭到踢打和推搡，人们还问他做这件事收了德国人多少钱。在数千人中，只有几百人报名参与，穿上了铁灰色的束腰外衣，戴上了竖琴和三叶草的徽章。甚至德国人也没有被他强烈的反殖民主义观点打动，他坚持会见德国总理贝特曼·霍尔维格（Theobald von Bethmann-Hollweg），要求德方提供约 10 万支步枪，还要提供人员和弹药，以准备起义。问题在于，什么时候发动起义呢？在柏林时，凯斯门特对于爱尔兰共和兄弟会策划的小阴谋一无所知——那些人已经决定在 1916 年的复活节宣布建立共和国。

爱尔兰共和兄弟会近来与社会主义者詹姆斯·康诺利结成了联盟，开始大规模地劝说更多温和的爱尔兰志愿军加入起义的队伍，而凯斯门特很晚才得知这一计划。尽管德国人密切关注着战前的爱尔兰危机，但是其军事领导人并不怎么相信起义能够取得成功。在柏林的萨松那旅馆，凯斯门特给他的组织者格奥尔格·冯·韦德尔（Georg von Wedel）伯爵写了一连串越来越绝望的信件，坚持认为没有足够的军队和火力，任何起义都注定面临失败的结局。

他很快意识到自己现在进退两难：德国同意提供 2 万支步枪和只够激战一两天的弹药。如果他表示接受，就要返回爱尔兰参与一项注定是灾难性的行动；如果他退缩了，则会被视为懦夫。他给伯爵写信说道："任何人都不会面临我这样的困境。无论我做什么，必然都是错误的。我作为一个爱尔兰民族主义者的本能是，无论同胞们采取任何计划，我都要与他们在一起，即便那计划有勇无谋。"他与几个同伴乘坐 U 型潜艇回国，而 2 万支步枪和少量机枪则由另一艘伪装成挪威船只的德国货船运输。由于英国海军部情报破译人员的努力，这艘货船被拦截并击毁了。后来，通过罗马教廷发送的来自德国的信息，还有一个保护凯斯门特的牧师的声明，可以清晰地看出凯斯门特曾试图阻止起义，他并不是这次起义的领导者。在特拉利湾乘坐橡皮艇登岸之后，他正沉醉在"樱草、野生紫罗兰和云雀的歌声"中，就立刻被抓住了。他的口袋里仍然留有在德国乘坐火车到达 U 型潜艇基地的票根，于是被控叛国和蓄意破坏，然后被带到了伦敦。

曾经短暂保护过他的牧师、特拉利的赖安（Ryan）神父，适时地警告了起义的领导人，德国不会出兵。但起义者还是执意继续执行计划。至少，有些人的看法和凯斯门特不同。这些人非常勇敢，但同时也是空想家和狂热分子。奇怪的是，他们很多人都同英格兰和苏格兰有着千丝万缕的联系。詹姆斯·康诺利是一个留着大胡子的社会主义者，在爱丁堡出生，父母都是爱尔兰人，他先是供职于该市的晚报，然后加入了英国军队。他后来回到苏格兰，又在将近30岁时定居都柏林。汤姆·克拉克（Tom Clarke）是爱尔兰共和兄弟会的核心人员，他是一个英国陆军中士的儿子，曾因试图炸毁伦敦桥被捕入狱，后来以都柏林烟草商的身份谋生。埃蒙·德·瓦勒拉（Eamon de Valera）是后来的爱尔兰总统，他出生于美国，母亲是爱尔兰人，父亲是古巴人。他2岁就被带到了爱尔兰，在那里接受教育，后来成为一名教师，并成为凯尔特复兴的热情支持者。约瑟夫·普伦基特（Joseph Plunkett）前往德国寻找武装力量，并且制订了起义的军事计划。他出生于爱尔兰，在爱尔兰接受教育，但在兰开夏郡的斯托尼赫斯特学院（Stonyhurst College）接受了第一次军事训练。发布宣言的帕德雷格·皮尔斯（Padraig Pearse），父亲是英国人，是一个伯明翰的石匠。他通过学习爱尔兰的语言和文化成为一个坚定的民族主义者，建立了一所双语学校。他的民族主义极为病态，以殉道为追求，在战争开始之后，他呼吁爱国便要流血："做这样的事情将使世界变得更加美好。地球的心脏需要战场上的红酒来温暖，这种对于上帝的庄严献忠是前所未有的。"

这是一种流血牺牲的语言，和那些去往法国的年轻爱国者所写的更加阴郁的诗句没什么两样。爱尔兰共和兄弟会的成员在收集子弹之际，就知道成功的希望非常渺茫。真正的起义需要火炮、大量机枪和德国士兵——按照凯斯门特的计算，至少需要 2.5 万名德国士兵。更糟的是，叛军需要大量人员，而爱尔兰志愿军的官方领导人并不知道爱尔兰共和兄弟会对他们组织的渗透，因此不赞成起义。在相互矛盾的命令带来的混乱之中，实际上只有 1 600 人真正参加了起义，大部分战斗都局限于都柏林中心地带。爱尔兰共和兄弟会的知识分子、训练良好但装备不足的爱尔兰志愿军、康诺利公民部队的几百名都柏林工人（这支公民部队成立于 1913 年，原本是出于工厂大停业之后保护工会成员的需要而建立的），组合成了一支混杂的军队，攻占了邮政总局、法院、一家饼干厂和其他重要目标，然而一旦大规模的英国军队到来，他们根本没有坚守的希望。这本应是一场直击帝国心脏地带的严肃起义，却很快被重新定义为一种宣告荣誉的姿态。也许，通过宣布爱尔兰成立共和国并献出自己的生命，叛乱分子将彻底改变爱尔兰的政治格局，使其在战后不可避免地脱离英国。

　　反过来，如果英国做出符合逻辑的反应，也很难想象会发生这一切。既然事先已经通过泄露的德国密码了解到了复活节即将发生的事情，那么可以想见，当局可能已经准备好在叛乱开始前就将之平息。但情况完全不是这样。令人震惊的是，尽管有志愿军正在训练的明显证据，有被截获的密码，有对凯斯门特的逮捕，叛军仍然轻而易举地占据了自己的目标，那些地点毫无防备。整个地区只有大约 1 200 名英国士兵，没有一人位于都柏林中心地带。还有人可能会想，因为在法国吸取了惨痛教训，英国军队会展开有效的反击。然而，事实同样并非如此。士兵们冲向防守严密的沙袋掩体，然后像在佛兰德斯一样，很快就被成批打倒了：在一次交火中，12 名爱尔兰志愿军就打死打伤了大量英国士兵。炮兵部队准头太差，以至于被英军认定为叛军，对准他们开枪还击。康诺利负伤后仍坚持在病床上指挥战斗，把病床从一个地方挪到另一个地方，在皮尔斯宣布建立共和国之际，这一做法大大鼓舞了民众的士气。但是，一旦主力增援部队抵达，英军炮兵将叛军的司令部置于射程之内，结局很快就显现出来。1916 年 4 月 29 日，也就是叛乱开始后的第 5 天，皮尔斯下令投降。英国方面牺牲了 132 名警察和士兵，爱尔兰共和军方面则有 64 名战士和近 250 名平民死亡。

即使到了这个阶段，这也只是一次小规模的叛乱，相对而言很快就得到了控制。它看起来并没有像其领导人所希望的那样，成为点燃爱尔兰独立的导火索。相比 1 600 名叛军，1916 年有大约 15 万爱尔兰人自愿在佛兰德斯为大英帝国而战，而报纸和人群的嘘声也反映了爱尔兰人对共和国的敌对态度。我们已经讲到了一些爱尔兰共和国领导人，也应该记住那些走相反道路的人。以英国最具天分的画家之一威廉·奥宾（William Orpen）为例。他下唇较长，喜欢摆造型，所以在自画像里，他看起来有点像后来的喜剧演员肯尼斯·威廉姆斯（Kenneth Williams）。1914 年，他已经是一个广受欢迎的肖像画家了，接下来还会为丘吉尔、陆军元帅黑格、法国指挥官福煦（Ferdinand Foch），还有一大批富有的贵族阶层或员作画。但他同时也是一个爱尔兰人，12 岁进入都柏林艺术学校，开始了艺术生涯。他支持爱尔兰自治的领导人，为他们画像，1913 年还曾目睹民族主义者将枪支运进霍斯。他也支持拉金领导下的都柏林运输工人罢工。在那些与他立场一致的人中，有一位名叫格雷斯·吉福德（Grace Gifford）的美丽的爱尔兰画家，奥宾是在斯莱德遇到她的，并将她视为"年轻的爱尔兰"的象征。后来，她嫁给了一位起义的领导人，时间就在此人被处决的前一天晚上，她自己也入狱了。于是，奥宾和其他人一样，在战争来临之际面临着个人的思想斗争。另一位爱尔兰画家肖恩·基廷（Sean Keating）后来成为共和国的名人，他请求奥宾离开伦敦回到爱尔兰。基廷对奥宾说："离开吧，这一切你根本不信。"但奥宾的回答是："求你了，我所拥有的一切都应该归功于英格兰，是英国人给了我赞赏和金钱。这是他们的战争，我已经应征了。我不会参与战斗，但是我将竭尽所能。"基廷悲伤地记述道，于是发生了接下来的一切，"战壕战的恐怖、榆木脑袋的将军、政治上的骗子和富有的美国人，最终（对于奥宾来说）是每天两瓶威士忌、失忆，在 52 岁时去世"。[1]

然而这一切也使得奥宾成为盟军战线上最优秀的艺术家，他以传统手法绘制的战壕战的精彩画面，要比现代主义和立体主义那些更著名的描绘炮弹爆炸的作品更加令人不安。在奥宾的画作中，你能看到发黄的德军尸体，一个遭到强奸的女人发了疯，一个士兵一丝不挂地站着，因为他的制服被炮弹炸飞了。你可以看到阳光下的伤痛和恐惧。战争结束时，奥宾痛恨政治家，嘲讽地把他们称为"穿长袍的"。但他随后还是被委任绘制战胜国领导人签署《凡尔赛条约》的官方画面。这是一幅颇有纪念意义的画作，在镜厅的巨大宫殿里，这些领导人看起来异常渺小，从艺术家的角度而言，这也不算是错误。正如他所说的，在那里找不到尊严："人们交谈，彼此开着玩笑……这些'穿长袍的'赢得了战争！这些'穿长袍的'签署了和平条约！军队被遗忘了，一些人死后被遗忘，其他人受伤后被遗忘，还有一些人仍然活得好好的，但是也已经被遗忘了。"[2]奥宾只是那些描述战争事实的最伟大的艺术家之中的一个——他的朋友威廉·尼克尔森为加拿大的将军们绘制了同样残酷的官方肖像，将军们站在一幅放大的残破街景的照片前；萨金特画了《毒气战》（*Gassed*），展示了一队盲人在废墟中蹒跚前行；斯坦利·斯宾塞

---

[1] Sean Keating, 'William Orpen, A Tribute', in *Ireland Today,* quoted in Bruce Arnold, *Orpen, Mirror to an Age,* Hamish Hamilton, 1983.

[2] William Orpen, *An Onlooker in France, 1917–1919*, BiblioBazaar LLC, 2008.

（Stanley Spencer）所画的军队医院是其最好的作品之一。但是，如果奥宾没有选择英国和战争作为自己的责任，那么我们对这场战争的理解将会少一些。我们欠他很多。在做出选择的过程中，他并不是一个人。叶芝（William Yeats）的诗歌歌颂了"爱尔兰飞行员"之死，和奥宾一样，这位飞行员也是来自斯莱德的一名艺术生。当战斗真正发生的时候，古老的爱尔兰仇怨似乎已经瓦解了。阿尔斯特志愿军和天主教的民族主义者，更不要说沼泽地里的"叛变者"，都停止了争斗，肩并肩地牺牲。

所有这些都被英国人的愚蠢浪费掉了。他们忽略了最初的情报，没能迅速阻止起义，现在当局又继续犯下了最严重的错误。新芬党（Sinn Fein）并没有卷入起义。然而，所有"危险的新芬党人"都遭到了军队和警察的围捕，有超过 3 500 人被捕。许多参与起义的人被军事法庭以叛国罪审判，90 人被判处死刑，实际被枪决的有 15 人，除 1 人外都是在都柏林古老的凯勒梅塞监狱执行的。康诺利受伤严重，不得不被绑在椅子上执行死刑。普伦基特在监狱里与奥宾的灵感女神结婚。这些人和其他人的枪决都是在监狱的采石场里秘密执行的，恐怖的气氛不仅被英国的主教和国会议员感受到了，也被美国的芬尼亚会员和罗马教廷感受到了。按照一位主教的描述，鲜血仿佛从监狱的大门下渗了出来。还有其他 1 500 人被送进了集中营，那里成了爱尔兰革命的温床。杀戮导致爱尔兰的舆论转向，把那些曾被认为处于边缘的失败者变成了烈士。新芬党本来没有参与起义，但是从此转变为争取全面独立的核心政党，在战争结束时赢得了大量选票。

凯斯门特怎样了呢？他的审判并不像当局希望的那样顺利。作为英国人，他肯定是个叛徒，他自己也承认这一点。他对德国的信念消失了，现在把他们称为注定失败的"无赖"。《叛国法案》并不适用于在德国犯下的罪行，但是为了凯斯门特，法案被仔细地重新解读——后来人们说他是"被一个逗号绞死的"。众多著名作家领导了一场争取宽大处理的运动，他们包括阿瑟·柯南·道尔爵士、阿诺德·本涅特、切斯特顿（G. K. Chesterton）和约翰·高尔斯华绥。萧伯纳私下里写了信，叶芝则写信给阿斯奎斯。坎特伯雷大主教回想起了刚果的运动，去面见了内政大臣。那么康拉德呢？他出于爱国感情而对凯斯门特表示厌恶。他告诉一名美国律师，自己最后一次看到凯斯门特这个人是在斯特兰，当时"他比以往任何时候都要憔悴，眼睛几乎深陷到了脑袋里。他曾是一个好伙伴；但在非洲的时候，我就对这个人做出了判断，确切地说，这是一个缺乏头脑的人。我并不是说他愚蠢，我的意思是他很情绪化"。相比他之前写给凯斯门特的信件，这么说实在不够朋友，也许是出于胆小懦弱吧。与此同时，凯斯门特逃离绞索的希望，都被手写稿的照片、伦敦俱乐部里震惊的低语、议会还有报社毁掉了。在他战前租住的伊伯里街的房间里，警察发现了凯斯门特的日记。

凯斯门特一直是个同性恋，他为此感到非常困扰，因为其他被发现的人都受到了羞辱，或者干脆自杀了。他有一本公开的日记，同时还有一本"黑暗的日记"，描述了自己的性经历。这些都落入了英国特工之手。内政部开始运作，这些内容被送到了阿斯奎斯那里，大主教和美国大使也被告知了此事，报社编辑们听取了简报。凯斯门特的支持者们悄悄地互使眼色。关于这些日记是不是伪造的，长期以来一直存在争论，但是最近的研究显示，它们都是真实的。凯斯门特可能从来都不知道在牢房之外究竟发生了什么，但具有讽刺意味的是，这个一生中充斥着解释和主张的人，却因自己的笔迹被终结了生命。他向上议院提出的诉求必须经过检察总长的批准，而检察总长正是那位曾经为支持早期的非法橙色叛乱做了很多工作的史密斯先生。一切都没能拯救凯斯门特，他仍将如期走上绞刑架，刽子手评论说，他是"不幸落入我手中的众多犯人中最勇敢的一个"。

在死前，凯斯门特在被告席上发表了热情洋溢的演讲，否定了英国法庭具有审判他的权力，希望阿尔斯特和爱尔兰其余地区能够达成和解。随后，他就每个人的自治权利发表了一番必然会流传于世的宣言：

我们被起诉犯了罪，要作为谋杀犯被枪决、作为罪人被送进监狱，而我们的罪行仅仅是因为对爱尔兰的热爱超过了对于自身生命价值的热爱。我并不认为赋予勇敢的人们以自治权是一种美德。自治是我们与生俱来的权利，而不是一件被施舍或者能够被别人夺走的东西，就像生存的权利一样，就像感受阳光、闻花香或爱同类的权利一样。如果我们没有权利反抗这种任何野蛮部落都无法忍受的状态，那么我可以确定地说，作为一个人，与其生活在现在的这种权利状态下，毫无权利地战斗或者死亡是更好的选择。

这篇演讲也许言过其实，但在随后的数年里却一直在引发反响和共鸣，影响着其他大英帝国的反对者。威尔弗雷德·斯科恩·布伦特（Wilfred Scawen Blunt）发现它"比普鲁塔克（Plutarch）的所有作品都要好"。伦敦的一位年轻、敏感的实习律师认为它"非常雄辩，非常感人"。他就是贾瓦哈拉尔·尼赫鲁（Jawaharlal Nehru），终有一天，他会领导大英帝国中更大的一部分走向独立。[1]凯斯门特被埋葬在本顿维尔监狱，墓穴里填满了生石灰。最终，他的遗体在 1965 年被运回爱尔兰，举行了大型国葬，年迈的德·瓦勒拉（de Valera）也参加了葬礼。正是

---

[1] Frank Moraes, *Jawaharlal Nehru*, Macmillan, 1956.

由于英国政府的死刑判决，凯斯门特的事业一路硝烟弥漫，逼近了内战的边缘。

劳合·乔治接管英国

——

  劳合·乔治能够成为英国首相，似乎是现代政治史上最不可能成真的神话。他曾经是一个天然的激进民主主义者，专找富人的麻烦，在布尔战争期间反对军事帝国主义，还是阿尔斯特统一派及其英国保守党盟友最为痛恨的人。然而他却成了战时领导人，演讲中充斥着浓浓的火药味和爱国主义的抗争，掌握着近乎独裁的权力，受到曾经是政敌的博纳·劳、统一派领袖卡森还有米尔纳的支持。他的所作所为摧毁了自由党，导致其分裂为劳合·乔治派和阿斯奎斯派，还确保了战争时期没有出现真正的中左派政党——当时的工党还只是个脆弱的婴儿。战前，他是对于进步政治最为热衷的英国政治家，战后则成了保守政治最有力的确保者。他是水银和烟雾，是闪光和清漆。关于他崛起的秘密，有很多线索可以追寻。他一直是个局外人，并不是自由党时代的英国权力网络的一部分，对于自由党的哲学基础不感兴趣，就如同后来工党的托尼·布莱尔（Tony Blair）厌烦社会主义意识形态一样。他更相信自己的力量，相信实际的作为。他越来越倾向于白手起家、"积极进取"的商业人士，而不是忠实的政党支持者和其他议员。他的力量来自积极的自我投射，来自他与数百万投票者建立起来的近乎亲密的关系，更重要的是，来自他那令人震惊的行动热情。在阿斯奎斯时期，英国拥有和其领导人一样具备哲学思维的议员们，这位领导人的信条是"静观其变"。在和平时期，这是一种完全合理的策略，可以让问题自行得到解决。但是在1916年，英国需要更加前卫的领导者，需要一个具备一打恶魔的能量和一打愤怒天使的巧舌的人。这样的人当然有缺点。例如，劳合·乔治就是这样的人，他腐败、好色、无所顾忌。但这样的人也万里挑一，十分难得。

对劳合·乔治来说，阿斯奎斯联合政府带来的直接影响就是当时政治上最困难的工作被交到了他的手里：军火供应。这项工作听起来很乏味。但在英国所经历的第一次工业化战争期间，这项工作意味着在劳动力和资本的大部分领域都要采取革命性的行动。他不得不处理全国各地爆发的劳资纠纷，因为工会成员反对引进既无资质又无经验的工人来弥补征兵引发的劳动力不足，将之称为"稀释"。这就意味着需要对新工人进行更多培训，指定新的薪酬协议，引入更节省人力的机器。他必须推进引入女工这一敏感的计划。他必须整合那些小型工厂的零散网络，使其成为高效生产枪支、弹药、汽车、飞机、船只和发动机的单一系统。他必须重组运输系统。他必须寻找合适的方法，使军火生产企业的工人工作更加努力和高效，因此要安排他们的食宿问题。他还必须在形势最惨淡的时候，以名义上的领袖阿斯奎斯无法做到的方式鼓舞、激发、领导一切。

这并不容易，也并不顺利。劳合·乔治来到了克莱德，在那里，包括一些真正的革命分子在内的社会主义者们在造船厂工人之中具有很大的影响力，那里还爆发了反对贪婪的私人房东的租金罢工。人们群情激昂，而他的处境非常艰难。他最终逮捕并监禁了克莱德工人委员会的领导人。但是，在西博姆·朗特里的再一次影响下，他也开始为军火生产企业的工人和家属提供更多福利，结果他领导的新部门变成了一架更为雄心勃勃的社会改革机器，完全超出了战前政治所能想象的程度。该部门建成了1.15万座公寓，还提供了两倍于此的租住用房，为工厂建造了900座食堂，能够容纳100万人就餐。政府的官方历史记录了一些该部门考虑过的福利举措，包括给炸药工人提供奶牛以供应牛奶，决定"把可可和牛奶作为这类工人的饮料；关注工人的牛脂布丁中所含的热量；购买曲棍球球棍和拳击手套；建造秋千；购买花种；为孩子们建立游戏中心，满足男孩们对假日营地的要求；确定每个工人所需的洗涤槽面积；解决电车过度拥挤问题，设置渡船；增加租住房中的各种设施，小到平底锅和脚垫"，等等。劳合·乔治自己也在反复思索这样一个事实，大规模杀伤性武器的制造反而让工业变得更加人性化了，如果要寻找现代福利国家的真正起源，那么就应当追溯到他在1916年所做的这一切。

他在这个岗位上只干了一年多的时间。当他离开时，以重机枪的制造为例，产量提高了1 200个百分点，运往军队的效率是以前的94倍。[1] 在他刚刚上任时，完成中等炮弹的生产要花一年，到了1916年7月，这一时间缩短到了11天，重磅炮弹的生产速度还要更快一些。当有人告诉他基奇纳认为英军每个营需要4支机枪的时候，劳合·乔治的回答是："用基奇纳给出的最大值，算出其平方，结果乘以2，然后最好再翻个倍。"虽然这是对实际成就的一种夸大，但军队的确得到了所需的全部机枪。他们还找到了装填炮弹的新方法，并订购了曾经被陆军部拒绝的新式迫击炮，事实证明这些迫击炮非常有效。尽管在整个战争期间，罢工仍在继续，但政府同工会和劳工领袖达成了新的协议。到战争末期，已有300万名工人处在政府部门的直接控制之下。这是一种自

---

① 所有内容均参见 John Grigg, *Lloyd George: The People's Champion*, HarperCollins, 1997。

由党的斯大林主义，仍能够持续获得利润，而且更加高效。功劳并不都是劳合·乔治一个人的。他雇佣和激励了一些非常杰出的商人，而且有些创新也是必然要发生的。但是这的确是英国对于战时经济的初次尝试。它是自由党曾经倡导的经济放任思想的对立面。这充分显示出，精力充沛、乐于打破陈规的领导人能够做出何等成就。这也使得劳合·乔治成了一名英雄，不是威尔士的不从国教者的英雄，也不是左派的英雄，而是咄咄逼人的主战派英雄，而他似乎越来越像是主战派的领导人了。

如果战况理想一些，阿斯奎斯也许能够抵挡住劳合·乔治的疯狂力量，但此时正值英国最艰难的岁月。沙皇的军队陷入了可怕的困境。卢斯战役只是又一场徒劳无益的大屠杀，以至于 1915 年 12 月，约翰·弗伦奇伯爵被道格拉斯·黑格伯爵取代。征兵制度终于出台，但是形式拙劣，引发了很多怒气，因为很多已婚男人反而先于单身汉被招募。1916 年 2 月，德国开始进攻法国的凡尔登要塞。在一年的大部分时间里，战斗都在这里进行。这是一场意在榨干法国军队鲜血的战争，而且几乎取得了成功。卡森从政府辞职以抗议政府的碌碌无为。随后到来的是都柏林的复活节起义，彻底震惊了整个伦敦。随后，坏消息接踵而至，有来自达达尼尔海峡的，还有来自巴尔干半岛地区的，一支英国军队在希腊的萨洛尼卡登陆，却因为盟友塞尔维亚和罗马尼亚的失败而陷入困境，毫无用武之地。紧随其后的是"索姆河的绞肉机"，这是凡尔登战役的直接后果，很难被视为一场胜利。阿斯奎斯的权力逐渐萎缩，其他大臣对他颤抖的双手、下垂的脸颊、水汪汪的眼睛和抽搐的面容议论纷纷——劳合·乔治的行情看涨。

他在密谋吗？答案是肯定的。他不会停止，就像野兔不会停止跳跃一样。他已经成为哈姆斯沃斯所欣赏的人物，这的确对他有所帮助，但是更常见的是，报纸开始吹捧他，其所作所为甚至戳破了阿斯奎斯一贯坚不可摧、不为所动的外表。在写给维尼夏的一封信中，阿斯奎斯描写了一次返回唐宁街的抑郁漫步："我有时也在想，北岩和他那些讨厌的员工或许是对的——无论世界上的其他人怎么说，我即使不是个骗子，至少也是个失败者，是个真正的傻瓜。真正的考验究竟是什么呢？"与此同时，有人劝告劳合·乔治事情不能这样继续下去了。如果他真的想接手一个有效率的联合政权的话，就需要对立的统一派的全力支持。他还开始与博纳·劳建立一种稳定而牢固的关系——他们曾经是高尔夫球球友。在基奇纳死于沉船事故（北岩认为这是大英帝国历史上最大的幸运）之后，统一派领导人和劳合·乔治为争夺陆军大臣的位子开始了激辩。最终博纳·劳表示让贤，这十分符合他的性格，所以当阿斯奎斯面对已经达成的协议时，只得顺势把这一职位交给了劳合·乔治。博纳·劳后来也面临辞职，但最终接受了晋升，虽然这个新职位没什么实权。

1916 年秋天，最后的一场交锋终结了阿斯奎斯的政治生涯，这场交锋中的核心问题是现代政治家应该如何打一场现代战争。阿斯奎斯的战争委员会过于庞大，反应不灵。他仍然在坚守旧的行为方式：在乡村度过漫长的周末，给女性朋友写下冗长的信件，毫不掩饰对纸牌和闲言碎语的喜爱。当然，他仍是一个极为聪明的人，在很多方面比劳合·乔治更加具有吸引力，对生活的理解也更深刻、更丰富。但是他已经落后于时代了。劳合·乔治希望的是把战局控制在一小部分人的手里，让英国政坛对一场战争倾注前所未有的关注和掌控力，这对于英国政府来说是空前的，无论是对战争还是其他任何事情。博纳·劳同意这种做法，阿斯奎斯则表示反对。1916 年 9 月，他的长子死于另一次屠杀式的进攻，这件事使他遭受了重大打击。有时会有人提出，那些操控战争的人脱离了成千上万封发回家的电报和信件所带来的残酷现实，但阿斯奎斯失去了一个儿子这件事并不特别。博纳·劳同时失去了大儿子和二儿子——吉姆和查理。众所周知，他的朋友吉卜林失去了儿子杰克。劳合·乔治同样担心自己在战场上的儿子们，当他去看望一位法国朋友头部受伤的儿子时，被吓坏了。那个年轻人头部中弹，痛苦地死去，这件事情使他几乎崩溃。北岩家族也失去了几个男孩。那些试图让自己的孩子远离战争的贵族、大亨和政客被人们避之唯恐不及。

说回阿斯奎斯。传媒大亨刺出了第一刀，他告诉旗下《每日邮报》的编辑："找一张劳合·乔治微笑的照片，下面标注'现在就干'；然后再找一张阿斯奎斯最糟糕的照片，下面标注'静观其变'。"然后，他下令从现在开始，"政府"这个词在使用时必须加引号，同时撰写了一篇社论，指责"政府"是由"23 个永远拿不定主意的人"组成的。更妙的是，他写了一个简单的标题：阿斯奎斯——一个死守岗位的人。今日那些抱怨被媒体粗暴对待的政治家可以学学历史。保守党领导人博纳·劳在经过一次罕为人知的议会斗争后，意识到本党议员对于自己的领导越来越不满，对阿斯奎斯的执政风格也已经忍无可忍了。博纳·劳以未来的新闻大亨马克斯韦尔·艾特肯男爵为中间人，决心与劳合·乔治联手。形势非常明朗，不仅仅是伤痕累累的阿斯奎斯，还有大部分与他有关的爱德华时代自由党的古老圈子，都注定要退场了。取代他们的政府由少数支持劳合·乔治的自由党人、零散的工党，以及大多数自 1906 年便远离了政权的统一派和保守党人组成。没有选举，这完全是一次战时的议会政变。比阿特丽斯·韦布在日记中写道，英国进行了一次"精彩的即兴创作，构图反动，在形式上也不民主"，这是自奥利弗·克伦威尔（Oliver Cromwell）以来英国的第一个独裁政权，是"那些报社经营者的强大联盟"。劳合·乔治自身似乎没有受到独裁者身份的困扰，反而质问道：如果政府不能掌控权力，那要它有什么用呢？当然，在当时独裁的含义还没有那么负面。这是一个毫无经验又暴躁易怒者的联盟，成员来自极端右派和极端自由党人，所有没什么耐性的人都聚到了一起。反对派则包括愤怒的自由党大多数和爱尔兰民族主义者，再加上少数的和平主义者。这是一个国民政府，虽然其构成远不像1940年的丘吉尔政府那样广泛。

　　说到这里，丘吉尔的境遇如何呢，这个急性子仍然置身事外吗？他曾经来到前线，短暂地在近卫步兵团服役，其间侥幸与死神擦肩而过：他所在的防空壕被炮弹炸毁了，但当时他恰巧被召回后方见一位将军。然后他指挥了一个皇家苏格兰毛瑟枪营，1917年年初，他仅仅在战壕里服役了5个星期，该营孓就被合并了，他则返回伦敦参与政治活动。在法国期间，他与博纳·劳的朋友马克斯韦尔·艾特肯建立了良好的关系，这是一位加拿大的媒体大亨，也是中间人。这段关系非常重要，并维持了终生。丘吉尔没有参与任何战役，如果换作另外一个人，人们也许会质疑他返回伦敦是不是懦夫的表现。但丘吉尔绝对是非常勇敢的，他这次返回是出于无聊和不得志。他确信自己应该出力的地方不在于指挥几个士兵，而是指挥整个大英帝国。到了他的朋友劳合·乔治酝酿取代阿斯奎斯的最后阶段，丘吉尔有充分理由相信属于自己的好时光要重现了。但这一切并没有成真，至少当时没有。丘吉尔听到这个坏消息之前，同他的保守党朋友史密斯一起去了蓓尔美尔街英国皇家汽车俱乐部的土耳其浴场，其间史密斯邀请他和自己、艾特肯及劳合·乔治共进晚餐。艾特肯知道丘吉尔没有被邀请回去加入内阁，原因主要在于保守党的敌意，他在劳合·乔治离席后暗示说："新政府很看好你，你的朋友都会参与进来。"丘吉尔立刻意识到发生了什么，暴跳如雷。"史密斯，"他对自己的朋友说，"这个人知道我没能加入新政府。"他夹着帽子和大衣冲上街道，完全不理会史密斯的安抚。

　　劳合·乔治确实希望把丘吉尔收入麾下，后来也的确把他安排进来了。但是在 1917 年年初，英国正面临战争中的失利，德军在法国仍然占据着有利的战略地位。俄国崩溃了，巴尔干半岛的盟友倒下了，此时他需要考虑更为重要的事情。当劳合·乔治接管英国时，人们正在争论英国是否已经接近全国性的溃败，形势比 1940 年更加严峻。为了解决难题，劳合·乔治决心彻底重塑英国政府。他的传记作者约翰·格里格（John Grigg）形容他的解决方案更接近法国大革命时期的公共安全委员会，而不是传统的英国内阁。指挥战争的将是仅由 5 人组成的战时内阁，成员包括劳合·乔治、保守党领袖博纳·劳、工党领袖阿瑟·亨德森（Arthur Henderson），还有两名右翼保守党的帝国贵族：寇松勋爵和南非的前任统治者、拥有部分德国血统的米尔纳勋爵。

博纳·劳将领导下议院，但是在战争余下的时间里，劳合·乔治竭尽所能地彻底避开了常规的议会事务。他进行了激动人心的演讲，然后被报纸广泛报道，在广播时代之前，这也是战时领导人接触民众的唯一途径。他的时间越来越多地被高阶外交工作占据，后来人们会称之为"峰会"。并不是所有的外交行动都令人愉快并取得了满意的结果，例如他曾密谋拿下自己并不信任的黑格，任命最终失败的法国将军尼韦勒（Robert Nivelle）为最高指挥官。但是他承诺过的旋风适时出现了。

于是我们有了这个堪与克伦威尔和罗伯斯庇尔（Robespierre）相比的新政权。事实究竟如何呢？这是一次战时的权宜之计，挖掘出了最具活力的人们，把议会推到一边，由国家领导人随机应变，只在必要时参考专家和军事指挥官的意见。战时内阁不仅规模很小，可以自由掌控真正重要的事情，还极为活跃，每天至少开会一次。当然，这个内阁也会犯很多错误。决定即将做出，有关巴勒斯坦和伊拉克，有关欧洲的重塑，这些决定带来的后果在 21 世纪依旧余音不绝。战争结束之际，沙俄政权被革命推翻，德国民怨沸腾，德皇遭到放逐，在这样的形势下，战时内阁看上去并不是一次那么疯狂的革新。只有到了适当的时候，在和平时期，议员们才开始觉醒，从劳合·乔治和他的白厅革命中挣脱。但是目前，英国终于第一次在面临现代战争时拥有了现代化的领导层。爱德华时代终结了，不是因为爱德华七世的过世，也不是因为 1914 年的宣战，而是因为劳合·乔治独裁政治的形成。

海上和海下的战争

在第一次世界大战中，海战的影响太小了，基本上只限于几次战役。在战前的无畏舰竞赛之后，交战双方迎来了日德兰海战，该战役被乏味地描述为一场平局，然后是德国帝国海军的最后一次瓦格纳式行动，导致其在斯卡帕湾被击败。我们了解到的英国皇家海军和德国海军发生的伟大战斗都来自第二次世界大战——对抗 U 型潜艇的绝望斗争，北冰洋的护航和追逐战，俾斯麦号的沉没。难道爱德华时代建造耗油量巨大、钢盔铁甲的庞大舰队的努力都毫无意义吗？答案是否定的。如果英国皇家海军没有压制住德国舰队，或者在海上对抗中被击败，那么战争时期的英国就无法保证食品和燃料供应，其在法国的军队也会很快无法维持。劳合·乔治和丘吉尔一直都在寻找更为快速、流血更少的方式来击败德国，比如从巴尔干半岛方向展开进攻或者击败土耳其；而德国最高司令部则希望控制海洋，这样就能够饿死英国，迫使英国尽早退出战争。这也是德国皇帝在战前进行海军扩张的部分意义所在。这一计划几乎就要成功了。U 型潜艇给英国造成的最大危险出现在 1917 年，而不是出现在下一场战争里。无论个别战舰间的追逐战多么惊心动魄，相比之下，日德兰海战是一个远为悲惨也远为重要的事件。

在战争的早期阶段，英国皇家海军所取得的成就并没有达到英国大众的期望。在小型交战中，船只失踪，德国的巡洋舰从手边溜走，大英帝国的战舰被水雷和鱼雷击沉。然而，英国对德国的封锁变得越来越有效了，德国的反应是使用 U 型潜艇击沉商船，这是把美国带入战争的重要因素。英国海军二将约翰·杰利科（John Jellicoe）被认为是唯一一个在一下午就可能输掉整场战争的人。如果德军失去舰队，将是一场全国性的灾难，但他们还能继续像以前一样在陆地上作战；但如果杰利科输了，英国便只能求和。他非常了解这一点，在战争的大部分时间里，他率领大型战舰在斯卡帕湾、奥克尼群岛、福斯湾和克罗马蒂湾等待时机。尽管得到了很多打高尔夫球和钓鱼的机会，但此等状况令人沮丧，尤其是当战壕方面传来可怕的消息时。德国的海军将领处于不利位置，能做的也不多。这样的状况一直持续到 1916 年 2 月，才华横溢且好斗的海军上将舍尔（Reinhard Scheer）进入战场。他是个冷静、开朗、广受欢迎的领导者，决心按照自己的方法诱使英国人参战。他的方法就是发动冷酷无情的潜艇战，并派遣德国船只发动突袭，引出杰利科和他的年轻竞争者海军上将戴维·比提（David Beatty）的舰队。1916年 5 月底，舍尔的策略终于奏效了。

虽然这场战役被称为日德兰海战，但它发生在北海正中部、挪威以南大约 100 英里处，距离丹麦（日德兰）海岸则要稍远一些。舍尔派出了他的副手海军上将希佩尔（Franz von Hipper），以 40 艘船引诱英军；自己则带着德国公海舰队的大部紧随其后，准备实施合围。杰利科和比提事先得到了一些警告。有一艘德国船只搁浅后被俄国人俘虏，另一艘在澳大利亚被强行登船，于是英军掌握了敌人最为机密的海军密码。这些密码被搜集起来后，交由一个秘密的科学家小组进行破译，工作地点就在海军部的 40 号房间。对于舍尔和希佩尔来说幸运的是，英国皇家海军过于轻视这些平民密码破译者，对自己掌握的信息心存疑虑，没有很好地利用这一优势。但这也的确促使英国舰队出面迎击德国人，心知肚明这正是他们长期等待的突破口。双方的舰队都异常庞大，以无畏舰为核心，两翼则是较小的船舰。这是外海上的索姆河战役。一位海军历史学家写道："现在，双方都已经下达命令，一共存在 58 座灰色的移动钢铁堡垒，一面旗帜下有 37 座，另一面旗帜下有 21 座，世界上最大的两支海军力量的无畏舰之间，即将爆发一场激战。"[1]

这场战役的全貌过于复杂，无法在这里详细讲述。简单来说，一支规模较小的英国舰队以比提率领的战列巡洋舰为主导，遭遇了向北航行的希佩尔，双方发生了激烈交战，英军处于下风，两艘最杰出的英国战舰被炸成了碎片。德军的射击能力更强，船只也得到了更好的防护，可以经受住更多打击。正如比提在战斗中所说："今天，这些该死的战舰好像有些不对劲儿。"在这一阶段，德军还不知道杰利科及其更加庞大的战斗力量正在驶向他们，当比提浑身浴血地向北部返航时，钓到的不只是希佩尔，还有舍尔的主力舰队，他们全都径直驶向了杰利科。英国皇家海军无畏舰的全部力量对德国海军造成了巨大伤害，抵抗仅仅持续了几分钟。随后，舍尔做出了一个阅兵般的精彩动作，以极快的速度掉转船只，使得英国海军上将完全不知所措。奇怪的是，舍尔又一次掉转船头，再度发起了攻击，结果遭到了更为沉重的打击。最终，他决定逃跑，把驱逐舰上的鱼雷一股脑儿甩向英军战舰。杰利科的应对方法是让战舰转了半

---

[1] Robert K. Massie, *Castles of Steel*, Pimlico, 2005.

圈，用船尾对着鱼雷，没有损失任何一艘船只，代价则是让损失惨重的德国人逃跑了。杰利科再也没有发现德军，因为他们在夜间越过一支布防较弱的英国军队，返回了港口。杰利科因为这一不够"纳尔逊"的行为备受攻击——英国海军的传统就是攻击、攻击、再攻击。但是他一直辩解称，既然英国已经控制了海洋，他不应该再冒失去整个舰队的风险。当英军的庞大舰队返回苏格兰时，北海的中心区域已经布满燃油、尸体、残骸和死于爆炸的鱼类尸体，覆盖了数英亩的海面。

两国海军都展现出惊人的英雄主义行为。一些受损最严重的德国巡洋舰向英国战舰发起了半自杀式的攻击，以掩护其余战舰撤退。后来，英国小型驱逐舰的行为也同样鲁莽，攻向德军无畏舰，甚至直接撞上去，这相当于一个士兵试图撞倒一辆坦克。双方都犯了一些战术性的错误，而且都搞不清楚战场上的情况。英国人有水上飞机作为观测点，德国人则有齐柏林飞艇，但是天气状况导致它们都无法发挥作用。就像在陆地上战斗时一样，大部分时间里，指挥官对于战场中心发生了什么只有模糊的概念。以在佛兰德斯战斗一天的标准来看，伤亡数字并不大，英国方面是 6 768 人，德国方面是 3 000 多人。英国皇家海军失去了 6 艘不同类型的巡洋舰、8 艘驱逐舰，共 14 艘船沉没；德国则是 11 艘。就像索姆河或伊普尔一样，双方都没有取得突破性进展，反而陷入了僵局。但是这里的战役也同在索姆河和伊普尔一样，对战争进程造成了更为广泛的影响。

在德国，当舍尔的冯队返回家园时，被认为取得了大胜，人们举着国旗欢呼，开展了全国性的庆祝活动，德国报纸大肆宣扬英国的"毁灭"。在英国，部分是由于信息混乱和审查的原因，人们一开始接受了德国的结论，举国哀悼，降了半旗，剧院的灯光也熄灭了。杰利科和比提这两位英国海军上将开始了一场旷日持久的战争，争论到底谁应该负有更多的责任。在日德兰海战中，两人都犯下了重大的错误，但杰利科的境遇和感受更为糟糕，比提则相对狡猾，显然也更懂得操纵媒体。实际上，德国人也犯了同样多的错误，他们的舰队已经无法再次出海，而英国皇家海军在返航 4 天之后就能够准备进行下一场战斗了。日德兰海战并非毫无意义。如果英国赢了，就能够控制波罗的海和北海，为俄国提供支持，1917 年俄国革命的结局可能就会改变；而如果德国赢得了这场战争的胜利，将很可能赢得大战。

德国在海上的下一步行动几乎就要导致胜利了。从一开始，双方的海军战略家就知道水雷、鱼雷和潜艇正在改变海上战争的模式，例如会使水面舰艇更难以在遭到封锁的港口海域进出。费舍尔是早期的潜艇倡导者，但当时海军中有很多人对这种藏头露尾的战斗手段抱有敌意，一位海军上将甚至建议把所有被俘获的潜艇船员像海盗一样吊死。同时，德国在潜艇研发方面曾经进展缓慢，在战争的早期阶段，人们对于这种危险的工具持怀疑态度。但是在 1914 年 9 月，一艘单独行动的潜艇 U-9 击沉了三艘英国巡洋舰，杀死了 1 400 人，举国欢庆，U 型潜艇的声誉也迅速提高。饿死英国对于德国人来说成了一种合乎逻辑的选择，不仅要封锁食物供应，也包括石油和其他原材料。同时，英国对德国也在采取同样的战略。然而为了让策略更加有效，德军不仅打算击沉英国船，还打算击沉所有驶入英国港口的船只，包括著名的卢西塔尼亚号。

这是一艘庞大的冠达邮轮，速度极快，曾在战前赢得过穿越大西洋的蓝丝带奖。1915 年 5 月，她载着 1 262 名乘客从美国出发，乘客中大部分是英国人，也有一部分美国人。然而没有人提及的是，船上还装载着用于战争的炮弹、步枪子弹以及高爆炸弹。这艘邮轮在距离爱尔兰南部海岸 10 英里的地方被德军发现，遭到鱼雷袭击，迅速下沉，速度快到大多数救生艇未能发挥作用。1 200 多人死亡，包括 94 个孩子，其中 1/3 还是婴儿。死者之中还包括 128 名美国公民。淹死的孩子的照片激起了一股愤怒和厌恶的浪潮，而在德国这次行动则被视为一次胜利。围绕击沉邮轮是否正当掀起了一场激烈的宣传战。美国被激怒了，伍德罗·威尔逊（Woodrow Wilson）总统表达了自己的狂怒心情，迫使德国皇帝改变了 U 型潜艇的作战规则，这样一来又激怒了德国海军的高级将领。在慕尼黑，一位不知名的德国人制作了一枚用来纪念沉船事件的奖牌，这枚奖牌被一位在伦敦的美国人复制下来，他就是戈登·塞尔弗里奇（Gordon Selfridge），著名的牛津街商店业主。他一共制作了 30 万件复制品，作为揭发德国野蛮行径的纪念品。为了让美国远离战争，在 1915 年余下的时间里，德国人的攻击有所缓和。第二年，德国决定设法扼杀英国的大部分食品供应，U 型潜艇的作用再度受到重视。为此，更多美国人几乎无可避免地丧生大海。威尔逊的威胁越来越严肃，德皇于是再次下令 U 型潜艇只有在特殊环境下才可以对货船发动攻击。舍尔被任命为新的公海舰队指挥，他怒气冲冲地命令所有 U 型潜艇返回基地。

1916 年，德美关系得到改善，威尔逊再次赢得白宫的选举，原因就在于他成功地将美国保持在战争之外。关于公海仍然存在很大争议，但 U 型潜艇的活动范围已经被严格限定。变化发生在 1916—1917 年的冬天。此时的德国面临着巨大的压力，人力比敌方更为短缺，正在饥饿地吞噬着国内的民众。这个国家缺少煤炭、石油和肉类。土豆减产，意味着连主食也需要限量供应。饥饿已经开始露出苗头，奥地利人发出警告，饥饿和革命将同时到来。显然，英国的封锁发挥了作用，而且德国的敌人即将取胜，因为他们维持战争所需的食品、石油、棉花、钢铁、木材、马匹和弹药都是从美国越过大西洋运来的。"派出 U 型潜艇"开始成为一句口号。当然，问题在于，以残暴的手段将英国逐出战局，同时也意味着把美国拖入战争。赌注完全取决于美国能否被说服不要参战，或者另一种更为可能的状况是，潜艇战大获成功，在美国军队集结起来之前就已经将英国人击败，大西洋被德军控制。这样扔骰子赌博似乎是在发疯，但在那时，德国的选择已经所剩无几了。两位战争狂人，年迈的贵族将军兴登堡（Paul von Hindenburg）和他的副手鲁登道夫（Erich von Ludendorff）的影响力不断上升，后者正是后来帮助希特勒登上权力宝座的人。德国皇帝最资深的顾问、更加谨慎的总理贝特曼·霍尔维格则正在失势。

1916 年 12 月，海军首脑亨宁·冯·霍尔岑多夫（Henning von Holtzendorff）海军上将告诉兴登堡和其他军阀，就是因为"英国提供的能源和部队"，法国和意大利才得以坚持战斗："如果能够从英国的后方突破，战争将按照有利于我们的方式进行。"[1] 而英国后方的脊梁就是海上运输：要想维持英国的运作，需要 1 075 万吨的船运，其中大部分船只来自中立国家。霍尔岑多夫认为，U 型潜艇能够在一个月内击毁 60 万吨的货物，并造成另外 100 万吨货物运输的延误。完全不受限的潜艇战可以让英国人在 5 个月内退出战争，也就是说，到 1917 年夏天战争就结束了。这样做也就意味着任何抵达或者驶离英国的船只，都会在没有收到警告的情况下被击沉。开始行动的决定是在遥远的西里西亚城堡做出的，尽管贝特曼·霍尔维格不断恳求，1917 年 1 月 31 日，德国仍然宣布从第二天开始将进行无限制的潜艇战。这些令人望而生畏的潜艇大约有 140 艘，每艘装载 16 颗鱼雷，能够在海底停留 6 周，并一次性在水下航行 80 英里。很快，班轮和货船纷纷沉没，被杀死的包括美国人、英国人、斯堪的纳维亚人、荷兰人以及其他国家和地区的

---

[1] 见 Robert K. Massie, *Castles of Steel*, Pimlico, 2005。

人。即便如此，美国也有可能置身战争之外，只提出愤怒的抗议。但是，德国人做了一件极度愚蠢的事。他们试图诱使墨西哥与美国交战，允诺把得克萨斯州、新墨西哥州和亚利桑那州交给墨西哥。这封"齐默尔曼电报"是以发送它的外交部长的名字命名的，经华盛顿方面提交给英国海军部的 40 号房间，破译后又被交给了威尔逊总统，他当即决定参战。现在，这已经是一场即将冲向终点的比赛了：在美国介入并改变局势之前，U 型潜艇能击败英国吗？

这是一次险胜。几周内，德国人就接近了沉船的目标数量，到了 4 月，他们轻松地超越了目标——沉入海底的船只不是 60 万吨，而是 86 万吨。这是一场针对商船的大屠杀。不久，英国的燃油、糖和许多食品便开始告急。人们绝望地尝试采取诸多补救措施。在海上，"Q 型船"取得了某种程度的成功，它将大炮隐藏起来，伪装成没有武装的商船，当 U 型潜艇浮出水面时对其进行伏击。伏击过程还包括一场危险的哑剧表演，英国皇家海军的水手和军官们装成惊慌失措的荷兰或挪威水手，一些人弃船而逃，而另一些人则躲在后面，他们往往必须承受 U 型潜艇的攻击，以免露馅，直到德军步入陷阱。尽管有 12 艘 U 型潜艇被以这种方式击沉，但是这一策略取决于潜艇的舰长是否决定节省鱼雷，在浮出水面之后才炸毁商船。到了 1917 年夏天，U 型潜艇的舰长们已经吸取了教训，坚持使用突击战法和鱼雷进行打击。另一个解决办法是在世界各地寻找更多船只，各种古老的生锈铁桶和不太可能再航行的船只都被买走，并被派到大西洋彼岸去面对 U 型潜艇。再有就是制造更多船只，英国也的确这样做了。新成立的航运部控制了英国的所有船只生产工作，这是对自由放任理念的又一次重击。包括更好的水下窃听设备和深水炸弹在内的新武器都得以发展起来。驱逐舰被从主要舰队中单独征调出来，在最危险的水域巡航。当然，所有这一切都无法降低损失率。到了 1917 年的初夏，短暂的夜晚给了 U 型潜艇更多屠杀货船的机会，看起来英国只能求和了。

　　拯救英国的是一次简单的思维方式的转变。海军部的战略取向非常明确：护航舰队不管用。商船行驶缓慢，指挥不力，护航舰无法把它们集中在一起，进行必要的联合行动。最为明显的是，护航舰队过于庞大，很容易成为 U 型潜艇的攻击目标。海军部在 1917 年 1 月表示："显而易见，组成护航舰队的船只数量越多，被潜艇袭击成功的可能性就越大。"[①] 还有，驱逐舰的数量远远不足以在每一英里的航线上保护每一支护航队。然而，这种思维方式是有问题的。海军自身运用护航舰时很成功，他们使用护航舰队运输人员渡过海峡，很少有船只被 U 型潜艇击沉。无畏舰出航时，也会使用护航舰队，将无畏舰包围在驱逐舰组成的保护圈里。在政府内部，开始出现对于使用护航舰队的争论，劳合·乔治与汉基反驳了传统的观点。护航舰队几乎刚一投入使用，U 型潜艇导致的死亡人数便开始下降。智力拼图的最后一块现在已经很明显了。护航舰队的确比单个船只的规模更大，但是在广阔的海洋中，这根本算不了什么，搜寻猎物的 U 型潜错过一支船队和错过一艘船的概率几乎没有什么区别。但是如果有大量船只分散在海洋中，U 型潜艇就很有可能会遭遇其中的一艘；而如果它错过了一支船队，那么就错过了 20 艘船。即使遇到了船队，它也只来得及发射一两枚鱼雷，而且由于驱逐舰的存在，这对它来说会很危险。答案简单而有效。U 型潜艇的威胁并没有消失，但已不再致命。美军的驱逐舰也加入了英军一方，德国最后一丝胜利的机会消失了。在法国将发生规模庞大的战斗，包括德军向巴黎发起的最后突击。但是一旦大西洋航线变得安全，美国

---

① 见 John Grigg, *Lloyd George: War Leader*, Allen Lane, 2002 的注释。

人也加入了战争，结局便只有一种了。然而在英国国内，还很少有人意识到这一点。

女性参战

———

试图饿死英国的做法让人明白了这样一点：女人无法被排除在现代经济或者现代国家之外。战争开始的时候，妇女参政论者仍然在全力反抗。大约有 1 000 多人被捕入狱，英国妇女社会政治同盟的领导人或者入狱，或者流亡。英国宣战之际，埃米琳·潘克赫斯特和克丽斯特贝尔·潘克赫斯特正在法国避难。普遍的观点认为，女性最终能够获得投票权，是因为在陆军和军工厂里工作的女性，但这并非事实。在"和往常一样混乱"这一印象背后，妇女参政论者在 1913—1914 年已经在选举权方面取得了很大的进展。工党很可能会在下一次选举中坚持要求其所有候选人都支持女性选举权。统一派也已经和一些不那么激进的妇女参政论者讨论了竞选承诺，甚至阿斯奎斯也在给出暗示。至于劳合·乔治，他正在私下里和西尔维娅·潘克赫斯特（Sylvia Pankhurst）交往，这位女士已经离开了英国妇女社会政治同盟，现在正领导社会主义派别的运动。即使没有战争，女性也会获得选举权。事实上，战争可能反而推迟了这一进程，也使得潘克赫斯特家族不可避免地走向了分裂，并打垮了英国妇女社会政治同盟。但是这也同时意味着，当女性最终在 1918 年获得选举权的时候，几乎没有反对派存在；在那时，北岩和《每日邮报》也变得热情起来，虽然他们并不是妇女参政论者。

这应该部分归功于埃米琳和克丽斯特贝尔，她们很快从女性反叛者的角色转换成了声势浩大的爱国拉拉队员。在政府宣布对监禁和流亡中的妇女参政论者进行大赦后，她们就极力请愿，希望能够为战争做些什么。埃米琳在伦敦召集了一次会议，主题是德国的危险性。退休的海军上将查尔斯·彭罗斯·菲茨杰拉德（Charles Penrose Fitzgerald）在福克斯通组织起"白羽毛会"，呼吁女性向那些被视为"懒散"或"无所事事"的平民男性出示这种传统中象征着懦弱胆小的白羽毛，英国妇女社会政治同盟的成员也参与进来。她们的报纸《妇女参政》（Suffragette）暂停发行了一段时间，回归后发表的文章猛烈抨击了某些据说是亲德派的大臣，口沫横飞，充满了攻击性。1915 年，该报被《不列颠尼亚》（Britannia）取代，新的报纸上刊登着"为了国王，为了国家，为了自由"的报头口号，猛烈抨击左翼和平主义者，比如坚定支持妇女参政事业的拉姆齐·麦克唐纳。她们使用政府的钱，组织了有3 万名女性参加的示威游行，主张女性从事战争工作的权利，后来又在全国各地巡回集会，攻击罢工人士都是亲德派或者布尔什维克，还帮助基奇纳进行征兵活动。

西尔维娅和这些没有关系，她一贯支持与工人协商解决问题，并在伦敦东区与工人阶级家庭一起进行了一些实际的工作。但这并没有使她免于被喝倒彩的命运，在公开场合演讲时，曾有人往她身上扔烂菜叶子。后来，在 1917 年，埃米琳受政府委托来到俄国，试图争取俄国对于战争的支持（拉姆齐·麦克唐纳原本也要前往，为反对的一方代言，但是船长拒绝让他上船）。埃米琳到达俄国时，正值布尔什维克准备推翻临时政府，因此一无所获。那时的西尔维娅则是坚定支持布尔什维克的。妇女参政运动就像潘克赫斯特家族一样，已经被打散，再也无法修复。宣传的尖锐性，再加上克丽斯特布尔对于性病的抱怨，使得许多士兵认为她们是在反对男性。在战争诗人笔下，你可以找到一些反映厌女症的诗句，这是对于那些过于自我肯定的女性的一种反弹，她们到处散发"白羽毛"，甚至把手伸向了那些复员伤兵和回国轮休的士兵，还对着男人们发表关于梅毒的长篇大论。同时，英国妇女社会政治同盟的许多成员都坚信，埃米琳和克丽斯特贝尔挪用了已经奄奄一息的组织的资金，用于前往美国和法国旅行。在会议上，她们遭到质问，许多人离场以示抗议。

尽管女性广泛参与了陆军的工作，但很少有女性在农业领域全职工作。农场主们更愿意选择童工，因为他们的工资更低。但是女性们大量涌入了军工厂、运输岗位、办公室以及以前那些男性空余出来的工业岗位。1914—1918 年，工业领域中的女工增加了 80 万，总数将近 300 万；另有大约 40 万名女性找到了办公室职员的工作，还有 20 万名女性在政府工作，银行则雇用了 5 万名左右的女性。[1] 从格拉斯哥的有轨电车厂，到利物浦的炮弹工厂，从伦敦地铁到在城市公园里巡逻的女警察，英国的面貌突然有些不同了。裙子变得更短了。一些在工厂或者农场里工作的女性开始穿裤子。香烟在女性之间变得和男性同样普及。道德观念发生了转变：大批男性去往前线，留下了数千名怀孕的未婚妈妈，她们的孩子被称为爱国的"战争婴儿"，人们开始募集资金资助她们。其他方面的支持也取得了突破：胸罩开始取代老式的女用紧身衣。一位外交官后来说，当他在 1911 年离开英国时，"还很难在伦敦及其他大城市以外的地方买到避孕药，但是 1919 年，每个乡村药房都在出售这类药品"。[2] 无论从哪个方面来看，爱德华时代的女性都已经消失了。

---

[1] 见 Arthur Marwick, *The Deluge*, Bodley Head, 1975。
[2] Sir Robert Bruce Lockhart, cited Arthur Marwick, *The Deluge*, Bodley Head, 1975.

然而，选举权的胜利是由威斯敏斯特的意外引发的，在那里经常会发出这种类似于台球随机碰撞的声音。男性行使选举权需要取得职业资格。但是随着战争引发的剧变，选区登记失效了，不仅仅对于参战士兵，对于那些为了维持工业而转换工作的人也是如此。有必要对此进行重新考虑。在举行选举时剥夺国家英雄的权利显然是不可能的。旧的规则必须被撕碎。这就给了阿斯奎斯一个宣布部分改变投票规则、赋予女性投票权的机会。1917 乼年初，一个由贵族和议员组成的委员会提出要给予男性和女性普遍的选举权，只要该女性达到了一定年龄，能够参与地方政府的选举，或者嫁给了一位选民。选举年龄被限定在 30 岁，使得大约 840 万女性得到了选举权，这远远超出了妇女参政论者在战前的期望。1917 年 6 月，下议院以压倒性的优势投票通过了这项议案，在新式爱国主义的影响下，反对派的寇松勋爵选择了弃权。该议案在上议院也得到了通过，并在 1918 年 2 月成为法律。女性工人对此感到高兴吗？也许是这样，但是她们也存在一些担忧。在军工厂里，因为毒气的污染，很多人的皮肤变黄了，大家把她们称为"金丝雀"。

黑格做错了吗

　　从 1915 年圣诞节到战争结束，有个人一直负责英国陆上的主要战斗，现在他的名声已经从"国家救星"一路跌落到"浑身浴血的傻瓜"。这个人就是道格拉斯·黑格爵士，也就是后来的黑格伯爵。他在印度作为骑兵军官开始了军人生涯，曾经与基奇纳在苏丹并肩作战，后来又参加了布尔战争。作为爱德华七世的副官，他与宫廷有着非常密切的联系，行为有节制，语言简洁，具有虔诚的宗教信仰。尽管他鄙视政客，尤其是劳合·乔治，但他本人也是一名政客，一个天生的阴谋家，曾经狠狠地捅了他的前任约翰·弗伦奇伯爵一刀，成为英国在法国的军事力量的指挥官。虽然他后来被称为终极"倔驴"，成为一个把士兵送入大屠杀的缺乏想象力的固执将军形象，但在当时他享有很高的声誉。这部分是因为他在战后为退伍军人和伤兵所做的工作。1928 年黑格的葬礼是现代英国历史上最隆重的葬礼之一——事实上，前来向黑格表达敬意的人比向丘吉尔乃至戴安娜王妃表达尊敬之情的人还多。

支持黑格的一方认为，他思维灵活，对于坦克和飞机等新式武器非常敏锐，而且具有其批评者远远无法理解的高超管理能力。他反对将战争转移到中东和意大利等其他地区，认为必须在法国击败德军，因为这是德国军力最集中的地方。他也许过度自信，甚至自认为代表上帝的意志，但作为总司令原本就不应该时时自省、优柔寡断。而且这份工作也的确非常困难。从来没有人打过这样一场战争。当黑格接手英国远征军最高指挥官职位的时候，手下大概有 60 万名士兵，驻守 30 英里长的战线；到了 1918 年，他指挥的兵力增加到之前的三倍，战线则拉长到123 英里。一位喜爱黑格的军事历史学家这样写道："只有黑格才能够承担得起这样的扩张，不断地训练、武装、部署和指挥英国有史以来最大规模的军队，而且是在一场盟友都很难应付的联盟战争中。"[1] 到了战争的最后阶段，正是黑格的军队独自发动持续不断的进攻，并最终击败德军，取得了决定性的胜利。至于他在那些最血腥的战役中所采取的

---

[1] Corrigan, *Mud, Blood and Poppycock*.

策略，包括臭名昭著的索姆河战役首日，以及随后帕斯尚尔战役的血腥强攻，有人争辩说，黑格大量使用大炮并认为经历轰炸后的德军将被步兵的攻击所击溃，这一想法也许是错误的，却完全合乎逻辑。

反对黑格的一方的理由则是，他缺乏从错误中吸取经验的灵活性，而且对于达成目标所造成的人员损失缺乏概念。在黑格的日记里，1万多条人命会被写成是"损失很小"。对帕斯尚尔的进攻招致了很多下级指挥官恐惧的抗议，这次进攻的主要目的是以大胆的举动夺回比利时的海岸地区，并摧毁德国人的U型潜艇基地，黑格以极富戏剧性的口吻描述了这场冒险，令内阁一度欣喜不已。然而到了英国军队和加拿大军队发动进攻的时候，恶劣的天气状况使得一切都变成了不可能。德国人伤亡惨重——"1917年的佛兰德斯"之于德国人，就相当于索姆河首日之于英国人，或者凡尔登之于法国人。但是德军战线并未被突破。英军夺取了更优势的地位，却付出了25万人伤亡的代价，其中有超过5万人战死。据说，黑格最亲密的助手看到这一场景，忍不住流下了眼泪，问道："是我们把士兵派到这种地方来战斗的吗？"在战斗显然已经不可能取得突破之后很长时间，黑格仍拒不退兵，如果说他可以因为在佛兰德斯的最终胜利而受到赞扬，那么也必须为那里建起了世界上最大的英联邦公墓泰恩科特墓园而遭受谴责。

当然，还是有一个无法回答的终极问题，那就是如果没有那样的杀戮和牺牲，是否也能够赢得战争的胜利。其他将军正是这么认为的。劳合·乔治一直坚信，没有那样黑暗的流血牺牲，英军同样会取得胜利，这也是在战争的第二阶段他对黑格产生敌意的原因，于是他把法国将军尼韦勒推到了黑格上司的位置上，直到尼韦勒因为进攻失败而声名扫地。最终，劳合·乔治不得不向黑格妥协。对佛兰德斯进行强攻的替代选项消失了。意大利在卡波雷托遭遇惨败，达达尼尔海峡和萨洛尼卡的远征也以失败告终，尽管在中东的战争进展顺利，但这仍然并非通往柏林的大道。劳合·乔治不能再开除总司令，也不能再和这位得到民众支持的军事将领闹翻。尝试寻找可能的替代方案是一位高尚的民主政治领导人的工作，但劳合·乔治作为军事战略家的技能根本不值一提，他自己和黑格都深知这一点。

黑格的荣耀时刻，还有部分的平反，都在 1918 年到来了，当时联盟几乎看不到胜利的希望。在俄国前线，布尔什维克掌握政权之后，德国对其抛出了惩罚性的和平条款。1918 年 3 月的《布列斯特－立托夫斯克和约》夺走了俄国 1/3 的人口、一半的工业和几乎全部煤矿。这是一次对于英法的严重警告，预示了如果德国赢得西线战争的胜利，结果将会如何。该合约还使得德国的指挥官鲁登道夫得以加强德军在佛兰德斯的兵力，令其在数量上超过了英军和法军。但这种优势并没有维持太久，因为美国人已经在路上了。鲁登道夫明白，目前自己最主要的敌人是黑格的英国远征军，因此他不惜一切，试图通过最后的进攻突破英军阵线。这一向都是很困难的。即使在极少数的情况下取得了某种程度的突破，例如在 1917 年年末的康布雷战役中，英军坦克就曾短暂地掌握了主动权，但要想坚守阵地，在遭受破坏的战壕里拖拽大炮和供给，几乎是不可能的。鲁登道夫的想法非常简单。他拒绝使用"战略"这一词语，只是说："我们只要开一个洞，随后其他事情都会迎刃而解。"①

鲁登道夫几乎成功了。经过仔细挑选的德军突击部队，即首次亮相的"暴风部队"，携带新型冲锋枪以及传统的手榴弹、火焰发射器和迫击炮，并以通常的炮兵火幕作为掩护，向英国人发动了进攻。黑格的军队在此刻相对较弱，由于劳合·乔治不信任他，撤回了他需要的所

---

① 见 Ian Passingham, *All the Kaiser's Men*, Sutton Publishing, 2003。

有增援力量。后来，这引发了首相的一次严重政治危机，因为弗雷德里克·莫里斯（Frederick Maurice）少将给媒体写了一封公开信，指控劳合·乔治和博纳·劳就 1917—1918 年英德军队的力量对比一事向议会撒谎。事件错综复杂，但是劳合·乔治通过一番混合了诡计、厚颜无耻和虚张声势的演讲，战胜了下议院中的对手。对于两支与此相关的英国军队而言，结果则更加具有戏剧性。鲁登道夫的军队人数远远超过休伯特·高夫领导的英国第五军，前者有 42 个师，后者只有 12 个，而且集结的位置过于靠前。德军使用毒气和高爆炸弹突破了防线，很快向前推进了 40 英里，夺取了 1 000 平方英里的土地。1918 年 3 月 21 日，德军俘虏了约 2.1 万名英军，这是英国有史以来最大规模的投降事件之一。6天之后，在休伯特·高夫的严词抗议中，劳合·乔治解除了他的职务。

英国第三军位于休伯特·高夫的北部，在纵深防御上准备更加充分，失地较少。但是德军看起来仍有很大可能在英法联军之间取得突破。随着英国军队的持续后撤，黑格发布了著名的"4 月 11 日令"，坚称胜利将属于坚守时间最长的那一方："没有任何平坦大道，只能通过战斗去开辟。每一处阵地都应该战斗到最后一人，永不言退。我们唯有抱着对正义事业的信念背水一战，每个人都将战斗至最后一刻。"在这个阶段，战争已经是谁能坚持到底的问题了。尽管德国人的推进仍在继续，鲁登道夫却开始把注意力转移到南部，转向法国，忘了自己突破黑格防线的最初决心。巴黎面临迫在眉睫的危险，这一最终时刻和战争开端之时一样凶险。但是勇猛的英军防御在这场最终的"德皇之战"中造成了太多伤亡，于是德军士气开始瓦解。虽然是在撤退，但以其本身而言，这是一次伟大的胜利。到了 7 月，德军的进攻被阻止了；8 月初，加拿大人和澳大利亚人发起了成功的反击，鲁登道夫自己也精神崩溃了；9 月，更为猛烈的英法反击摧毁了德军战线；接下来的一个月里，英国远征军协同美军一道，在经历过最初的屠杀和僵局之后，不断向德方突入。德军崩溃了。

因为这些成就，黑格在当时大受称赞，同样受到赞扬的还有从未失去勇气的劳合·乔治。黑格和首相一样，是一个勇敢的男子汉，也是一位尽职尽责的领袖。后来，黑格的名字一直与正面对抗的凶残屠杀联系在一起。黑格没有什么天赋，勇敢但是缺乏想象力。他不是傻瓜，但他也并不是英国当时急需的那种军事天才。在某种程度上，英国的胜利正是黑格价值观的胜利——韧性十足，拒绝放弃。但正如 1918 年 3 月的投降事件所暗示的，这实在是一次险胜。

反战的勇气

▬

默西河在福姆比汇入爱尔兰海，此处的漫长海岸线即使在战争时期也是一个非常安静的地方。1917 年 7 月，在这片海岸上，有个身材高挑、容貌出众的军官在海滩上漫步。他停在水边，先向天空挥了挥拳头，然后扯下了缝在外衣上、标志着他曾获得军功十字勋章的绶带。绶带落入水中漂走了。他转身返回。此人就是西格夫里·萨松，一位从战壕返回的英雄，他正处于其青年时代最为糟糕的危机时刻。萨松受伤回到英国之后，认为开战的理由是错误的，因此拒绝继续服役。他非常清楚地意识到，自己将面临军事法庭的审判，甚至可能被判处死刑，尽管羞辱和监禁的可能性更大。他给指挥官写信，"带着最大的遗憾"告诉对方："我决定拒绝履行未来的一切军事义务。"但是没有人能称他为懦夫。事实上，他本人把这种抗议和自己早年在前线时的鲁莽行为相提并论。他当即被召回利物浦郊区利瑟兰的军团基地，在附近的一个旅馆等待自己的命运。在那里，他用心学习诗歌，在监狱里也在一直坚持学习。

萨松不是普通的反抗者。他的家族是爱德华时代英格兰的犹太豪门中，与威尔士亲王关系很好的一支。萨松的成长模式属于典型的英国旧式贵族，他出身萨塞克斯的大地主阶层，读着亨蒂（G. A. Henty）和赖德·哈格德（Rider Haggard）的冒险故事长大，痴迷于马匹和猎犬。那时，狩猎还是乡村上层社会的主要活动，人们认为这对发展男子气概和提升马术非常重要，当时的军队甚至不会把猎狐的时间计入休假时间中。萨松在莫尔伯勒接受了教育，据说还曾在那里戴着铜制指套击败了反犹分子；在剑桥读书的时候，萨松的理想是成为一名作家。但是当战争来临后，他几乎是不可避免地迅速加入了萨塞克斯义勇骑兵队，很快又转到皇家韦尔奇毛瑟枪营，以便更快前往法国。

当他开始反叛的时候，上述这一切都显得尤为重要。因为和很多人不同，他和朋友们的关系很好，而且这些朋友都是大人物。在战斗中，萨松展现出了作为前线领导者的超凡魅力，且英勇异常。他和广大前线人员一样，厌恶文职官员和政客，但直到回国之后，他的厌恶才扩展到了更广泛的层面。在他小说化的自传《步兵军官回忆录》（*Memoirs of an Infantry Officer*）中，他把自己的形象化为乔治·谢思顿（George Sherston）。但关于他思想转变的更好例证可以从他的日记里找到，其中表达了一种想必很多前线士兵都有同感，却遭到了压制、没有说出口的感觉。1917 年 6 月 19 日，他写道："那些返回家园的士兵，似乎都被自己所经历的一切惊呆了。他们心甘情愿地迈进了针对他们所设的无声陷阱。他们从死亡的边缘回归生活。他们隐隐约约地知道，讲述战争的事实是'不好的'。"随后，他将愤怒转向了政治家们：

英国的统治者总是依赖于民众的无知和病急乱投医心理。如果人们能看清他们那些带着嘲讽的内心，将会把独裁者送上绞架。对于那些老年男性群体，我几乎不敢开口。他们为北岩的媒体所写的那些机械性的短语而感到荣耀，他们认为战争的进程就像下棋一样，嘴上念叨着"消耗"、"人力损耗"和"文明危急"。社会的每个阶层中，都有像食尸鬼那样的老年人，对于屠杀贪得无厌，生活在自己的无知世界里不可自拔。[1]

在萨松当时的诗歌中，也能发现同样的厌恶情绪，比如那条令人印象深刻的建议：在音乐厅里，一群狂热的爱国群众会因为一辆沿着过道缓缓驶来并不停发射炮弹的坦克而"受益良多"。

萨松决定把自己的抗议公开化，通过撰写"士兵宣言"来反对战争。他宣布，现在自己"正在存心反抗军事权威，因为我认为战争被那些有能力终结它的人故意延长了"。最初那场"防守和解放"之战，已经变成了"侵略和征服"之战。战争的目标一旦被宣布，和平就显然可以通过谈判达成。他是站在士兵的立场上写出这则宣言的，反对的是"国内大多数人对持续不断的痛苦所持有的那种冷酷无情的自得，他们感受不到那些痛苦，也缺乏充分的想象力去体会"。这是一次有力的谴责，提出了有力的观点，尤其是这次谴责将人们的注意力吸引到了此前几乎无人讨论的中东和非洲的战争上，英国确实在那里扩大了自己的帝国影响力。但是他关于战争目标的言论看起来有些奇怪。在冲突的现阶段，问题在于德

---

[1] *Diaries of Siegfried Sassoon*, ed Rupert Hart-Davies, Faber & Faber, 1983.

国能否被击败，如果不能，能否让德军从其占领的土地上撤退。没有证据表明德军会这样做，事实上，德国最危险的攻击尚未到来。而且指责所有的平民和政治家都是一丘之貉，这并不公平。还是有数百万人知道究竟发生了什么的。即使他们无法阅读到所有信息，但是他们会交流，会聆听。萨松的诗歌在战争期间出版，描述了佛兰德斯的肮脏与破败。即使是在俱乐部里那些"百战将军"式的老顽固中，也有人为之心碎。

萨松只代表了一小部分人，但是在 1917 年，这个群体正在扩大。在这些人中，我们已经提到过埃德蒙·莫雷尔这位有一半法国血统的活动家，他曾为了比属刚果原住民的权益而奋斗，并且取得了成功。许多激进的自由党人被宣战吓呆了，建立了一个称为民主控制联盟（Union of Democratic Control，UDC）的组织，呼吁在开战和缔结条约方面，由议会而不是国王享有最高权力。他们还呼吁组建某种"国际委员会"来进行全面裁军，且不经过公投不能更改国界——这正是国际联盟思想的雏形。1914 年 11 月，他们与自由党人的关系破裂，开始在全国各地建立分支机构，得到了 18 位自由党和工党议员的支持，其中包括拉姆齐·麦克唐纳。在《曼彻斯特卫报》编辑斯科特（C. P. Scott）以及富有的贵格会家族的支持下，他们开始举办会议，发行小册子，出版自己的杂志。激进的妇女参政论者、独立工党和和平主义者都将加入他们的行列。[1] 很难估计有多少人支持民主控制联盟以及随后发生的反征兵运动。参与这样的组织需要勇气。伯特兰·罗素（Bertrand Russell）被剥夺了剑桥大学三一学院的教职，后来又被捕入狱。自由党议员查尔斯·特里维廉（Charles Trevelyan）所在的地方议会通过了一项议案，要求将他拉出去枪毙。麦克唐纳被禁止参加高尔夫俱乐部，因为俱乐部

---

[1]　Marvin Swartz, *The Union of Democratic Control*, Oxford University Press, 1971.

成员抱怨说"我们会像感染麻风病一样被他污染"。他后来还遭到了一顿痛打,险些被扔进沟里。由于报纸的猛烈抨击,这些人在开会时经常被带有敌意的听众打断。还有一次,1915年11月在伦敦法灵登,士兵们冲上讲台驱逐了演讲者。

随着战争的血腥代价日益明显地暴露出来,民主控制联盟越来越受欢迎,政府则认为它变得更加危险了。1916年9月,在罢工浪潮中,该组织吸引了3 000人参加在威尔士南部的梅瑟举行的一次会议;随后一个月,格拉斯哥和布拉德福德又举行了更大规模的集会。到了1917年春天,俄国革命点燃了工党左派的热情,民主控制联盟的活动家感觉自己在这个当时倾向于拥护战争的党派中取得了极大进展。政府对他们进行了镇压。战争结束时,支持民主控制联盟的议员在1918年的"卡其大选"中被从下议院扫地出门,但正是这项运动把激进自由党人和工党聚集在一起,导致了自由党的崩溃以及工党在战后的崛起。

这就是萨松所面对的紧张政治局势。他对于政治一无所知,但是已经决心成为一名殉道者。军队的决心则恰恰相反。萨松的那些好朋友也分化了,有人支持他的立场,有人则被他吓坏了。随后,他开始了一场引人入胜的良心斗争。战友们从法国给他写信,恳求他承认自己生病了,精神崩溃,并希望他能撤回对战争的攻击。同为诗人的罗伯特·格雷夫斯(Robert Graves)前来拜访,劝说他去看医生。虽然在某些方面这两人的确存在相似之处,但是他们对于勇敢持有不同的看法。格雷夫斯告诉他,他正在失去仍在法国战斗的战友兄弟们的尊重。他则告诉格雷夫斯,如果不说出自己的观点,他才是真正的懦夫。最后萨松认输了,同意作为精神受损的军官进入爱丁堡南郊的克雷格洛克哈特医院治疗。在那里,照顾他的是一个身材矮胖、秃头、口吃但非常聪明的医生——皇家陆军军医队的威廉·里弗斯(William Rivers)。他是早期心理学和神经病学的专家，曾经周游世界，在战前的德国学习过。里弗斯深受弗洛伊德学说的影响，虽然他并不同意其关于性的理论。他对于萨松这个病例越来越关心，有时一天三次来看望他，试图逐步劝说萨松回到战场。

众所周知，在清洗高尔夫球杆时，萨松被一位来自曼彻斯特兵团的神经质的年轻人打断了，此人因为在索姆河战役中被炮弹轰炸而导致精神崩溃。他名叫威尔弗雷德·欧文，创作了大量诗歌手稿，而且深受萨松的影响，直至返回国外并在战役的最后阶段牺牲。萨松最终也决定重返战场。他并没有在这个被他称为"疯人院"的地方改变自己的观点，以后也不曾改变。他只是觉得自己应该与战友们在一起，而不是待在不理解战争的平民身边，特别是在 1917 年 11 月，他听说自己所属的部队陷入了危机。他是通过爱尔兰和中东迂回重返法国的。1918 年 7 月 10 日，他终于得偿所愿，和战友们在前线重逢。第二天，在攻击德国的一个机枪哨所时，为了看得更清楚，他鲁莽地站了起来，当即被己方的子弹射中。对于诗歌界和后世读者来说幸运的是，他在第二次受伤后仍然幸存下来了。

在战争期间，英国军队不会像法国人那样发起兵变，也不会像俄国人那样进行革命。在英国，只有 7 000 人登记成为"出于良心拒服兵役者"，但依然同意从事其他工作，比如加入救护车部队。另有 3 000 人被送去劳动营。还有 1 500 名"绝对论者"，即拒绝一切强制行为的人，他们受到了严酷的对待。这些数字都很小。但有很多人都像萨松一样犹豫不决。他一方面保持着知识分子对战争和战时领导人的蔑视，另一方面又有着兴奋情绪和同志情谊，在两者间苦苦挣扎。他同德国人并没有深仇大恨，除非有朋友被杀。他曾经公开表示勋章给他带来了很大的荣耀，却又将之扔进了默西河。无论战争多么卑鄙而危险，毕竟曾多次让他感受到强烈的活着的感觉，这在国内是绝对感受不到的。从这些方面来说，他代表了很多人，并不狂热地拥护战争，但又发现自己无从逃避。很少有人能像他那样，将这种悲剧性的矛盾表达出来。在盼望和谈方面，他也不是一个人。几乎在萨松重返军队的同时，也就是 1917 年 11 月底，一位统一派政治家在《每日电讯报》上公开发表了一封信，呼吁和谈。兰斯多恩（Lansdowne）侯爵在战前政治中始终坚定地反对劳合·乔治，他是贝尔福的亲密盟友，没有被邀请加入劳合·乔治的政府。他的信件建议达成一种妥协性的和平，激起了很多民族主义立场的报纸的愤怒，辱骂的信件滚滚而至，更不要提内阁中的怒火了。但是私下里有很多人都支持他，包括坎特伯雷大主教。战争把一张咆哮的斗牛犬面具戴在了英国人展示给世界的面孔之上。然而在面具背后，数以千计的人都有着另一种想法。

镜厅的阴影

———

对于德国来说，战争结束得过于突然。面对针对英国的最后一次不成功便成仁的任务，公海舰队开始叛变。红色的旗帜升了起来，官员们被射杀，火车也被征用。革命形势迅速蔓延到沿海城市，人们像俄国那样成立了工人和海员委员会，甚至短暂出现了共产主义的奥尔登堡共和国，由一位司炉担任主席。共产主义者的队伍在柏林游行。身穿制服的德军军官被愤怒的平民追逐，鲁登道夫辞职。迫于威尔逊总统的施压，德国皇帝最终同意退位，德意志共和国宣布成立。德皇威廉逃往中立的荷兰，在那里他得到了"热乎乎的英国茶"、奶油酥饼和烤饼干的招待。尽管有人要求荷兰政府把他交出来审判，但荷兰还是为他提供了庇护所，他在多尔恩的一座小城堡定居下来，削削木头，过着乡绅的生活，后来又怀着复杂的心情目睹了希特勒的崛起。威廉的军队曾经希望停火，然后谨慎地进行关于未来的谈判。但是，当德国代表团历经曲折，乘坐汽车穿越前线，挥舞着白色的毛巾，终于来到联盟最高指挥官福煦元帅位于贡比涅森林的火车车厢里时，他们面对的是立即撤兵和裁军的要求。面对革命形势，经过毫无成效的抗议之后，他们签署了和约。这只是德国蒙受耻辱的第一步。

和 1945 年不同，1918 年的德国没有被占领，也没有被解除武装。事实上，德国在法国仍然部署着军队，还在东线取得了决定性的胜利。它以为自己面临的是谈判，实际上面对的却是最后通牒。对于一个曾在一年前将残酷的停战协议强加给俄国的国家来说，这也许只是报应。然而，那些聚集在巴黎的各国领导人，以乘船从美国来到欧洲的威尔逊为首，还有劳合·乔治、克里孟梭（Georges Clemenceau）和意大利的维托里奥·奥兰多（Vittorio Orlando），都不像看上去那样大权在握。战争震撼了世界，而他们的触手还不够长。俄国的布尔什维克革命是他们无法理解的事物，也是他们无法谈判的问题。在其他地方也出现了共产主义起义，包括布达佩斯和慕尼黑。身着礼服大衣、头戴大礼帽的代表们都非常清楚，饥饿和愤怒可能会颠覆整个欧洲。

没有人带着喜悦的心情记住《凡尔赛和约》。最重要的是，它要求战败的德国支付巨额赔款，从而引发了希特勒的崛起和下一场与德国的战争。它设法羞辱德国，却不足以压制德国、避免下一场对抗。由美国总统宣布的"民族自决"的指导原则让人们燃起了一线希望，但这希望很快就将破灭。自决原则的意义在于终结帝国主义，而这场战争的结果却是帝国取得了胜利，英国就是最为明显的例证。美国也许讨厌甚至憎恶着英国的帝国体系，也不喜欢欧洲那些古老的领导人团伙，但是对此无能为力。在 1919 年带着深深的不满离开巴黎的那些国家中，有一些将会成为未来的帝国，尤其是日本和意大利。美国参议院对此有着部分理解，因此拒绝批准这一和约。所以，美国从来没有加入过国际联盟这一威尔逊提出的伟大计划。在法国，公众认为和约过于仁慈，结果克里孟梭这位伟大的战时领导人在第二年的投票中落选。和约墨迹未干，在波兰、爱尔兰和土耳其就再度发生了战争。《凡尔赛和约》本想彻底终结旧的战争形式，最终却只是画了个逗号。

对于英国来说，在停战的欢呼之后，上述那些问题还不是非常明显。无论威尔逊和克里孟梭在国内面临着什么样的问题，劳合·乔治正当得意之时。1918 年 12 月，他在大选中赢得了压倒性的胜利。支持他的联合政府的自由党人和统一派同意彼此不再对立，从而使得战时联盟延续下来。伴随着很多女性获得投票权以及重新进行选民登记，参与投票的人数达到了 1910 年选举的两倍，对于"赢得战争的那个人"劳合·乔治来说，选举结果是他个人取得的一次重大胜利。统一派和拥护劳合·乔治的候选人共赢得了 473 个席位，而阿斯奎斯的自由党则减少到可怜的 29 席，他本人也失去了席位。工党失去了和平主义者的支持，却多赢得了 20 个席位，成为第二大政党。尽管女性如今有权参选，但是没有一位女性议员能够进入威斯敏斯特，唯一当选的女性议员是贵族新芬党人马尔凯维奇（Markiewicz）伯爵夫人，她像其他横扫爱尔兰南部的新芬党人一样，进入了在都柏林自发成立的爱尔兰众议院。劳合·乔治一生都将为两件事后悔不迭：一是他对统一派的依赖，这些人再次控制了新政府；二是他在竞选期间做出的更为疯狂的承诺，要让英国成为"一块适合英雄居住的土地"。不过此时此刻,这个善变的、杰出的、腐败的、魅力四射的人,其声望和权力都正值巅峰。

战争把他从激进派分子变成了建制的顶梁柱。他比许多人更温和,希望与德国达成公平协议,还保留了自己对福利的一贯兴趣。但是,站在当时的世界舞台上,他是一个帝国的领导者。英国比以往任何时候都更加钦佩其盟友法国和美国,但人们仍旧认为这是大英帝国取得的胜利,并没有美国军队进入英国,而且美国毕竟参战较晚。当佛兰德斯和加里波利几乎没有传来什么好消息时,仍然有一些偏远地区的战斗值得欢呼,例如劳伦斯参与了阿拉伯人反抗土耳其的起义,德国军队也在东非失利。在战争最为黑暗的时期,劳合·乔治创建了帝国的战时内阁。牺牲和胜利也属于加拿大、澳大利亚、新西兰、印度和南非。在加拿大、澳大利亚和印度人的英勇事迹广为流传之后,英联邦变得更加紧密,也更加意味深远。扬·史末资(Jan Smuts)是南非人,曾在布尔战争中率领突击队反抗英国,后来却成为战时内阁的成员、英国元帅,还成为国际联盟和联合国的创建者。像他这样的人是公众心目中的英雄。同样的情况还包括前工团主义者、澳大利亚总理比利·休斯(Billy Hughes),他和史末资一样,都曾遭遇严重的种族偏见,却在伦敦的街道上收获了欢呼和赞美,如今没有任何一位澳大利亚的领导人能做到这一点了。澳大利亚士兵的牺牲的确要超过美国。现在,战争结束了,帝国的地位看起来更为巩固。爱尔兰显然是一个亟待解决的问题,印度也响起了不祥的声音。但此时看起来是一个扩张而非收缩的时期。

英国最糟糕的一些决定影响了中东地区。帝国在20世纪早期的故事过于庞大和盘根错节,难以在这里讲述清楚。但是英国的笨拙无能和对待穆斯林世界的两面三刀导致了太多无法忽视的隐患。这是一个有关对土地的贪婪、对石油的贪婪,以及对伊斯兰教的无知的故事,还要加上一些英勇无比却荒唐可笑的军事时刻。它参与制造了现代伊拉克的伤口，还有该地区的一些极端主义者和独裁政权。最初，英国主要介入的是埃及，将其看作大英帝国的附属国，这主要是因为苏伊士运河对英国及盛产石油的波斯湾的重要性。

由于丘吉尔在战前已经把英国海军依赖的能源从煤炭改为石油，波斯湾的油田和 1913 年在阿巴丹建立的炼油厂就成了至关重要的国家利益所在，也是盎格鲁 - 波斯石油公司的股东们的重要财富来源。然而，1914 年奥斯曼帝国选择与德国站在一起，开启了其他可能性。在战争早期，为了保护波斯湾石油，英国和印度的军队侵入了奥斯曼帝国的部分地区，也就是今日的伊拉克南部，占据了昏昏欲睡的泥筑城镇巴士拉，那时它早已被现代世界所遗忘。穿过美索不达米亚前往北方的远征最初非常成功，随后便成为一场灾难，在巴格达以南的库特阿马拉遭遇围攻之后，弹尽粮绝、苦苦支撑的英国军队被迫向土耳其投降。1917 年，一支规模更大的英国军队终于夺取了巴格达。

更为精彩的是，另外一支英国军队在经历早期的失败之后，于 1917 年将土耳其人及其德国顾问通过巴勒斯坦和叙利亚赶了回去。艾伦比（Edmund Allenby）将军体格魁伟、脾气暴躁、聪慧过人，是克伦威尔的后裔。他在埃及集结了一支部队，其中包括来自大英帝国各个地区的士兵，还有三个营的犹太志愿者，其中许多人来自美国。在这场战役中，他动用了 1.2 万名英国、澳大利亚和印度的骑兵，以飞机、装甲车、鱼雷艇和大量诡计为后盾，智取土耳其人，先是夺取加沙，在橄榄山造成了一场涉及威尔士近卫军团的小冲突之后，进入了耶路撒冷。艾伦比接手了这座城市，成为 700 年来到达这里的第一支基督教军队的领导者。他徒步进入，没有携带武器。随后，他向北推进到叙利亚，在战争中最具决定性的一场战役里压倒性地击败了土耳其军队，这场战役发生在米吉多，更广为人知的名字是哈米吉多顿——《圣经》中世界末日的最终战场。和艾伦比在一起的是另一位被神话打动的英国人。劳伦斯外号"阿拉伯的劳伦斯"，是学者、作家、考古学家和自我宣传的天才，曾经在今沙特阿拉伯地区领导了阿拉伯起义，他把这件事称为"边角料中的边角料"。劳伦斯劝说艾伦比，尽管他很喜欢穿着阿拉伯长袍昂首阔步，但是掀起一场由古老的哈希姆家族领导、由他本人指挥的骑在骆驼上的贝都因游击战将对常规战争大有助益。其代价就是向费萨尔（Feisal）承诺建立一个伟大的阿拉伯新王国，包括今天的叙利亚、以色列、巴勒斯坦、约旦和伊拉克。当劳伦斯、费萨尔同艾伦比的骑兵一起进入大马士革时，他们都认为这一愿望将会实现。

但是，他们大错特错了。一方面，在著名的 1917 年宣言中，英国外交大臣亚瑟·贝尔福刚刚承诺支持犹太人重返家园。在一次内阁会议之后，一封简短的信件被送交罗斯柴尔德（Rothschild）家族，表示英国"对犹太复国主义的抱负深表同情"。宣言继续说道，英国"赞成在巴勒斯坦地区为犹太民族建立一个家园"，而且会极力促成该事，"事实非常清楚，不会有任何事情对生活在巴勒斯坦地区的非犹太人的公民权利和宗教权利造成损害"。对于这究竟意味着什么，争论一直持续至今。宣言似乎是在向犹太复国主义者承诺建立一个属于他们自己的国家，但是同时又暗示这件事的发生不会伤害居住在那里的阿拉伯穆斯林的权益。但是，不管怎么说，这都意味着独立的阿拉伯国家中不能包括巴勒斯坦。艾伦比对于这个宣言忧心忡忡，试图隐瞒这一消息。然而对于费萨尔和阿拉伯起义来说，还有更糟的情况即将到来。奥斯曼帝国崩溃之后，英国和法国立即开始了对这一地区的争夺。英国一直盯着美索不达米亚，担心"俄国熊"或是自称为所有穆斯林保护者的德国皇帝会从这里向南进攻印度。现在，这些威胁都已经不存在了，但是英国开始意识到，那些从巴士拉、摩苏尔和巴格达的砂岩和沙地中渗出来的黑色焦油状物质，毫无疑问就是石油。他们想要石油。在经过了与法国人分割利益的复杂交易之后，中东被正式瓜分。巴勒斯坦和今天的伊拉克属于英国的势力范围，与英国统治下的埃及和波斯联合在一起。法国则得到了叙利亚和黎巴嫩。所谓的"民族自决"就到此为止了。

由此，在巴黎和会上，和劳伦斯同时出席的费萨尔亲王遭到了羞辱，几乎和另一个毫无希望的请愿人胡志明一样。胡志明当时在法国首都做厨房杂工，但已经开始梦想着越南的独立。两年之后，在丘吉尔担任主席的一次于埃及举行的会议上，阿拉伯人遭受的羞辱被部分逆转过来，费萨尔被封为伊拉克的第一任国王，他的哥哥阿卜杜拉（Abdullah）成为外约旦的埃米尔，这是两个服务于英国利益的伪君主制国家。这反过来削弱了哈希姆家族的王朝，阿拉伯的权力开始转移到另一个反叛的家族伊本·沙特（Ibn Saud）手中，他们信奉的伊斯兰教瓦哈比教派对现代世界产生了极大的影响。在那时，穆斯林世界的最后一位哈里发，即曾经站在德国一边宣布对敌人展开圣战的奥斯曼帝国苏丹，已经消失了。英国人一直试图说服阿拉伯人，哈里发不一定要设在土耳其，也可以在麦地那和麦加的统治者中寻找。战争之后，奥斯曼帝国的土崩瓦解也同时意味着君士坦丁堡哈里发统治的终结，这在印度（当然也包括今天的巴基斯坦）引发了抗议的怒潮，因为那时印度有 7 000 万穆斯林。这些问题非常复杂，但是到目前为止，进行汇总还是值得的。我们缔造了一些统治者是傀儡的国家。阿拉伯民族主义先是被激励起来，然后又遭到了轻慢，极端主义开始滋生，古老的哈里发制度被废除了，伊斯兰世界开始争论应该由什么制度取而代之。第一次世界大战所造成的结果，不仅在于一年一度缅怀阵亡将士的纸罂粟，它的影响至今仍然环绕在我们的身边。

最后的水声

━━━

　　至少，劳合·乔治带着大选胜利的姿态在巴黎气派十足地安顿下来，足以反映出英国仍然是很多事件的掌控者。他先是把自己定位为激进的煽动者，然后是勇于改革的内阁大臣，现在又成了战时领导人和世界级的政治家。他的号令得到了贯彻执行。帝国从来没有这样强大。最重要的是，英国皇家海军掌控了海洋。它的统治地位因为海面上漂浮的敌军尸体而更加彰显，德国公海舰队的 74 艘战列舰、战列巡洋舰和其他军舰，现在都安全地停泊在斯卡帕湾。它们航经北海，受到了英国皇家海军火力全开的"热烈欢迎"，每一艘战舰上都令旗翻飞。最后公海舰队终于在福斯湾投降，并被带到了奥克尼群岛。

　　关于如何处置这些战舰，存在很大的争议。法国人和意大利人都想要一些多余的战舰。可怕的 U 型潜艇早就被拖到哈里奇销毁了，但是德国的海军力量仍然漂浮在海上，等待《凡尔赛和约》的最终裁决。在长达 7 个月的时间里，德国海军中骨瘦如柴的船员们只能待在船上，百无聊赖地抽烟、打牌、谈论革命、跳舞、灭鼠，当军官们讨论下一步应该怎么做的时候，这些老鼠的数量正不断增加。海军少将路德维希·冯·罗伊特（Ludwig von Reuter）身处舍尔的日德兰旗舰上，他已经下定决心。如果和约的条款很苛刻，舰队将被移交，那么最好就是把它们全部沉入海底。最终的《凡尔赛和约》比德国人所做的最可怕的噩梦还要苛刻，最后的讨价还价还在继续，但冯·罗伊特已经准备好最后一次对英国比出侮辱的 V 字手势了。

　　事发当天，守卫德国舰队的英国军舰正在海上练习用鱼雷应对驱逐舰的攻击，为一些当时几乎无法想象的未来冲突做准备。出现在斯卡帕湾里的英国人，只有乘坐拖船进行一日游的 400 名奥克尼学童，以及一位在拖网渔船上给德国军舰画素描的海军艺术家。无论从哪方面来看，1919 年 6 月 21 日都是一个近乎完美的日子，轻柔而半透明的夏日天气使得苏格兰的高地和群岛感觉就像天堂一样。上午 10 点，罗伊特通过旗帜、灯光和信号给所有船只发送了加密信息，内容很简单："第 11 段。"船员们走到船舱底部，打开了通海旋塞，任由冰冷的海水涌入，然后解开救生艇，开始弃船。

从旗舰腓特烈大帝号开始，战舰开始一艘艘倾斜下沉。有些缓慢而平静地一沉到底，还有一些翻了个底朝天，发出巨大的水声。小型的英国哨舰惊慌失措，英军向德国水手开枪，试图命令他们回到船上。人们徒劳地试图拖曳一些遇难船只。一名挥舞白旗的德军上尉头部中弹，最终共有 9 名德国人被杀。这些都没有造成任何影响。很快，斯卡帕湾就被油污、气泡、漂浮的垃圾和小艇覆盖。到处都传来了嘶嘶声和轰鸣声。英国舰队赶了回来，但为时已晚。刚到下午，几乎每艘德国战舰都沉入了海底。愤怒的英国指挥官对着罗伊特及其他军官大骂，但是对方始终非常平静，面无表情。对于罗伊特来说，这是大战中的最后一次行动，减轻乃至消除了失败和投降带来的耻辱。对于那些愿意思考这件事的人来说，此次事件传达出了这样的信息：德国虽然倒下了，但仍未出局——它被击败了，但是不会因此善罢甘休。

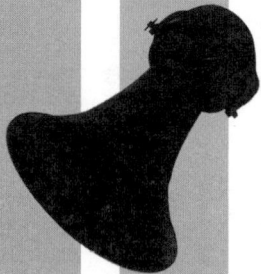

The Making
of
Modern
Britain

第三部分

和 平 年 代

1919—1939

脚步声在记忆中回响

沿着我们从未走过的道路

走向我们从未打开的门口……

——

托马斯·斯特尔那斯·艾略特（T. S. Eliot）

《燃烧的诺顿》（*Burnt Norton*），1935 年

历史的幕间

——

伟大的历史时期都有自己的名字：伊丽莎白时代，维多利亚时代，爱德华时代。但是 20 世纪两次大屠杀之间的时代，没有和任何君主的名字联系在一起。我们经常放在一起的组合是"二三十年代"，似乎两者是完全相同、不可分割的。或者，我们也会说"大战之间"或者"战争间歇期"的英国，仅仅将这鲜活的 20 年当作一次暂停，是 20 世纪伟大戏剧中的幕间。还有些人称之为"鲍德温（Stanley Baldwin）时代"，鲍德温是当时最有影响的政治家，但是如今已经很少有人知道他是何许人也。那些记得他的人，对他的印象也很模糊。他是一个扬扬自得的人，当希特勒大声咆哮时，他仅仅抽着烟斗，挠着猪背。其他政治人物或者被遗忘，或者作为滑稽无能者载入史册：拉姆齐·麦克唐纳着迷于公爵夫人，奥斯瓦尔德·莫斯利（Oswald Mosley）穿着靴子装腔作势，丘吉尔的重要时刻还没有到来。这个时代的所有事情看起来都模糊不清，无法让人满意。那么事实究竟如何？这个时代对如今的我们究竟意味着什么呢？

在这个时代可以看到：巨大的银行危机，大规模失业和经济大萧条；政治阶层遭到厌恶和嘲笑；东方一个国家的崛起使得世界的权力平衡发生了改变；国内的民众正在享受新的消费品，梦想着更加美好的生活。在这些年里，大英帝国走进了历史，现代英国逐渐显露出来，但仍然处于少年时代。很奇怪，我们对这一时期的记忆似乎都与头饰相关：矮胖的政治家戴着套叠式平顶帽，无能的金融家戴着高顶礼帽，板着脸的制造商戴着圆顶礼帽，时髦的女郎戴着钟形帽，法西斯分子戴着尖顶帽，而在街道的角落或饥饿游行中，失业者构成了无尽的人潮，他们的鸭舌帽向下拉得紧紧的。然而尽管可以根据帽子进行清楚的阶级划分，这同时也是一个一事无成的时代。总罢工不等于革命。退位危机几乎让人无法理解。尽管有很多人做出了牛津剑桥式的许诺，声称不会再为国王和国家而战，但众所周知他们仍然又去战斗了。这 20 年来最伟大的事件，包括纳粹主义的兴起、苏维埃的社会实验、好莱坞的成功、罗斯福的新政，都距离我们这个阴云密布的岛屿非常遥远。对于英国来说，这是一个处于半击发位置的伟大时代。直到 1940 年的危机时刻，这个国家才开始被调度起来，真正意义上的历史才再次开启。可能会有人认为，这个时代不仅没有名字，也不值得拥有一个名字。

但是，那些直至今天仍在回响的东西是怎么回事呢？在两次大战之间的年代里，英国出现了家乐氏玉米片和玛氏棒，见证了森宝利连锁超市、玛莎百货以及杜赫斯特屠夫的扩张。这些商店首次通过国家电网连接在一起，电力使得夜晚变得明亮起来。正是在这一时期，英国人开始沉迷于私有住房和抵押贷款。尽管有很多优秀的作家，但是建立在电影院的移动影像基础上的文化开始把书籍推到一边。在家里，在电视机出现以前，是伟大的收音机时代。很多英国人开始前往海边度假，住在巴特林（Billy Butlin）开办的第一个假日营地里，还有一些人出国旅游。

人们在狭窄的道路上挤满了汽车，沉迷于犯罪惊悚片，开始生活在杂乱扩张的郊区，吸收了新的美国文化。如果你购买有机食品、进夜店、去体育馆、吸毒或者喝鸡尾酒、读平装书或者收听 BBC 的广播、滑雪、支持自由驾驶，那么你就是被二三十年代发生在英国的事情所塑造的。我们很多人都住在排屋或者日益涌现的公寓楼群中，我们的国家特征体现为高压线塔、街边的酒吧、车库和办公室，这些都是在那一时代建成或者开始出现的。轻工业正在把钱放进我们今天称为"青少年"的那些人的口袋里。他们经历过的金融危机和关于失业问题的讨论，在如今又变得熟悉起来。至少从英格兰中部到南部海岸，30 年代的感觉就像是50 年代甚至 60 年代初期的雏形。

在某些时候，人们会更加厌恶政治，理由非常充分。外交政策是最有可能把你害死的。因为没有形成福利国家，失去工作或者社会地位比今天要可怕得多。中产阶级拥有的是仆人，而不是电器。当时没有多少垃圾，因为没有什么包装，也没有什么值得包装的东西。没有高速公路，也没有超市，所谓的购物是挎着篮子在当地的市场进行的。到处都是香烟的味道，4/5 的男人和接近一半的女人都抽烟。男孩从很小就开始抽烟了。所有牌子的烟都是高焦油的，而且不容易分解，诸如著名的白锡包、忍冬和黑猫。按照今天的标准，城市上方的浓烟污染已经达到了让人无法忍受的程度。医学仍然很原始，最糟糕的医学灾难是发生在"一战"之后的西班牙大流感，它与今天的禽流感在生物学上差别不大，但是在英国导致了约 22 万人死亡。年复一年，大量的人死于感染或者手术，这些在今天都是能够轻易避免的。虽然有亚历山大·弗莱明（Alexander Fleming）爵士进行的开创性工作，但抗生素仍难得一见，直到下一次战争进行到一半时才实现了突破。只有中产阶级和上层社会的孩子才能受到良好的教育。大部分孩子 14 岁就离开了学校，只有一小群人上过大学。对于穷人来说，医院治疗是非常残酷的，只能仰赖当地医生仁慈地减免费用。医生们有时会向富人高收费，以弥补缺口。

一些如今的人们很熟悉的事物正是起源于二三十年代，比如青睐土产有机食物或定期锻炼，但当时的做法在如今看来也很奇怪。这是一个迷信和疯狂的时代，不得不说也是疯子的时代。穿着飘逸长袍的女人在田间面容严肃地跳舞，穿着家庭自制服装的男人在森林边缘进行精神交流，试图以自己的方式找到进入美好未来的更好路径。人们对唯灵论异常狂热，部分原因是渴望与佛兰德斯"丧失的一代"建立联系。但总的来说，在电视机时代之前，人们更加古怪。因为他们可以走自己的路，不被全国关注，不被评论，也不会轻易遭到嘲笑。人们所受的教育更少，媒体的规模也更小，给了很多怪癖以存在空间。

由此产生了一种自由。那时的英国感觉上更大：在同样的空间里，人口大约比现在少 1 600 万；很难四处走动也是空间看起来更大的原因之一。对于那些拥有汽车和住在城市附近的人而言，旅行的速度会更快，但是对于大多数人来说，旅行速度非常缓慢，而且旅行本身也很少见。地方口音更重，习俗也更加多样化。只有上层阶级和波西米亚人才对国外有很多了解。不过那些实在受够了英国的人也可以走出去。政治精英每年中会有半年时间在地中海度过。最保守的贵族把时间花费在去东非打猎、耕种、饮酒和役使土著人上。雄心勃勃的低级中产阶层或者工人阶层可以前往加拿大和澳大利亚。在 20 年代，有超过 50 万人离开；而在沉闷的 30 年代，又发生了巨大的变化。按净额计算，大约有 65 万移民进入了英国[①]——当然，其中大部分都是白人。

那些生活在这一时期的人，经常被称为"战后的一代"。除了一

---

① Charles Loch Mowat, *Britain Between the Wars*, Methuen, 1955.

些高度警觉和有先见之明的人外，没有人知道一场更糟糕的战争即将来临。但这正是这一时期最重要的自我描述。"一战"似乎把过去的很多东西都切断了。顺从的旧习惯，古老的权威，都消失了。现在的问题是："我们将怎样生活？"并不是所有人都喜欢问这个问题，但是对此有兴趣的人会去探寻答案，无论他们的回答是喝酒、吸毒、乡村生活，或者全身心投入一种新的政治信条。

关于政治的极端主义，在此应该提醒一句：这本书中出现的很多人物都曾被法西斯主义思想所吸引，包括丘吉尔。在这些人中只有几个是真正的极端分子，对民主抱有敌意，准备进行暴力斗争。大多数人都抱有模模糊糊的反犹思想，其方式虽然有些势利，但也是相对平和的。相比于希特勒，更多的人被墨索里尼吸引，认为强有力的国家政权将有助于解决失业问题。重要的是，我们需要把自己的思维退回到大屠杀之前的世界，回到纳粹党卫军和希特勒的暴力扩张之前。当时的人并不知道我们现在了解的一切。

面对这些前辈，我们不应沾沾自喜。最重要的是，当时的大部分人都投票支持温和甚至比较懦弱的政党。虽然英国的大部分政治家非常无聊，但应该感到庆幸的是，正是这些政治家统治着一个故步自封、墨守成规的国家，不假思索地忠诚于日益边缘化的君主制，因为逐渐逝去的荣光而茫然自失，从来没有像其他大部分欧洲国家那样喜爱令人震惊的政治。政客们经常互相恭维对方有着用来压舱的常识，或者说"底线"。在 1931 年的大选中，55% 的投票者支持保守党。1935 年，国民政府也做得几乎同样出色。

大多数选民选择了中间路线的工党。仅有 0.1% 的人投票支持共产党。二三十年代是理想主义的时代，是对未来有着美好愿景的时代，但也是英国人被自身较低的重心所拯救的时代——大不列颠有着巨大而沉重的底座，她缺乏想象力，喝了太多茶，笨拙得无法轻易感到兴奋。尽管有着种种诱惑，但在那个时代，我们仍然保持了平衡。

悲伤和放纵

━━━

　　1920 年 11 月 9 日，几队英国士兵再度出发开往前线，每队士兵分别由一位军官率领，前往仍然残破泥泞的土地：伊普尔、康布雷、阿拉斯和索姆河，这些地方都曾经是发生过大屠杀的战场。他们来到一片竖立着粗糙的木质十字架的地方，十字架上没有任何标志，在那里埋葬的是已经支离破碎、无法辨认身份的英国人的尸体。他们在上述 4 个地点各挖出一具尸体，放进朴素的棺材里，带回一座小教堂。随后，一位军官被蒙住眼睛进入小教堂。他伸出手，在 4 具棺材中选择 1 具。其余 3 具棺材被重新安葬，被选中的这具则被火车运往英吉利海峡，在那里受到一艘军舰的迎接，并被放进一具更大的橡木棺材里，这是用从汉普顿宫廷森林砍下的一棵枞树制的。

　　在驱逐舰的护卫下，在海军上将标准的 19 响礼炮声中，死者被带往伦敦。没有人知道他是谁，是苏格兰人还是威尔士人，是诺丁汉郡的矿工还是德文郡的公学毕业生，是英勇牺牲还是在恐惧中死去。从法国被挖出的两天之后，他的灵柩在英国的街道上游行，护柩者是陆军元帅和海军上将，然后他被深埋在威斯敏斯特大教堂的沙土之下，棺木上搁着一把古剑，这是来自国王的收藏品。在接下来的几周内，100 多万人来向他告别。在外面的白厅，10万个花圈几乎把崭新的纪念碑底座都淹没了。

为一个无名战士举行国葬，是一位年轻的随军牧师大卫·雷尔顿（David Railton）的主意，后来他成了马盖特的教区牧师。他向威斯敏斯特大主教提出了这个想法，后者又写信报告了国王。乔治一开始反对这个想法，觉得过于病态，但最终还是同意了。正如作家罗纳德·布莱斯（Ronald Blythe）后来所说："这件事的确病态，但也伟大而崇高。"它被证明是广受欢迎的，利于民众的宣泄，部分是因为这种方式很民主。数百万失去亲人的父母和兄弟姐妹，都可以姑且相信这具尸体就是自己的亲人，代表了他们死去的男孩。贵族和上流社会士兵的尸体有可能被带回家园安葬，而大量死者却只能在死亡地点就近埋葬，对于这种差别待遇，曾经有过很多争论。总体来说，由诗人吉卜林领导的"丧葬民主党"赢得了辩论的胜利，所有人面对死亡都是平等的，军官和士兵应当肩并肩地安息，竖起同样的墓碑。这并非微不足道之事。在国外革命风起云涌的时代，民主的确需要可见的象征。这些年是纪念碑的时代，在法国建起了巨大的共和国纪念馆，这需要庞大的官僚机构的组织，进行工厂规模的大量墓碑切割工作；乡村、学校、火车站和城市广场上散布着数以千计的花岗岩十字架、石雕人像、漆成金色的木板。从模仿古希腊和古埃及的丧葬艺术风格，到棱角分明的全新现代主义风格，英国人在各式各样汇集着死亡的花园中成长和生活。

尽管从统计学的角度来讲，人们现在仍会不时提起的"丧失的一代"并非事实，但75万死者依然如幽灵般无处不在：学校和运动场照片中向外凝望的面庞，郊外住房二楼空荡荡的卧室，安静的家庭聚餐，办公室或乡村酒吧里老年人和孩子之间存在的异常年龄层空缺，都在展示着这一切。战争之后的10年间，2.9万套乡村房产被出售，原因便在于没有人来继承。到处可以看到伤员和残疾人。他们可能失明了，受到了毒气的伤害，行事难以捉摸，夹着空裤腿或吊着胳膊蹒跚而行。最严重的伤员伤口仍未愈合，每天都要进行处理以应对可能的感染。新式的整形外科手术仍很粗糙。直到20世纪20年代晚期，修复脸部的技术才得以完备。香烟的烟雾中弥漫着令人不安的气味。有时公园的长椅会被涂成蓝色，提醒路人这是为从医院出来的重伤员保留的，他们穿着松松垮垮的哔叽制服，戴着蓝色的帽子。爱德华时代那沸腾的血液、坚挺的灵魂，都已经耗尽了。尽管从理论上来说，仍然有足够的男人可以作为大多数女性的结婚对象，但是对于几十万失去挚爱的女人来说，对于那些仍然身着黑衣、再也不愿结婚的女人来说，这只是冷冰冰的数字，毫无意义。本书作者的年龄刚好足够记得那些"因为战争原因"而没有结婚、过着单身生活的姑奶奶，虽然她们也生活得很快乐，专注于水果蛋糕和友谊。

最终，悲伤实在太多了，公众禁欲主义造成的压力太大，仍在呼吸的活人已无力承受。于是，幸存下来的人们又开始寻找乐趣。20年代的城市生活以其刺耳的娱乐活动而闻名，这是对沉闷的鼓声、寂静以及对着成堆的砖块和青铜脱帽致敬的一种基本回应。沉重的赞美诗旋律抚慰过许多人，爵士乐则是对此的回应。战争使这个国家变得沉闷、破旧不堪，于是随之而来的是粉饰和愚蠢的时代。上流社会的女孩模仿民众，用胭脂、睫毛膏和口红令父母震惊不已。女性开始在公共场所吸烟。和其他更小型的战争一样，"一战"是一次充满阳刚之气的事件。男孩迅速成长为男子汉，然后像男子汉一样死去。男性的穿戴就像现代战士：闪亮的厚腰带、厚重的靴子、带有青铜装饰的粗糙大衣、尖顶帽。在战时，胡子和长发是异见者的象征，会引来愤怒的目光和大声的评论。因此，战争结束后，那些恰巧错过了战争的年轻人用色彩斑斓的服装作为回应。在他们长辈的眼里，这样的着装太过女性化了。反过来，女人则看起来有点像男孩，穿着桶形的连衣裙，为了掩饰胸部在胸前镶边，剪短发，先是波波头，然后甚至更短，使得女孩看起来就像假小子。作家伊夫林·沃〔Evelyn Waugh〕与一个也叫伊夫林的女人结婚，他们被称为男伊夫林和女伊夫林。两人在照片中穿着同样的裤子和衬衫，表情也同样夸张。上层阶级和附庸风雅的追随者引领了潮流，但多亏了全国各地的大众振纸，人们才开始以某种方式模仿他们。

尽管我们想到的最放荡不羁的不端行为的画面都来自 20 年代那段"光彩年华"，但这种模式其实在战争期间就已经成形了。达夫·库珀的日记是一个很好的研究个案，此人在战争的大部分时间里在外交部工作，并深爱着戴安娜·曼那斯（Diana Manners）夫人，一位光彩照人、人脉很广的爱德华时代的美人。库珀的日记中记录了数量惊人的随意做爱和酗酒行为。由于存在怀孕的危险，这些事情可能不完全是生理性的，但是在花样和数量上堪比后来那些被认为更加放荡的时代，甚至有过之而无不及。战争期间，红酒和香槟、陈年白兰地和威士忌，都在汩汩流淌，还有大量的毒品，主要是注射用吗啡。购买可卡因和海洛因是合法的，在军队中也很常见。在某种程度上，库珀的日记就是对享乐主义和自我放纵的记录，其规模足以碾压 60 年后的大多数摇滚歌星的所作所为。然而，只有把这些和同样惊人的死亡率结合在一起思考，才能真正理解这一切。在库珀的一个朋友、阿斯奎斯的一位姻亲被杀后，他回忆起爱德华时代的派对，自己现在是聚会中唯一幸存的男性了，于是无助地哭泣了一整天。最后，他在俱乐部里吃了顿饭："我喝了最好的香槟——1906 年的伯瑞香槟。因为我想，如果是我先被杀，爱德华也会这样做的。"他拒绝出去吃饭，因为担心就餐期间会哭出声来。库珀一直服役到战争结束，表现得非常勇敢。

这种人生苦短须尽欢的决心，毫无节制地流入了战后世界。近来与此类似的可能就是越南战争之后美国青年的吸毒享乐主义了。那时，在 20 年代的英国，老年人和青年人陷入了一场史诗般的代际冲突。那些穿着花哨衣服的肤浅而神经质的上层社会的孩子组成了一支大军，砸毁酒吧，发明新的鸡尾酒，在百货商店的柜台前跳舞，学习骆驼舞步、西迷舞、黑臀舞和臭名昭著的查尔斯顿舞，还偷警察的帽子，这些孩子中有很多都是从前线回来的军官，还有很多人的兄弟、亲属和爱人被杀害了。在那些来到伦敦并改变了伦敦品位的人中，有第一批哈莱姆爵士乐音乐家，这些黑人音乐家带来了早期的好莱坞电影和黑帮故事。老人和上司们都目瞪口呆，而媒体一如既往地为这个故事添油加醋——这一次动手的是报纸八卦专栏作家这一时髦的新行当。诺亚·考沃德（Noël Coward）曾写过一部涉及毒品的戏剧《漩涡》（The Vortex），他穿着丝绸晨衣，一脸堕落的表情，对着一家很受欢迎的报纸摆造型。他向《伦敦标准晚报》（Evening Standard）承认："我从来没有离开过鸦片、可卡因和其他邪恶的东西，我的头脑里充斥着腐败。"[1] 诸如赛比尼斯和泰坦尼克那样的黑帮（后者之所以被这样命名，显然是因为他们打扮得漂漂亮亮的，就像客轮上的乘客一样）在苏豪区和赛马场大打出手，就为了控制 20 年代英国新的罪恶中心——夜总会。在那里你可以找到前军官、新芬党人、黑帮成员、妓女、舞女和毒品贩子。还有一些同性恋俱乐部，挤满了不听国王指挥的男人。有人告知乔治五世，他的一个熟人是"同性恋者"，国王震惊地回答说："我以为这样的男人会开枪自杀。"

---

[1] Jon Savage, *Teenage: The Creation of Youth*, Chatto & Windus, 2007.

夜总会的繁华和贵族阶层的衰落

"夜总会女王"是一位出身显赫的女性，她的孩子在哈罗公学和布莱顿罗丁女子学校读书。[①] 凯特·梅瑞克（Kate Meyrick）在爱尔兰的一所名为"仙境"的房子里长大，和当医生的丈夫离婚后，面临谋生问题的她决定创造出属于自己的迷人空间。1919 年，她在莱斯特广场开了第一家夜总会，客人从丹麦国王到俄罗斯难民，从黑帮成员到玛丽·劳埃德，无所不包。那里有手枪射击和对峙，有围绕酒精许可证而展开的敲诈勒索和争吵。她曾经因为拒绝一位苏豪区黑帮分子入内而遭到殴打，也曾被警察突袭和罚款，但是她的小小帝国一直在扩展。曼哈顿、小小大世界、银拖鞋和更多家夜总会使得梅瑞克成为首都最有权势的娱乐人物之一。她旗下最著名的一家夜总会被简单地称为"43 号"，这是其在苏豪区爵禄街的地址。这是一座巨大的建筑物，从照片上看，有着光秃秃的舞池，还有教堂里那种曲木椅，以及白色的桌布。然而43 号注定要成为英国最声名狼藉的夜总会，它的顾客包括鲁道夫·瓦伦蒂诺（Rudolph Valentino）、查理·卓别林、很多贵族、社会主义者和保守党议员、几个臭名昭著的杀人犯、金融家和数百名找乐子的普通中产阶级。银拖鞋夜总会有一个玻璃舞池，从下而上被彩灯照亮，并带有波浪效果，是 20 世纪 20 年代中期英国最精致的夜总会。大多数夜总会只提供夜间跳舞、饮酒和调情的服务，但是它们的确成了颓废和叛逆青年的象征。

---

① K. E. Meyrick, *Secrets of the 43*, John Long, 1933.

如果说凯特·梅瑞克代表的是寻欢作乐的 20 年代，在她职业生涯的大部分时间里，代表权威的面孔都是吉克斯（Jix）那张圆润粉红的脸——吉克斯是威廉·乔医森－希克斯（William Joynson-Hicks）爵士举世皆知的外号。他是一个绝对强硬的右翼分子，在战前著名的索尔福德选举中曾经击败丘吉尔，以捍卫所有最保守的事业而闻名。他反对改革祈祷书，他为戴尔（Dyer）将军在阿姆利则屠杀印度人辩护，他支持为了让阿尔斯特留在英国而发动叛乱和内战，他也没有时间关心犹太人和外国人。1924 年，他在鲍德温手下担任内政大臣，当有人问他具体是做什么的时候，他眼睛都不眨地回答："我是英国的统治者。"在他致力于简单确定的一生中，唯一一次自我质疑的时刻是有一天来到白金汉宫，却发现自己穿了一双棕色的鞋。[1] 幸运的是，一双借来的鞋拯救了即将发生的灾难，好心的国王因为这件事情笑了好几天。吉克斯从不犹豫不决。他发起了一场针对 24.2 万名在英国登记过的"外国人"的反对运动，并提高了移民入境门槛。他还发起过其他激烈的运动，反对在公共绿地卖淫，支持对"不雅"诗歌和图画进行检举，其中也包括劳伦斯（David Herbert Lawrence）私下印刷的作品，而那个声名狼藉的当代名人威廉·布莱克的画作的查获使得他陷入了麻烦。他还在竭尽全力消灭同性恋行为。

吉克斯对夜总会近乎执迷。截至 1928 年，他已令 65 家夜总会遭到突袭和起诉，罪名是违反了酒精许可证的规定，其中 62 家被迫关闭。但是梅瑞克的"43 号'却奇迹般地幸免于难，让他愤怒不已。最后发现，原来刑警队中的苏豪区警署警长乔治·戈达德（George Goddard）一直在受贿。梅瑞克被判处 15 个月的劳役。在 1933 年去世

---

[1] H. A. Taylor, *The Life of Viscount Brentford*, Stanley Paul, 1933.

前她曾 5 次进入霍洛韦监狱，这就是其中的一次。对于一个有着传统思想的中产阶级女性而言，监狱生活真是可怕的折磨。她回忆说，劳役犯要负责监狱里所有洗衣、修鞋和捡棉絮的工作；一个女人最近被处以绞刑，尖叫着、踢着脚走向死亡，当劳役犯们列队行进时，可以清楚地看到不远处她的坟墓。梅瑞克一次又一次地从监狱世界重返上流社会，继续与当时的社会名流们保持亲密的关系。然后，当吉克斯又一次重拳出击，她就会再度入狱。吉克斯以《领土防务法案》为武器，那是一部严苛的战时法案，至今仍有效力。但是，也许是梅瑞克笑到了最后。照片中的她大胆而自豪地凝视前方，从未因入狱的经历而感到羞愧。她的两个女儿都为人直爽、引人注目，两人全都嫁给了贵族，一个成为金诺尔（Kinnoul）夫人，另一个成为克里福德（Clifford）夫人。

梅瑞克的故事还有助于我们了解战后社会的其他方面。在某一个层面，爱德华时代的“社会”回归了。夜总会的魔力中既包含那些历史悠久的名门望族，也把美国人和新贵都紧密联系在一起。对于一位拥有贵族头衔的年轻女性来说，在“社交季”里向王后介绍初出茅庐的少女，在伦敦的大房子里为贵族青年举行聚会，吸引媒体的注意力，这一切在 1922 年如同在 1912 年时同样重要。伊夫林·沃那一代的乡村聚会与他们爱德华时代的父母没有什么不同。在政治上，阶级仍然至关重要，在某种程度上，当劳合·乔治的政府被保守党政权取代之后，阶级甚至变得更加重要了。乡村政治似乎得以回归。1922 年，一位拥护劳合·乔治的保守党议员亚瑟·李（Arthur Lee）把自己的乡间别墅赠送给国家，供首相个人使用，以防首相自己没有别墅。古老的名门望族占主导地位：塞西尔、德比、德文希尔、贝尔福和寇松。甚至反叛者也都是些拥有贵族头衔的人。爱尔兰革命女英雄、马尔凯维奇伯爵夫人康斯坦斯·戈尔－布斯（Constance Gore-Booth）就是贵族血统，与威斯敏斯特、泽特兰和斯卡伯勒家族关系密切。社会主义者也得到了斯特拉博尔吉（Strabolgi）男爵、帕穆尔（Parmoor）男爵和斯塔福德·克里普斯（Stafford Cripps）等叛逆贵族的支持。帝国似乎需要无尽的贵族总督，而任何体面的上市公司都会在便签纸上记着一两个准男爵的名字。这是伟大的伦敦贵族俱乐部时代，不仅仅是伦敦，每个大城市也都有自己独特的俱乐部。小说家们使得达官贵人的概念在普通中产阶级读者中变得栩栩如生。沃描绘了布赖兹赫德庄园、伍德豪斯描绘了布兰丁斯城堡，而康普顿·麦肯齐（Compton Mackenzie）描绘了几乎没有被时间改变过的古老的苏格兰高地领主，犯罪小说的新潮流则聚焦于杀人的管家和远离村庄高居山顶的"大房子"。这一切与俄国贵族正在经受的毁灭相去甚远，更不用说德国或法国的地主乡绅了。

然而，梅瑞克夫人可以把两个女儿嫁给贵族这一事实，显示出贵族生活的假面变得多么单薄。在夜总会里，那些拥有贵族头衔的年轻人巴结着来自好莱坞的明星和出手阔绰、富有才华的外来者，一点不比对方对自己的讨好差。农业的萧条即将到来，将会很快导致房地产的大规模抛售，许多乡村别墅将被毁坏。伦敦的社交季仍在继续，但是许多场馆都关门了。高尔斯华绥笔下的福尔赛世家（Forsytes）在伦敦梅费尔区拥有富丽堂皇的大宅，但这样的世界正在被伦敦的旅馆和公寓楼街区所取代。战后第一年，塞西尔在阿林顿街的豪宅被出售，遭受同样命运的还有德文希尔的别墅和达特茅斯（Dartmouth）勋爵在梅费尔区的宅邸。没有斧子对准这些贵族，但是拆迁的铁锤却扫荡了他们的家园。多切斯特、兰斯当、切斯特菲尔德、森德兰和布鲁克的别墅都将消失不见，在它们的旧址上建起了娱乐场所和公寓。梅瑞克的夜总会迎合了一种新的都市现象，私人的舞厅和餐厅变成了公共空间，只要有足够的现金和干净的衬衫就可以进入。爱德华时代上流社会的领袖们很清楚，他们所知的那个有着严格规范、相互联系的家族圈子和崇高威望的战前社会再也不存在了，被战争和税收破坏殆尽。战前的自由党已经在那些古老特权之中掏了很多洞，现在的建制已不再是一座宏伟的大厦，而是一块浑身是洞的海绵，民主文化正在渗入其中。毕竟，我们之所以还会谈及布赖兹赫德庄园，只是因为这正是一个乡下出版商的儿子被邀请参加了豪华聚会的故事。

战争撼动了旧秩序，但是并没有带来任何其他东西。吉克斯代表了一种回归维多利亚时代价值观的强烈倾向，或者至少是回归想象中不那么动荡的战前英格兰，那时主教很受重视，刽子手的工作永远做不完。但是吉克斯遭到了很多人的嘲笑，甚至其他大臣也不认同他。他似乎很清楚自己是有违时代精神的，至少也有足够的幽默感，收集了大量讽刺自己的漫画。事实是，他所代表的权威——王冠和国家，都已经衰落了。它并没有像在俄国或德国那样彻底溃散，这个国家中更古老、更保守的地区对待权威还是很严肃的。仍有很多人会去教堂礼拜，童子军、基督少年军，还有现在的英国老兵协会等组织都正处于鼎盛期。但是，这个国家剩余的大部分人都忽视了旧权威，开始走自己的路。"我们将如何生活"这一战前的问题带着更强的力度回归了，这一次变得更加个人化。娱乐掌门人梅瑞克值得作为一个真正标志性的人物被铭记，从她自身的角度来讲，其意义如同艾略特和爱德华八世一样重大。一个政治、毒品、性行为、艺术和写作实验的时代开启了，威斯敏斯特真正统治英国的时代已经开始衰退，而女性最终赢得了选举权。对此，政客们自己应该负主要责任。

兜售荣誉

第一次世界大战结束后的几年间，英国出现了历史上最令人沮丧的三流政治。矮胖的无名小卒摇摇摆摆地走过舞台，往往发生在巨人陨落之时。这个巨人就是劳合·乔治。他还不能算作老人，因为巴黎和会时他年仅 56 岁，尽管黄白相间的小胡子和凌乱不堪的头发使他看起来就像是某种介于海象和上了年纪的民间音乐家之间的生物。凯恩斯（John Maynard Keynes）是在巴黎认识他的，对他有着这样的形容："这位仙人，这个山羊脚的游吟诗人，这个半人半兽的访客，就像是从凯尔特时代女巫横行的魔法森林穿越到我们这个时代的。"这可能有点过分了。劳合·乔治的保守党同僚只是对他的癖好微微点头，简单地称他为"山羊"。他的脚是实心黏土做的。在照片中，他被其他头戴大礼帽、身穿礼服大衣的领导人簇拥着，给人一种他根本不在乎这些东西的印象。就个人而言，他和以前一样深具魅力，掌握着近乎独裁的权力，却依然是一个很好的倾听者，不可思议的蓝眼睛里充满了嘲弄。他工作努力，玩得也很尽兴。他是一个开朗明快的人。然而在政治上，属于他的比赛终于到了终局，尽管他努力辗转腾挪，但随着枪声归于宁静，他便是一个注定要失势的领导人了。

按照现代的标准来看，他不太干净，靠出售贵族头衔和骑士身份赚取现金。这并不新鲜。在整个历史进程中，政党都会通过金融或其他方式回报其支持者。早在劳合·乔治爬到可以提供某种形式的赞助的位置之前很久，阿尔弗雷德·哈姆斯沃斯拒绝了一个低级的贵族头衔，并解释说："如果我想要成为贵族，会像一个诚实的人那样买一个。"1906

年自由党大获全胜之前，自由党党鞭、埃利班克的默里（Alexander Murray）男爵为了筹集资金，就曾兜售荣誉勋章。在 1911 年几乎搞垮了劳合·乔治的马可尼丑闻之后，默里一度被迫逃往哥伦比亚的波哥大，以躲避新闻记者的追踪。在劳合·乔治下野很久之后，用贵族专享的称呼和服饰来换取现金的行为仍然在威斯敏斯特继续着。直到现在，这个主题偶然还会激起愤怒的讨论。劳合·乔治又有什么离谱的呢？很简单，他做得过于明显了。劳合·乔治总是采取很实际的方法。他欣赏商人，也就是像他一样白手起家的人。和那个年代的大多数政治家不同，他自己没有钱，在成为联合政府的首相之后，他也没有一个真正独立的国家层面的政党机器。所以他才兜售荣誉，募集资金，以此保证自己的政治地位。他迅速建立起一张价格表：按照今天的标准，成为骑士需要大约 33 万英镑，成为准男爵需要 130 万英镑。他并不介意自己在向谁收费。致命的是，他接受了一位老朋友的服务，那是一位牧师之子、前任间谍、勒索者和流氓，名叫马恩迪·格雷戈里（Maundy Gregory）。

马恩迪·格雷戈里是一名剧院经理，但是他多年来一直是秘密间谍，收集了伦敦半数权贵的秘密，这才是他真正的使命。威斯敏斯特一直在吸引骗子和各种异想天开的人。今天，这里仍然存在一条完整的产业链，其谋生手段就是说服外来者，主要是公司，相信他们这些圆滑的从业者有着接触巨大权力的门路。有些时候，他们的确能够做到。马恩迪·格雷戈里则把这一行当发展到了极致。他华丽的办公室位于议会街 38 号，能够看得见下议院，设有一个很有用的后门和一套奇特的召唤出租车的彩色灯光系统。格雷戈里让自己的"信使"穿上绣着金色王冠的制服，看起来就像政府的信使一样。他出版了一份发行量不大、看上去令人印象深刻的杂志《白厅公报》（*Whitehall Gazette*），上面刊登着极其乏味的文章，有任免信息，有爱国宣传，很容易被人误解为政府的官方出版物。他和高级大臣、政府官员、外国政要及外围王室成员混在一起，导致很多人以为他也是行政机构中举足轻重的一分子。他的白厅办公室成为流言蜚语、收受回扣、以权谋私和行贿受贿的交易中心。安全部门军情五处的创始人也在他的朋友清单里。《白厅公报》表明，他的观点是极端右翼和反犹主义的。他半公开地与有夫之妇伊迪丝·罗斯（Edith Rosse）生活在一起，还有间接证据表明，后来他因为厌倦而谋杀了对方。据估算，大约有 34 万名通过战争捞得好处的奸商，当其他人挣扎在死亡边缘时，他们却在 20 世纪 20 年代初变得权势滔天，既令人无法忍受又显得神秘莫测。格雷戈里就是这些人中的代表人物。

这就是劳合·乔治和他的党鞭、丘吉尔的表亲弗雷迪·盖斯特（Freddy Guest）选择在荣誉出售业务中充当中间人的人。盖斯特承认，自己并不喜欢亲自与那些"戴着棕色圆顶礼帽的肮脏的小男人"打交道。[1] 格雷戈里什么都卖。他出售大英帝国勋章，这是在战争期间因为公众情绪的高涨而创造出的一项带有更多民主性质的荣誉，但是由于格雷戈里做得太过，这枚勋章不再被称为"大英帝国勋章"，而是被称为"坏蛋勋章"[2]——从劳合·乔治担任首相到他在 1922 年下台，4 年里大约有 2.5 万人获此殊荣。格雷戈里还出售骑士头衔。其中有 1 500 人是在同一时期获得了奖励，伦敦也因此被那些知悉内情的人称为"蹩脚骑士之城"。他出售爵位和枢密院议员的职位，四处兜售，一件不留。他把这些职位卖给了战争投机商、已被定罪的罪犯和骗子。毫不奇

---

[1] Tom Cullen, *Maundy Gregory, Purveyor of Honours*, Bodley Head, 1974.
[2] 大英帝国勋章（the Order of the British Empire）和坏蛋勋章（the Order of the Bad Egg）的缩写均为 OBE。——编者注

怪，国王变得越来越担心，而且非常生气。劳合·乔治和格雷戈里似乎是在嘲笑牺牲和荣誉的根基，而这正是英国在战后赖以安慰自己的东西。

国王不是唯一的不满者。这里我们需要再介绍一位神秘而富有魅力的角色，他已经在本书中短暂地出过场了。上次我们谈到维克多·格雷森的时候，他已经作为社会主义者在 1907 年的一场著名的补选中当选，但是由于酗酒，很快就终止了议员生涯。他恢复之后前往佛兰德斯作战，战壕一度治好了他的威士忌成瘾。受伤回国之后，因为早产，他又失去了妻子和女儿。他试图重塑自己的政治生涯，周游各个造船厂和工厂，发表拥护战争的演讲。他加入了激烈反对德国及布尔什维克的英国工人联合会（British Workers United League），在这里，他遇见了格雷戈里和主张强硬外交的恶霸兼骗子霍雷肖·博特利（Horatio Bottomley）。战争结束后，他看起来奇迹般地富有，试图重回议会，并持续发表为归来的士兵辩护的演讲。[1] 传言他受到了军情五处和格雷戈里的监视，被怀疑是布尔什维克或爱尔兰芬尼亚兄弟会的特工。也有人说他服务于军情五处或格雷戈里，又或是同时服务于两者。那么，维克多·格雷森究竟是何许人也？

无论他究竟是谁，在 1920 年 9 月利物浦的一次演讲中，他把矛头指向了劳合·乔治和马恩迪·格雷戈里，提醒听众们，首相曾经承诺给复原回家的军人们"一块适合英雄居住的土地"：

但是他们得到了什么呢？用来重新开始生活的一点点可怜的微薄

---

① David Clark, *Victor Grayson: Labour's Lost Leader*, Quartet, 1985; Donald McCormick, Murder by Perfection, John Long, 1970.

津贴，持续的失业威胁，一点信用都没有。他们看到了什么呢？战争投机商们花了上万英镑购买男爵的名号。我宣布，这次荣誉出售是一起全国性的丑闻。它可以从唐宁街10号一路追溯到一位在白厅拥有办公室的戴单眼镜片的花花公子，他组织了这个国家自"衰败选区"以来最大的政治骗局。我认识这个人，而且总有一天，我将公布他的名字。

几天后，格雷森在斯特兰德遭到殴打。然后，在1920年9月28日晚上，他与一些新西兰人在一起饮酒，突然接到一个信息，让他前往莱斯特广场的一家酒店。他向同伴们保证会很快回来。那天晚上晚些时候，最后注意到格雷森的人是一个名叫乔治·弗莱姆韦尔（George Flemwell）的画家，当时他正在汉普顿宫附近描绘泰晤士河夜景。弗莱姆韦尔曾经给格雷森画过肖像，因此认出了他，看到他乘坐一艘新款的电动小船过河去往迪顿岛，爬上防波堤，进入了一座小屋。此后再也没人见到过格雷森，他彻底消失了。那座小屋名为"浮华世界"，属于马恩迪·格雷戈里。

格雷森是被谋杀了吗？还是仅仅遭到了报复？直到50年代，还会出现零星的目击报告，有人声称在伦敦地铁里见过他，也有人说在西班牙，在伦敦北部的贫民窟，在新西兰。一位记者非常确信自己认出了他，却被当时的首相温斯顿·丘吉尔调到了一个薪水丰厚但名不见经传的政府岗位工作。从爱德华时代开始，一直有持续的谣言声称格雷森是莫尔伯勒家族的私生子。也就是丘吉尔的表亲，这就解释了他的财富和自信。蛛丝马迹早已湮灭，这个秘密恐怕永远都不会有真相大白的一天了。但至少我们知道马恩迪·格雷戈里和荣誉买卖业务后来的发展。劳合·乔治愉快地继续着这项业务。私下里，他辩称这是"为政党筹募资金的最干净的手段"，但在公开场合是不能这么说的。在1922

年6月的荣誉榜单上，被提名为贵族的5人中有4人都被认为"不大光彩"，其中有一位是肯定的——一个已被定罪的南非诈骗犯鲁宾逊（Robinson）赫然名列新贵族的名单之中。这件事在当时激起了轩然大波，弗雷迪·盖斯特只得亲自前往萨沃伊酒店的套房，向鲁宾逊解释说交易取消了。鲁宾逊有点耳聋，还以为对方是想要更多的钱，于是拿出了支票簿。乔治国王认为这是对君主制的侮辱。劳合·乔治在随后的辩论中对下议院发表的言论更是一场灾难。虽然导致他下台的最终原因是对土耳其外交危机的拙劣处理，但是那些保守党议员之所以撤回对这位花招用尽的威尔士巫师的支持，主要是因为受够了他的卑劣行径。他已经失去了自己的权威。一个皇家委员会制订了改革计划，出台了1925年《荣誉封号（防止滥用）法案》——尽管在今天看来，这个法案的标题过于乐观了。

那么格雷戈里怎么样了呢？他还在继续做生意，只是换了个方法，采取了更多预防措施。他最终落入了一个由保守党领袖戴维森（J. C. C. Davidson）布置的复杂圈套中。他试图收取一名前海军军官1万英镑，向其出售爵士身份，根据新法案，他被判入狱，并通过交易让他保持了沉默。戴维森后来透露，格雷戈里被告知，如果他不说出那些购买了高职位的贵人的事，"我们可以向当局施加压力，让他在服刑期满后住在法国，每季度还能得到养老金"。最初的提议是每年1 000英镑，通过不断讨价还价，格雷格里又设法将金额增加了一倍。按照戴维森的话来说："马恩迪·格雷戈里的确遵守了自己的诺言，我们也把他保护到了最后。"他改了名字，在巴黎过着体面的生活，直到德国人再次入侵法国，他被围捕，送进德朗西战俘集中营。据说他拒绝了德国人要求他叛变的提议，死于1941年。

最后的自由党人

在最初的战后岁月里，劳合·乔治的胜利与英国的胜利似乎是交织在一起的。英国皇家海军比以往任何时候的任何一支海军都要强大，或者说至少比当时的任何一支海军都要强大。毫无疑问，英镑很快会再度称霸全球贸易体系，伦敦将再次成为世界中心。至于其他方面，劳合·乔治承诺要建设"新耶路撒冷"。随着停战而来的是狂欢的场面，到处流传着在公共汽车上醉酒和在街头公开交媾的故事——这也许是对"山羊"的一种举国颂扬。欢笑之后是短暂的繁荣。随着和平时期需求的到来以及突然扩展的贸易，就业率、工资和物价都在上涨。对价格、生产、旅行和货币进行的工业和社会领域的控制——这些劳合·乔治借以构建战时国家经济的东西，都消失了。

然而，劳合·乔治已经偏离了自己的政治道路。他也许曾经非常激进，但他的联合政府属于保守派。他在 1918 年的承诺是要使英国成为"一块适合英雄居住的土地"，但是他放弃了经济转型所需的几乎所有政府机制，这与他的承诺背道而驰。在战争时期近乎独裁的统治之后，英国突然间重新回到了自由放任的状态。铁路被归还给了所有者；尽管存在罢工和关停，矿山也回到了原来的业主手中。对于工资和物价几乎没有控制，也没有像 1945 年之后那样进行社会改革。政府确实一阵风似地修建了大量房屋，但是当开销数额曝光之后，负责这项事务的官员却被迫辞职。到了 1923 年，新房屋的短缺量超过了 80 万套，比战争末期的情形还要糟糕。更多工人获得了短期失业和疾病保险，这是战前劳合·乔治改革的延续，但新的国家医疗体系和激进的教育改革已经无人提起。离校年龄仅仅提高到了 14 岁，为工人阶级兴建新中学的承诺也未能实现。直到 1928 年，女性才取得和男性同样的投票权。

由于议会由一个反对大政府的政党主导着，很难想象劳合·乔治怎么可能做得好。他也许会谈到干预和改造，却没有足够的现金和得票数去付诸实施。战争花费巨大，很多都是借贷而来。相比 1914 年，国债提高了 13 倍。爱国者们被动员起来偿还债务：斯坦利·鲍德温当时还是一个不怎么出名的议员，是财政部的财政司司长，他用自己财富的 1/5 购买战争贷款债券，然后直接交给财政部烧毁。在写给《泰晤士报》的署名"F.S.T."（他职位的首字母缩写）的信中，他解释了自己的所作所为，并总结道："我把我的一部分财富贡献出来，作为一种感恩的回馈，是因为我秉承着这样的信念：我们再也不会有这样的机会，能够在如此生死攸关的时刻给祖国带来帮助。"[1] 这真是一个奇怪的时代——一位财政官员从个人立场出发，首先向自己狠狠征了一笔税。几乎没有人追随他的脚步。

与此同时，收入所得税仍然居高不下。对高收入者的征税率达到了 33%，而战前仅为 8%。政府的支出在缩减，从战争高峰时期的 270 万英镑，缩减到 1920—1921 年的约 100 万英镑。因此，当那年冬天繁荣转为萧条时，没有额外的支出来缓冲这种影响，也没有创造就业的项目或实现工业现代化的计划。经济的衰退十分可怕，那一年在当时被认为是自工业革命以来经济最为糟糕的年份。战前，英国的工业已经落伍，现在更是如此，只有工程领域存在几个亮点。大约一半的出口产品是

---

[1] Roy Jenkins, *Baldwin*, Collins, 1987.

煤炭和棉花，然而棉花现在主要由亚洲人生产，也主要卖给亚洲人。很快，对于外国商品"倾销"的担忧使得古老的关税争论再度复活，即使是老牌的自由贸易中心，者如约克郡的羊毛业，也呼吁进行关税保护。在整个英国，传统工业领域的雇主开始削减工资或者关闭车间。现代化终将实现，但与此同时，邯段成为两次战争间歇期标志的长期而痛苦的高失业率时期开始了，失业总人数很快达到了 100 万。1920 年，即使凯恩斯本人也并不是凯恩斯主义者。随着新成立的共产党开始让大臣们忧心忡忡，工业动乱蔓延，认为劳合·乔治是工人们天然盟友的想法终于永久地平息了。他自己也变成了一个被工团主义者和激进分子仇恨的对象，就像他曾经的贵族对手一样。

劳合·乔治很快将会发现，自己在海外的权力也非常有限。英国也许统治了海洋，但在陆地上却无能为力。对俄国进行干预、支持"白军"对抗列宁和托洛茨基（Leon Trotsky）的行动以彻底失败告终。数千人的英国军队被发配到寒冷的阿尔汉格尔和摩尔曼斯克，还有些人和海军上将高尔察克（Aleksandr Kolchak）一起前往西伯利亚。在那里，俄罗斯民族主义者、美国人、法国人和捷克人都渴望着能够重返家园，他们对抗着无情的政权。红军指挥着俄国的心脏和神经系统；而白军也对恐怖充满热情，不是一个支持民主的选项；整个干预行动只是成功地证实了布尔什维克对资本主义西方的所有看法。发动一场新的反布尔什维克战争的热心支持者主要是陆军部的丘吉尔，但英国人对他的讲话毫无兴趣，劳合·乔治更是对此憎恶已极。这位在威斯敏斯特批评丘吉尔的年长者认为这正是丘吉尔孩子气地渴望流血牺牲的另一个例证。在丘吉尔自己的左倾选区邓迪，他的支持率一路下滑，最终被一位禁酒主义候选人击败——对于邓迪人来说，投票支持禁酒可不是件容易的事。

在俄国的失败并不是英国无法按自己的方式行事的唯一迹象。在地中海，在新晋崛起的民族英雄穆斯塔法·凯末尔（Mustapha Kemal）的领导下，土耳其人与英国人兜起了圈子。在印度，由于恐慌和压制，不满情绪急剧增长。最糟糕的事件是发生在 1919 年 4 月的阿姆利则惨案，戴尔将军下令军队向手无寸铁的示威者开枪，导致 379 人死亡，在英国引发了巨大争议，一部分人认为他是个愚蠢的杀手，另一部分人则视他为伟大的帝国英雄。这导致了甘地的非暴力不合作运动，成为印度帝国走向终结的开端。这是一场漫长的终结，被丘吉尔和其他怀旧者拖延了多年时间，但在"一战"结束后不久，恶化的局势就已经暴露出来了。我们已经对英国在中东政策上愚蠢的背信弃义感到过绝望，也看到了德国战舰在斯卡帕湾对我们表示的轻蔑。但是英国掌控周围世界能力的衰落最为重要的标志，几乎无可避免地来自爱尔兰。

很少有哪个国家参与了大选，然后又无视大选所要建立的议会。但这正是发生在南爱尔兰的事实。1918 年，新芬党大获全胜，成立了独立的爱尔兰众议院，抵制威斯敏斯特议会。皮尔斯在行刑前的梦想实现了，复活节起义领导者的鲜血浇灌了反叛的土壤。爱尔兰众议院宣布成立共和国，选举德·瓦勒拉为总统，建起了自己的法院，征税，支出公共费用，仿佛是一个独立国家的合法议会一样。往轻了说，这给威斯敏斯特提了个难题。如果事情到此为止，推测劳合·乔治会怎么做将是一件有趣的事情：英国没有再打一仗的情绪了，也许双方会签署一份和平协议。但很快，旧日的爱尔兰志愿军被迈克尔·柯林斯（Michael Collins）重建为爱尔兰共和军。这支队伍得到了来自美国的金钱和武器资助，还有来自英国行政部门的内部信息。柯林斯和几千名追随者开始发动小规模的伏击和暗杀，袭击英国军队、警察以及任何被认定通敌的人。这是非常典型的游击战模式，传统军队很难应付。随着暴力的蔓延，伦敦方面的回应是宣布爱尔兰众议院及新芬党为非法组织，不久后又启用了辅助机构"爱尔兰王室警吏团",该部队大部分由复员士兵组成,前往爱尔兰,对那里的人民施以爱尔兰共和军式的战术。

这是一场残酷无情的小型战争,以双方都在执行暗杀和冷血的死刑为特征。在都柏林的克罗克公园看球的一小群人遭到冲进球场的装甲车扫射,12人死亡——这是英国人对于之前14名官员被杀的报复。随着暴力的升级,来自国内的批评也日益增多,军队指挥官告诉劳合·乔治,要么撤退,要么让军队全力以赴,进行全面战争,这意味着10万兵力、碉堡、道路封锁,以及用于全面镇压的一整套措施。这听起来就像是20年前与布尔人那场战争的爱尔兰版本,实在没有什么吸引力。阿斯奎斯此前就曾表示,英国在爱尔兰的行动堪比"欧洲专制历史上最黑暗的年代"。劳合·乔治最初的设想是将爱尔兰分为两个地方自治议会,联合组成爱尔兰议会,并发誓对国王永久效忠。此时此刻,这种想法明显已经过时了。然而,相关法案已在威斯敏斯特得到通过。1921年6月,乔治五世在贝尔法斯特市政厅召开了北爱尔兰议会。他看来赞同阿斯奎斯对于血腥镇压的评论。曾有人建议国王不要亲自出席,因为会有遭到暗杀的危险,但他仍坚持前往,还进行了一次动人的演讲,呼吁所有爱尔兰人"停止暴力,伸出和解和宽容之手,选择原谅和遗忘,共同将这块大家热爱的土地带入一个和平、满足、善意的新时代"。身在都柏林的德·瓦勒拉将这番话视为一根橄榄枝,于是开始准备把迈克尔·柯林斯派往伦敦就和平条约进行谈判。历史学家泰勒(A. J. P. Taylor)宣称国王的行动"是现代历史上英国君主做出的最伟大的一次贡献"。

游击队领导人与内阁大臣们的会谈从1921年10月一直持续到12月(这是一个预兆,后来也有很多政治家声称不会与"恐怖分子"谈判,结果却总是自食其言)。双方达成了一项折中的协议。爱尔兰将在帝国内部享有主权地位，就像加拿大的自治一样。北部六郡可以选择留在英国之内。柯林斯相信，这正是爱尔兰自由邦不可避免地走向独立的开端；但是他也深知由此将会引发黑暗的情绪，预言说签署这个条约，"我就是签署了自己的死刑令"。不论诡计多端的德·瓦勒拉是不是有意派政敌来做这件事，以破坏其支持共和的信誉，柯林斯都是正确的。爱尔兰众议院以 7 票多数支持该条约，但爱尔兰共和军领导人受到了普遍谴责，被指为叛徒，爱尔兰共和军分裂，一场恶性内战开始了——这场战争比之前与英国人的战争还要恶劣，几乎令人难以置信。从 1922 年春天开始，条约赞成派和反条约派几乎斗争了一年的时间。反对条约的爱尔兰共和军人数更多，但是他们武器装备不足，领导不力，而柯林斯和支持条约的军队很快从退出战斗的英国军队那里得到了大炮、枪支和坦克，因此得以控制主要的城镇。都柏林的 4 座法院大楼被反条约派军队控制了数月之久，最终被柯林斯的军队拿下时，爱尔兰的国家记录已经遭到了毁坏。被毁坏的还有很多豪宅，那些都是英国统治者的象征。在战争的最后阶段，众多囚犯被残酷处决，其中包括无畏的《沙岸之谜》作者厄斯金·柴德斯。柯林斯曾经给过他一支手枪防身，当时的朋友如今却成了他要反对的人。根据柯林斯手下士兵的早期报告，他们接到命令，对所有携带枪支的人格杀勿论。厄斯金的左轮手枪被发现了，尽管这把枪来自柯林斯本人，但是否应该放他的争论最终仍然得出了"不能例外"的结论。厄斯金也认为这样很公平，还在临死之前和行刑队握了手。1922 年 8 月，柯林斯本人在科克郡一条僻静的乡间小路上遭到伏击，成为大约 4 000 名死者中的一员。

对于英国来说，爱尔兰起义和战争的教训在于，任何帝国都不能压制民众，除非它极端残酷，完全无视公众的意见。无论是对是错，在乔治五世介入之前，柯林斯已经意识到爱尔兰共和军几近失败，但英国要想控制爱尔兰，必须付出沉重的代价，这种代价是一个成长中的民主国家无法承受的。印度、埃及和撒哈拉以南的非洲殖民地当然比爱尔兰更加遥远，但是这些教训终将适用于它们。在"一战"之后，英国没能像美国在"二战"后那样主宰世界。它在表面看来好像是个世界强国，但它无法同时既是一个庞大的帝国，又是一个民主国家。劳合·乔治和其他年长的政治家都没有意识到，民主和帝国是对立的概念，二者无法长期共存。1920年的英国比以往任何时候都更接近民主，并刚刚体验到了一个干涉主义政权能够带来怎样的改变。它正走在通往现代的道路上，但在很多方面仍然低效、方式陈旧，向往着古罗马帝国的过去，对于未来感到困惑。

至于劳合·乔治，他的时代已经结束了。他曾经极为享受胜利带给自己的在世界舞台上的戏剧化场面，也和以往一样诡计多端。然而尽管他掌管一切，但同时也什么都不是：他没有领导一个真正的国家政党，没有能够激起保守党议员兴趣的议程，这些人并不真的听从他的领导。1922年10月，保守党后座议员在卡尔顿俱乐部会面，决定以保守党的名义参与大选，把劳合·乔治及其联合政府扔在一边。劳合·乔治无法给予他们任何答复。这次会议投下了长长的阴影，直到今天，保守党的后座议员组织仍然被称为"1922年委员会"，简称"22"。这是一个极为特殊的时刻，普通的国会议员本应以顺从和秩序为特征，却起来反对权贵，如奥斯丁·张伯伦（Austen Chamberlain）、F.E. 史密斯，还有其他人。领导这次起义的是已经离开政府且身患重病的博纳·劳，还有鲍德温。在烧掉了自己的一些财产之后，他采取了更为大胆的举动，告诉政府里其余的统一派分子，在任何条件下，他都不会接受"山羊"的统治。他的演讲异常简单。他只是指出，劳合·乔治是一种"动态的力量，而动态的力量是非常可怕的"。这种力量曾经把自由党打得粉碎，现在也会让保守党分崩离析。他们以 185 票对 88 票决定抛弃劳合·乔治，重新成为独立的保守党。这是一种无与伦比的反抗行为，只有令玛格丽特·撒切尔上台的"农民起义"可以与之匹敌。显贵们受到了冒犯，勃然大怒，不过寇松很快就改变了主意。

接下来的选举简直是对劳合·乔治支持者的大屠杀。主要的自由党人几乎都不见了，只剩下劳合·乔治孤零零地幸存下来，处于虚弱无力、饱受羞辱的地位，就和阿斯奎斯在几年前经历的一模一样。真是风水轮流转。劳合·乔治继续发表演说、写作和密谋，试图在长篇战争回忆录中回应军事评论家对自己的批评，后来还提出了一项大规模的国家工程和凯恩斯主义的支出计划，以对抗经济大萧条——和同时期的罗斯福新政一样，这也是大独裁者经济学的一个民主版本。他很快与阿斯奎斯休战，再度成为或多或少联合起来的自由党的领导人，他们在彻底凋零之前给力量更加强大的工党带来了一些冲击。接下来，随着国民政府的建立，劳合·乔治又一次下野。他误判之中最为糟糕的一次，是向希特勒谄媚，居然称他为"德国的乔治·华盛顿"。在第二次世界大战早期，他公开承认了这一错误，在下议院帮忙击败张伯伦，为丘吉尔的回归铺平了道路。然而英国卷入全面战争之后，他又成了失败主义者。如果希特勒真的成功入侵英国，他非常有可能会成为英国的贝当（Henri Pétain）。他曾经是一位伟大的激进主义者，伟大的战时首相，但是他毁灭了自己的政党，再也没有找到被重新接纳的方法。动态的力量的确非常可怕。

在未来数年内，英国将不会再受到类似力量的困扰。博纳·劳成为保守党领导人，随后成为首相，在 1922 年赢得压倒性多数的胜利，拥有了一段短暂且毫无特别之处的执政时光。他的仰慕者，尤其是比弗布鲁克认定，他最终会带来保护主义，或者说"帝国特惠制"，最终开辟出约瑟夫·张伯伦曾经在20年前梦想过的天堂。但是现在，他就像是以前的他的一张讽刺画，而以前的他也从来不算振奋人心。他苍白、紧张、优柔寡断，浑身散发着烟草的气味，身体日益虚弱。他已经说不出话了，在下议院中，鲍德温不得不坐在旁边代他发声。博纳·劳被送往地中海休假疗养——我们可以相当有把握地断言，这一时期英国政治家待在法国南部的时间和待在伦敦的时间基本相当。在那里，他的情况进一步恶化。曾经在10天前告诉他只要休息一阵就会好转的那位医生被召到巴黎，他注意到可怜的博纳·劳正在受到喉癌的折磨，且无法进行手术，活不了几个月了。博纳·劳并没有费心考虑谁能成为自己的继任者。乔治五世曾经干预了爱尔兰问题，现在被要求再度进行干预。

场景现在转移到萨默塞特郡的蒙塔丘特庄园，这是伊丽莎白时代建筑中的蜜色宝石，如今因为曾是电影《傲慢与偏见》的取景地而为人们所熟知。当它被当成"废品"出售之后，成了英国国家名胜古迹信托基金会购买抢救的首批豪宅之一。1923年，它被寇松勋爵租了下来。这位令人难以忍受的大贵族曾经以外交大臣的身份做了不少大事，他一直在给博纳·劳写信，希望对方不会离开公共生活，即便不得不离开……好吧，寇松非常清楚谁应当成为继任者。以下是一系列残酷而有趣的场景。我们看到寇松悠闲地在花园中漫步，等待着国王的传召。我们看到一个拿着电报出现的男孩（因为寇松是个大贵族，所以没有装电话），报告说国王的私人秘书斯坦福德汉姆（Stamfordham）勋爵第二天将到寇松在伦敦的住所卡尔顿府联排拜访。我们跟着寇松勋爵和他的妻子登上开往帕丁顿的火车，他们在讨论将来不想住在唐宁街，讨论新的内阁成员，甚至定好了主教人选。我们和爵爷一起在卡尔顿府联排等候，当白金汉宫传来消息说斯坦福德汉姆将在下午晚些时候到达时，寇松不禁感到有些不安。最后，我们终于迎来了可怕的结局：秘书前来解释说，国王没有任命寇松担任首相，担任这一职务的是"最无足轻重的"（寇松就是这样认为的）斯坦利·鲍德温。

受到毁灭性打击的寇松请求斯坦福德汉姆让国王重新考虑一下这个问题，但事实上，此时鲍德温已经对国王行过吻手礼了。有人指责各种各样的中间人误导了乔治五世，告诉他博纳·劳更青睐鲍德温，其实情况并非如此。然而，考虑到当寇松公开建议由自己接替博纳·劳时，鲍德温已经成了博纳·劳的代言人，因此寇松不大可能是博纳·劳青睐的对象。尽管他非常聪明，精通外交事务，但是他身处上议院，而且出了名地傲慢。乔治五世收到的一份备忘录请国王想象一下寇松会见矿工领袖或者码头工人代表团时的情景。如果说这就足以让国王拿定主意，那么只能说这证明了国王和在贝尔法斯特那时一样，是个有常识的人。于是，英国得到了两次战争间歇期的领导人，他看上去很冷漠，完全像是个体面的乡绅，而实际上他是伍斯特郡一位铁器制造商的儿子。他为自己塑造了一个田园哲学家的形象，从不吃惊，也很少情绪激动。然而实际上，他是一个很神经质的人，他的目光闪烁，面部抽搐，经常按压手指关节，而且很容易精疲力竭。他曾经因为在哈罗公学读书时撰写色情作品而遭到鞭打。他的家族中包括很多维多利亚时代的艺术家，吉卜林正是他的表亲。他并不是劳合·乔治，但是他比自己装出来的样子要有趣得多。

时髦激进派的世界

━━━

鲍德温时代的英国，是一个民众忍饥挨饿的国家。人行道上有很深的裂缝，任何经过的人都可能掉下去。一旦违反社会规范，惩罚可能会非常严厉。当我们想到那些在第一次世界大战后点亮英国人生活的伟大的艺术界革命者时，也应该记住这一点。尽管在今天，出身诺丁汉郡煤田的大卫·赫伯特·劳伦斯已经过时了，但他曾是最重要的人物之一。他是一位改变了国家的先知。今天的性文化在很大程度上都要归功于这位矿工之子的坦率目光，尽管如今这种文化已经被严重商业化，以劳伦斯所厌恶的方式堕落了。如果没有 1870 年的教育改革，没有诺丁汉郡议会具有远见卓识的奖学金，那么劳伦斯永远都无法逃离矿工的生活。就像爱德华时代的很多男性一样，他没有受过性教育——例如，他在 20 岁时还不相信女人有阴毛。改变他生活的是 1912 年 3 月他与一位 33 岁德国女人的邂逅，那是来自德国贵族家族冯·里希特霍芬（von Richthofen）的弗里达·威克利（Frieda Weekley）。她有三个孩子，最小的 8 岁，最大的 12 岁；她还有着体面的大家庭——换句话说，有身份有地位。

对劳伦斯来说，这种性的圆满和喜悦超越了他经历过的任何事情，点燃了他的创作激情；对弗里达来说，这是长达一生的爱恋，当然也非常艰难并且惹人生气。但这同样还是一场灾难。弗里达几乎再也没有看到过那些愤怒的德国家人。毫无疑问，她的丈夫得到了孩子们的监护权。她只能在儿子位于伦敦西区的学校附近转悠，期望能够看到儿子一眼，有一次还闯入了孩子们的幼儿园。孩子们都反对她，直到他们长大成人，母子才得以再次相见。至于劳伦斯，1915 年他的小说《虹》（*The Rainbow*）遭到查禁，这几乎摧毁了他的文学生涯。他和弗里达都体弱多病，无法抗争，躲进了康沃尔一座偏远的小屋。然而弗里达的德国血统在当地激起了反对情绪，当 1917 年的潜艇战和佛兰德斯大屠杀发生时，一个德国女人、一个留着胡子的怪人、靠近海岸的房子，这些元素凑在一起已经足够了。根据《领土防务法案》，他们被禁止进入康沃尔或任何沿海地区。回到伦敦后，他们遭到警察的跟踪，信件也被偷拆。战争结束之后，他们逃往国外，辗转意大利、西西里岛、澳大利亚和美国新墨西哥州等地，直到 1925 年才返回英国。

然而无论在哪里，劳伦斯都在和自己的故乡对话。1919 年，他描述了离开英格兰的感受，从横渡海峡的轮船上回望，这块土地"似乎在排斥阳光，保持着黯淡无光的状态，狭长，灰暗，死气沉沉，白雪构成的条纹看起来就像寿衣一样"。[1] 什么才能再次照亮这块古老的土地呢？劳伦斯坚持认为，一场真正的革命必须发自人们的内心，任何时髦的政治秘方都没有用。他和小说家约翰·考珀·波伊斯（John Cowper Powys）、画家斯坦利·斯宾塞等很多人有着共同的信念，把神秘的理想主义和对性的直白兴趣混杂在一起，梦想着重塑人类。他们想回到基本的、感官的现实，剥开高雅的维多利亚后期社会的外衣，再度把自己暴露在外，去感受、去嗅闻、去品尝、去爱。这是一个知识分子聚集在一起探讨美好未来的时代，他们想象自己身处另一个英格兰，一个绿色的英格兰，从这个伤痕累累、支离破碎的工业化国家彻底逃离……他们有幸得到了一处绝佳的场所，能够在这里进行自己的探讨。

这个地方就是位于牛津郡的嘉辛顿庄园，美妙的奥特林·莫瑞

---

① 见 John Worthen, *D. H. Lawrence: The Life of an Outsider*, Allen Lane, 2005。

尔（Ottoline Morrell）的家园，一座小小的天堂，堪比莫扎特歌剧的布景、莎士比亚幻想中的场景、意大利人的别墅或华托（Antoine Watteau）的画作。奥特林和她的丈夫菲利普（Philip Morrell）修建了一座花园，里面满是鲜花、池塘、孔雀和雕塑。庄园的房间里装饰着这一时期最为著名的艺术家的画作，还散布着闪闪发光的家具和装饰品。奥特林天资聪颖，出身高贵，是第一代受到高等教育的女性中的一员。她被自己浪漫的祖先们迷住了，穿起了委拉斯开兹（Diego de Silva y Velazquez）和凡·戴克笔下那种层层叠叠的丝绸和裙子。她身高近 6 英尺（约 1.83 米），一头浓密的红金色长发，一双蓝绿色的眼睛，长着一张骑士军官般的瘦长脸庞，不可避免地受到了阿斯奎斯的仰慕。[1] 在嘉辛顿，她为诗人、艺术家、哲学家和小说家创造了一个温暖的天堂。来访的宾客有劳伦斯、弗吉尼亚·伍尔芙（Virginia Woolf）、瓦妮莎·贝尔（Vanessa Bell）、奥古斯都·约翰（Augustus John）、马克·格特勒（Mark Gertler）、卡林顿（Dora Carrington）、艾略特、福斯特（E. M. Forster）、阿道斯·赫胥黎（Aldous Huxley）、雅各布·爱泼斯坦（Jacob Epstein）、斯坦利·斯宾塞、西格里夫·萨松、温德姆·路易斯（Wyncham Lewis）、叶芝，以及奥特林的情人伯特兰·罗素等。他们在那里休息、就餐、谈话和工作。劳伦斯和奥特林彼此着迷，连续好几天在牛津郡的巷子里散步，讨论爱情和艺术，在这一刻，激进的工人阶级作家和贵族世界真正做到了手拉手在一起。

然而，作为回报，奥特林被人记住的形象，却是一个怪胎、一个可怕的蠢女人，在上百封信件和许多书籍中都是遭人嘲笑的对象。劳伦斯在《恋爱中的女人》（*Women in Love*）中背叛了她，把她描绘成"令

---

[1] 见 Miranda Seymour, *Ottoline Morrell: Life on the Grand Scale*, Hodder & Stoughton, 1992。

人印象深刻又毛骨悚然的"郝麦妮，了不起，但"令人厌恶"。弗吉尼亚·伍尔芙的态度则更加模棱两可。她真正陶醉于去往嘉欣顿的旅行，在日记里记录了所有那些"在一个封蜡色房间里济济一堂的聪明人"。然而这本日记的索引却暴露出她对于奥特林本人的感情："老朽，慵懒，令人厌烦，被冷落，容易生气，尖酸刻薄，不屑与之交谈，可鄙，别有用心。"奥特林也怀疑过自己不像她所希望的那样受到爱戴，但从来都不知道这些她殷勤款待的人的真正恶意。古老的地主阶层在滑落，新兴知识分子在崛起，然而两者间的碰撞并不总是那么美好。但如果没有奥特林和她的嘉欣顿庄园，两次大战之间的英国激进文化的故事可能全然不同。她不仅帮助了那些出于良心拒服兵役者和贫穷的艺术家，购买他们的作品，给他们提供食宿，供养他们；还给不同背景的人们提供了见面和交流思想的地方。她不是艺术家，也不是画家，但是嘉欣顿让她成了时髦激进派世界里的一名参与者。

红色的克莱德河畔

▬

对于革命者来说，还有更为糟糕的世界，也有更加严肃的革命。在1923年寒冷的11月最后几天里，在格拉斯哥城外波洛克索斯的一条肮脏的街道上，一位校长把自己唯一的大衣送给了一个来自巴巴多斯的穷困移民。不久之后，这位年仅44岁的教师本人死于寒冷和饥饿。有1万多人护送他的灵柩。他名叫约翰·麦克莱恩（John Maclean），身材矮壮，自信地鼓吹马克思主义。根据劳合·乔治的描述，他是全英国最危险的人物，内阁一定曾经讨论过他。苏联十分欢迎他。如今在英国，大部分人已经遗忘了他，但是他的照片曾经出现在苏联的邮票上。列宁曾经任命他为苏联驻格拉斯哥的领事，他还做过彼得格勒苏维埃政权的荣誉主席。麦克莱恩来自苏格兰高地一个笃信宗教的长老会家庭，他煽动叛乱，公开反对对德战争，多次因演讲而入狱。他是当时最有魅力的革命家。然而重要的是，他和他的同志们彻底失败了。

事情并非一贯如此。战争意味着克莱德河畔的造船工人面临着更为沉重的负担。住房短缺，租金上涨，工时延长，食品价格上涨。1915年11月，麦克莱恩和其他社会主义者取得了首次胜利，有租户拒绝为肮脏的公寓交纳更高的租金，此案被提交给格拉斯哥法庭。上万人加入了他们的队伍以示支持，其中也包括军工厂的工人。麦克莱恩呼吁在战时冻结房租价格，否则将导致全面罢工。随后出台的《房租限制法案》似乎是一种退让。麦克莱恩继续发表煽动性的演讲，一次次被逮捕，最后被送进了监狱，并导致其精神崩溃。1917年，他因为健康状况恶劣而被释放出来，很快又在格拉斯哥开设了马克思主义课程。到了1918年5月，麦克莱恩再次受审，他向法官宣布："我来到这里，不是作为被告，而是作为对资本主义的原告。资本主义从头到脚都在滴血。"他被判处5年监禁，在监狱里继续进行绝食抗议，最后在11月11日战争结束时被提前释放。随后他参加了1918年的选举，但是在这个爱国热情高涨的时期，他被很轻易地击败了。

然而，战争的余波在造船厂和周围的贫民窟造成了比以前更兴奋的情绪。克莱德的工人希望减少每周的工作日，以此减少工作。关于租金上涨和住房条件恶劣的担心又回来了。这对革命者来说无疑是一个重要的时机。未来几个月将会出现格拉斯哥政治史上最为戏剧性的对抗。

但麦克莱恩和其他马克思主义者几乎没有参与其中。他们争论的是应该建立什么样的政党来举起共产主义的大旗，谁应该领导他们，怎么做才能够帮助苏联。1919 年 1 月，不那么具有意识形态色彩的人领导了伟大的"40 小时罢工"。他们成立了群众纠察队，很快就有 7 万人加入，足以对当局构成威胁。曼尼·欣韦尔（Manny Shinwell）扬言要关闭格拉斯哥的发电厂，让电车停运。他同时领导多达 1 万名纠察队员，其中很多都是最近复员的士兵，试图"阻止每一辆电车，熄灭每一盏电灯，让城市事务陷入瘫痪"。大臣们判定英国面临着"布尔什维克起义"。1 月 31 日星期五，当起义的领导者聚集在城市主广场乔治广场听取政府答复的时候，从英国北部调来了 6 辆坦克和 100 辆装载着士兵的机动卡车。警方相信将有 2.5 万人试图阻止电车运行，于是携带警棍，把抗议者赶进了一条陡峭的小街，在那里他们遭到了一大堆柠檬水瓶子的袭击。当天余下的时间里，警方宣读了《取缔暴动法》，逮捕了起义头目，许多人的脑袋被打破，全城各地的战斗仍在继续。《格拉斯哥先驱报》（*Glasgow Herald*）宣称"乔治广场之战"是"向肮脏的恐怖主义迈出的第一步，现在世界称之为布尔什维克主义"。

苏格兰场情报总监巴兹尔·汤普森（Basil Thompson）爵士危言耸听，加剧了内阁对共产主义革命的恐慌。1920 年 2 月 2 日，一位内阁的观察员说，丘吉尔和帝国总参谋部首脑亨利·威尔逊爵士（此人后来被爱尔兰共和军暗杀）正在向其他内阁成员绘制"一幅这个国家毫无防御能力的可怕画面"。劳合·乔治转向掌管英国皇家空军的休·特伦查德（Hugh Trenchard）爵士，问道："有多少飞行员能用来镇压革命？"特伦查德回答说，当时有 2 万名机械师和 2 000 名飞行员，但只有 100 架可以继续在空中飞行的飞机，而且飞行员没有用于地面战斗的武器。首相则认为他们可以使用机枪并投掷炸弹。在大战结束仅仅一年多之后，英国的内阁就在认真考虑一个射杀工人阶级的计划，这一点发人深省。到了 1921 年 4 月，当矿工们罢工反对削减工资的时候，内阁讨论的问题是可以动用多少兵团去镇压革命。答案是 18 个兵团，但其中 7 个是爱尔兰兵团，"我们并不了解他们的倾向"。有很多讨论涉及是否要从西里西亚撤回军队，当时这支军队正在德国执行和平计划。身处埃及和马耳他的军队也面临同样的讨论。义勇骑兵队也应当被重新征召。也许还应该从爱尔兰撤回军队，而爱尔兰自身也正处于革命的边缘。根据那些潦草的笔记，劳合·乔治的回答是："好，如果这边面临着更大的麻烦，就先放于新芬党吧。"守卫伦敦需要多少个营呢？史密斯宣称："无论如何，内阁都不应该不战而决。"这样的说法现在看来很疯狂。但由于经济萧条、高失业率、糟糕的住房状况和一些具备献身精神的革命领导人，那些政策在当时看起来还是比较明智的选择。有很多迹象表明，"革命的情绪"正在席卷这个国家。但是革命为什么没有到来呢？

与俄国不同，英国是战胜国。这里仍然留存着强烈的爱国主义情绪，政府也并不盲目好战。劳合·乔治战时内阁的官员托马斯·琼斯（Thomas Jones）提出了一个缩短工作时间的方案，还建议在关键的工业领域执行最低工资标准，并由城市当局建设更有活力的房屋，这是革命的"最佳解毒剂"。政府实际上可能远远做不到这么多，但在 1919年，劳合·乔治仍然有着激进的名声，加上他在医疗保险方面取得的一些实质性进展，足以让人信任他的承诺。工会掌握在温和派和保守派领导人手中，只有少数地方被激进的领导者控制——克莱德河畔就是最典型的例子。革命者忙于彼此之间的斗争，没有多余的精力去进行起义。尽管英国共产党终于在 1920 年宣告成立，但是包括麦克莱恩在内的许多同志却在试图建立其他政党。从一开始，左派就出了名地热衷于分裂和树立宗派。最后，工党走出了一条迂回上升的曲线，一个个地吸纳了过去的革命者。1918—1922 年，工党的票数直线上升，特别是在格拉斯哥、谢菲尔德和曼彻斯特。在"红色克莱德河畔运动"这些叛军领导人之中，欣韦尔最终将在战争期间担任国务大臣，约翰·惠特利（John Wheatley）将在第一届工党政府中担任卫生部长，负责一个有益的住房计划，吉米·马克斯顿（Jimmy Maxton）成为独立工党议员，受到温斯顿·丘吉尔的赏识。威廉·加拉切尔（William Gallacher）仍然是一名共产党员，但他作为西法夫的议员一直工作到 1950 年，从来不曾对英国构成威胁。至于约翰·麦克莱恩，他如耶稣一般做好了献出自己唯一一件大衣的准备，走上了通往殉道的浪漫道路，成了一张邮票。

丘吉尔、保守党和黄金

如果真的有一个人可以代表这一时期英国的资本主义，那么必然就是那位夸张、留着胡子的高级金融专家蒙塔古·诺曼（Montagu Norman）爵士，他对于英格兰银行的控制从 1920 年一直持续到了 1944 年。表面上看，诺曼与其说是一位银行家，还不如说是一个风评不佳的画家。他喜欢披着披风，隐姓埋名地去旅行，对于唯心论非常感兴趣，还曾经明确告诉一位同事自己可以穿墙。诺曼同伦敦金融城的商业银行家及伊顿公学毕业的股票经纪人家族有着深厚渊源，对英国政界人士充满敬畏与憎恶。其他银行家形容他迷人、女性化、自负、情绪不稳定、很容易精神崩溃，但其实诺曼是一个铁腕的统治者。在大部分时间里，他一直保持着对财政部的控制，并对那些质疑他判断的议员吹嘘说，他行事凭的是直觉，而不是事实。最重要的是，他是战前金融系统金本位制的忠实信徒。以这一体系为基础，从 19 世纪 80 年代开始，世界贸易开始了长期繁荣。该体系由英国倡导，美国是其积极成员，还要再加上大多数欧洲国家、日本和英国的附属国。黄金在当时是可以自由交易的，通过把每一种货币的价格和一定数量的黄金挂钩，该体系使得贸易更为便利，允许实际价格变动通过进出口贸易在国家间传递。但是，它也使得经济陷入困境的政府无处可藏。

实行金本位制的国家，如果政府支出过多，就会被迫提高利率，否则投资者将抛售货币换取黄金。因此，最成功的国家会积累最大量的黄金。"一战"的震动破坏了金本位制，在此之后，美国经济飞速发展，占有了全球约 40% 的黄金储备。英国借了巨款来支付战争费用，处于非常弱势的地位。但诺曼和大多数金融城人士一样，决心让英镑回归金本位制，从而重建英国及其银行在国际资本主义体系中的核心地位。对他来说，遏制通货膨胀是一个道德问题，也是常识和"忠诚"的问题。正如我们将要看到的，"回归金本位制"是那个时代最主要的争议之一，现在普遍认为这是一次经济上的灾难。它将和丘吉尔纠缠在一起，对他的名誉造成永久性的损害。然而，这并不是"诺曼征服"的结束，因为银行还成功地倡导了一种对英国制造业关注甚少的经济理念。批评人士抱怨称，伦敦金融城未能支持英国，一位商业银行家发现自己"屡屡因为这一世界主要金融中心与自己国家的工业之间联系的缺乏而深感震撼"。[1] 有人认为，这也就是为什么与英国那老掉牙的工厂相比，德

---

① 见 David Kynaston, *The City of London*, vol. III, *Illusions of Gold*, Chatto & Windus, 1999.

国能够以先进的工业技术取得领先，美国的钢铁工业能够如此发达。所以，金融城对于英国工业有着双重影响，既给了这个国家一件它根本无力承受的财政紧身衣，又没为其日渐老化的产业提供所需的资金。当经济的狂风暴雨最终到来时，蒙塔古·诺曼会发现自己身处正中央，无论是他那著名的斗篷，还是自夸的穿墙术，都无法为他提供任何藏身之处。

在20世纪20年代早期的政治中，主张保护主义的保守党和主张自由贸易的自由党之间的战役被取代了，现在是拥护资本主义的保守党对阵社会主义者，自由党则被挤到了几乎被遗忘的角落里。在此之前，英国经历了几次不稳定的三党选举，1918年劳合·乔治利用战时领导力取得了胜利，1922年则被彻底击败。当斯坦利·鲍德温取代奄奄一息的博纳·劳成为保守党首相后，他决定在1923年年底举行另一次大选。鲍德温试图恢复古老的帝国保护性关税政策，部分原因在于他听到了一个谣言，说劳合·乔治打算这样做。按照鲍德温的话来说，他一定要"让这头山羊的想法破灭"。当时即便是诸如羊毛制造业这样的传统强势行业也开始求助，但是英国公众并不喜欢不必要的选举，所以鲍德温反而被抛弃了，工党作为少数党第一次获得了短暂执政的机会。随后，鲍德温又把工党拖下台，并在1924年发起了另一次大选，为保守党赢得了稳定执政的5年。英国的政治世界面临两大问题：工党能否独立于苏联和国内日渐成长的革命力量，成为一支正常的议会执政力量？在经济困难时期，保守党能否为了全国人民（无论贫富）的利益恰当地治理国家？鲍德温可能是保守党的领袖，但是在回答第二个问题时，没有人能够比丘吉尔更加重要。

1922年，病中的丘吉尔在议会的溃败中失去了自己的席位，第二年在莱斯特再次失败。他仍然与正在崩溃的自由党事业绑定在一起，所以还存有一些用以击败鲍德温的活力。但是他又有了一个新的死敌：社会主义。这种敌意是发自内心的，同时也是一次精明的选择，因为这将为丘吉尔提供一条重回保守党、重获权力的道路。1924 年 3 月，他作为"独立的反社会主义候选人"在威斯敏斯特参加了一场补选，他的主要论调涉及工党给苏联的贷款："我们把面包给了那些布尔什维克毒蛇，我们把援助给了各个国家的外国人，但是对于我们那些远在大洋彼岸的子民，只有冷漠、厌恶和忽视。"[1] 他得到了一群色彩斑斓的政治密友的支持，把这次补选变成了一次狂欢。他后来回忆说："我开始收到各种人的支持，公爵、骑师、职业拳击手、朝臣、演员和商人们都热衷于党派之争。戴利剧院歌舞团的女演员们整夜坐在那里，写着信封，贴上选举的地址。"保守党对丘吉尔持怀疑态度，意见分歧很大。对于是否应该把一个最安全的席位交给丘吉尔，同样发生了分歧，大约有 25 名议员公开支持丘吉尔，而不是自己人。最后，保守党候选人以 43 票多数胜出，但丘吉尔也取得了个人的胜利。那一年稍晚些时候，他正式重新加入了保守党，在 1924 年的大选中成为埃平的保守党议员。就像他兴高采烈地说出的那样，任何人都可以背叛，但要二次背叛，就需要特殊的才能了。

丘吉尔作为自由党人的 20 年最终结束了，但是他并没有丧失社会改革的信念。从现在开始，直到 1940 年的伟大回归，他在政治上处处受限。大多数时候，他和那些顽固的保守党人在帝国事务和外交政策方面能够达成一致，但谈到社会问题，比如保险和失业救济时，他的观点会极大地冒犯对方。对于主流保守党人来说，他要么太偏左，要么太偏右，就像是羊群中间一只华而不实、令人不安的食肉动物。只有在希特

---

[1] 见 Martin Gilbert, *Winston S. Churchill*, vol. V, *Prophet of Truth*, 1922–1939, Heinemann, 1976。

勒崛起之后，这一矛盾才得以解决。与此同时，令他大为惊讶的是，新首相任命他为财政大臣。丘吉尔一直在仔细考虑自己会被指派一个什么样的小职位（如果有的话），他又可以接受哪些职位。当鲍德温问他能否去财政部的时候，"我应该回答他：'这该死的鸭子会游泳吗？'但这是一次正式而重要的谈话，于是我回答说：'那实现了我的抱负。我还保留着我父亲当财政大臣时所穿的礼服，我为能够在这个杰出的部门服务而感到骄傲。'"

作为大臣，丘吉尔不得不立即面对掩藏在帝国光彩之下的英国权力的丑陋真相。他拼命想要引进更好的失业保险制度，还想通过为中产阶级减税的手段复兴工业。但要想实现这些目标，钱根本不够，也无法增加，除非他成功地大规模缩减军费，特别是皇家海军的费用。近年来，丘吉尔受到了一些历史学家对其"绥靖岁月"的严厉抨击，当时他力主放弃或者推迟主要战舰和军事基地的建设项目，而这些项目本来也许可以避免后来的一些军事耻辱，比如令新加坡落入日本人手中。作为财政大臣，他坚持了 1919 年的原则，即军事预算应该建立在 10 年之内不会发生重大冲突的假设之上。这个 10 年原则被之后的大臣继续推行，成为英国在 1940 年缺乏战争准备的原因之一。丘吉尔显然不是和平主义者，但他认为空中力量和尚未发明的新型科学武器将改变战争，因此把思绪主要集中在了其他方面。他也在谈论绥靖主义，但是，按照他的话来说，是"对阶级痛苦的绥靖主义"。寡妇和孤儿的保险金、早期的养老保险金、健康保险——这是他要省出军费进行开支的领域。考虑到他坚信社会主义才是真正的敌人，这些并不是愚蠢的议程。

那么，为什么丘吉尔会被人们铭记为一个强硬的反工党咆哮者呢？他反对一切社会主义的言辞既激烈又有煽动性。但在国内政治中，对其声誉造成最大损害的是他在 1925 年担任财政大臣时决定让英国回归金本位制，并按照战前美元汇率计算英镑价值。在 1925 年，不仅是诺曼和金融城的权贵们，几乎所有严肃的意见领袖都支持这一做法，认为这是对久经考验的传统规则的回归，是对一种清晰、可预测的世界贸易体系的回归。正如丘吉尔所说，英国与其被现实束缚，倒不如被黄金束缚。问题在于，英国经济到底陷入了多大的麻烦中，束缚的枷锁会有多痛苦。战争期间，纽约已经成为世界资本主义的金融中心。重回过去的汇率，是对于英国意志力和重要性的一次近乎挑衅般的宣言；但这也使得英国的商品更加昂贵，进一步破坏了已经嘎嘎作响、陈旧不堪的重工业，而这是很多人就业的重要依靠。在 1880 年运转良好的东西，在 1940 年可就不一样了。

丘吉尔本能地知道这一点。他在一封封长篇大论、细致入微的信件中不断向财政部顾问提出质疑。他指出，一方面，对于英国的消费者来说存在商品短缺的问题；另一方面，也存在工作岗位不足的问题："这个社会缺少商品，还有 125 万人缺少工作。"当然，适当的经济学能调整好这一切。回归金本位制难道不会大幅度地提高失业率吗？就像他所说的："我宁愿看到的情况是，金融业不再那么骄傲，而工业界更加满意。"他还做了更多。他把最优秀的两个反对金本位制的思想家——激进的年轻经济学家约翰·梅纳德·凯恩斯和前任财政大臣、自由党人雷金纳德·麦肯纳（Reginald McKenna），同支持金本位制的财政部官员召集到一起，让他们在晚宴上展开讨论。最后，麦肯纳意识到丘吉尔承受着巨大的政治压力，于是做出了让步，告诉丘吉尔他没有别的出路，只能回归传统，但补充说："这将是地狱。"

接下来发生的情况的确宛如地狱，至少也是某种程度的经济炼狱。那一年晚些时候，凯恩斯以一本著名的小册子进行了反击，小册子名为"丘吉尔先生造成的经济后果"。但凯恩斯在当时属于少数派。在

1931 年的经济危机中，英国再次被迫放弃金本位制，人们认为金本位制导致了经济衰退和苦难。这提高了丘吉尔作为冷酷无情的反工人保守党人的名声。但当时，丘吉尔已经极尽一名财政大臣之所能，挑战了经济学的正统；而且金本位制是否真的像人们所声称的那样具有决定性的影响，这一点并不能确定。英国的重工业投资很少、管理不善，日渐面临来自更大的新兴工业化国家的挑战。英国政府花了太多金钱来维持一个庞大的帝国，而这个帝国却几乎没有带来什么经济收益。这些都是最基本的问题，和那次短暂而不幸的回归金本位制的尝试同样重要。那次尝试想要恢复一个曾经滋养了战前世界的世界经济体系，但它本应在佛兰德斯消亡。

好莱坞之前的电影世界

———

　　早期的英国电影是在露天游乐场的流动摊位上放映的，作为各类节目之间的短暂插曲，或是在臭名昭著的"下等剧院"里，十几二十个人站在一间烟气缭绕的黑暗小棚屋里，有时还会抓住机会挤一挤、拥一拥。这个国家的第一次公开电影放映可能出现在 1895 年的印度帝国展览会上。维多利亚女王去世时，已经出现了很多短小的单镜头电影，主要展示国家仪式、体育活动和游行。对于爱德华时代的人们来说，这是件新鲜事。民族性格很快就借此展现出来。塞西尔·赫普沃思（Cecil Hepworth）是伟大的先驱之一。他立足于泰晤士河畔的沃尔顿，在

1905 年取得了一次特别的成就，向世界引进了第一位有名字的银幕明星"海盗"。它是一只英国狗，出现在电影《义犬救主》（*Rescued by Rover*）里。早期的电影主要被用于餐馆的"放映机茶歇时间"，并不知不觉地养成了歌剧式的表演习惯。在互联网刚出现时，人们并不清楚它究竟能用来做什么：可能是研究工具，也可能是一种图书馆？同样，早期的电影制片者也不确定自己应当怎么做。电影是工具、教育手段还是娱乐？有一些电影展示了萨提西餐厅、匹克饼干工厂、登山者、煤矿工人、苏格兰高地、布莱克浦的假日游客和异国他乡的统治者，还有学校女生的狂欢作乐和激动人心的强盗追捕。但是到了 1910 年，"下等剧院"逐渐消失，更长的电影出现了，涉及的内容包括伤感的和滑稽的故事，甚至莎士比亚和狄更斯的经典作品。

在好莱坞还只是一片橘树林时，英国电影人就在发展喜剧、追逐镜头、跳格剪接和史诗化了。[1] 可惜的是，在当时拍摄的几千部电影中，只有几百部幸存下来，由英国电影学院（British Film Institute）保存。在好莱坞之前就存在着一个电影的世界，但这个世界已经失落无踪。1907 年，英国第一家专门放映电影的剧院巴尔汉姆宫（Balham Palace）开业；次年，兰开夏郡科恩市的第一家专门建造的电影院迎来了首批顾客。很快，全国各地纷纷效仿，从最初的小规模飞速成长壮大，一个晚上能够放映两场电影，交替放映长片和短片，通常会持续好几个小时。到了 1913 年，如玛丽·劳埃德、阿尔伯特·谢瓦利埃（Albert Chevalier）和乔治·罗比等音乐厅明星都出现在了银幕上。

---

[1] 在此感谢马修·斯威特（Matthew Sweet）于 2006 年制作的 BBC4 台纪录片《沉默的英国》（*Silent Britain*），英国电影学院发行了该片的 DVD。

一年之后，恰在战争爆发之前，英国人首次得到了见到一位更大牌明星的机会。此人也出身音乐厅和杂耍剧院。作为一名儿童演员和青少年喜剧演员，他曾亲眼见过玛丽·劳埃德在伦敦斯特兰德的蒂沃利剧院候场，曾经受过表演失败后观众扔过来的橘子皮和硬币的洗礼，曾走遍英格兰的穷乡僻壤表演木屐舞。他的母亲是一名舞台歌手，最终因为失声被嘘下了舞台，年幼的儿子被推上去接替她的位置。这个男孩朗诵了一首诗歌，模仿母亲嘶哑的歌声，惹得观众们纷纷投币，在他身边堆满了钱。他的父亲是一位著名的杂耍剧院男中音，生活在生鸡蛋和波特葡萄酒之中，很早就抛弃了家人，30多岁就酗酒而死。这个男孩的童年生活十分悲惨，堪比查尔斯·狄更斯。他与母亲及哥哥居住在兰贝斯，经常挨饿。家里实在没得吃时，他们只得到济贫院忍受耻辱。两个男孩被送往汉威尔济贫学校，这是一个阴冷残酷、恃强凌弱的地方。母亲遭受着越来越频繁的精神病发作之苦，最终被关进了疯人院，与年幼的儿子分离，接受残酷的冷水治疗，长期在加了衬垫的隔间里休养。她的儿子不得不依靠街头智慧求得生存，没有任何大人的监督或者陪伴，露宿火盆旁，与流浪汉和赤贫的工人交朋友，乞求食物。

凭借惊人的毅力和运气，这个孩子赢得了一些儿童演员角色，然后和哥哥一起加入了一个不同寻常的剧团，其中有着各种杂耍艺术家，这就是弗雷德·卡诺（Fred Karno）在南伦敦的"快乐工厂"。早期卓别林电影的结构（我们所说的这个人当然是查理·卓别林啦）在很大程度上应该归功于卡诺剧团演员们大受欢迎的表演框架，包括滑稽剧、抒情剧和哑剧。卡诺本人曾是著名的杂技演员和小丑，对演员的要求非常严格，其排练时间表堪称疯狂。如果他不喜欢某个节目，就会站在幕旁发出嘘声。杂耍表演一次次横穿大西洋，在1910—1912年卓别林第二次跟随卡诺剧团巡演时，他终于被新兴的美国电影工业发现了。他的

第一部电影是《谋生》（*Making a Living*），于 1914 年发行，而合同规定他必须每周出演 3 部电影。然而事实上，那一年他只拍摄了 35 部电影。由于对电影的意义有多么重大毫无概念，卓别林认为这只是一种提升个人杂耍表演形象的好办法。但是，到了这个阶段，英国去电影院的人数也达到了数百万。1914 年，称不上是杰作的《谋生》在英国各地放映时，大约有 4 500 家电影院开业，约 7.5 万英国人在这一新行业中工作。然而老派的英国电影人并不认为观众们会喜欢无政府主义的卓别林风格。如果卓别林一直留在英国，那么如今，他将仅仅是一个少数爱好者才会知道的名字，或者就像那个时代的很多人一样，他也会在 1914 年参军入伍，在接下来的 4 年里或者被杀死，或者受伤致残。

然而，正是"一战"促成了电影业的繁荣。有的电影记录了国王检阅军队的场面，有的电影展示了训练中的士兵，有的电影表现了舰队和中东的军事胜利，还有反德宣传电影、征兵电影，甚至少量来自前线的纪录片式电影。这使电影赢得了尊重，并且具备了爱国主义色彩，当时的电影杂志上满是关于年轻的电影业所做贡献的热切声明。大胆的年轻导演杰弗里·马林斯（Geoffrey Malins）拍摄了一部突破性的电影：1916 年的《索姆河战役》（*Battle of the Somme*）有一部分是实地拍摄的，表现了贝德福德、萨福克斯、戈登高地步兵团等队伍，还有遍地的尸体、受伤的士兵和真正的战斗。第二年，他又拍摄了一部续集，表现英国坦克的行进。两部电影中可能都包括一些虚构的材料，但已经令国内的观众深感震撼，国王和劳合·乔治都为此感到欣喜，劳合·乔治还劝说每个人都去看看《索姆河战役》。报纸也同意这一观点。在头两个月里，该片被 2 000 家影院预定，但是也有很多人想要通过娱乐分散注意力，远离战争。在伦敦西区的哈默史密斯，一家影院的海报上写着："我们并不准备放映《索姆河战役》，这是一个娱乐场所，不是一座恐怖屋。"①

英国已经失去了卓别林，但是还有其他人，他们也不应该被遗忘。乔治·皮尔森（George Pearson）就是其中的一位。几乎就在劳伦斯放弃学校的职位开始写小说的同一时期，与劳伦斯同样有着肿泡眼睛和浓密胡须的皮尔森也放弃了教职，投身于写作和电影制作当中。这真是一次疯狂的赌博。在为一些小公司工作了几年之后，他成为法国高蒙公司英国业务的新负责人，在1915年被要求制作一个恐怖片系列。他塑造了一个大胆的冒险者，名字叫阿特斯（Ultus），一直在报复那些以为他已经死去的敌人，由澳大利亚男演员奥雷勒·悉尼（Aurele Sydney）扮演，他被形容为"真正的硬汉"。阿特斯成为战争时期流行的偶像。最初，阿特斯被一个叛变的同僚丢弃在沙漠等死，后来却成为复仇者，归来惩罚叛徒。他可以看作早期版本的蝙蝠侠或佐罗，都是正义的复仇者。这些电影都涉及追逐与神秘阴谋的情节，但彼此间有一点微妙的联系，这在当时的英国电影中是非常罕见的，从而为皮尔森赢得了大批崇拜者。他在"牧羊人丛林"（Shepherd's Bush）新建立的工作室实验了移动摄像机、灵活打光和更真实的布景——这是很有必要的，因为悉尼实在太硬汉了，每当他穿过布景中的一扇门或者关门的时候，门把手和门都要在他的手里散架了。

战后，皮尔森还有一个伟大的发现：贝蒂·鲍尔弗（Betty Balfour），她也许是20世纪20年代最受欢迎的英国本土电影演员。但是皮尔森希望电影还能做得更多。现在他有了自己的公司，开始尝试对同一部电影提供悲剧和喜剧两种结局，即1923年的《爱情、生活和欢笑》（*Love，Life and Laughter*）；在接下来的一年里，他还试图

---

① Rachael Low, *The History of the British Film*, George Allen & Unwin, 1950.

通过一部仅有几个模糊情节的影片《起床号》（*Reveille*）展示战争对工人阶级的影响。他和劳伦斯同样具有理想主义色彩，只是更加多愁善感，梦想着把电影从线性故事中解放出来，构建"层层情绪"。他还拍摄了更多具有实验性质的电影，包括 1926 年的《小人物》（*The Little People*），主题是每个人都是木偶，被看不见的线所操纵，由米兰的木偶艺人出演。这是一次大失败。那时"有声电影"已经出现，而且不管怎么说，人们想看的是情节。皮尔森在余生中一直都在拍摄电影，但拍摄的主要是短片和纪录片。就像英国的其他大多数行业一样，他没能意识到电影世界将依赖于简短、快节奏的故事和大量笑料。

在大战结束时，英国电影的制作大部分散落在伦敦及其周围各郡的钢架摄影棚里，那里为了打光的需要都设有很大的窗户，还有成堆的彩绘布景。有在伊灵的巴克运动摄影公司，在特威克纳姆的伦敦电影公司的工作室，在伊舍的原版电影公司，在沃尔瑟姆斯托的英国殖民地电影公司以及西广公司，泰晤士河畔沃尔顿的赫普沃斯公司，以及法国人的百代公司和高蒙公司。20 年代见证了并购的热潮，新公司不断出现，老公司不断倒闭，整个行业迅速发展。小型电影院逐渐被更大型的电影院取代，那是一些诞生于电影黄金时代的装饰华丽的庞然大物。新艺术派的"画室"和"电影院"关闭了，高蒙的大理石宫殿取代了它们，配有最新的奥的斯电梯、弧线形的楼梯和升降座椅。如今的报纸对电影的态度多少认真了一点，并且第一次表现出对世界电影感兴趣的迹象。威尔斯、凯恩斯、萧伯纳、艾弗·诺韦洛（Ivor Novello）和约翰·吉尔古德（John Gielgud）都是电影协会的早期成员，该协会成立于 1925 年，致力于提高电影业的学术基调。

虽然战争让电影变得更加受人尊敬，但它也使得英国电影工业的资金几近枯竭。英国电影的制作成本大概只有美国电影的 1/10~1/4，而且按照好莱坞的标准，英国电影演员的片酬也很低。尽管如此，在无声电影的最后时光里，英国电影人还是制作了一系列扣人心弦、引人注目、想象力丰富的电影，这些电影直到今天才开始被重新发现。玛丽·璧克馥（Mary Pickford）和塔卢拉赫·班克黑德（Tallulah Bankhead）等好莱坞明星的到来引发了英国媒体的巨大骚动，好莱坞很快成为电影业的主导。它是更为庞大、更为耀眼、更为傲慢的文化革命之都，就像莫斯科想成为政治革命的中心一样。英国电影人反对快节奏的美国影片无休止的输入，特别是卓别林的喜剧。他也许曾是一个伦敦人，但现在却成了美国主导的代表，成为那一时代的可口可乐瓶子。英国政治家们和帝国首相日益担忧英国是否正在被边缘化。1927 年，政府实行了配额制度：英国和帝国电影院放映的影片之中，至少有 7.5% 必须是帝国拍摄的，到了 1935 年更是提高到 20%。这是赤裸裸的保护主义，但的确发挥了作用，至少提高了英国电影拍摄的数量，包括非常流行的帝国故事和家庭喜剧。但英国的电影制作仍然被淹没在大量来自美国的素材之中，始终处于落后地位。

英国电影的成就，特别是在 1929 年有声电影出现之前的成就，并没有被记载在这个国家的民族叙事之中。很少有现代英国人听说过那些曾经给他们的祖辈带来娱乐的明星和故事，这着实可惜。然而不可否认的是，与美国电影在全盛时期的蓬勃发展相比，英国电影文化显得有些过于恭敬，视野总是朝向过去。"可敬而富于教育意义的观点"处于统治地位，这意味着会有太多古装剧。即便是伟大的电影制片人迈克尔·鲍尔肯（Michael Balcon），也把自己的公司定名为"盖恩斯伯勒"[1]，这就足以说明一切。公众需要的是有趣、欢快、逃避现实的

---

① 托马斯·盖恩斯伯勒（Thomas Gainsborough）是 18 世纪英国著名的肖像画家和风景画家，他的作品强调光和奔放的笔触，加之精致的色彩，备受皇家宠爱。——编者注

电影，需要惊悚片和追逐片，他们希望看到的是阿特斯，最好是卓别林。随后将会出现一些非常优秀的英国电影，尤其是由一位胖胖的伦敦年轻人导演的电影，这位导演名叫阿尔弗雷德·希区柯克（Alfred Hitchcock）。但在电影中，就像在工厂技术、音乐和名人文化中一样，美国化的世界已经从平原上和橘树林中崛起了。

理想城市的模样

英国人真正想要的是什么样的现代化呢？为了发现要点之所在，就要看看人们家里的情况。现代主义是这个时期占据统治地位的图景，但是在英国郊区，却看不到它的任何痕迹。现代主义很容易被辨认出来，却很难去界定。我们知道它看起来是什么样子的：在建筑物上，它意味着尖锐的线条和拐角、大量白色的油漆、金属家具，以及最简单的砖块图形装饰。但建筑物背后隐藏的精神才是现代主义的开端，因为正是它影响了人们的举止、他们对自己身体的看法和看待世界的角度。从本质上来说，这是一场大扫除，战前世界的复杂、浮夸、阶级分化和阴郁的高贵气质消失了，战败的德国皇帝的厚重沉郁、名誉扫地的沙皇俄国和被摧毁殆尽的哈布斯堡帝国的精致妙趣，都消失了。在原本充斥着闷热的房间、厚重的衣服和拘谨的礼节的地方，让我们创造一个充满光明、通风建筑和简单时尚的新世界，一个青春和健康的新世界。现代主义可以有强烈的政治表现形式。意大利的未来主义者崇尚速度和活力，是墨索里尼的早期支持者；而在苏联，现代主义建筑师和摄影师试图创造一种新的美学，直到品味更加传统的斯大林让他们付出了代价。在荷兰和澳大利亚，现代主义是社会民主的适当表达。在德国，魏玛共和国本身就有一种现代主义的倾向——包豪斯（Bauhaus）运动以其简单的工厂、通风的量产工人公寓大楼，向人们展示了一个新世界。最初，纳粹借用了现代主义的一些感觉，从大众汽车的简洁线条和高速公路的简朴设计，到密斯·凡德罗（Mies van der Rohe）为新政权修建巨大的玻璃、花岗岩和大理石纪念碑的计划，都是如此。后来，就像斯大林一样，希特勒明确指出自己的偏好是死板的独裁浪漫主义，于是现代主义者们只得逃离德国。

许多人来到了英国，英国在20世纪20年代末期和30年代早期的外表显然受到了他们的影响。来自格鲁吉亚的贝特霍尔德·莱伯金（Berthold Lubetkin）是俄国革命的早期狂热分子。他在1931年抵达伦敦，建立起自己的建筑团体特克顿（Tecton），为首都设计了伦敦动物园著名的企鹅池，还有那些彻底以混凝土和玻璃构成的公寓塔楼，如今称为"高地一号"和"高地二号"，以及同样现代主义风格的芬斯伯里健康中心。30年代另一个伟大的建筑是萨塞克斯郡贝克斯希尔的德拉瓦尔海滨馆，它由明亮的白色墙壁和玻璃窗相结合，包含剧院、酒吧、餐厅、咖啡馆和日光露台，以及充斥着乐观主义和新鲜空气的大舞台。这是由逃离纳粹德国的埃瑞许·孟德尔松（Erich Mendelsohn）和瑟奇·切尔马耶夫（Serge Chermayeff）设计的。其他现代主义者都是土生土长的本国人，诸如在伦敦交通运输局信号部工作的年轻绘图员哈里·贝克（Harry Beck），他在1931年提出了地铁图的想法——这只是一个简单的突破，随后却被全世界模仿，而且被评为20世纪英国最受欢迎的设计第二名，仅次于协和式飞机。实际上，在不从国教和彻底理想主义的弗兰克·皮克（Frank Pick）的领导下，伦敦交通运输局成了英国现代主义的旗手。查尔斯·霍尔登（Charles Holden）设计的阿莫斯格罗夫等地铁站都直接受到了瑞典和荷兰的影响。苏格兰书法家爱德华·约翰斯顿（Edward Johnston）设计了简洁而独特的站台标志，沿用至今。

现代主义的最终目标是要使得世界更加美好、明亮和健康。然而它并没有回应一些英国人的强烈本能，即在拥挤的岛屿上喜爱独处，以及默默怀疑有着所有那些缺点的过去的英国才是一个更加美好的国家。真正能代表这一时期特色的建筑物，并不是白色的立体主义的，而是分布在新的主干道路上、四四方方、半独立式的舒适平房。它们现在仍在我们的周围。这些房子有瓷砖屋顶和砖形装饰，有霍比特式的友好门廊、柔和的弧形前窗，房前有墙壁或树篱，还有石子小路。房子都一样，但也有着细微的差别。有的房前有绣球花，有的适合安分守己的人，还有的带有可以漫步其中的花房。"新城"这个名字是在"一战"前出现的，指的是伦敦以北的大片土地，大都会铁路延伸至此，并购买了数千英亩的土地用于投机建设。它变成了各地新郊区的代表，连接着城市中心，但又使得中产阶级得以享有花园、私人空间和相对的宁静。这里不是乡村，但有鸟鸣的声音。

这一梦想最成熟的版本是两个先锋花园城市——莱奇沃斯和韦林。它们是由一群理想主义者创造的，其领导者是拉斯金的崇拜者、在维多利亚时代的英国提倡回归自然的改革者埃比尼泽·霍华德（Ebenezer Howard）。他的主要工作是担任令人沮丧的议会速记员，还对打字机做过几次创新。但他梦想着一种更好的生活方式，这不仅是为了自己，也是为了每一个城镇居民。他认为必须建立起新的城镇，房子之间有着体面的空间，有树木，有林荫道，尽量远离工业区，避免污染，而且能从近郊的乡村获取食物。总之，这是一种对于可持续发展的城市生活的愿景，在 21 世纪看来，仍然是激进但恰当的。霍华德的愿景不仅仅是优美的住宅区，而是要重塑我们在哪里生活、应该怎样生活的观念。在一位精力充沛、曾经与西博姆·朗特里合作过的建筑师雷蒙德·乌温（Raymond Unwin）的参与下，霍华德的第一个花园城市在 1904 年于莱奇沃斯开始成型。接着，在战争即将到来的几个月里，已经年迈的霍华德在伦敦北部韦林的乡村确定了第二个地点，并筹集到了现金，从负债累累的所有者那里买下了一个射击场。在那里，从 1921 年开始，韦林花园城市渐渐成型，它的支持者之中包括哈姆斯沃斯的《每日邮报》，该报自 1908 年便一直在赞助理想家居展，还提出可以免费建造一些小别墅。当时甚至还有"每日邮报村"，现在那里被乏味地称为"草绿村"。

　　花园城市运动并没有像埃比尼泽·霍华德坐在议会的小隔间里时所希望的那样改变英国。然而，它的确影响了全国各地的花园式郊区，对 1945 年之后的新城镇设计者也产生了巨大影响。更直接地说，霍华德和他的朋友们是一个传播系统，将半田园生活的理想从高洁的维多利亚时代梦想家那里传向了两次大战之间猖獗的投机建筑商，他们使得半成品住宅遍布了全国。霍华德的追随者、建筑师乌温是 1917 年国会议员特别委员会的成员，为公共住房和远郊的小别墅设定新标准，这是劳合·乔治所承诺的英雄家园的第一波。委员会的建议被收录在 1919 年卫生部出版的《住房手册》（*Housing Manual*）中，作为房屋设计的样本。然后这些内容又会被个体投机建筑商借用，正是他们的工作成果主宰了今日英国的绝大部分。这些设计并非出自建筑师之手，而是来自简单的指南，其简单程度几乎与组装飞机模型或一套比较复杂的平板家具的指南一样。这恐怕并不是拉斯金或威廉·莫里斯期望留下来的遗产。

战后不久，房屋大多数是公共的，或者归于地方政府，处在克里斯托弗·艾迪生（Christopher Addison）的领导下，他是一个自由党改革家，后来加入了工党。但是，尽管对1919年的《艾迪生法案》抱有极大的野心和希望，清拆贫民窟仍然是两次大战之间的一个重大失败。首先，在经历过战壕的筛选后，已经找不到足够多的合格建筑工人了。据估计，1920年，在伦敦能找到的砖匠和泥水匠只有所需人数的一半。经费也很不足。因为发现建房的实际花费比预算超出了一倍，艾迪生自己也被解雇了。尽管教会领袖和乔治·奥威尔等新兴的记者举办了大量活动，但是建起的新住房仍然不足，不足以让英国城市里的工人阶级摆脱臭气熏天、令人发狂、人满为患的维多利亚式住房，这些住房普遍缺乏必要的设施，比如防潮层。当时，政治家们雄心勃勃，正如克莱德河畔的天主教徒约翰·惠特利在第二届工党政府任期内一样，但艰难时期推行的紧缩政策令他们十分沮丧。除了"一战"结束后很短的一段时期之外，私人建筑轻而易举地击败了公共住房，到了1939年，每10所新建的住房中，有9所属于私人建筑，其中3/4都是由投机建筑公司建造的。

这是一个房地产异常繁荣的时期，建造了大约400万栋新房子，只有60年代末至70年代的高层建筑大爆发能与之相比。它的基础是宽松的规划法规、廉价的土地、积极进取的建筑合作社和投机建筑商，以及简单重复的设计。有一个新晋的房地产企业家是个16岁男孩，为了给在布莱克浦的家人建造房子，自学了砖瓦、玻璃、木工和管道工程。屋顶还没搭好，路过的人就主动提出购买房屋。他赚了一大笔钱，从此一发不可收拾。1921年，他的叔叔也进入了这一行业。这个男孩的名字叫弗兰克·泰勒（Frank Taylor），他叔叔是杰克·伍德罗（Jack Woodrow），这两人的公司最终发展成为行业巨头泰勒伍德罗公司。在英国各地，一排排所谓的"仿都铎式"房屋从几乎所有主要城市蔓延开来，聚集在主干道上，因为新建道路旁边的土地破旧而廉价。泰勒伍德罗、温佩、莱恩等都是这样的公司，制作预制木质配件、混搭的各种凸窗、砖木结构的前门、山墙和门廊，房屋整体覆盖着卵石灰浆、挂瓦或混凝土泥灰，以掩饰草率砌就的砖墙。建筑师很少参与其中。一份建筑杂志评论道："不可否认的是，依照画在信封背面的一系列草图，也可以建成一座看起来规划良好的房屋，和依照一张制作精良的彩色工作图纸来建造的房屋没有区别。"[①]

　　这一切的结果是一种英国本土对现代主义的自下而上的抵制，其对英国面貌的影响远远超过任何移民而来的现代主义者。这就是留给我们的东西：一种没有剥离不必要的细节，反而尽力堆砌的建筑风格，要倾斜的屋顶而不是平顶，要粗糙的表面而不是光滑平面，在木梁上彩绘并添加琐碎的花纹，杂乱延伸而不是保持直立，而且把厨房当成房子里最舒适、最常使用的房间。与早期投机建筑繁荣时的排屋相比，这些房屋使用更为方便，楼层和楼梯都更少。这数以百万计的房屋占据了英格兰东南部城市和乡村之间的空间，那里不久前还是田地和灌木丛，再加上它们看起来有一点畏畏缩缩，仰视着前辈的建筑，所以知识分子非常讨厌这一切。这里是英国，奥威尔的叶兰飞舞[②]之地。这些房子不是为挣扎求生的工厂工人建造的，更不是为失业者准备的。它们的目标受众是教师、职员、技工和警察等，这些人突然发现自己可以通过抵押贷款借钱购买比较便宜的房子。在这个伟大理念的时代里，它们展现出的是英国社会的保守主义，是很容易遭人嘲笑的小小梦想。最近，一位建筑

---

① Alan Crisp, 'The Working-Class Owner-Occupied Home of the 1930s', Oxford University M.Litt thesis, 1998.
② 指奥威尔的小说《叶兰在空中飞舞》（*Keep the Aspidistra Flying*）。——编者注

史学家指出，它们都是在经历过可怕战争后建造出来的："对于很多人来说，神话般的伊丽莎白时代和过去的都铎王朝代表了一个稳定和安全的时代。这样的房子，至少给人的外在印象是不可动摇的稳定。"[1] 不仅仅是这样。这里当然也是许多新一代知识分子出生和成长的地方，他们在追忆往昔时满腔愤怒。

也有本地政府的建筑商和规划者建造的现代主义住宅项目，他们从建筑杂志和展览中复制了圆角、钢架窗户和平顶，为工人家庭提供了更好的生活方式，包括煤气供暖、独立浴室和更充足的自然光。毫无疑问，这个时期经典的现代建筑反映了新的热情和工业特征。这些都是公共建筑，而非私人建筑。盖特威克、赫斯顿、肖勒姆和泽西岛等地都有引人注目的现代化机场建筑，更早、更令人瞠目的还有卡丁顿大型飞艇库，以及建于1932—1935年的著名的伦敦西区胡佛大楼等轻工工厂。以德国的标准来看，道路建筑规模很小，但所谓的"汽车旅馆"十分时尚，空旷的停车场边配有酒吧和餐馆，它们把装饰艺术带给了公路沿线的郊区和乡村。那是一个崇尚阳光的时代，因此也是露天游泳池的时代。交通项目包括大型的1925年利物浦默西隧道，配有新奇的"猫眼"[2]，这是英国人的一项伟大发明，还有如同摩天大楼般的圣乔治通风塔。当然，车库也是和新潮的产物，位于伦敦国王路上的蓝鸟车库在1924年开业时是欧洲最大的车库，能够容纳300辆轿车。到了1937年，奥林匹亚车库在其附近建成，拥有11层混凝土底板、现在大家都很熟悉的弯曲坡道，还有容纳1000辆汽车的空间。

我们还没有真正进入汽车时代。通过30年代半成品住宅的照片，

---

① Finn Jensen, *The English Semi-Detached House*, Ovolo Books, 2007; 前两段中的大部分材料都来自此处。
② 固定安装在道路上的夜间反光路标。——编者注

可以看到停在车道上的车仅有寥寥几辆，而不是如今的几百辆。在停战协议签订时，英国大约有 10 万辆汽车；到了张伯伦对希特勒的绥靖政策失败时，大约是 200 万辆。但是福特式的大批量生产技术已经出现，20 年代流行的廉价汽车，比如牛鼻子莫里斯和奥斯汀 7 型，小而古怪，有种莫名的英国气质，它们都是手工制造的。很快，生产那些汽车的公司，再加上艾维士、沃尔斯利、凯旋、辛宾和罗孚等，都开始大批量地生产金属压制的汽车，英国那些蜿蜒曲折的狭窄道路逐渐被塞满。古老英国城市的狭窄街道以及大多数已经十分古老的道路，意味着除了少量极其昂贵的汽车以外，英国汽车看起来已经显得体积狭小、四四方方，与更加宽敞、耀武扬威、爱出风头的美国、德国和意大利汽车相比，有些自愧不如。即使在这个领域，英国的现代主义也受到了限制。

在英国之外，现代主义意味着对阳光的渴望，通常表现为裸体主义，还有大规模体操。最早的现代主义建筑中就包括一些瑞士的疗养院。健康意味着自由，意味着活跃。它也可以意味着充满活力、节奏强劲的新舞蹈，这是由德国的鲁道夫·拉班（Rudolf Laban）等大师们带来的。尽管英国的气候和英国城市中烟雾弥漫的空气，意味着多数人会把自己紧紧束缚起来，怔即使在这个国家，追求新鲜空气的热潮也时有发生。日光浴流行开来，不过英国人对待这件事的态度真是认真得可爱。1931 年出版的一本指南给出了"把裸体暴露在阳光下"的多种方法，其中特别推荐"日光盒子"，可以保护沐浴者免受刮风的困扰，另一种方法是"躺在通风的玻璃日光浴室的床上，用一块湿布罩在头顶"。海滨度假大受欢迎，尽管在英国的大多数地区，严格的着装规定限制了身体部位的过多暴露，直到 30 年代中期情况才有所改变。例如，当时不允许男性穿露胸的泳装，只有布赖顿海滩除外，在这里穿泳装本身就是一条法律。太阳灯和日光室随处可见，最早的太阳镜也开始出售了。带有荷叶边的爱德华时代泳衣被一体式毛料泳衣所取代，男人则最终有了游泳短裤。橡胶泳帽出现了，然后是紧身泳衣、胸罩、三角裤套装以及软木凉鞋。总体而言，在刚刚进入 20 年代时的英国海滩上，人们几乎像是生活在维多利亚时代；而到了 30 年代末期，他们看起来就和我们很像了。在假日、房子和汽车方面，我们已经把古老的好时光甩在了后面。

冲下雪山

对于英国人来说，如同对于法国人、意大利人、德国人和美国人一样，两次战争的间歇时期是速度与激情开始流行的时期。在那之前，除了少数的先锋飞行员、汽车爱好者和游艇爱好者，唯一能让你快速前进的冒险就是骑马。但是在"一战"之后，超速驾驶成为一种痴迷，与自由、国家命运和现代主义的观念结合在一起。这是第一届英国国际汽车大奖赛的时代，是施耐德杯水上飞机竞赛的时代，数十万观众远望着水上飞机环绕伯恩茅斯和考斯轰鸣而过。那是一个富有的年轻人自己飞遍欧洲的时代，也是普通人可以爬上双翼飞机的后座，自己花钱体验绕圈刺激的飞行马戏团的时代。这也是滑雪的黄金时代，一项大众体育项目由此诞生，为了追求高速冲下山峰的简单刺激，阿尔卑斯山和其他许多山脉被彻底改造了。

亨利·伦恩（Henry Lunn）爵士是一个精明而虔诚的爱德华时代

的自由党人，是第一个站在坡道顶端的人——这只是隐喻性的说法，因为他本人并不滑雪。他是一位林肯郡蔬菜水果商的儿子，分别在9岁和17岁有过两次宗教体验，于是成了一名传教士和牧师。他确信自己拥有一项伟大的使命，要把西方那些支离破碎的基督教教会重聚在一起，于是组织会议，聚集了圣公会教徒、卫理公会教徒、浸信会教徒、长老会教徒和一些天主教徒。他选择了瑞士。自从1864年以来，瑞士的山谷已经成为那些富有旅行者的冬季度假胜地。那一年，在一个偏远的山村，一位极具开拓精神的旅馆老板和几位英国客人打赌，他们会发现阿尔卑斯山的冬天令人愉快，而不是像当时人们对高海拔的寒冷积雪地区的普遍看法那样，是个可怕的地方。这一招奏效了。这些英国人留了下来，付了钱，还带来了所有的朋友。他们留住的村庄叫作圣莫里茨。从此之后，瑞士、法国和部分奥地利的阿尔卑斯山区被彻底改变了。伦恩开始组织其基督教联合会，在高海拔处进行了很多次祈祷。这些教会从来没有被统一起来，但是伦恩却像上文中的瑞士旅馆老板一样嗅到了商机，开始为那些爱德华时代的富人组织冬季假日运动。他的名字通过伦恩－波利旅行社流传下来。

那时的冬季运动，主要指的是溜冰和滑雪橇。滑雪原本是一种鲜为人知的从一个地方到达另一个地方的交通方式，只是其他两种冬季运动的穷亲戚。作为一项运动，它起源于挪威和瑞典，那里的乡下人把滑雪技术教给了城里人，这种技术又缓慢地传播到阿尔卑斯山脉。这一运动需要长长的木制滑雪板、普通的皮靴以及一根用来平衡和制动的滑雪杖，还有着无穷无尽的技术问题——毫不夸张地说，就是如何在不骨折的情况下，滑下坡道，并且保持某种程度的控制力。这很不舒服，危险而且寒冷。滑雪不仅仅是从山上滑下来，还要首先爬上山，用海豹皮把雪兜住。不少奥地利、德国和瑞士的先驱者很快设计出了如今的滑雪者已经非常熟悉的扫雪机和平行转弯技术，但是有一位英国人的贡献非常巨大，至今仍被整个滑雪界铭记。

他也来自伦恩家，正是亨利爵士的儿子阿诺德（Arnold Lunn）。他在牛津大学考试不及格，但建立了大学滑雪俱乐部，之后又发明了障碍滑雪赛。在那时，滑雪就像是在雪地里进行定向越野，当伦恩设计出带有许多转弯项目的快速下山比赛的时候，挪威人抗议道：如果挪威人改变了板球的比赛规则，英国人会怎么想呢？伦恩的回答是，这可能会让板球运动变得更好吧。无论如何，"盲目追随别人都不是英国人的习惯"。最早的英国滑雪比赛出现于1903年，同年成立了英国第一个滑雪俱乐部——达沃斯滑雪俱乐部；1911年，帝国战争英雄坎大哈的罗伯茨（Frederick Roberts）伯爵为公学山地运动俱乐部赞助了一座滑雪杯。那时的滑雪是什么样的呢？伦恩回忆说："比赛时要先花7个半小时爬到起点，然后在高山上的小屋里住一晚，比赛过程包括横穿3英里的冰川，一次短暂的攀爬，然后直降5 000英尺，其中包括1 500英尺狂风吹过的坚硬地壳和1 000英尺非常棘手的树林。这是一项英雄的事业。"

毫无疑问，"一战"中断了英国人对于滑雪运动的痴迷，虽然瑞士的山坡上遍布着被俘的士兵。战后，阿诺德·伦恩重返坡道。"1919年年末，我发现了一座小银杯，这是作为战前一场高尔夫球比赛的奖品而购买的，但那场比赛后来并未举行。我决定把它当作一种新型滑雪比赛的奖杯。"伦恩本人就是滑雪者和登山运动员，拥有英雄般的成就和强大的个人勇气；在战前威尔士的一次登山活动中，他的一条腿粉碎性骨折，终生忍受着巨大的痛苦。因为一条腿比另一条要短一些，他的滑板设计有所不同，但这并没有让他退缩。1922年，第一届障碍滑雪赛在他的指导下得以举行，大多数的快速滑雪都源自这次突破性的实验。有着独特K字徽章的英国坎大哈滑雪俱乐部成为快速转弯滑雪这项新运动的引领者，紧随其后的是速降滑雪俱乐部和更多其他俱乐部。到了20世纪20年代末期，由英国人提出的滑降和障碍滑雪规则已经被国际上广泛接受，滑雪成为奥运会比赛项目。从20年代中期到30年代早期，能够在速度和技术上匹敌英国滑雪者的只有瑞士人。这些滑雪者在两次大战之间给瑞士带来了激情的聚会和迷人的气氛。直到法西斯主义兴起之后，黄金时代才结束了。

这仍然是一项艰苦的运动，需要大量的艰苦跋涉才能爬上山去找到赛道，还有少数"硬雪"滑道只能依靠几十个帮手用靴子踩平——有一次甚至动用了阿尔卑斯山的军队进行大规模踩踏。尽管在1906年就有报道说黑森林出现了原始的滑雪缆车，但直到1935—1936年，第一台机动缆车才出现在阿尔卑斯山中部，而美国人发明的座椅缆车则直到"二战"以后才开始使用。一个称职的滑雪者需要了解许多不同种类的雪，自己寻找穿越大山的路线，有时还要眯起眼睛，使用自制的留有观察孔的木条，以避免雪盲。伦恩后来回忆道："高山滑雪的先驱者热爱大山。他们享受滑雪带来的快乐，还认为长途滑降是一种额外的荣耀，是特殊的奖励。"正是这种他极力鼓吹的纯粹的刺激，在两次大战之间把更多度假者带到了瑞士和法国的阿尔卑斯山区。在去往维多利亚的港口接驳列车上，挤满了晒黑的男人、穿着花呢和灯笼裤的女人，经常有人的胳膊和腿因为运动而受伤，在回程上讲述着自己或英勇或不幸的故事。看起来，20年代滑雪的乐趣和今天在本质上没有什么不同。在20年代晚期，伦恩自问："我在想，我们真的喜欢过滑雪吗？我们要么因为滑雪速度过快而感到恐惧，要么因为速度太慢而感到羞愧。"那时，有很多人都对此感同身受。

空中旅行

对于那些能够负担起费用的幸运儿来说，这是空中旅行的早期黄金时代。在 20 世纪 30 年代中期，很少有比乘坐帝国航空公司的飞艇前往非洲或印度更浪漫的旅行了。你会在靠近白金汉宫的整洁而现代化的新航站楼检票，在出示票据之后，你会被秘密地称体重，因为在早期的飞行器上，每一磅都要计算清楚，但是帝国公司非常友好，不希望肥胖的旅客感到尴尬。你可以托运行李，但是最重不能超过 33 磅 ①，然后在附近的维多利亚车站登上一辆特制的普尔曼马车，被带往南安普敦豪华的西南酒店。第二天凌晨 5 点，你会被唤醒，带到 101 号泊位，在那里，你要跨过一座浮梯，坐上一只筏子，然后爬进一艘小型皇家飞艇的船舱，那是一头重 18 吨、长 88 英尺的怪兽，就停在罗切斯特的海岸边。和同行的十几名乘客一起坐进"散步沙龙"，你会注意到柔软豪华的皮革扶手椅、地毯，以及正在准备中的早餐的味道。当飞艇在南安普敦的水面上呼啸而过，在窗外喷起缕缕浪花，你会安定下来，仔细阅读免费的旅游手册，还有一幅地图展示了接下来的完整旅程，先到地中海，接着是亚历山大港的英国机场，再然后可能飞往印度或中非。在空中的速度大约是每小时 200 英里，你会享受庞大窗口外的如画风景，然后坐下来。一本关于世界航空的指南上说："乘坐帝国飞艇是世界上最舒适的空中旅行方式，有着充足的空间、新鲜的空气、良好的通风、适

---

① 1 磅约合 0.454 千克。——编者注

当的供暖、出色的餐饮和细心的管家。"[1]

即使是前往巴黎、阿姆斯特丹和柏林的短途飞行，也更像是如今私人飞机拥有者的享受，而不是大多数的公共飞机旅行。你会是一个难得的幸运旅行者，但是在 1935 年，你并非独一无二：在那一年，单是大英帝国就有旅客 6.8 万人。现代航空旅行经济崭露头角。然而，要实现这种半现代化的工业，经历了一段艰难的过程。严格来说，英国的第一次定期航空服务可以追溯到 1910 年，是从亨顿到温莎的邮递航路，但这基本上只是一个噱头。同一年，议会出台了一项法案，强调英国上空的主权是神圣不可侵犯的，以英雄般的乐观精神"保卫国家不受航空业的侵害"。[2] 当然，战争加速了航空领域的技术进步，到了 1918 年，英国的飞行器已经可以轻松抵达德国柏林。第二年，阿尔科克（John Alcock）和布朗（Arthur Brown）完成了首次无停靠飞越大西洋的壮举，每个人都很清楚，一个新的航空时代已经不远了。即使是在战争临近尾声时，英国皇家空军和自由从业者仍在通过空路向欧洲大陆传递邮件。世界上第一个商业客运航班是 1919 年 7 月 15 日往返赫斯顿和法国勒布尔歇之间的航班。飞行员后面坐着一位乘客，他本应降落在豪恩斯洛办理海关手续，但是并不想给自己添这种麻烦。现在事实已经非常清晰，英国政府对于允许自由出入国家领空的敌意是一个严重的错误。飞行器仍然飞不了太远，任何想要抵达其他地区的英国飞机都必须穿越法国、比利时、德国和其他邻国。虽然在巴黎和会上已经签署了一份协议，但有关空域的争吵一次次爆发，从而降低了真正的大众空中旅行的可能性。

---

[1] Robert Finch, *The World's Airways*, University of London Press, 1938.
[2] Robin Higham, *Britain's Imperial Air Routes, 1918–1939*, G. T. Foulis & Co., 1960.

这不仅仅是法律上的难题。最初的商业航空服务是由勇敢的飞行员驾驶着设备简陋的飞机，在云雾间努力保持既定航线。至少有一架飞机在伦敦上空迷航，差点把圣保罗大教堂撞出一个大窟窿。无论如何，几个航空公司竭尽所能促进着这门新生意的发展。弗雷德里·亨德里·佩奇（Frederick Handley Page）的轰炸机早已是英国皇家空军的中流砥柱，现在他把其中一些改造成了民用客机。1919 年 10 月，飞往巴黎和布鲁塞尔的旅客到达了他在克里克伍德的机场，在那里花三先令购买一份包括 6 个三明治、水果和巧克力的午餐，然后一次 10 人，爬上没有暖气的飞机。飞机上噪声很大，飞行速度也很慢，但有马可尼无线通信导航，相对比较安全。其他早期的客机服务还包括英斯通航空公司，这原本是一家煤矿和海空公司，它们的飞机从克罗伊登出发，有着银色的机翼、品蓝色的机身，因为公司漫长的海运历史，飞行员穿着水手一样的制服，这或许一路影响到了今天的飞行员和乘务员的着装。还有戴姆勒·海尔公司飞往柏林和阿姆斯特丹的飞机，漆成红白两色；以及南安普敦的超级马林海雕式水上飞机，由英国海洋航空公司所有，飞往海峡群岛。显然，英国的私人公司会与欧洲大陆那些得到政府资助的航空公司展开竞争，但是身为空军大臣的丘吉尔在 1920 年 3 月告诉下议院："国内的航空业必须自己飞起来，政府不可能把它举在空中。"

　　后来的事实证明，丘吉尔错了。这种新的旅行形式已经抓住了这个国家的想象力。出人意料的是，经过事实验证，航空旅行十分安全：1919—1924 年的 5 年时间里，小型航空公司用双翼飞机和经过改装的军用轰炸机运送了 34 600 名乘客，只造成了 5 人死亡。但是它们的确没能赢利。飞机本身的成本和对乘客的简陋安置，再加上关于空域的争论，使得所有公司都破产了。1922 年，政府开始意识到提供资助的必要性。第二年，新任空军大臣在内阁中占据了一席之地，一年后达成协议，把所有小公司合并成一个国家航空客运机构——帝国航空公司，这家公司现在依靠纳税人补贴，在实质上垄断了海外航班市场。由于在飞往欧洲大陆的航班方面仍然有些法律问题纠缠不清，它实践了自己的名字和20年代英国的偏执，把目标从欧洲转向了大英帝国。早期航线的目的地包括巴士拉、巴格达和开罗。1929年，帝国航空公司飞到了卡拉奇，次年到达德里。1931年，其长途航班抵达中非，1932年抵达开普敦。1933年，帝国航空开通了往返新加坡的航空服务，之后在1934年，又开辟了通往澳大利亚的定期客运航线。这些旅行可能需要多天才能完成，中途会停在酒店过夜。但是，这已经足以将世界缩小了。

政府还有着其他用心。它感兴趣的不仅是把帝国更为紧密地联系在一起，还清楚地知道未来的空中防御需要强有力的飞机制造工业。帝国航空公司最初并没有挣到足够的钱来开展重要的建设项目，很多早期的飞机都是实打实的手工制品。当然，帝国航空公司与英国皇家空军连手确保了飞机制造商的数量，以备战争再度来临时，英国能够大批量生产战斗机和轰炸机。德·哈维兰（De Havilland）制造的DH4轰炸机曾是战争期间的飞行成就之一，1934年，他以一架用夹板构建的新型彗星客机，在从伦敦飞往墨尔本的比赛中击败了美国人，后来这种施工技术也被用于战争时期的蚊式轰炸机。亨德里·佩奇为帝国航空的航线制造了全金属材料的大型双翼飞机，要由此转而制造轰炸机很容易，其中最著名的作品就是在下一场战争中亮相的哈利法克斯轰炸机。与许多新型工业一样，这些公司倾向于聚集在英格兰南部。阿弗罗是最主要的例外，把工厂建在了曼彻斯特；还有阿姆斯特朗－维特沃斯的工厂位于考文垂；上文曾经提到过的亨德里·佩奇在克里克伍德；德·哈维兰在哈特菲尔德；建造了神奇飞艇的肖特兄弟公司在贝德福德和罗切斯特。漫长的帝国航线意味着对于大型飞机的需求。阿姆斯特朗旗帜客机看起来相当现代化，有着光滑的金属光泽，其他飞机则像是笨重的野兽。著名的肖特 - 梅奥合成飞机特别奇怪，在飞艇上背负了一架水上飞机，两架飞行器上的 8 个引擎一起运转才能飞起来，随后二者分离，水上飞机再独自飞走。这样水上飞机可以装载更重的货物，如果单独起飞是飞不起来的。按照现代人的眼光看来，如此看重飞艇和水上飞机是很奇怪的，但是如果用 30 年代的眼光来看，就很容易理解了。当时几乎没有合适的机场，而这两种飞行器可以降落在任何面积合适的水域之中。天空似乎成了新的高速公路，未来也将成为战场。

聪明人的失败

一个在世界大战的痛苦中诞生的新世界，看起来应该有所不同。然而尽管这些年里英国自夸有一些优秀的画家和雕塑家，但没有人会说这是一个艺术的伟大时代。皇家艺术研究院的保守派画家所画的贵族风格的肖像、狩猎或大自然场景以及静物写生，主宰了公众的品位。在音乐领域，英国一度发出了自己的声音，出现了拉尔夫·沃恩·威廉斯（Ralph Vaughan Williams）、阿诺德·巴克斯（Arnold Bax）和威廉·沃尔顿（William Walton）等作曲家。同法国、俄国以及美国的爵士乐相比，他们的曲子新颖但并不足为奇。真正的激进主义来自文学领域。詹姆斯·乔尹斯（James Joyce）、艾略特、埃兹拉·庞德（Ezra Pound）这一个爱尔兰人和两个美国流亡者打碎并重构了英语世界的语言。他们将对知识分子和大学生产生重大影响，但几乎不会影响到广大公众。下一代的诗人在政治上同 20 世纪 30 年代的威胁纠结在一起，回归了更为简单直接的用词。真正的问题在于：为什么在 1914 年之前迸发出天才与雄心的现代主义文学，对于两次大战之间的英国的思想和观念几乎没有产生什么影响？究竟什么才是英国土生土长的现代主义呢？

有这样一个人，他曾参加了"一战"，描绘出这一切，并被乔伊斯、庞德和艾略特视为文坛劲敌。珀西·温德姆·刘易斯（Percy Wyndham Lewis）说，这场战争是"一大块黑色的固体，隔断了之前的一切"。他在爱德华时代短暂发起了旋涡主义画派这样一场运动，这是英国人对法国立体主义和意大利未来主义的回应。他创办的那本愤怒的小型杂志《爆炸》（Blast）咝咝作响，是反叛艺术团体的宣言。他那像鞭子般犀利、嘲讽的画作也同样新鲜。温德姆·刘易斯并不是纯粹的英国人，他出生在新斯科舍的一艘游艇上，父亲是美国人，曾参加过南北战争。但是温德姆在英国长大，在拉格比公学接受了教育。无论在使用钢笔还是画笔时，他都不是一个谦虚的人。他的讽刺小说招致很多非议，批评者中也包括曾经款待过他的奥特林·莫瑞尔。但他也是一个真正的原创艺术家，如果你的脑海中存有乔伊斯、艾略特、庞德或西特韦尔（Sitwell）一家的画像，几乎可以肯定都是他的作品。温德姆·刘易斯的理论是，"1914 年的人们"，也就是最初的激进主义者，曾经试图摆脱浪漫主义的艺术和宣传，走向更加纯粹的艺术，"超然于真正的文学"，却被战争所击败："我们是走向一个尚未实现的未来的第一批人，属于一个还没有'成型'的'伟大时代'。"

那么，英国的严肃艺术难道已经夭折了吗？大屠杀已经使得这个国家变回了一个只求华丽和安宁的地方吗？从某种程度上来说是这样的。但是关于现代主义还有另外一个问题，在温德姆·刘易斯身上集中体现出来，那就是在这些运动中的压倒性声音是右翼、贵族化和反犹主义的。艾略特真情实感地反对犹太人，这在近年来引发了很多争议；而埃兹拉·庞德全心全意地拥戴墨索里尼，在战争期间大力鼓吹法西斯主义。叶芝对于民主制感到幻灭，为爱尔兰的半法西斯组织蓝衫党（Blueshirts）创作了行军曲。还有，温德姆·刘易斯拥有无可置疑的天赋、精力和战时的勇气，为什么他的名字现在罕为人知了呢？为什么关于他总有一些含糊其词呢？这也许与一本书有关。它的名字很简单，叫《希特勒》（Hitler），书籍上带有显眼的纳粹标志。温德姆·刘易斯在书中赞扬了处于上升期的纳粹运动，把它与魏玛共和国的堕落和霸道进行了比较。这是英国第一本关于希特勒的著作，其中充斥着对于魏玛共和国统治下的柏林这一"堕落者天堂"的反感，认为这是一个充斥着"夜间马戏团、黑人舞蹈、鞭笞酒吧"的地方，"男子气概孤独地陷入悲哀的深井，圆滑的股票投机商和侦探则在光彩夺目的酒吧里休闲放松"。[①] 这与艾略特对于现代腐败的构想非常接近。《希特勒》中充满了野蛮的误判，例如："'保罗·高更（Paul Gauguin）根本不配被称为艺术家，也不可能有任何人垂青那样的画作。"但是最令人震惊的是，该书宣称希特勒是"和平之人"，在掌握权力之后会"展现出加倍的谦虚和宽容"，而他对犹太人的强烈反对只是"最初的障碍"，"仅仅是一件小事"，英国人不应该因此而反对纳粹。为了公平起见，我们必须指出，温德姆·刘易斯在"二战"前夕放弃了希特勒主义，战争期间他去了美国。但他的确曾是非常认真的早期纳粹崇拜者，在纳粹媒体中广受吹捧，还曾多次造访英国的法西斯主义者奥斯瓦尔德·莫斯利，对其

---

① Wyndham Lewis, *Hitler*, Chatto & Windus, 1933.

表达了深深的钦佩之情。

艾略特的表现则完全不同，他那有教养、悲观主义和知识分子式的现代主义转变成了一种对高教会派式的英伦风的热爱。他在政治上称自己为保皇派（这对于一个美国人来说相当奇怪，而且他在1927年加入了英国国籍），在宗教上信奉英国国教，在文学品位上则是个古典主义者。他1922年的作品《荒原》（*The Wasteland*）是一项杰出的技术成就，是对一个被野蛮和商业主义吞没的文明的悲叹，但是该书语气非常高傲而冷淡，需要大量的积累才能够完全理解和欣赏。后来，他的朋友埃兹拉·庞德在自己的作品《诗章》（*Cantos*）之中，将这种晦涩难懂的隐喻手法发展到了荒谬的程度。艾略特是一个真正伟大的诗人，他那身为保守派的谨慎使他免于受到自己政治观点的影响。后来，他帮助过犹太人，并且支持以色列建国，但他还是代表了英国现代主义中对普通读者不屑一顾的倾向。

弗吉尼亚·伍尔芙也认为工人阶级肮脏、贪婪、令人困惑，这可以通过她在里士满火车站的一个普通餐馆里的反应看出来。在那里，她"看到了人性本质的最底层，看到了不成人形的肉体——无论是人类的吃喝行为使人退化，还是那些在餐馆里吃午饭的人本身就很落后，一个人在此之后恐怕很难直视自己的人性了"。现代主义打破了几个世纪以来发展起来的传统艺术形式，拥有令人振奋的活力时刻。但是随后它便开始将精英文化的碎片重新组合，对民主感到失望，最终倒向了伟人崇拜。这就是它走向失败的原因。恰在此时，英国社会在很多其他方面也变得更为民主、更为消费主义，也稍稍更为开放了。

被遗忘的英雄

在两次大战之间，英国的社会主义者中没有出现大神级人物，也罕有什么英雄。按照人们的说法，如果早期工党中能出现一位伟大的演说家，主宰议会、煽动起大量的民众，那就好了。如果有一个真正勇敢而高效的领导者，那么20世纪20年代的政治会有很大的不同。也许那会是一个曾经为坚持原则而饱受痛苦的人，一个来自社会底层、理解国际问题、能够把群众的热情带到最高点的人。事实上，的确存在这样一个人，然而他被无视了，消失在历史叙事之外。他是一个辛勤工作的母亲的私生子，通过努力奋斗得到了一份低级白领工作，从来没有放弃过自己的社会主义原则。他曾经公开反对"一战"，这在当时是非常危险的，也阻碍了他的政治之路。他遭到谩骂和袭击，失去了很多朋友，在补选中被恶毒地攻击，几乎失去了继续奋斗的意志。他后来回忆说："关于那些女人的记忆萦绕在心头——她们嗜血，发出仇恨的诅咒，出现在挤满孩子的法庭和小巷里。简直就像是狂野情绪过后的一地残骸。"在好几年的时间里，他一直是英国最为人憎恨和恐惧的激进派政治家，这算是一个半官方的头衔，后继者还有安奈林·贝万（Aneurin Bevan）和托尼·本（Tony Benn）。报纸揭露了他的不法行径，主张他应该被带到伦敦塔枪毙。他是独立工党的创始人，并作为党员坚持了将近40年，"红色克莱德河畔运动"的大部分成员都属于独立工党。当他代表伍尔维奇参选时，伦敦有轨电车车身上的广告直白地写道："议会的叛徒？"

尽管在他的巅峰时代没有留下影像资料，但是作为一位演说家，他显然是引人入胜的。他还是一位重要的政治理论家。他是一个真正的社会主义者，攻击资本主义对于"饥饿鞭子"的使用，使他在下野期间成为党员心目中的英雄。回归议会之后，由于鲍德温奇怪地决定在1923年冬天举行一次大选以阻止自由贸易政策的施行，他突然间进入了国家领导层。他在威尔士参与竞选活动的报道反映了他受欢迎的程度：他被誉为"弥赛亚"，车子由支持者拖着穿过街道，前面还有铜管乐队开道。一份工党报纸对他参与的最后一次集会进行了报道，月光下，"人们像雪崩一样向他的车子涌来，车窗玻璃被挤碎又有什么关系呢？热切群众的手臂伸了过去，在数百人的奔流中，他们难以自控。这辆车行驶一英里花费了将近两个小时，这足以说明一切。在英国政治的历史上，这一幕实在太罕见了"。①

那么这位远见卓识、深受欢迎的激进英雄是谁呢？他就是拉姆齐·麦克唐纳，1924年成为英国第一位工党首相。麦克唐纳来自苏格兰东海岸的小镇洛西茅斯，今天人们只记得他是工党的叛徒，因为他分裂了工党，在1931年的国民政府中接受了公职。一位传记作家指出，20世纪没有一位英国政治家遭受过如此谩骂。②他成为"叛徒马屁精政治"的终极象征，对公爵夫人阿谀奉承，出卖工人。有一段时间，他使得工党备受打击，因此被排除在工党历史之外。但麦克唐纳是一个异常勇敢、爱国、激进的政治家，在那个年代被视为左派的伟大希望。他并不是第一个在危机期间跨越政治分歧的人，丘吉尔和劳合·乔治都是这样做的，而且劳合·乔治同样在这一过程中粉碎了自己的政党。但是因

---

① 此处和上一段的内容均引自 David Marquand, *Ramsay MacDonald*, Cape, 1977。
② Professor Keith Laybourn in Greg Rosen, ed., *Dictionary of Labour Biography*, Politicos, 2001.

为关于国民政府的记忆实在并不令人愉快，带来了大范围失业和绥靖政策，而且随后还有改变国家的 1945 年工党政府（虽然那时麦克唐纳已经去世很久了），他的名声被毁掉了，他个人的勇气也被遗忘。他在很短时间内失去了妻子和儿子，独自工作直到去世。他的周围尽是尖刻而傲慢的知识分子，因此他对于一个非革命性的社会主义政党所能取得的成就的论述也被忽视了。他说话啰唆，自怨自艾，傲慢无礼，但话说回来，这些特征在一大票政治家的身上都能找到。

麦克唐纳最大的失败在于，他没有在两次大战之间为英国绘制出一幅民主社会主义的蓝图。同他在一起的还有菲利普·斯诺登（Philip Snowden），来自奔宁山脉的纺织工人之子，也参与建立了独立工党，反战立场与麦克唐纳十分接近。他们两人在经济学领域都是非常传统的自由派，甚至可以说是维多利亚时代的人。他们相信自由贸易、平衡预算和政府经济，这些都是当今政治家的口头禅，但对于两次战争之间的大规模失业和经济萧条来说，并不是一个好答案。他们的理念意味着要把社会主义改革限制在好时期，而现在正是最糟糕的时期。1924 年，另一种选择，即凯恩斯提出的通过高支出启动经济增长的见解，只是刚刚开始在知识分子圈内得到讨论。

更概括地说，麦克唐纳坚持工党必须受人尊敬，这在一个本质上仍然非常保守的国家里是一种合理的选择，因为这个国家直到最近还对社会主义者充满强烈的敌意。麦克唐纳的第一届政府只维持了 10 个月，而且始终要依赖其他政党的支持才能继续执政。除了一些有益的住房改革外，这届政府几乎没有取得什么成就，就在 1924 年选举中被击败了，失败的部分原因在于一封伪造的季诺维也夫（Grigori Zinoviev）的信件造成了"红色恐慌"，这封包含了苏联共产党对其英国同志下达的秘密指令的信件恰好在选举前一天在《每日邮报》上被刊登出来。在国外革命国家和国内传统自由主义者的两块铁板之间，几乎没有任何立足之地。如果有人对此表示怀疑，那么 1926 年总罢工足以令人信服。

一场英国式暴动

———

英国的百万矿工是一个很好的例证。他们的工资低得可怜，待遇不比中世纪的农奴强多少。工业的运营情况非常糟糕，在结构上也是古旧过时的。当德国鲁尔区的煤炭以低于英国煤炭的价格重回国际市场时，老板们想到的只有通过降低工资和延长劳动时间来维持运营。政府在很久以前就把矿山还给了私人业主，并且想尽可能地远离争论。这是很荒唐的：国家是依靠煤炭运作的，由于英国劳工联合会议参与了中断所有煤炭运输以援助矿工的行动，英国很快就会陷入停顿。面对这一显而易见的事实，1925 年 7 月，鲍德温政府妥协了，发放了 9 个月的补贴，还组建了皇家专门调查委员会对工业状况进行调查，借此赢得了一些时间。但是，调查委员会在 1926 年 3 月的报告中坚持认为必须削减工资。英国劳工联合会议别无选择，只能遵守承诺，选择支持矿工。"工资一便士都不能少，工时一分钟都不能多。"矿工的领导人这样说道。老板们的回答则是必须削减工资，如果矿工们不接受，那么就从 1926 年 5 月 1 日开始关闭煤矿。英国劳工联合会议的反应是在两天之后举行总罢工。那么这一次，政府要怎样才能装作两不相帮呢？

矿工和矿主的斗争逐渐发展为英国劳工联合会议和鲍德温政府之

间的斗争。有关工钱、矿口浴和公司合并的问题演变为政府和国家权力的危机。这不是一场革命性质的罢工，也不意味着革命。它并不是要推翻民选政府，或废除作为所有政治权力源头的议会。然而除非让民选的政府蒙羞，除非议会向罢工行动低头——简而言之，除非引发一种革命形势，否则罢工就不可能成功。然而罢工的领导人并不希望这样做，因此他们必然只能走向失败。最后一次和平解决的机会是被印刷工人葬送的，他们拒绝让《每日邮报》全国版出版。这份报纸的社论以"为了国王和国家"为题，表达了这样一种观点："总罢工并不是产业纠纷。它是革命的运动，只能在毁灭政府、践踏人民的自由与权利的前提下，才能够取得成功。"既然所谓的自由中就包括新闻出版自由，那么印刷工人的行为无异于自寻死路，至少也是证实了《每日邮报》作者的观点。无论如何，这最终导致以丘吉尔为先锋的鲍德温政府中断了谈判。鲍德温的私人秘书在晚间情绪非常激动地打电话给温莎城堡的国王私人秘书，说："《每日邮报》停刊了。请您转告陛下，以免他感到过分惊讶。"结果却被斥责说："我们没订《每日邮报》。"[1]英国劳工联合会议则发表声明说："工会否认对于目前可能发生的灾难负有责任。"行动不是针对公众的，而是针对矿主和大臣的。鲍德温在下议院做出了回应，称工会正在危及"宪法本身的自由"，丘吉尔则更加尖刻，指责他们试图推翻政府。

在幕后，内阁已经高度紧张。丘吉尔正在大力推广一份属于他自己的报纸、政府的喉舌，即《英国公报》（*British Gazette*）。当时他担任财政大臣，因此这件事并不在他的职权范围之内。事实上，宣传工作掌握在戴维森（J. C. C. Davidson）的手中，他是一位与鲍德温关系

---

[1] 托马斯·琼斯的日记，引自 Jenkins, *Baldwin*。

密切的保守党人。他记录道，首相希望丘吉尔变成编辑，"让他保持忙碌，没有时间做出更糟糕的事"。鲍德温补充道："我很担心温斯顿会成为什么样的人。"戴维森回答说："如果丘吉尔试图把这些人变成布尔什维克的军队（从大体上说，丘吉尔就是这么认为的），我将阻止他。"鲍德温答道："没错，你务必这样做。"[1]虽然丘吉尔隐约受制于戴维森，但他过得很愉快。他霸占了所有主流报纸以及右翼《晨报》（*Morning Post*）的版面，改个逗号也要遭受他的指责。《英国公报》提出了无条件投降的要求，丘吉尔还挑衅般地坚称供应给伦敦的食品应由坦克和携带机枪的士兵护送。戴文森向鲍德温抱怨说，如今的丘吉尔以为自己是拿破仑。

政府的准备迅速有效。大约 175 万名工人参加了罢工，支持百万矿工。公交车停运，铁路陷入了沉寂，地铁也封闭了，没有罢工的工人只能走路上班。人们与纠察队对峙，也出现了一些暴力冲突，主要都发生在伦敦东区。政府行使了战时紧急权力，征募中产阶级志愿者驾驶公共汽车甚至火车，作为特别警察进行巡逻，还使用新出现的卡车在全国各地运送食物。数千人加入进来，其中包括大约 450 名剑桥大学的学生，他们来到伦敦和丹佛，出于所谓的"爱国主义"精神破坏码头上的罢工运动。水手被迫帮忙卸船，城市里的绅士在煤气厂铲煤，潜艇停在岸边，用引擎的运转维持仓库的制冷系统，拉内拉格马球俱乐部的成员骑着打马球用的马在伦敦市中心巡逻，贵族女性穿着皮大衣组织食品供应。三天之内，志愿者已达 50 万人，有一种类似于 1914 年 8 月时的精神感染了中产阶级，尽管这一次并不是国家危急时刻。也发生了零星

---

① R. R. James, ed., *Memoirs of a Conservative: J. C. C. Davidson's Memoirs and Papers*, Weidenfeld & Nicolson, 1969.

的暴力事件：纠察队拦停了公共汽车和电车，将其推倒和烧毁，为了保护这些业余司机，一些车被用铁丝网包裹起来；有一辆火车脱轨。在阿伯丁、米德尔斯伯勒、格拉斯哥和爱丁堡，发生了对抗事件，有人投掷石头，警察挥动警棍，个别人遭到逮捕。还出现了一些革命风潮的细微迹象。据估计，英国共产党的 5 000 名成员中至少有一半被捕，包括巴特西的印度共产党议员夏普吉·萨克勒特瓦拉（Shapurji Saklatvala），他的罪名是宣称英国国旗只会保护傻瓜和流氓，并告诫军队不要向罢工者开枪。英国的一小群法西斯分子以歇斯底里的种族主义辱骂作为回应。

在罢工的第 5 天，政府采取了决定性的行动。伦敦的面粉和面包开始短缺。5 月 8 日凌晨 4 点，在 20 辆装甲车的护送下，100 多辆卡车组成的车队开往码头，那里正是破坏罢工的工人们避开纠察队悄悄渡过泰晤士河的地方。食物被装上车，返回海德公园的新仓库。人们看着这一切，没有干涉。这也许就是心理上的转折点，尽管英国劳工联合会议和政府的宣传攻势仍在继续，关于志愿者司机遭遇事故的报告也不断累积。几乎不可避免地，和西线的第一个冬天时一样，罢工者和警察之间举行了足球比赛。一些危险事故仍时有发生，包括飞天苏格兰人号的脱轨，还有在普利茅斯、赫尔、兰卡斯特、加的夫和纽卡斯尔发生的更多骚乱。但是随着全国范围内的食品供应变得顺畅，以及铁路和电车服务的增多，英国劳工联合会议总理事会开始变得灰心丧气。罢工是和平进行的，罢工者训练有素，但也许这正是问题所在：这次罢工很快成了一场组织能力的竞赛，而在这方面政府注定将取得胜利。说话语气总是理性而毫不留情的鲍德温，最终从总理事会主席、磨坊主阿瑟·皮尤（Arthur Pugh）那里得知，在 5 月 12 日中午之后，罢工将"立即终止"。鲍德温在唐宁街接见了英国劳工联合会议的代表，再度确认道："也就是说，罢工会立即取消吗？"皮尤用近乎巨蟒剧团的喜剧表演腔回答说："立即，马上。"鲍德温大喊道："感谢上帝你做出了这一决定！"

尽管为了回应丘吉尔的报纸，英国劳工联合会议在《英国工人》（*British Worker*）上的措辞非常勇敢，但是对于工会而言，这是一次直截了当、毫不含糊、令人蒙羞的失败。他们已经竭尽全力进行威胁，但是作为遵纪守法、值得尊敬的民主主义者，他们的威胁并不怎么令人畏惧。中产阶级对于国内布尔什维克主义的偏执如今终于有了答案。成千上万遵循指示进行罢工的人成了牺牲品，受到降职处分，甚至丢了工作。接下来的几年里，英国劳工联合会议的领导权遭到了极大破坏。最重要的是，这件事对于矿工来说是一次可怕的打击，他们的抗争继续进行了 6 个月，直到 1926 年 11 月才迫于饥饿重返工作岗位。在威尔士南部、苏格兰和英格兰东北部，工作时间延长了，工资也变少了。然而工会运动幸存下来，并得以再度成长，虽然参与人数减少了，但减少的程度并不剧烈，而且只是面临一些新的法律限制，并没有遭到全面镇压。丘吉尔曾经是一位鹰派人物，现在却竭力向矿主寻求妥协的办法，无止境地招待他们和包括麦克唐纳在内的工党领袖吃中餐和晚餐，直到喝光了香槟酒，吃光了牡蛎肉。矿工领导人按照一贯的作风，完全不受这种香槟外交的影响；到了最后，矿主也对丘吉尔的好客无动于衷，就如同他们对矿工罢工的态度一样。

尽管矿工们遭到了严酷的对待，但是英国并没有革命的土壤。在两次世界大战之间，温和派战胜了真正的改革态势，这也意味着下一次大战中的英国将仍然是那个充斥着不公与阶级分化、在经济和政治上都非常老派的国家，和 1914 年没什么不同。但是，温和也意味着英国从来没有经历过暴力政治，没有出现过横扫欧洲大陆的那些街头帮派谋杀和政变。麦克唐纳及大多数工党人的怯懦，究竟是失败还是幸运呢？对麦克唐纳来说，答案显而易见。和其他危机之中的首相不同，他领导的是一个少数党政府，每天都要依靠小心谨慎的自由党人的支持。毫无疑问，那时候的他完全被上流社会生活带来的快乐所诱惑，孤独已经转变为受到讨好奉承的飘飘然。就像我们即将看到的，当他决定与保守党、自由党联手组成反对社会主义的国民政府时，就已经近于毁灭自己所建立的政党了。让他痛苦的是，他在很大程度上被人们遗忘了，只有工党还会用他的名字骂人。事实上，在离开公共生活之时，他的地位非常尴尬。但是，不应该被遗忘的是，1926年之后，他将要领导的是一场团结和自信都被粉碎的运动，对于争取议会权力也没有明确的议程。

空中魔法

早在利用无线电波发射和捕捉声音在技术上成为可能之前，人们已经在幻想着广播这种东西了。当电话第一次流行起来的时候，很多人以为它是用来播放现场音乐和戏剧的，"使用电话"就是戴着耳机坐在那儿欣赏乐队演奏的舞曲。在世纪之交，英国政府认为战争期间的广播可能在增强帝国凝聚力方面起到重要作用，于是控制了无线电报的收发权。真正发明广播的天才是一位半意大利、半爱尔兰血统的绅士科学家古列尔莫·马可尼（Guglielmo Marconi），他于1896年在英国获得了世界第一项无线电报的专利。他在索尔兹伯里平原演示了自己的新系统，当时还只能用于传送代码，而不是文字或声音。1899年，他实现了英法之间的无线通信，之后在南部海岸建立了永久性基站。尽管他的成就建立在其他很多人的基础之上，但是马可尼的发明创新度和创业热情令他显得与众不同。假如 BBC 从未出现，英国广播历史上最著名的名字很可能就是马可尼。很快，广播成为那些怪人和自学成才的研究者热衷的一项活动，还有成百上千名持有许可证的业余爱好者在小范围内进行播放或者接收，每个人都是自己的 BBC。"一战"一爆发，他们的电台就都被关闭了，但随着军队大力发展无线通信，技术的发展突飞猛进。战争结束之后，许可证再度开始发放。

英国的首个定期广播是在里特尔的科克贝尔酒吧里筹备的。里特尔是一个靠近埃塞克斯郡首府切姆斯福德的美丽小村庄，位于伦敦北部大约 30 英里处。广播节目从 1922 年开始，每周二午餐时间播出，由前皇家空军工程师、生性爱好卖弄的彼得·埃克斯利（Peter Eckersley）主持——有一次他奉献给听众们一个"伟大歌剧之夜"，从头到尾都是他自己唱的。从酒吧出来的那条路上，坐落着一座长而低矮的军用木屋，那就是刚刚得到常规广播许可的马可尼公司，虽然每周只能广播半小时，而且每隔 7 分钟就要中断 3 分钟，保持安静以便工程师们监听军事信号。1920 年 6 月，马可尼已经在切姆斯福德播出了一个一次性的娱乐节目，得到了哈姆斯沃斯的《每日邮报》的支持，当时伟大的歌剧明星奈丽·梅尔巴（Nellie Melba）女爵来到临时搭建的工作室，对着一个用电话话筒和雪茄盒拼凑出来的麦克风，用颤音演唱了《甜蜜的家》（Home Sweet Home）和其他金曲。奈丽女爵也在巴黎做过同样的事，甚至还有纽芬兰。但正是那些来自里特尔的科克贝尔酒吧的男孩们把定期广播引进了英国。

随着埃克斯利和他的小乐队选择唱片、朗读剧本、演唱自己创作的讽刺主题曲，这个电台的呼号"2MT"在 1922—1923 年变得相当有名。很快，位于伦敦市中心的另一个马可尼广播站"2LO"赶了上来，开始对拳击比赛进行现场点评，在 1922 年听众达到 5 万人，随后是位于曼彻斯特的"大都市维克斯 2ZY"台，以及位于伯明翰的"西电 51T"台。这些公司都得到了来自美国的资金支持，那里已经出现了一股混乱但生气勃勃的"广播繁荣"大潮。那么，为什么英国的广播公司没有在公司间展开激烈的竞争，没有那样的喧嚣和自由呢？主要有两个原因。其一，美国广播业的繁荣导致竞争者过多，广播的质量经常惨不忍闻；其二，广播的资金来源是广告。英国的政治家和公务人员都认为，在一个小得多的国家里，问题会变得更加严重。他们还很怀疑，广播究竟有没有那么重要和宏大，以至于仅凭赞助获得的资金不足以维持其运转。

政府委员会看到了无线电被军事领导人、财政部、外交部、贸易部和其他紧张而无趣的爱国者控制着。但是议员们很快意识到，如果没有无线电业余爱好者的支持，没有制造设备的公司，什么也做不成。于是，双方达成了一次英式妥协，制造无线电设备的商业公司聚集在一起，组成了一个公司，在邮政局的领导下工作。新成立的公司不允许在广播中发布广告，但可以分得那些购买设备的人向邮政局支付的许可费中的一部分。众多公司看到了极具诱惑力的垄断机会，于是积极地聚集在一起组成了一个新的广播公司，他们接受政府的监管，但并不是政府的一部分。新公司位于电气工程师的总部萨沃伊山，名为英国广播公司（British Broadcasting Company，即 BBC）。它的第一次广播于 1922 年 11 月 14 日下午 6 点开始，内容是新闻摘要，第二天播放的则是第一次选举的结果。只有商业广播的短暂时代结束了。

进门之后，在舞台右侧，可以看到一个秃头、高个子的苏格兰人，一侧面颊上有一道长长的伤疤，行为举止令人震惊。他名叫约翰·里斯（John Reith），是 BBC 真正的创始人，说他是个怪人实在是太轻描淡写了。他是格拉斯哥一位非常迷人的长老会牧师的小儿子，在他成长的家庭里，兄弟姐妹彼此厌恶，火气极大。里斯本人几乎总是处于对某个人非常愤怒的状态，是现代英国历史上最著名的怀恨者。他是一位工程师，后来成为战争中的运输官，因为与上司挑起的冲突比与德国人的冲突还多而闻名。由于面部受伤严重，他被派往美国监督武器合同的实施，直到停战协定签署之后才回国，在感到无聊的同时，他认定上天一定对自己另有安排。还是个年轻人时，里斯陷入了深深的爱恋之中。他热恋的对象是一个男学生，名叫查理·鲍泽（Charlie Bowser）。在战壕里，他一直把这个男生的照片随身携带，而且每天用热情的信件对其狂轰滥炸，还送去鲜花和礼物。查理成年之后，里斯和他一起出去度假，可能也住在一起，一起裸泳，甚至一起买了房子。里斯对于这段关系非常坦率，包括对他那虔诚信教、思想保守的父母也是如此。这也许并不是一段只追求性的关系，而是一种更为强烈的爱，这样的爱早已被我们这种专注生殖的文化所抹杀，这样的生活也已被西格蒙德·弗洛伊德终结了。里斯最后还是结婚了，但是当查理也结婚之后，里斯嫉妒难耐，足足生了十多年的气。这就是现代广播事业的奠基人。

下面讲讲他是怎么做成这番事业的。这位 32 岁的工程师现在失业了，住在伦敦的一家俱乐部里，对于将来要做什么感到迷茫：也许该在孟买找一份工作，或者加入美国南部铁路公司，或者干脆走上政坛？一天晚上，他拜访了位于丽晶广场的当地教堂，在那里，他听到了牧师讲道，讲的是《以西结书》中耶路撒冷的堕落。牧师告诉会众，可能就在这个夜晚，教堂里的某个人将从异教、不道德和对于金钱的痴迷中拯救这个国家。里斯怀着激动的心情走回俱乐部，坚信"基督之血"将帮助自己。在日记里，他这样写道："我相信世界上仍然有一项崇高的工作在等待着我。"[1] 第二天，他看到了一则广告：新成立的 BBC 招聘总经理。尽管身边有不少无线电业余爱好者，但是里斯并不清楚广播究竟是什么。无论如何，他还是写信申请了工作，但是在发现主席来自阿伯丁后，他又把信要了回来进行修改，声称自己也来自阿伯丁。两个月的时光无声无息地过去了，里斯利用这段时间涉猎了自由党和保守党政治的联盟。他后来承认，直到终于被叫去面试的时候，自己仍然"对于广播究竟是什么一丁点概念都没有，也根本没有试图去弄懂"。他得到了这份工作。他在日记里写道："感谢上帝做出如此安排。"在新公司的办公室里，他把自己安顿进一个小房间，任命科克贝尔的埃克斯利为总工程师，开始了自己的工作。

在萨沃伊山，里斯只花了一年时间，就将员工从 4 人增加到了 350人，要求他们每天工作 12 个小时，并带头展示了自己的能量和动力，这一向是他的可取之处。这个国家现在已经遍布广播站点，工作室纷纷组建，音乐会得到了广播，著名作家们来到这些煤炭供热、遍布烟草味道的办公室。他们与威斯敏斯特走得很近。有多近呢？里斯接管的是一家新公司，招来了很多敌人，包括那些认为这家公司应该由政府直接经营的人。报业大王也对它持非常激烈的反对态度，尽管 BBC被禁止广播任何争议性的话题，也不能自己采集新闻，必须依靠新闻代理人提供的摘要，因此要晚一点才能播报，并不会威胁到报纸的销量。邮政局作为这项新事业的主办者之一，想的则是得到尽可能多的许可费。更普遍来说，每个人都纠结于两个问题：广播有什么用？应该由谁操控它？从一开始，里斯就对这两个问题有着清晰的答案：广播的目的是教育、文化、信息和更高级的艺术，因此，它是一项公共事业，而

① 引自 Ian McIntyre, *The Expense of Glory: A Life of John Reith*, HarperCollins, 1993。

不仅仅是商业娱乐。

里斯坚决反对一味迎合人们的口味。因为一方面，人们并不知道自己想要什么；另一方面，他们当然更不知道自己需要什么。如果广播事业找对了路，就会制造出"更明智的选民"，加强民主的力量。然而当涉及第二个问题，即应该由谁操控广播时，里斯对于民主的热情就退却了。答案很简单：广播应该由约翰·里斯操控。当政府决定成立一家强有力的新委员会去调研广播的走向时，里斯自告奋勇。他争取到了政客、坎特伯雷大主教、报业大亨和其他人的支持。他一直在努力，虽然没有赢得对预算和其他政治讲话的广播权，但在 1924 年获得了对政党领袖选举的广播权，同年还广播了温布利大英帝国博览会上乔治五世的讲话——据估计有 1 000 万人收听了这次广播。

在很短的时间里，BBC 的商业拥有者消失在了幕后，里斯占据了舞台，成为国民级人物。他从一开始就明白，如果想要广播成为特殊的事业，他必须取代以前的所有者，把 BBC 建成一个新的主体，一家全国性的公司。BBC 和美国广播从业者那种充斥着广告和廉价音乐的混乱状态完全不同，也不同于欧洲大陆那些政府运营的广播电台。新权力的具体表现形式是全国到处正在修建的广播站，它们能改善主要城市的接收状况。BBC 播放最多的是音乐，但对于应该主要播放歌剧、古典音乐、爵士乐还是舞曲存在着很大的争议。广播中也有对话节目。萧伯纳被告知不允许在广播中谈及争议性话题，也不能谈论宗教和政治，于是回复道，这些是唯一值得谈论的事情。《女性时间》（Women's Hour）和《儿童时间》（Children's Hour）节目从早期一直坚持了下来。广播的风格开始轻微地向喜剧转变。为了安抚报业大亨，体育基本被排除在广播之外，但也有来自工厂、充斥着夜莺歌声的树林和考文特花园歌剧院的室外广播。

选择声音的语调也是一个很重要的前期决定。千真万确，早期的
BBC 播音员必须穿晚礼服、打领结，部分原因在于他们同时也要播报
音乐会，而音乐家都是这样穿着的。但是里斯选择了受过公学和大学教
育的人来为广播设定语调。他在桂冠诗人之下设立了一个委员会为语调
提供建议，并坚定地称其为"最标准的英语发音"。尽管在喜剧节目中
允许出现地方口音，但里斯希望人们听到的是单一的标准英语，无论在
哪里都一样。平时能听到的唯一一个柔和的苏格兰口音，大约只有当他
自己占据麦克风的时候了。于是他所倡导的发音在整个英国普及，最初
叫作"公学英语"，后来被称为"标准发音"，或者直接叫"BBC 英
语"。一个原本具有丰富口音和方言的国家，其几百万民众现在每天晚
上听到的都是大都会精英的语调，于是人们很快变得更加平淡而乏味，
多样性被消磨尽净。各地的人们都在辨识自己的声音，然后发问："我
的发音准确吗？"塞缪尔·约翰逊一定会为此感到很高兴。

埃克斯利一直是一个更加崇尚自由精神的人，他认为广播应该包含
地区差异，应该有不同的电台，本地化的电台可以播出学校广播、地方
新闻和地方演讲。在这方面，他远远领先于自己所处的时代。在 20 世
纪 20 年代，地方广播几乎全军覆没，里斯旗下的地方电台沦为伦敦广
播的中转站。另一项针对广播的调查在伦敦开始了。这一次，里斯表现
得强大而自信，甚至不需要对此特别关注。占据有效垄断地位的 BBC
自然而然地得到了推荐。时隔一年左右，在 1927 年初，BBC 获得了自
己的第一份皇家特许状，那时的政府控制特别严格。但首先，必须掀起
一场足以吞噬整个行业的六风暴，这就是 1926 年总罢工。这件事揭示
了 BBC 的力量和局限性。

对于这家新机构来说，罢工发生的时机再敏感不过了，此时它的
地位已得到批准，但尚未付诸实践。政府拥有合法权力，可以直接接管

BBC，命令其进行明确的宣传。丘吉尔正是这样希望的，在罢工期间，他首次见到了里斯。当时，罢工者导致报纸纷纷陷入沉默，只有丘吉尔的《英国公报》在传达政府的观点。在这种情况下，丘吉尔的意图很明显。收音机的影响力是再早几年的人们很难想象的。在一次紧张的内阁委员会会议之后，丘吉尔的想法才被放弃了，当时里斯也被邀请参加了这一会议。对于里斯来说幸运的是，他与鲍德温关系密切，而鲍德温又恰好是一个早期的天才政治广播者。按照里斯的日记判断，他本人的政治观点可能是非常疯狂的。就像那一时期很多坚定自信的公众人物一样，他钦佩墨索里尼，偶尔会对民主丧失信心。后来，他还对希特勒表现出强烈的敬佩之情。然而在罢工期间，他采取的政治行为相当微妙。在广播中，他帮助了鲍德温，为首相的讲话插入了一些词句，说明首相是一个热爱和平的人："我渴望和平，为和平工作，为和平祈祷，但是我不会放弃英国宪法的安全。"但里斯并不是任何煤矿老板的朋友。他不允许工党政治家和罢工领导人进行广播，同时也设法避免在广播中发动针对这些人的宣传攻势。BBC 在罢工期间是拥护议会的，但是态度并不强硬，也曾在新闻中播放工会的声明。它很快就推出了 5 份每日公告，到了这场争端结束时，谨慎的新闻人评论它们已经具备了令人担忧的专业性，而且大体来说十分公正。只有一次，里斯屈服于政府压力。坎特伯雷大主教想就妥协协议及和平计划发出呼吁，但鲍德温认为这不是个好主意，于是里斯退让了。直到罢工结束，他也没有让大主教进行广播，这的确是一种懦弱的行为。

这次罢工帮助我们更多地了解了里斯领导下的 BBC 及其价值观。一方面，工会会员和部分工党领导人非常生气，因为 BBC 没有让他们发声。另一方面，里斯一直在极力确保 BBC 不被惊慌失措或雄心勃勃的政治家直接接管。他要确保 BBC 能让听众觉得可靠，而且在某种程度上是建制的一部分，由此避免了其成为丘吉尔的喉舌。因为在 20 年代，这么做必然会损害 BBC 的声誉，就像在 40 年代，成为丘吉尔的大喇叭能提高其声誉一样。与此同时，人们第一次开始试图通过收音机了解究竟发生了什么。

广播行业的现状已经十分明确了，这种态势将会一直保留到"二战"后，直到其受到商业化电视的撼动。BBC 居于总体上的统治地位，属于建制的一部分，却并不是政府的一部分。它有些呆板，但受到人们的高度尊敬，讲究但并不过分，强烈拥护中央集权——就像英国本身一样。从一开始，就有一些人讨厌它，认为它太保守、太傲慢、太"伦敦"了。但是大多数人还是接受了它，心甘情愿为许可证付费，虽然即使不这样做，也不大可能被抓住并遭到起诉。人们每晚都在追着收听新的节目。反过来，收音机开始塑造这个国家的声音，甚至是其对自我的感觉。1926 年年末，大主教也转变了态度，表示数百万人经常收听 BBC 的广播节目："现在我在英国各地都能够听到扬声器的声音，在医院的病房，在联合济贫工厂，在工厂的食堂，在俱乐部，在豪宅的用人间，甚至在劳作于田野里的工人之中。"[1] 这个国家的声音已经发生了变化。那么埃克斯利，这位充满活力的先锋、出身埃塞克斯小屋的孩子气的歌手和工程师，他怎么样了呢？因为离婚，他被里斯解雇了。

---

[1] 见 Asa Briggs, *The BBC: The First Fifty Years*, Oxford University Press, 1985。

平装革命

———

想要逃进更早期的英国，是这个国家文学史上的永恒主题，但是在"一战"结束后的 20 年里，这一倾向表现得尤为明显。伟大的反战文学直到 20 世纪 20 年代末和 30 年代初才开始涌现，那时战争创伤的直接影响已经开始消退了。这时，像萨松的《猎狐人回忆录》（*Memoirs of a Fox-Hunting Man*）和《步兵军官回忆录》，或者罗伯特·格雷夫斯的《向一切告别》（*Goodbye to All That*）这类书，不仅是对恐怖战壕的记录，更表达了对旧时英国的眷恋。"旧时"在这里特指 1914 年以前，而且主要指的是田园风格。还有很多饱含怀旧之情的旅行作家，比如当时非常有名的莫顿（E. V. Morton）。对于过去的追寻，演变成了对于失去的道路和被遗忘乡村的追寻。从 30 年代开始，插图精美的壳牌指南和由铁路公司和海滨委员会印刷的色彩斑斓的旅游广告进入了辉煌时期，使得这种追寻愈演愈烈。在许多畅销的文学作品中，都可以看到乡村怀旧之情带来的痛苦，佐以各种不同的酱汁和调味品。例如，在伊夫林·沃的乡村小说里，酱汁是讽刺；在阿加莎·克里斯蒂（Agatha Christie）和多萝西·塞耶斯（Dorothy L. Sayers）的畅销侦探小说中，香料是人性的黑暗，是一种对于隐藏在修剪过的紫杉树篱后面的邪恶的传统兴趣；在伍德豪斯的英语小说里，调料是令人着迷的闹剧；而在芭芭拉·卡德兰（Barbara Cartland）那里，则是甜蜜的糖。但每一位作家都把故事设定在枝叶繁茂的绿色乡村，如今已经开始消失的乡绅、教区牧师和庄稼汉的阶层体系在那里仍然完好无损。于是到了 30 年代末，当战争再度爆发时，政府的宣传人员和 BBC 的谈话节目撰稿人得以迅速借助这一人为制造、被大众充分理解的"英国"（事实上主要是英格兰）的概念。

劳伦斯绝对不是唯一一个提出这种观点的人：从自然生活到城市虚假生活的转变是现代人类面临的主要困境。那些年来，这是严肃文学中的一个普遍主题。那个时代伟大的小说家也包括约翰·考珀·波伊斯，他创作的关于多塞特（Dorset）的传说，特别是 1929 年的《索隆特狼》（*Wolf Solent*）和 1933 年的《格拉斯顿伯里传奇》（*A Glastonbury Romance*），都堪称史诗巨著，充满了近乎泛灵论的神秘主义和自然崇拜。刘易斯·格拉西克·吉本（Lewis Grassic Gibbon）是苏格兰在 20 世纪孕育的最好的小说家，他的三部曲《苏格兰人的书》（*A Scots Quair*）充满了对土地和历史的热爱。对于成长于奥克尼的诗人艾德温·缪尔（Edwin Muir）来说，他从自然的伊甸园进入城市地狱的经历，就如同劳伦斯生活中的工业对比一样鲜明（当然，他在尽可能地往相反的方向走）。后来缪尔对工业社会的急速、肮脏和不公进行了严厉批判，还做出了一个著名的解释，说自己出生于工业革命之前，"现在大约有 200 岁了，但是我跳过了 150 年。我其实出生于 1737 年，在 14 岁之前，我身上没有发生过任何时间事故。1751 年，我从奥克尼出发前往格拉斯哥，抵达时却发现自己身处的不是 1751 年，而是 1901 年"。

在英国历史上，第一次出现这样的情况，"高级"的文学作家和畅销小说的作者合为一体了。这是借阅图书馆的伟大时代，也是平装书的第一次兴起。正是由于这种简单技术的成功，英国的普通读者开始摆脱田园乡愁，投身于对现代世界政治的关注。平装书已经存在几十年了，在英国被称为"铁路小说"和"廉价惊悚小说"，在美国被称为"廉价小说"，人们普遍认为它低俗、耸人听闻、毫无价值，不算是"正经书"。1931 年，德国人第一次尝试以平装的形式出版一本好书，这一为时短暂的举动是信天翁图书社做出的。但是，这类实验第一次取得成功则是在英国，应该归功于一位年轻的出版人艾伦·莱恩（Allen Lane），他一直在叔叔的老公司，即保守的鲍利海出版公司工作。他后来说，自己曾经在 1934 年访问了阿加莎·克里斯蒂的乡间住宅，在乘坐火车返回的路上，他在火车站找不到任何值得阅读的书籍。于是他决定以统一的方式印刷高质量的图书，采用严肃的封面，定价 6 便士（按照今天已经贬值的货币计算，约合 2.5 便士）。不知是否有意纪念已经垮掉的信天翁图书社，他将自己的图书命名为"企鹅"。鲍利海出版公司的一位业余艺术家绘制了一幅快乐地蹒跚行走的企鹅，一场出版界革命开始了。这个实验并未立见分晓，直到伍尔沃斯订购了 6.3 万本，从而使得企鹅出版集团在 1936 年得以成立。

企鹅做到了很多革命性的事情。它出版的图书价格便宜、印刷精良，而且比一包香烟大不了多少。莱恩还有意把严肃和流行的写作类别混在一起：他的第一批作者中既有知名的知识分子，如安德烈·莫洛亚（André Maurois）和萧伯纳，也包括阿加莎·克里斯蒂和多萝西·塞耶斯。一个心理上的障碍被打破了。如果没有他，如今在层出不穷的文学奖和报纸读书版上大行其道的高品质小说畅销书排行榜的概念可能会换一番模样。随着战争的临近，企鹅特刊系列开始针对不断升温的德国威胁发出警告；在战争期间，只要有英国士兵战斗的地方，就有企鹅图书的存在。莱恩的成功被一系列图书俱乐部争相效仿，维克托·戈兰茨（Victor Gollancz）的共产主义左翼图书俱乐部出版了许多当时最著名的政治小册子，比如奥威尔和艾伦·威尔金森（Ellen Wilkinson）的作品。"二战"之前英国人的心理状态在很大程度上是由平装革命塑造的，包括将于 1945 年在政治上取得突破的高尚的左派思想。然而我们不应该忘记，在这个时代，平装书和小册子只是书面语文化的一小部分。这也是一个伟大的报纸时代，严肃作家充当长期评论员，时代的暴力政治争端在愤怒的社论中一决胜负。政治家们，特别是丘吉尔本人，依靠在从《每日邮报》到《世界新闻报》（*News of the World*）的各类报纸上定期发表文章挣了很多钱。《每日镜报》正在经历转型，变成了一份易于阅读、中间偏左派的报纸，这使得它在战争期间获得了无与伦比的影响力。简而言之，在很久以前，作家对于公众来说还很重要。

回归土地

20 世纪 20 年代早期，如果你碰巧在伦敦海德公园的演讲角偶遇人群，听到英国法西斯主义者或者宗教怪人的演讲，那么你可能会注意到一个高个子男人，他的头很圆，遵从多明我会修士黑白相间的穿着习惯，脚上穿着一双笨重的大靴子，格外引人注目，突出的爱尔兰口音穿透了周围的喧嚣。文森特·麦克纳布（Vincent McNabb）神父的态度直率得令人吃惊。如果你赠予他食物或是款待了他，他会低下头来亲吻你的脚。一周又一周，他出现在演讲角，或者任何有人听他讲话的地方，告诉人群必须放弃在城市里的疯狂生活，回归大自然，过上简单圣洁的公社生活。他宣扬的是某种"美好生活"，在 20 年代，这项活动有着自己的名字、组织和名人。"分产主义"起源于有影响的天主教作家，如希莱尔·贝洛克（Hilaire Belloc），他在战前曾经出版过《奴隶状态》（*The Servile State*）一书，还有肥胖的短篇小说作家和散文家切斯特顿，人们发现他披着一件华丽的斗篷、带着大礼帽，围着舰队街的酒吧打转，假装自己是当代的塞缪尔·约翰逊。1926年，这两个人建立了分产主义联盟（Distributist League）。他们的信条也许很古怪，但是不同于共产主义宏大理论的关于回归土地的朴实信仰，曾经盛行一时。20年代不仅仅是摩登女郎、鸡尾酒和愤怒的退伍老兵的时代，也是"让我们建立一个新世界"的时代，是一大锅乐观、疯狂、无所畏惧的反思正在沸腾的时代。

分产主义者看起来当然不同寻常。他们经常穿着手工制作的衣服，毛茸茸的不成个形状，用植物染料染成烂泥的颜色，还穿着手工制作的凉鞋。他们把新型的花园城市当作精神家园，对于制陶有着夸张的热情。麦克纳布及其追随者们希望能全面复兴天主教英国，否定宗教改革和工业时代。在创建公社的分产主义者中，最著名的要数埃里克·吉尔（Eric Gill），他是当时最著名的公共艺术家之一，兰厄姆广场BBC新广播大楼上方的普洛斯彼罗和爱丽儿的雕塑就出自他的手笔。在吉尔创作这尊雕塑时，BBC的管理者们在防水布后面看到了裸体的爱丽儿，于是坚决要求将其阴茎和睾丸缩小。吉尔也是威斯敏斯特大教堂"耶稣受难像"和著名的利兹大学战争纪念碑的创造者，他设计的字体仍然被从报纸到商店的多种组织使用着。吉尔穿着一件用腰带粗粗束起的罩衫和一双长筒袜，住过一系列公社，在萨塞克斯郡，在阿伯加文尼上方的威尔士山区，在奇尔特恩丘陵地区。他的胡须，他的眼镜，他的绘画和写作中对于工业主义和城市生活的攻击，使得他成了一个众人皆知的人物，甚至像是一位圣人。然而，在性问题上，他来者不拒，卷入了无休止的风流韵事之中，同自己的女儿们乱伦，甚至袭击了一只狗。如果采用弗吉尼亚·伍尔芙的方式对菲奥娜·麦卡锡（Fiona MacCarthy）所写的吉尔传记的索引进行分析，会发现在性倾向的条目下，包含"兽交、随意性关系、统治欲、同性恋、乱伦、三人行、（爱慕）新认识的女性、生殖器期固着、（爱慕）青春期女孩、怕老婆、窥阴癖、（爱慕）穿着制服的女性"，真忙啊。吉尔对性的率直，他对于宗教的天真无邪态度，他的朴素，也都可以在劳伦斯身上发现，但与吉尔比起来，这位小说家对性十分压抑。然而，我们可以在吉尔的作品而不是他惹人非议的生活里，发现一种对资产阶级物质文化的彻底质疑和抵制，这同劳伦斯是一致的。剥去都市文明外衣、回归本能的冲动，在20世纪的英国一次次出现。吉尔在一生中一直是生活在英国的天主教徒的重要象征，被高级牧师接纳为圣洁朴素的代言人，这些牧师中也包括切斯特顿笔下的布朗神父的原型。他一直活到了支持西班牙共和党人反对佛朗哥（Francisco Franco）的时期。

在一个不那么极端的层面上，青睐新鲜空气的人中也包括远足者、骑自行车的人，当然还有新出现的规模庞大的英国青年运动——童子军。1907年，罗伯特·贝登堡（Robert Baden-Powell）男爵在多塞特的白浪岛首次尝试组织了童军训练营，他的书《童军警探》（*Scouting for Boys*）在第二年出版。据说这本书是世界上销量排名第四的书，仅次于《圣经》、《古兰经》和《毛主席语录》。但童子军的威望达到顶峰是在20年代。它首次把爱国主义、军队气息和城市儿童的野外冒险等元素融合在一起，剔除了在回归土地的成人运动中涉及的性和政治问题，成为一场关于"我们该如何生活"的运动。在英国各地的森林里，都可以看到一簇簇准陆军的小帐篷，里面挤满了工人阶级的男孩，接受着精瘦、曾经参过军的童子军团长的领导，旁边的树上挂着一面英国国旗。在城市的街道上，小男孩携带口哨和棍子，穿着贝登堡仿照南非警察着装设计的卡其色衬衫、短裤和宽檐帽，四处游荡，寻找做好事的机会。

第一次国际童子军大会在1920年举行，随后贝登堡被庄严地宣布为世界童子军总指挥。一年之后，他被封为准男爵。童子军活动是英国罕见的一次文化输出。对于国际主义和兄弟情义的强调取代了战前的帝国主义和沙文主义运动，到了1922年，全球已有32个国家中拥有共300万的童子军成员。年轻的湖区艺术家约翰·哈格雷夫（John Hargrave）是一名早期皈依者，他为约翰·巴肯的小说画插图。哈格雷夫穷困潦倒，是个贵格会教徒，后来他搬到伦敦，以白狐（White Fox）的笔名成为一名描绘童子军的报纸漫画家和作家。通过童子军运动，他迅速崭露头角，是公认的贝登堡接班人。但哈格雷夫是一个和平主义者，他与军事英雄闹翻，在1920年被童子军开除。哈格雷夫天生的独断和魅力至少也同贝登堡不相上下，他很快建立起一个竞争性的组织"奇波亲缘"，这个名字取自古老的肯特方言，意为"伟大的力量"。他们按照氏族、部落和"栋梁"组织起来，要求自己做衣服，包括撒克逊斗篷、无袖外套、短裤和兜帽。他们融合了北欧人和印第安人的文化，被认为是现代英国唯一真正的民族运动。和童子军一样，他们也会扎营，使用的是哈格雷夫最初设计的轻质单人帐篷。在正式场合，比如一年一度的圣灵降临节集会或是议会上，他们会穿着色彩华丽的袍子，带着古怪的图腾柱，上面雕刻着头骨、动物和鹰。尽管我们已经学会了不去信任那些名字中带有很多"K"的组织①，但这个组织的主旨是世界和平、手工艺和礼仪。露天生活将救赎被战争和工业摧毁的灵魂。就像许多马克思主义者和基督徒一样，哈格雷夫预测将会出现更多战争，最终文明将会崩溃，他把自己的组织看作精英组织，将会幸存下来，重拾碎片，创造新文明。

他们是更广泛的战后运动的一部分，该运动在魏玛德国尤其盛行，

---

① 这里可能是指美国的种族主义组织3K党。——编者注

那里有青年团体出发前往山区和森林重新寻找自我，此前他们的自我已经遗失在了城市生活和战败的残渣中。他们对于民间传说、民间舞蹈、纯粹的地方食品和裸体主义深感兴趣，而这些团体又反过来影响了早期的纳粹青年文化，即所谓的"血与土"的纳粹主义。战前，有一位带着奥地利和斯堪的纳维亚血统的英国人拜访过候鸟协会。罗尔夫·加德纳（Rolf Gardiner）在柏林长大，后来又入读先进的寄宿学校比得莱斯中学（Bedales School）和剑桥大学。他和候鸟协会一样，对于民间音乐和民间舞蹈很有兴趣。如今的民间舞蹈给人留下了乏味甚至经常被嘲笑的印象，作曲家阿诺德·巴克斯（Arnold Bax）对此做出了最好的总结：每件事情都值得尝试一次，"只有乱伦和民间舞蹈除外"。但是对于 20 世纪早期的理想主义激进分子来说，人们需要回归乡村，重新学习古老的歌曲和舞蹈，远离来自外国的舞蹈乐队和娱乐行业。加德纳的舞蹈是狂野甚至愤怒的，他支持剑舞，反对爱德华时代英国民间的宗教复兴主义者所青睐的更加温和的舞蹈。对于加德纳来说，舞蹈是一种仪式，是净化灵魂的方式。

第一次世界大战结束后，加德纳偶然遇见了奇波亲缘。现在他的政治愿景已经扩大。他坚信，德国人、英国人和斯堪的纳维亚人可以联合起来，组建北方联盟，以抵御肮脏的帝国事务和美国消费主义文化的影响。他还认为，回归土地是必要的。英国必须重新实现食物的自给自足，扭转乡村的衰落趋势。后来他与哈格雷夫闹翻，离开奇波亲缘走上自己的道路，并抗议奇波亲缘没有充分相信"要与英国土地的鲜活历史血脉相连"。[1] 同一时期，他与劳伦斯的关系日益密切，去法国拜

---

[1] 见《牛津国家人物传记词典》（Oxford Dictionary of National Biography）中的"罗尔夫·加德纳"词条。

访他，并且彼此书写一封封长信。劳伦斯希望加德纳创建一个能传达他的思想的社区。加德纳在多塞特郡克兰伯恩蔡斯边缘的一个农场里站稳了脚跟。他是一名熟练的农夫和护林人，开垦了许多荒废的土地。在 30 年代，他定期举办志愿工作营，作为他建立的"根源亲属"组织的核心，为失业者、当地农场工人和城市青年举办仪式舞会，用敲锣来标记一天的时间，并在头顶上挥舞着圣乔治十字旗，上面还画着一条韦塞克斯龙。加德纳是一个严肃的人，他参与了国家土地所有者协会，还是郡县议员。但是德国人的经常拜访导致他走向了黑暗而危险的水域。1933 年，他给戈培尔（Paul Joseph Goebbels）写了一封赞美信，直到1939 年，他还向纳粹突击队员和党卫军讲授"仪式舞蹈"。然而，他自己也有一部分犹太血统，同时也会批评纳粹政权本身就是腐败而具有侵略性的。他似乎无法将自己一生热爱的德国同其新政权区分开来。然而，加德纳最感兴趣的还是土地和农业。至少在这方面，他那植树造林和追求有机生活的思想远远领先于时代。战争期间，他又成立了"农牧亲属"，这是一个致力于开垦农村土地用于传统农业的组织；战后，该组织又成立了土壤协会。加德纳后来成为最早反对工厂化养殖业和欧洲配额制度、支持可持续发展的活动家之一。今天的英国消费者每次拿起带有独特的土壤协会标志的一袋土豆或一块面包，就无意中与跳着剑舞的男孩乃至昂首阔步的纳粹突击队员的思想产生了联系。

对于数百万没有兴趣创造新世界的人来说，当时也是一个远足和露营的伟大时代。每有一个邪教或是民间救世主，就有上百个只对新鲜空气感兴趣、重新发现了属于自己的乡村的团体。这在某种程度上要归功于汽车的发明，让人们能够来到以前从未见过的乡村地区，并在这里安营扎寨——这让缺钱的农民们很高兴，却激怒了地主。1919 年，贝登堡成为英国和爱尔兰露营俱乐部主席；1921 年，在多金举行了第一次俱乐部灯会，使用了中国灯笼而不是印第安帐篷和北欧头巾，而且更像是一个丛林中的仪式。第一批非吉卜赛人的大篷车很快就上路了，它们通常是用白蜡木和旧汽车的残骸手工制成的。流浪的吉卜赛生活一直被认为是非常浪漫的，现在，有了开阔的道路，中产阶级也能开始探险了。机械化的大游览车（这个词来自法语"带板凳的马车"，大游览车最早是由马拉动的）、早期的敞篷巴士，得以把不那么富裕的城市居民带到城郊度过一天。更为活跃的工人阶级爱好者还可以参加漫步者和徒步旅行者的组织，这些组织也会具有更多的政治意味。

本尼·罗斯曼（Bennie Rothman）曾是曼彻斯特中央高中（Manchester's Central High School）一名获得奖学金的男生，他和犹太裔罗马尼亚父母一起从美国来到这个城市。在城里的号角咖啡馆，他遇到了各种各样的社会主义者，很快就加入了共产主义青年团，后来又加入其分支英国工人运动联合会。接下来就是周末在德比郡露营，围绕篝火唱着马克思和社会主义的歌曲。在其中一个营地，一名猎场看守人粗暴地要求他们离开这片土地。于是罗斯曼开始策划一次大规模非法入侵活动以示抗议。据估计，当时每个周末都大约有 3.5 万人离开曼彻斯特，穿着靴子、雨衣，背着干粮袋，在空闲时间漫步荒野。尽管在维多利亚时代后期，徒步旅行已经开始出现，但直到"一战"后，大型的漫步者联盟才开始在各主要城市出现：1919 年在曼彻斯特，1922 年在利物浦，1926 年在谢菲尔德。这些联盟帮助工人阶级到达了露天场所。全国性的漫步者联盟出现于 1931 年，也就是罗斯曼叛乱的前一年。大约 500 人聚集在一个采石场，在许多当地警察的陪同下，开始穿越松鸡遍布的荒野，前往峰区的最高点——金德斯考特峰。据说在此期间发生了扭打和"暴力集会"。20 岁的本尼·罗斯曼和其他 5 人被逮捕，依照德比法规被陪审团判决入狱。陪审团由 2 名准将、3 名上校、2 名少校、

3 名上尉、2 名市参议员和 11 名乡绅组成。其中一名侵入者是十几岁的索尔福德共产党员、后来成为著名民谣歌手的伊万·麦考尔（Ewan MacColl），他的歌曲《曼彻斯特漫步者》（*The Manchester Ramble*）表现了当时的一些精神。其合唱部分唱道，"周一的工资奴隶"也是"周日的自由人"，却要面对愤怒的猎场看守人：

> 他称我为寄生虫，让我"为松鸡着想"，
> 我也在想，但我仍然不明白：
> 为什么古老的金德斯考特峰和周围的荒野
> 不能同时容纳可怜的松鸡和我呢？
> 他说："这块土地属于我的主人。"
> 我站在那里，不断摇头，
> 没人有权利拥有高山，
> 也没人有权利拥有深海。

应该补充的是，本尼·罗斯曼离开监狱后继续过着活跃的政治生活，包括在西班牙内战中加入国际纵队，以及在撒切尔时代参与反对乡村保守政策的活动。他在年老后仍然坚持漫步，最终于 2002 年去世。

所以，人们有可能成为享受田园生活的法西斯主义者，或者享受田园生活的共产主义者，或者介于这两者之间的任何人。我们应该谨防把发生在两次大战之间的这种大规模的回归自然运动，与大战后的混乱影响联系得太过紧密。"文明已经破碎，必须在远离城市的地方得到救赎"这种说法的确足以说服未来领导人和神秘主义者。但是也应该注意到，如同今天一样，当时的英国是一个狭小而拥挤的国家，人口将近 3 000 万，大多数都聚集在闷热难耐、烟雾缭绕的城市中心，

新鲜空气和空间都是奢侈品。作为世界上第一个工业化国家，英国在之前 100 年间已经失去了许多属于自己的东西，比如地方上的亲密感、古老的技艺、手工艺、舞蹈、歌曲，还有方言。当然，在那些穿上旧军装，试图重新找回自我的人中，有很多都十分古怪。20 年代的背景音中有一部分是森林里的吟唱和剑舞的碰撞声。但那些人并不都是疯子，也并不总是错的。

速度的英雄

英国也许在经济上正苦苦挣扎，并且开始担心自己作为大国的未来，但在回应它已经变得"老朽无力"的指控时，许多人都会提及速度的英雄。在两次大战之间很短的几年里，英国人包揽了水陆空移动速度的世界纪录，还保持着火车的速度纪录。这件事之所以重要，不仅是因为它成了英国民族自豪感的源泉（至少在阅读杂志和收集香烟卡片的层面上），还因为它表明英国的工程学依然保持着世界级水平，即使不是在大规模制造业领域，至少也在冒险的尖端领域。而且，英雄们确实超凡拔群。例如，在 20 世纪 20 年代，陆上和水上速度的世界纪录始终在两个人之间你争我夺，这两个人就是前英国皇家陆军航空队飞行员马尔科姆·坎贝尔（Malcolm Campbell）和亨利·西格雷夫（Henry Segrave）爵士。坎贝尔胸怀大志，他是哈顿花园钻石商的儿子，从自行车发展到摩托车，再发展到跑车，最后冲上云霄。他在战时担任战斗机飞行员，战后则继续痴迷于速度。总的来说，他对文化并不贪求，但年轻时，他观看了莫里斯·梅特林克（Maurice Maeterlinck）冗长乏味的象征主义戏剧《青鸟》（*The Blue Bird*），并留下了深刻的印象。他后来的车都叫"青鸟"，还把这个名字传给了儿子唐纳德（Donald Campbell）。唐纳德在 1967 年因为挑战另一项水上速度纪录而遇难，声名远播。与儿子相比，老坎贝尔有点黯然失色，但这更大程度上是因为关于小坎贝尔最终事故的那部影片太过震撼人心，而不是基于任何公正的评估。马尔科姆·坎贝尔是两次大战之间的一位伟大英雄，他轮廓分明，下巴很长，这张面孔对于欧洲人和美国人来说都很熟悉，曾经出现在德国的明信片上、漫画《丁丁历险记》（*Tintin*）里，还有从机油到美国烟的各种广告上。1924 年，他驾驶着一辆辛宾在威尔士的彭代恩沙漠首次打破了陆上速度的世界纪录，然后参与设计了属于自己的坎贝尔－纳皮尔型"青鸟"，1927 年再次打破纪录。

在佛罗里达的海滩上，他遇到了强大的对手亨利·西格雷夫，另一位男孩心目中的英雄。西格雷夫毕业于伊顿公学，在"一战"中是一名机枪手，然后成了战斗机飞行员，曾经两次严重负伤。他是第一个在国际汽车大奖赛中驾驶英国车获胜的英国人，还决心成为第一个在陆地上时速超过 200 英里的人。很多人嘲笑他在吹嘘不可能完成之事，但是他在 1927 年 3 月驾驶着自己的"神秘辛宾"实现了目标。作为回应，坎贝尔来到代托纳比奇，将速度提升到了每小时 206 英里。但是很快，西格雷夫又在 1929 年驾驶"金色之箭"夺回纪录，这辆车使用了最新的纳贝尔航空发动机，时速达到了 230 英里。当时，空中和陆上速度的世界纪录都由英国人保持，于是西格雷夫在一艘特别设计的船只上安装了巨大的劳斯莱斯航空发动机，用以冲击水上速度的世界纪录。1930 年6 月 13 日星期五，他在温德米尔湖达成了目标，随后撞上一块圆木，船翻了。他被从水里拖上来，紧急送往医院，醒来之后一直在追问妻子自己是否创造了世界纪录，在得到肯定的回答后便很快死在妻子的臂弯里。坎贝尔最大的对手消失了，但是他继续尝试更快的汽车和船只。他转向犹他州的博纳维尔盐滩，在 1935 年成为第一个驾驶速度超过每小时 300 英里的人。随后，就像西格雷夫一样，坎贝尔把注意力转向了水上速度纪录，在 1937 年打破世界纪录，随后在 1939 年战争爆发前的几个星期，再度打破世界纪录。战后不久，他死于癌症，结局平淡无奇。但他的儿子在最后一架坎贝尔型"青鸟"上的惨烈事故弥补了这一点。

坎贝尔被法西斯分子宣传为英国法西斯联盟和莫斯利的支持者，但坎贝尔也在很早之前就预言了与纳粹德国的战争即将到来，他对希特勒怀有强烈的敌意，还大力宣传要做好防范空袭的准备。事实上，飞行员和右翼政治家之间有着非常密切的联系，这一点绝非巧合，很可能与早期飞行员俯视下方肮脏不堪、烟雾弥漫的土地时所感受到的宿命感有关。在 20 年代和 30 年代早期的施奈德杯水上飞机竞赛中，国家之间的速度竞赛直接指向了下一场战争中关键的战斗机。有着复杂规则的水上飞机竞赛是由法国人在"一战"前创立的，但最壮观的比赛出现在"一战"之后，由墨索里尼统治下的意大利、美国和英国控制。

在伯恩茅斯举办了一场糟糕的竞赛之后，许多比赛都是在威尼斯和巴尔的摩举行的，各国空军都在努力争取优势。英国以超级马林首次取胜是在 1921 年，但实际上，在 1927、1929 和 1931 年的三场竞赛里，那架由雷金纳德·米切尔（Reginald Mitchell）设计、使用我们的老朋友莱斯制造的新引擎的光滑的超级马林水上飞机，才最终确立了英国的胜利。根据规则，三连胜（竞赛每两年举办一次）意味着施奈德杯将永远留在英国。更重要的是，雷金纳德·米切尔利用他从施耐德杯胜利者那里学到的东西，继续设计了喷火式战斗机，直到 1935 年死于癌症。

所以说，速度的狂人非常重要，从直接意义上说，他们的热情使得国内的设计师和工程师在工作中不断进取，这将会影响到即将到来的战争。对于国民士气而言，他们也非常重要。1938 年，伦敦和东北部铁路公司生产的野鸭号机车成为有史以来速度最快的蒸汽火车。即便是这样一种与战争毫不相关的成就，也对人们身为英国人的自豪感产生了影响。野鸭号由伦敦和东北部铁路公司的总监奈吉尔·格雷斯里（Nigel Gresley）爵士设计，有着那个时代流行的引人注目的光滑外表，和超级马林水上飞机没有什么不同，在某种程度上也和坎贝尔的"青鸟"没有什么不同。不仅如此，它还从竞争对手纳粹德国制造的高速机车手里夺过了世界纪录。收集画着野鸭号的香烟卡片和拼图游戏的男孩们知道这一点吗？当然！这是一个政治无处不在的时代，即使铁道迷的世界也不例外。30 年代有时被描绘成和平主义的牛津知识分子和共产主义漫步者占据主导地位的 10 年，这么说没有错，但 30 年代同时也是右翼速度狂人的时代，在那些日子里，他们更加广为人知，而且正在准备下一场战争。

从漫步到游行

———

　　在 20 世纪 20 年代时而疯狂时而愚蠢的政治探索与 30 年代更加阴郁的情绪之间，并不存在明显的界线。但是可以这样说：漫步结束了，游行开始了。我们进入了这样一个时代：英国的街道上突然挤满了列队行进的人，他们通常穿着制服，而不是像公社居民那样穿着自制的服装、提倡性自由主义。这些列队行进的人中包括共产主义者，或者以自己的名义，或者是以失业工人的身份；还有莫斯利的黑衫党，或者其他互相竞争的法西斯组织，都携带着自己的鼓、标语和海报；然后是"最守纪律"的游行者，他们在会议上起哄，向财政大臣的窗户扔砖头，高举着独特的旗帜穿过街道，进行示威和"街道巡逻"，分发小报……这就是绿衫军。他们是谁？怎么没有听说过呢？在 30 年代的政治动荡中，绿衫军被认为是最有效的街头表演者。他们异常坚定，且得到了相当数量知识分子的支持。但是他们几乎已经被彻底遗忘了，这可能是因为他们无法被简单划入历史记忆中的政治左派或右派，也可能是因为他们后继无人。事实上，他们就是我们的老朋友奇波亲缘，仍然由约翰·哈格雷夫组织，但现在变成了一场为"社会信贷说"（Social Credit）奔走的准军事运动。

社会信贷说也叫作'道格拉斯学说"，得名于其创建者克利福德·道格拉斯（Clifford Douglas），一位很神秘的来自斯托克波特的电气工程师。他是一个布商的儿子，曾在战争期间从事飞机制造工作。他相信自己找到了一种激进的解决战后经济衰退的办法。他喜欢被人称为道格拉斯少校，并坚信经济的真正问题在于缺乏购买力。他认为，随着财富通过技术进步而增加，多余的钱不应该由工资和银行系统进行分配，而是应该作为国家红利的一部分，每年都简单地分给所有人，无论他们是否工作。应该取消英格兰银行的权力，因为"社会信用是属于社会整体的"。最终，随着技术的进步，社会变得越来越富裕，失业问题终将消失，人们的工作将更加轻松，"休闲社会"将会诞生。道格拉斯学说受到很多人的重视，他提出的介于极权统治和资本主义的无政府状态之间的第三条道路，看起来极具吸引力。哈格雷夫认为这恰恰是自己组织的运动中所欠缺的经济意识形态，于是转向了社会信贷说。1930年，他在考文垂组建了一个"失业军团"，采用准军事制服式的绿色衬衫和贝雷帽，将奇波亲缘融入了新的运动。

图腾柱和阿帕切风格的帐篷都不见了，取而代之的是方阵、密集的鼓声和旗帜。哈格雷夫是一个有天赋的艺术家，他设计的绿衫军标志是两个背靠背的"K"，就像纳粹的标志一样与众不同。尽管道格拉斯在他关于银行诈骗的著作中存在反犹主义的污点，但是绿衫军并不反对犹太人。尽管他们也诘问共产党人和法西斯主义者，却把自己真正的敌意留给了财政部和英格兰银行。绿衫军缺乏海外大赞助商的赞助，经费很少，最终失败了，最后的打击来自1937年颁布的《公共秩序法》，该法案禁止人们穿着政治制服。

作为对伍德豪斯的直接回应，绿衫军曾一度将衬衫挂在衣架上游行以示反抗。这场运动在加拿大有着一个奇特的延续：艾伯塔省投票成立了一个社会信贷政府，这个政府很快抛弃了道格拉斯的纯理论，但仍然执政了30年。哈格雷夫自己设计了世界上第一幅飞机飞行路线图（这一想法在很久之后被协和飞机窃取并应用），还继续写小说和卖画。战争结束后，他试图复兴社会信贷党，但没有成功。他死于1982年。尽管这一切已被人们遗忘，但从20年代温和、充满理想主义色彩的奇波亲缘，转变为30年代准军事化的绿衫军运动，这一过程似乎是一个近乎完美的时代隐喻。

我们已经提到，在某些运动中带有一丝反犹主义的刺鼻气味，以及"血与土"的种族政治的诱惑。纳粹党的崛起，法国和其他大陆国家反犹主义右翼势力的上升，为两次大战之间的英国打上了一层柔光，遭受迫害或者忧心忡忡的犹太人纷纷逃奔至此。但这幅图景过于简单了。英国也有一些残暴的反犹团体。英国的法西斯主义团体规模较小，且内斗激烈。他们出现于"一战"时期，脱胎于反共产主义组织，如中产阶级联盟和大英帝国联盟，以及一些愤怒的团体，如退伍军人组成的银章党。该组织由古怪的飞行员彭伯顿·比林斯（Pemberton Billings）领导，在战争期间，此人曾经引起轰动，因为他声称德国人有一份"黑皮书"，记录了4.7万名身居高位的变态者的名字，而德国皇帝的手下为了削弱英国，正在引诱英国人进行同性恋行为。这些人倾向于将劳合·乔治政府视为腐败的叛徒，认为他们可能受到了德国犹太人的影响，就像极右翼在1914年战争爆发前的看法一样。

海军少将之子、曾经上过前线的亨利·汉密尔顿·比米什（Henry Hamilton Beamish）建立了一个反犹组织，叫作不列颠人，发起了一场要求把犹太人重新安置在马达加斯加的运动。30年代末，他公开预言，德国必将入侵俄罗斯，把半数人口投入毒气室：所有犹太人必须被绝育、杀死或者隔离。在一起诽谤案败诉之后，他不得不逃离英国，最终定居在罗得西亚。阿诺德·利斯（Arnold Leese）是一名来自林肯郡斯坦福德的退休兽医，是研究骆驼疾病的世界级权威。他在1928年控制了国际法西斯联盟，并将其转变为狂热的反犹组织。尽管规模一直不大，但国际法西斯联盟在游行时有着自己的制服，包括黑色衬衫、卡其色裤子和绑腿、黑色贝雷帽，臂章是英国国旗上面画着纳粹标志。1934年的帝国日，该组织在伦敦市政厅上空升起了带有纳粹标志的英国国旗。[①]还有一些秘密组织，如北欧人和右翼俱乐部，后者由著名的保守党议员阿奇博尔德·莫尔·拉姆齐（Archibald Maule Ramsay）领导；甚至还有一个英国纳粹版的三K党，叫作英国白骑士，也叫蒙面者。

---

① 见 Richard Thurlow, *Fascism in Britain*, Blackwell, 1987。

这些团体很快被英国的情报机构渗透，其极端言论也遭到了主流政治的排斥，但是并不能因此就完全无视他们。魏玛德国的褐衫党及其他法西斯组织的规模同样不大，看上去荒谬可笑，而且彼此之间的斗争非常激烈。如果 1940 年英国被击败，在国家崩溃的状态下，为了寻找替罪羊，英国也会有支持希特勒的团体整装待发，将反犹主义的地下传统发扬光大，这一传统植根于从贵族到码头工人的各个阶层。英国极右势力的主宰奥斯瓦尔德·莫斯利将会登场。更极端的反犹主义者蔑称他为"犹太法西斯主义者"，作为回报，他率领自己的政党轻易击败了对手，在 1933 年轻而易举地破坏了利斯举办的法西斯分子集会，令国际法西斯联盟土崩瓦解。现在，他即使没有掌权，也会因为那场颠覆了半个世界的经济大崩溃而声名鹊起。

经济大崩盘

如果我们能够从历史中学到什么东西的话，那就是我们很少能从历史中学到东西。如同 80 年后一样，在 20 世纪 20 年代的美国，股票市场曾有过一段长期繁荣。这并不是完全建立在泡沫之上的。市场向饥饿的人们提供了新商品和新服务，新轿车的登记数字以每年 100 万辆的速度增长，娱乐业在广播时代繁荣发展，出现了尼龙长袜和化妆品、肥皂粉和罐头水果。这些就相当于我们祖父母和曾祖父母时代的平板电视和全球咖啡连锁店。然而，大部分支出都是基于借贷的，通过新出现的分期付款交易而不是信用卡来完成。房地产泡沫也出现了，尤其是在一场由意大利移民查尔斯·庞兹（Charles Ponzi）在佛罗里达设计的歇斯底里的欺诈中。他出售小块土地用于开发，其中一些土地甚至是被淹没在水下的。庞氏骗局就是以他的名字命名的。2008—2009 年，随着纽约金融家、前证券交易所主席伯纳德·麦道夫（Bernard Madoff）被捕，庞氏骗局再次成为新闻头条。麦道夫的投资骗局就是仿照 20 世纪 20 年代的模式进行的。庞兹的佛罗里达计划是美国经济运行失控的一个早期征兆，但是这一预警信号在很大程度上被华盛顿方面忽视了，就像后来的"次贷"资产一段时间之后成了臭名昭著的"毒债"。庞兹和麦道夫都毁了很多人，既有富人，也有穷人。

美国总统卡尔文·柯立芝（Calvin Coolidge）在危机之前恰曾发表讲话，他并没有承诺经济不会出现大起大落，但他自豪地夸耀这段时期是美国历史上"时间最长的繁荣期"，许诺了一个阳光灿烂的未来。在 20 世纪 20 年代，没有对冲基金，也没有超级复杂的金融工具，但是有创新而危险的金融计划，特别是金字塔式的新投资信托以及相互借贷投资。在 21 世纪，诸如雷曼兄弟等投行和英国抵押贷款机构的大幅下挫，开启了对银行体系的大范围整合。而 20 世纪 30 年代初的美国不可否认地拥有更为多样化和本地化的银行文化，在华尔街股价第一次崩盘后，大约有 1 万家银行倒闭。那件事发生在 1929 年 10 月，在接下来的三年里，美国股票市场 90% 的市值都蒸发了，最终有近 1/3 的人口失业。

我们必须从中吸取一些教训。经济史学者大多认为，美国的危机是由于缺乏流动性引发的，随后美联储的紧缩货币政策更是雪上加霜。在世界各地，贸易萎缩的幅度达到了惊人的 2/3，各国纷纷设置关税壁垒以保护本国工业，将衰退推向了萧条。人们还普遍认为，正是由丘吉尔和诺曼带回到英国金融生活中心地位的金本位制把问题传递到了大洋彼岸，加剧了全球危机的恶化。当今天的政治家谈到激进行为和国际协议必要性时，记起的正是 1929 年大崩盘的一些事后教训。当时，发生在华尔街的灾难需要更长时间才能对伦敦和其他世界金融中心产生影响，银行家从摩天大楼楼顶纵身跳下的场景并没有出现在伦敦金融城——这也许部分是因为在两次大战之间的时代，那里还没有高层建筑。但金融城里的许多雄心壮志者破产了，许多谨慎的投资者、依靠储蓄生活的老年人，也几乎失去了一切。

政治家们有时候会谈到，政府在错误的时刻掌握了政权，用橄榄球术语来说，接了一记"易受伤的传球"。1929 年 5 月，第二届少数党工党政府便发现自己处于这个令人不愉快的位置，在危机爆发前不到 6 个月时赢得了权力。这时正是世界经济极度黑暗的日子。失业人数已经接近了登记工作人口的 1/10，达到 116 万。1930 年 6 月，英国的失业人口达到 190 万，年末更升至 250 万。这不是今天意义上的失业。今天有庞大的福利体系、免费的医疗和教育，而在当时，一人失业会使得全家都挣扎在饿死的边缘，住在没有暖气、家徒四壁的房子里，而且每个家庭都有可能面临着经济状况调查的打击。在调查中，只要家里表现出一丁点迹象，比如像样的家具、暖和的外套或干净的衬衫，就会被认定其生活水平远远高于贫困线。

很明显，蒙塔古·诺曼爵士所代表的旧金融秩序将遭遇挑战。诺曼向拉姆齐·麦克唐纳和财政大臣菲利普·斯诺登表示了欢迎，以此作为"结束我们所做的所有工作的开端"。1930 年，在他的懊恼和公众的尴尬中，诺曼被迫在政府调查委员会面前公开捍卫自己的政策，在年轻的欧内斯特·贝文（Ernest Bevin）的刺激下承认了他的"健全财政"对于工业的影响。蒙塔古爵士在俱乐部区和金融城表现得如此自信，最终却一败涂地；当时的银行家站在证人席上的表现并不比如今更好。但是到了 1931 年夏天，随着黄金流出伦敦，英格兰银行被迫匆忙寻求美国的支持，而矛盾的是，权力的平衡也改变了。现在，正是这些因引发危机而遭受谴责的银行家，将对新当选的社会主义政治家发号施令。利率疯涨，金融城在全国其他地方变得不受欢迎。人们都说英国选择成为一个借贷国家而不是制造业国家，结果付出了代价。而现在，随着美国贷款条款的到来，曾在压力下一次次精神崩溃的诺曼反而迫使麦克唐纳和斯诺登直接面对为了避免破产所付出的代价，大幅削减公共开支，包括失业津贴，对此内阁中有半数人都无法接受。这直接导致了工党政府内部的分裂，并组建了由保守党主导的国民（联合）政府来推动削减开支。

然而，即使是这样，也不足以维持黄金对于英镑的支持。到 1931 年 9 月，在紧急预算案失败后，英国"暂时"脱离了金本位制。蒙塔古·诺曼爵士在一艘从加拿大回来的班轮上收到一封含糊不清的电报，搞不懂究竟发生了什么："对不起，我们明天就要离开了，等不到见你了。"政治家永远不应该被原谅，无论是最初对于黄金的迷信，还是被迫放弃黄金的耻辱。另一方面，蒙塔古·诺曼很快恢复了情绪，继续平静地航行，并提出反对按照罗斯福新政的模式进行公共工程项目建设，因为英国的财政无法支撑这一切。直到 1944 年，他一直是英格兰银行的行长。但也许，事情必须如此。正如一位研究金融城的历史学家明智地指出的："如果政客们无法质疑银行家的假设，那么这归根结底还是政客的责任。"[①] 诺曼那建立在黄金和自由贸易基础上的美好未来图景已经被打破了，但打破它的不是政治家的质疑，也不是街道上的游行。金融城的旧世界之所以崩塌，是由于美国大崩盘和席卷全球的保护主义

---

① Kynaston, *The City of London*, III

的影响。在当时，就和后来的金融危机一样，几乎没有人看到危险的到来，繁荣的股市盛宴实在是太令人兴奋了，没人愿意早早抽身。

30 年代英国被迫放弃金本位制的后果是非常复杂的，就如同 90 年代英国被迫离开欧洲汇率机制一样。1931 年的选举有效摧毁了工党，确立了保守党占支配地位的国民政府，此后出台的政策并不像预想中那样强硬和缺乏想象力。英镑的贬值和价格的降低意味着，绝大多数有工作的人实际上手头比以往更宽裕了。尽管以对部分商品征收关税为特征的保护主义的确已经出现，但这对一个贸易已经严重萎缩的世界并没有产生决定性的影响。房地产繁荣推动着经济向前发展，而受到凯恩斯部分影响的廉价货币政策是相对成功的。1936 年的全球军备重整终于令大萧条彻底平息。我们即将看到，复苏存在地理上的差异，英格兰北部以及苏格兰和威尔士的大部分地区缺乏来自金融城大鳄的资金，仍在继续衰退。当危机发生的时候，英国选择了缓步摆脱衰退，而不是诉诸更为激进的手段，一些有着敏锐和激进思想的人认为这是无法容忍的。这也解释了在两次世界大战之间的英国政坛，一位半喜剧化的恶魔之王为何极具吸引力。

恶棍的故事

奥斯瓦尔德·莫斯利在人们的记忆中是一个彻头彻尾的恶棍，是最接近希特勒的英国人。但是在前半生，他是一个彻头彻尾的主流人物，游走于上流社会，在伦敦各个最棒的政治沙龙中广受欢迎。当他初次结婚的时候，新娘是保守党要人寇松勋爵的女儿，国王和王后都是婚礼的座上宾。他来自一个富有的地主家庭，在一个看起来永远不会改变的半封建社会中长大，在那里每个人都知道自己的位置。他被送到温彻斯特公学，那是一所伟大的学校，专门培养伟大、自信、惹人讨厌的成年人，比如斯塔福德·克里普斯，此人在 20 世纪 30 年代被认为可能成为左派的独裁者。莫斯利加入了英国皇家陆军航空队，这是许多右翼思想家的孵化器。他在一次坠机事故中受伤，从而在停战协议后成了英勇的乡绅战争英雄的楷模。1918 年他代表保守党参加选举，取得了压倒性的胜利。莫斯利心目中最早的政治英雄是劳合·乔治，因为他通过军需部门创造了一个真正有效的国家改革体系；但莫斯利也钦佩"社会帝国主义者"，他们想要保护和壮大帝国，以此给英国工人阶级带来更好的生活。虽然家族财产在 20 年代遭到出售和分割，但以任何标准来衡量，莫斯利都极为富有。他的第一个异端行为是向左派转移，与劳合·乔治因为爱尔兰镇压问题决裂。随着战后繁荣的结束和萧条期的到来，他越来越多地开始关注失业问题。一开始，当丘吉尔之流还在赞赏墨索里尼的时候，莫斯利却对之提出了尖锐的批评。相反，他迷上了道格拉斯和社会信贷说，开始钦佩那些狂热支持社会信贷说的社会主义者，尤其是精力充沛的克莱德河畔运动领导人约翰·惠特利。

年轻的莫斯利不仅风度翩翩，在出身名门的英国女性之中赫赫有名，而且对思想有着强烈的渴望。他是在早期就阅读并理解了凯恩斯作品的少数人之一。他来到美国，学习了罗斯福的社会思想以及亨利·福特的管理成就。凯恩斯最终将成为英国议会左翼的导师，而福特则是右翼反犹分子，但我们不必为此感到困惑。20 年代的主要分歧存在于这样两派人之间：一派希望创造一个更有组织、更有效率的世界，在这个世界里可以消除失业和战争；另一派则坚持爱德华时代的旧观念。（布尔什维克则处于极端的边缘，除了少数聪明人外，所有人都认为他们是野蛮人。）在这种分歧中，法西斯分子和先进的社会主义者看起来并没有很大的不同。战时劳合·乔治的无情效率、议会独裁者的指挥和命令，与墨索里尼的公共工程项目产生了某种关联。政治上的急躁是一种美德，胆小、传统、对国家权力谨小慎微则是恶习——博纳·劳和鲍德温这些保守党人、阿斯奎斯这样的传统自由党人，还有麦克唐纳和斯诺登这种维多利亚时代的工党领导人都退到了这一地步。这是急切的年轻人与迟缓的老年人在政治领域的交锋，就像在夜总会和文化领域的交锋一样。只有理解了这种追寻答案的急迫感，以及它是如何跨越了旧有的党派界限，才能真正看明白莫斯利的故事。

莫斯利首次从保守党转向工党时，他的大多数朋友都吓坏了。他对麦克唐纳印象深刻，极力讨好这位鳏居的长者，为他付车费，帮他安排旅行和宾馆事宜。斯诺登和其他许多普通工党人员对此既嫉妒又疑虑。实际上，很难说莫斯利过着社会主义者的生活，他在威尼斯和法国蓝色海岸休闲放松，在舒适的乡村别墅享受周末，追求着这一时代他的私人座右铭："投票给工党，睡觉时像保守党。"在一个灰色的政治时代，他的华美羽翼令普通议员喘不过气来。对他难以抗拒的女性看上去似乎有数百人之多，其中一位谈到他"违反议会法"的美貌，就像是"一位戏剧中的拜伦式浪漫人物，黑暗、热情，既绅士又恶棍，在他面前，年轻的女士们莫名心悸，稳重的丈夫们则攥紧了马鞭"。[1] 莫斯利加入了"光彩年华"式的圈子，这些人中包括吸毒的新手、异装癖的儿子和富有的女同性恋者。但他仍在努力学习，对待政治非常严肃认真。他嘲笑

---

① Stephen Dorril, *Blackshirt: Sir Oswald Mosley and British Fascism*, Viking, 2007.

法西斯主义者，在和妻子一起举办轮流做东的政治聚会时，他与其他更加传统的社会主义人士表现得一样热情。麦克唐纳在1929年的第二届少数派政府中重掌大权之后，人们已经在谈论莫斯利会是工党的接班人了。他被党内一些最聪明、最急躁的年轻人包围着，似乎已经做好了成为伟人的准备。只有鲍德温嘟囔着说，他是一个错误，工党自己会发现这一点的。

果不其然。麦克唐纳把莫斯利排除在内阁之外，负责解决失业问题，处于前铁路工人领袖吉米·托马斯（Jimmy Thomas）的领导之下。此人酗酒、腐败、懒惰、缺乏想象力。新思想正在涌现。在凯恩斯的建议下，劳合·乔治带着橙皮书重回战场，承诺"我们能够战胜失业问题"。他呼吁增加公共借贷，为更多房屋建设和道路建设提供资金。一些年轻的保守党人得到两位报业巨头比弗布鲁克和罗瑟米尔（Esmond Rothermere）的支持，重拾帝国特惠制，在全国范围内开展了呼吁出台关税壁垒的运动，这样在壁垒内部，英格兰银行就可以寻求财政赤字融资以提振经济。人们热切地讨论一个把丘吉尔、激进保守党人、自由党和工党人士团结到一起的"年轻政党"，其成员中也包括莫斯利，他正在用自己的扩张计划对内阁狂轰滥炸。他要求大规模的公共借贷，要求延长孩子们在学校接受教育的年限，要求将退休年龄提前，还要求开展公共工程，包括用十几条快速公路贯穿整个国家——这就是我们今天所说的高速公路。

在后来几十年间，所有这一切都会发生，主流的保守党和工党政府的改革几乎没有引起争议。但是在1930年，醉醺醺的托马斯对此毫无兴趣，而支持自由贸易、平衡预算的财政大臣斯诺登则公开表示反对。正如丘吉尔在斯诺登返回办公室时所说："财政部的观念和斯诺登的观念彼此拥抱，像两只分别已久的蜥蜴一样热情。"莫斯利提出的每一件事都被斯诺登驳回了，更有同情心的麦克唐纳则显得犹豫不定。莫斯利产生了更具体的想法，但是再一次遭到无情的拒绝。赫伯特·莫里森（Herbert Morrison）在后来统治伦敦时是最有创造力的工党人物之一，此时却嘲笑莫斯利那劳合·乔治式的"复杂道路"。莫斯利辞职后，斯诺登称他为工党的叛徒，是"袖珍版墨索里尼"。一个名叫克莱门特·艾德礼的无名小卒受命接替莫斯利的工作，政府继续无所事事。最终，斯诺登的解决方案——提高所得税（后来他在这一点上退缩了）和削减失业救济金，在内阁中引发了一场叛乱，并导致政府垮台。麦克唐纳和斯诺登抛弃了工党的大船，加入保守党主导的国民政府，而莫斯利则把斯诺登关于墨索里尼的嘲弄转变成了残酷的历史事实。

莫斯利的第一次冒险是成立新党，它看起来依然更偏向社会主义而不是法西斯主义。但新党是一个复杂的混合体，内部有左翼思想家，还试图吸引处在上升期的工党议员，包括年轻的安奈林·贝万，但是遭到了拒绝。贝万想知道钱从哪里来——我们即将看到，这是一个非常重要的问题。他还预测新党终将成为一个法西斯政党。但其他独立工党的成员被允许成为联合党员，而莫斯利滔滔不绝、富于雄辩地谈论失业问题，就像他当工党大臣时一样。另一方面，他成立了一个防止社会主义者进行破坏的保护小组，由一名英格兰橄榄球运动员领导；还赢得了一些思想独立的右倾人士的私人支持，包括威尔士亲王、汽车制造商威廉·莫里斯（William Morris）以及 BBC 的老板约翰·里斯；他的一些追随者悄悄溜到慕尼黑去观摩纳粹如何在褐宫运营政党。莫斯利的贤妻塞米（Cimmie Mosley）曾以工党候选人身份赢得选举，成为一名工作高效的议员，她对丈夫滑向法西斯主义深感绝望。在格拉斯哥的一次艰难的会议之后，莫斯利开始公开谈论法西斯方法的必要性；他的言辞变得更加狂野，热衷于"横冲直撞"，而不是和平时期的正常思维。他被看作一个魅力四射、特立独行的人物，如果危机加深，他即便不能成为国王，也将迅速成为拥立国王的人。丘吉尔也是那些谨慎地与他保持着友好关系的政治家之一。

帝国与娼妓

失业人数在不断增加，现在已经达到了 300 万。在正常情况下，这是属于保守党的时刻。但是保守党有自己的问题，斯坦利·鲍德温一直在与报业巨头罗瑟米尔和比弗布鲁克作斗争，因为他们仍然坚持帝国保护主义，一直在攻击保守党领导人，并以自行组建的竞争党派相威胁。保护主义仍然非常流行。举个例子，莫斯利的新党吸引了大约 5 000 名成员，而罗瑟米尔和比弗布鲁克的联合帝国党现在虽已被人遗忘，但是当时甫一成立，其支持者的人数就达到了新党的 20 倍。鲍德温告诉一位朋友，自己是在同野兽作战："我希望能够看到它们的牙齿脱落，爪子折断。"而事实上，当他尽力掌控大局时，已经在向保护主义做出让步了。鲍德温发表了一系列精彩的演讲，揭露了罗瑟米尔妄图监管未来保守党内阁的"荒唐而傲慢"的要求。但是他已经向着保护主义的论调走得太远了，可能会失去一贯支持自由贸易的丘吉尔等人。

然而与此同时，由于另一项完全不同的政策，他即将步入一片荒野，在那里度过著名的 20 世纪 30 年代。丘吉尔和其他人一样，对于怀旧经济学的残酷统治负有责任。但是在不断寻找下一次变革的过程中，丘吉尔的关注点从国内问题中转移开来，转向了一项几乎将他毁灭的事业。印度走向独立的征程还很漫长，但在 30 年代初，随着新兴的印度本土的管理和政治阶层在信心和经验方面都成长起来，似乎有望达成一项临时协议，允许印度在帝国内部实行实质性的自治。最值得一提的就是莫罕达斯·甘地（Mohandas Gandhi）的成就。这些年来，他已经从无名小卒成长为一名世界级偶像。他从 1921 年开始领导印度国大党，为了抵抗英国的统治，他首次举行了非暴力的抗议和自织布运动，获得广泛支持。但是这 10 年里，他的大部分时间要么在监狱中度过，要么在试图团结不同的派别。1928 年，政府组建了一个关乎印度未来的委员会，但是这个委员会里没有一个印度成员，这件事促使他再度返回斗争的前线，呼吁开展一场以彻底独立为目标的新运动。印度国旗高高升起，印度的国庆日也定下来了。

接着，在 1930 年 3 月，甘地开始了新的抵抗运动，这回是反对盐税，他率领成千上万名追随者行进了将近 250 英里，来到拉特的一个海滨小村，在那里亲手制作不纳税的海盐。这是一个符号，也是一方杰出的政治舞台。一位描写印度的作家简·莫里斯（Jan Morris）把它与波士顿倾茶事件相提并论。盐税会影响到每一个人，甘地要求全印度的人无视它。世界各大媒体都对甘地密切关注，他在全世界范围内受到赞美，甚至被神化。为数众多的人接续着他的挑战，大规模的善意抗议席卷全国，令英属印度颜面扫地。依据 1827 年的一条法案，包括甘地在内的大约 10 万名印度民族主义者被捕入狱。事情变得越来越荒唐——帝国也变得越来越荒唐，成了全世界的笑柄。甘地很快被印度总督欧文（Irwin）男爵释放了。此人后来成为哈利法克斯（Halifax）伯爵，在张伯伦政府任外交大臣时因为绥靖主义而名誉扫地；但是在印度，在 10 年之前，这个又高又瘦、虔诚而悲观的男人是一个改革家，相信自治终会到来。在这场令人难忘的戏剧中后来还有一幕,欧文邀请甘地来到自己刚刚落成的、由勒琴斯(Edwin Lutyens)设计的新德里豪宅,与之交谈。甘地带着柳条手杖、裹着大披巾登门拜访,与欧文进行了8次会谈,其间有欢笑、有不含酒精的饮料,但是没有取得任何政治上的突破。在伦敦方面,麦克唐纳的工党政府和欧文意见一致,赞成印度自治。但英国人的意见仍然存在分歧,丘吉尔就站在另一边。

也许在丘吉尔所说的话里,没有什么比他对甘地拜访印度总督的愤怒描述更糟糕的了。他告诉自己在伦敦选区的选民联合会:"看到甘地先生,一位出身中殿律师学院(Middle Temple)的善于煽动的律师,现在却摆出一副东方知名苦行者的姿态,半裸着站在总督府门前的台阶上,与国王的代表进行平等会谈,真是令人感到震惊和恶心。"据说他后来还说,希望看到甘地被绑起来,躺在德里城外的尘土之中,被总督骑着大象踩踏。不论是不是在开玩笑,这些评论中流露出了丘吉尔对于甘地的近乎生理上的厌恶,也暴露了丘吉尔在情感上缺乏想象力。欧文就靠谱多了,把甘地比作基督——当有人要求他承认甘地的性格令人讨厌时,他回答说:"也有人觉得我们的主很烦人。"[1]1931年3月,麦克唐纳政府邀请甘地来到伦敦,成为圆桌谈话中唯一的印度国大党代表。他裹着缠腰布登场,成为一位广受欢迎的英雄。他在街上被围观,见到了查理·卓别林等名人;当他前往拜访兰开夏郡的棉花工人并解释自己的印度棉花政策时,人群为之欢呼。他甚至受邀到白金汉宫喝茶(这对于乔治五世来说不是个好主意)。令人难忘的是,当他从会晤中离开时,有记者问他是否真心觉得自己穿着得体,甘地回答说没问题:"国王穿的很多,够我们两个人的份了。"

---

[1] 见 Jan Morris, *Farewell the Trumpets*, Faber & Faber, 1978。

在接下来的 4 年里，帝国仍然占据着丘吉尔的政治生活和许多报纸的主要版面。1924 年，这个国家被温布利的大英帝国博览会短暂地震惊了。英国人会庆祝帝国日，在街道上挂满英国国旗；君主仍然是"国王和皇帝陛下"；还曾经有过要把帝国用飞艇联为一体的计划。直到 1930 年 3 月，英国历史上最大的飞艇 R101 在从贝德福德郡到卡拉奇的处女航中，于法国北部失事，54 名乘客和机组人员中只有 6 人生还，其余全部遇难，这一计划才最终搁浅。世界已经从欧洲的帝国间转移了，新崛起的力量是红色和黑色的政权，以及充满活力的美国民主。丘吉尔加入了把印度留在帝国内的战斗，也就是把自己多年的时间投入到了令人厌倦、毫无意义而且往往非常无聊的政治中，扮演着养尊处优的印度王公和狂热的英国本土种族主义者的捍卫者的角色。丘吉尔并不像他故意表现出来的那样爱喝酒，但是怀旧对他来说，比任何杯中物更加危险、更令人欲罢不能。

在这个问题上，鲍德温比丘吉尔更加现实。他有勇气反对印度的怀旧主义者，就像他反对报业巨头最过分的自负一样。"帝国"这个词，无论其含义是对印度自治的顽固反对，还是一项古老的保护事业，都是比弗布鲁克和罗瑟米尔试图颠覆保守党的一面旗帜。隐藏在未遂的报纸叛乱后面的精神也许来自北岩，尽管那个自我折磨的伟大天才早就不在了。伦敦大卡尔顿花园内的德文郡公爵家的屋顶上，有一间特别建造的小屋。1922 年，北岩死在那里，死前神志已经错乱，可能是血液感染的结果。他不能忍受待在房间内部，而他自己房子的屋顶不够结实，因此把小屋建在了邻居的屋顶上。在那里，他攥着一把用于防范暗杀的左轮手枪，心中充满了宗教狂热（尽管他担心上帝可能是同性恋），最早的伟大报业巨头经历了可怕的最后时光。作为一个新闻人，他直到最后还给值班的《每日邮报》夜班编辑打电话，低声说："他们说我疯了，派你那里最好的人来报道这个故事。"北岩的精神在他死后仍然流传了很久，其中当然包括广受欢迎、积极进取、不留情面的新闻业，但也包括他的另一种信念：作为新闻业之主，他能像任何政治家一样有效地管理国家。在某种意义上，北岩的确有权这样说。他曾经两次挑战战时政府，而且坚信是自己把劳合·乔治推到了首相的位置上。在《每日快报》老板比弗布鲁克这个加拿大人早年在伦敦最易受影响的岁月里，北岩的形象赫然耸立，让他对新闻暴君应当如何作为产生了明确的概念。北岩也影响了自己的弟弟哈罗德，即现在的罗瑟米尔子爵，他负责《每日邮报》和除了《泰晤士报》之外的大部分北岩帝国。最为重要的是，比弗布鲁克和罗瑟米尔两人在旧日北岩冰冷的阴影中拥抱了彼此。罗瑟米尔在战争中失去了两个儿子，孤独而忧郁，他与能说会道的马克斯韦尔·比弗布鲁克结下了不解之缘。两人交换了意见，更为糟糕的是，产生了共同的想法；两个流行报纸的伟大帝国紧密连接在一起，变成了一种极为危险的事物。

鲍德温面对着这样两个鄙视他的人，而这两人正在寻找能够替代他的国家领导人。其中一位偶然发现了丘吉尔，另一位则看好莫斯利。罗瑟米尔已经干预过一次英国政治了，他在 1924 年捏造的季诺维也夫的信件使得拉姆齐·麦克唐纳的首次掌权以失败告终。现在工党第二次上台，在他看来都是鲍德温的过错。他对于共产主义有种深深的恐惧，在匈牙利投入了舆论和会钱的支持，也许是想把匈牙利作为自己的壁垒（考虑到即将发生的事情，这并不是很好的判断）。他甚至被邀请担任匈牙利国王。他明智地拒绝了这一邀请，但我们将会看到，他的政治判断总体来讲是大错特错的。比弗布鲁克则是一位既不可靠又难以压制的大英帝国支持者，把自己的《每日快报》完全投入了摧毁鲍德温的运动。这家报纸著名的十字军形象就是从这时开始确立的。在补选时，在日复一日的过程中，他们以北岩旧日的火焰摧残着鲍德温，却缺乏北岩的智慧。罗瑟米尔则搞笑地公开宣称，能够领导保守党继而领导整个国家的人是比弗布鲁克而不是鲍德温。

1931年，丘吉尔由于印度问题辞职，使得鲍德温的位置更加岌岌可危。比弗布鲁克和罗瑟米尔距离推翻首相已经只有一步之遥了。他们的联合帝国党在两次补选中表现出色。在第二次，即伊斯灵顿的补选中，工党从分裂的保守党那里夺走了席位。保守党的士气开始下降。另一场补选即将到来，这次是威斯敏斯特的圣乔治区，这个选区中包括英国一些最富有的人。帝国十字军再次站了出来，保守党的官方候选人惊慌失措地退出了，表示自己无法为鲍德温拿下这一局。政党的首席代理人建议鲍德温下台。30年前曾经发起帝国特惠运动的张伯伦的儿子尼维尔·张伯伦（Neville Chamberlain）如今正在关注着自己的领导地位，于是带着这一提议以及尤赖亚·希普（Uriah Heep）式的道歉去见鲍德温。这个星期日的下午过后，这位保守党领导人似乎已经决定离开，但友人的鼓励转变了他的情绪，让他决定继续战斗。或许他会自己参加梅菲尔区的补选？他把这个决定告诉了张伯伦，张伯伦很震惊，脱口而出道，鲍德温应该考虑这对继任者的影响。鲍德温冷眼看着他回答："尼维尔，我丝毫不会考虑继任者的问题。"

事实上，是另一位议员，社会名流、前外交官和日记作者达夫·库珀代替鲍德温参加了补选。但是在补选之前，鲍德温发表了唯一一次令他真正出名的演讲，这篇演讲力度很大、用词尖锐，甚至那些不关注政治的人也都模糊地听到过。他是在回应《每日邮报》上又一篇署名为"编者"的攻击文章。文章称，鲍德温挥霍了父亲的财富，因此不适合领导这个国家。在伦敦的女王大厅，鲍德温直接把矛头指向了那些折磨自己的人。他说："受到罗瑟米尔子爵和比弗布鲁克男爵指使的报纸根本不是传统意义上的报纸。它们是宣传机器，负责宣扬这两个人不断变化的政策、欲望、私人愿望和个人好恶。"接着，他转向了那篇关于他父亲的财富和个人的无能的匿名文章："这篇叙述的第一部分是个谎言，第二部分的暗示也是不真实的，写出这段话的作者一定是个无赖。"他可以以诽谤罪起诉作者，但他不会这么做。"我将获得道歉和巨额的赔偿。前者毫无价值，后者我也绝对不会去碰一下。"最后的也是最著名的一击被认为出自他的表弟拉迪亚德·吉卜林的手笔："这些独资报纸的目标是夺取权力，而且是不必承担任何责任的权力——这是历代娼妓的特权。"观众大声喝彩。所有的预测都失误了，库珀以6 000票击败了帝国十字军，鲍德温的位置安全了。新闻界的起义失败了。在未来，报纸的所有者将一次次发起反对政治家的惊人运动，但是他们再也不会试图成为1931年的比弗布鲁克和罗瑟米尔那样的玩家。1931年对于英国的议会民主制来说，是一个非常重要的时刻。

现在，鲍德温已经安全了，得以在最终摧毁拉姆齐·麦克唐纳的工党政府和缔造统治英国直到1940年的国民政府这两件事中起到自己的作用，现在人们对他的记忆里并无感情色彩。麦克唐纳已经因为自己与公爵夫人的亲密关系，以及他日益严重的自大、自私和自怨自艾而臭名昭著。他并非唯一面对经济危机拿不出答案的人。内阁关于是否削减失业保险金的分歧似乎即将终结工党政府，此时最明显的一步棋应该是举行大选，并预计鲍德温领导下的保守党将会回归。这自然是鲍德温想要的结果。但是那年夏天他还是像往常一样离开了，到法国南部度假，把谈判留给内维尔·张伯伦、自由党领导人约翰·西蒙（John Simon）和国王。危险的信号出现了。张伯伦的角色很重要，因为他向麦克唐纳、斯诺登及其为数不多的支持者强调，经济必然意味着对失业人口的严厉削减。在很大程度上，支持由麦克唐纳领导的联合政府的理由是，他们已经认识到了联合政府的药方将是苦涩的，尤其是在国内较贫穷的地区。麦克唐纳将是保守党政策的工党遮羞布。他私下里非常正确地告诉张伯伦，这是在签署自己政治上的死刑书，如果他加入了新政府，就会是"一个荒诞的人物，无法得到支持，反而会惹人厌恶"。但是麦克唐纳终究还是同意了。

在接下来的选举中，国民政府的候选人赢得了压倒性的胜利，直到 1940 年法国沦陷，一直有效地掌控着议会政治。议会中共有 556 名议员，其中 472 名是保守党人，这是下议院中保守党队伍最为庞大的时期。只有 13 个拥护麦克唐纳的国民工党候选人重新当选。工党自身已经支离破碎，只赢得了 52 个席位。于是麦克唐纳处在了劳合·乔治曾经身处的位置上：一个非保守党的首相，但完全依赖于保守党议员的投票和支持。但是实际上，他的位置还要弱势得多。劳合·乔治有自己的计划，有良好的声望，善于战斗；而麦克唐纳的形象早已被毁，一旦在保守党对帝国关税的某些要求上妥协，他就只是个无足轻重的人。对此，他自己也心知肚明。他拥有首相别墅，以及越来越庞大的虚荣心，但也仅此而已了。铁腕的经济手段来自财政部，先是由斯诺登领导，很快又被尼维尔·张伯伦接手，把"饥饿的 30 年代"强加给了英国工业的大部分地区。这 10 年来，他们也助长了议会外的极端主义。最糟糕的是，他们无视在野的丘吉尔及其少数盟友针对纳粹威胁所发出的越来越激烈的警告，面对必然到来的危机，他们对于英国的防御工事却做得太少，为时太晚。然而，读者可能已经注意到了这熟悉的一连串失败中有一点很奇怪，那就是我们无法忽视的一项数据：在 1931 年，随后是 1935 年，国民政府在选民中是非常受欢迎的。它也许古板、缺乏想象力、胆小，甚至怯懦，但这看起来就是英国人真正想要的，现在他们无论男女都拥有了选举权。

左派的失败与成功

在整个 20 世纪 30 年代，这个国家有一大片土地处于绝望之中，工业在衰退，失业率在当时的低福利标准下达到了可怕的水平。北部工业城市依赖于纺织、制陶、煤炭和重型机械制造业，再也无法恢复它们在爱德华时代的自信。包括造船业在内的那些资本不足的工业，原有市场因为保护主义和经济低潮而被摧毁，采用的劳动形式、装备和露天作业方法落后于日本、德国和美国几十年。从威尔士南部到苏格兰的工业地区，人们骑上自行车到处找工作，造成了大量人口迁徙。威尔士人转移到伦敦和靠近首都的轻工业区域；苏格兰人也向南方移动，或者移民海外。留在身后的是维多利亚时代的贫民窟，周围是建了一半的远洋轮船或不再冒烟的烟囱，以及数百万绝望之人。生活只是在苟延残喘，其间充斥着家庭经济状况调查和微薄的福利、寡淡无味的食物、不时爆发的家庭暴力和几支香烟。普里斯特利和乔治·奥威尔等作家前往工业衰败的死寂之地旅行，然后把愤怒的书信带回给那些生活舒适、有活可干的人。然而事实上，北方的失业者和饥饿者在政治上毫无影响力。在法国、德国和意大利，产业工人的困境引发了骚乱，但在英国只引起了不安。就好像英格兰北部根本没有被看作完全属于英国，凯尔特民族就更不要说了。工党也许已经减轻了失业者所遭受的一些最严厉的经济惩罚，但在 1931 年工党分裂之后，这些措施都完全失效了；与此同时，并没有其他激进的力量出现。

我们已经看到，共产主义在公众的意识中只是一个边缘团体，不属于主要力量。共产主义者的确通过赞助全国失业工人运动获得了认可。这个机构成立于 1921 年，是由瓦尔·汉宁顿（Wal Hannington）在英格兰、哈里·麦克沙恩（Harry McShane）在苏格兰分别建立起来的。1932 年、1934 年和 1936 年，全国失业工人运动在伦敦组织了一系列饥饿游行，参与者成千上万，一度有百万人在请愿书上签字。那些骄傲而憔悴的男人穿着笨重的靴子和褴褛的外套向南行进，靠教堂和沿路支持者的施舍度日，晚上就睡在门廊下，他们唯一的要求就是得到工作。这幅景象深深地刻入了国民的心中。但是一次又一次，在与政客们举行例行会谈之后，他们空手而归。毫无疑问，全国失业工人运动的思考具有革命性的色彩。1932 年一本反对"国家饥饿政府"（National Hunger Government）的小册子就是很好的例子。这本小册子里抱怨说：

对于我们这个阶级的数百万人如今身处的恶劣的贫困状况，紧缩措施负有直接的责任。政府甚至已经不再假装会考虑工人家庭的需要。为了资本主义的利益，政府推进着残暴的政策，无情地剥削工人家庭，把他们推向无以言表的苦难和贫困的深渊。我们这个阶级的绝望越来越深。母亲们因为焦虑和担心而神经衰弱。孩子们的身体垮了，无法健康地长大成人。在我们这个阶级中，由于贫困和匮乏愈演愈烈，疾病、犯罪和自杀都在不断增多。

然而这条信息没有伴随着政治上的反抗，看起来更像是抱怨，并不具备威胁性。早在 1936 年，当奥威尔游历兰开夏郡和约克郡时，不难写出令人震惊的纪实散文，描写那里难闻的恶臭、廉价的食物、绝望的人们和肮脏的街道。他细致地描绘了临时篷车和贫民窟里的生活状况，这幅景象自从朗特里在 1900 年进行调查之后几乎没有什么改变；他还写到了煤矿工人恶劣的工作条件。他用贫穷的恶臭让读者皱起了鼻子。但是，他丝毫没有在政治上找到有组织抵抗的痕迹。事实上，他把这种氛围与战后国内短暂的革命情绪进行了对比，那时列宁的名字甚至在伊顿公学也深受赞赏。现在，他却发现赌马、赌狗、赌球开始流行，足球场的热潮开始于 20 年代的利物浦。消费主义蓬勃发展，在某种程度上平息了愤怒。在他 1937 年出版的记录这次旅行的书籍《通往威根码头之路》（*The Road to Wigan Pier*）中，他注意到人们对于企图破坏足球场之人的愤怒，远远超过了对希特勒的愤怒。对于英国那些愚蠢的统治者来说，赌博和廉价奢侈品是一种幸运："很有可能，正是炸鱼薯条、刺绣丝线袜、罐头三文鱼、减价巧克力、电影、收音机、浓茶和足球场避免了革命。尽管多年来出现了大规模的失业和工业衰退，但过去曾经公开怀有敌意的工人阶级现在却是顺从的。"奥威尔的书被许多正统的社会主义者和共产主义者所厌恶，他们更喜欢把工人理想化，而且奥威尔的书给那些认为他已经转而反对社会主义的人提供了充足的弹药："要是凉鞋和淡绿色衬衫能够堆成一堆烧掉，每一位素食主义者、禁酒主义者和伪君子都被送回韦林花园城市，去安静地做瑜伽练习，那该有多好！"写出这种句子，也难怪那些人会讨厌他。

奥威尔是个怪人，但他对大局的看法是正确的。他断言，英国工人更可能继续梦想着赛马会以 20：1 的胜率赢得冠军，或是抱怨茶不好喝，而不是反抗。他曾经与流浪汉们住在一起，了解自己的偏见，很快还将前往西班牙共和国参战。在那里，他加入了无政府主义的马克思主义工人党的民兵队伍，喉咙中弹，还亲眼目睹了斯大林主义共产主义者在斯大林的命令下对左派同胞采取的残酷策略。尽管在《向加泰罗尼亚致敬》（*Homage to Catalonia*）中讲述了发生在西班牙的悲剧故事，他还是驳斥了左翼宣传中最广为人知的一些谣传。的确有超过 2 000 名英国人和爱尔兰人留在西班牙参与对抗法西斯主义的战斗，其中 500 多人战死。然而，这个数字并不大。去战斗的人中大约有 80% 是共产党员，报名参加了由莫斯科方面组织和指挥的部队。想要报名的新兵一旦来到伦敦，就会在一所共产党所有的私宅里接受党的高层官员的询问，衡量他们的政治观点和总体适应性，然后才会被允许持旅游签证前往巴黎，继而乘火车南下前往西班牙。像奥威尔那样不是以共产党员的身份参与战斗的人只是少数，没有得到信任。工党政客支持国际纵队，克莱门特·艾德礼访问西班牙之后，甚至有一个小队以他的名字命名。但这并不是一次理想主义的青年诗人和工人的自发起义。奥威尔再一次深入挖掘到了宣传背后的真相。

30 年代，左派在英国的每一场重大战役中都失败了，唯一的例外是卡布尔街之战，这场战役阻止了莫斯利的黑衫党穿越伦敦东区。但是左派赢得了公众的记忆。当英国人谈起西班牙内战时，人们所记得的仍然是为保卫马德里而献身的年轻英雄诗人和工人。在回忆 30 年代时，饥饿游行仍是我们记忆中的印记。最常被提及的是 1936 年的贾罗十字军事件。贾罗是一个以造船业为主的城镇，1935 年造船厂的关闭导致此地的失业率急剧上升。大约有 1.1 万人签署了请愿书，要求开办钢铁厂提供工作，并精挑细选了 200 人携带着放在橡木盒子里的请愿书南下伦敦。他们举着蓝色和白色的横幅游行，伴以一支口琴乐队，他们的议员、矮小的红发左翼演说家艾伦·威尔金森在某些路段负责领头，还有一只名叫潘迪的流浪狗。队伍中不允许喝酒，也没有共产主义者的参与，事实上，这次运动是从教会服务开始的。为了确保这次游行是受人尊敬的，并不具有威胁性，而是为了唤起全国人民的良知，活动者把能做的都做了。他们经历了将近 300 英里的跋涉和歌唱，然而英国基本上无视了这些游行者。他们只受到了少数人的同情，在伦敦没有争取到任何结果。后来，一个小型钢铁厂开业了，只雇佣了几百人，而且这家工厂只是私人倡议的结果，和政府毫无关系。

不该被遗忘的苏格兰历史

———

　　历史上有许多明显的死胡同。那些在当时看来很有趣的人和运动，在后来的岁月里，因为没有同历史学家和读者建立联系，从人们的视野中消失了。随后，某些事情发生了变化，我们再次记起了他们。两次大战之间的苏格兰历史就是一个经典案例。在现代英国的故事中，它几乎被完全抹去了。然而，这段岁月里不仅有着伟大的汽车社会的开端、郊区的扩张、高山滑雪和夜总会、好莱坞的吸引力和有机食品运动的起源，也包含着一些关于如今王国分裂、苏格兰和英格兰渐行渐远的线索。为了更好地理解当下，我们需要回到那段破碎的历史中，在 20 世纪 20 年代和 30 年代，争论此起彼伏，穿着苏格兰短裙的诗人和报业大亨们认为苏格兰很快就会独立。

　　苏格兰在很多方面都模仿了当时在英格兰和其他许多欧洲国家发生的荒唐事——游行、秘密社团、对于墨索里尼和种族主义的迷恋。不同的是，在"二战"的大刀砍下，将一切扫除净尽后，战后的人们决定忘记之前历史中那些尴尬的部分，而苏格兰仍然和历史保持了一些联系。在我撰写本书时，苏格兰民族党掌控了位于爱丁堡的苏格兰政府，这个党派就是从之前描述的那场愤怒但乐观的政治骚动中崛起的。与法西斯主义者、共产党、奇波亲缘或独立工党都不同，它留存下来，并开始行使真正的权力。战后的英国人认为早期的苏格兰民族主义者及其敌人都是无关紧要的，这是一段毫无意义的历史，或多或少被有意识地遗忘了。现在看来，这种遗忘本身就是个错误。

　　苏格兰的故事之所以与众不同，是有许多原因的。在"一战"中，苏格兰丧失的人口比例高于大英帝国的其他任何部分，大约占据了英国人口损失总数的 1/5，占所有服役年龄人口损失的 1/10。短暂的战后繁荣过后，苏格兰的经济衰退状况也远比英国其他地方更严重。在大战爆发前的最后一年，即 1913 年，仅克莱德单独制造的船舶总吨位就超过了美国或德国一国。但是，克莱德从 20 年代开始迅速衰落，同样衰落的还有重工业、煤炭工业和纺织行业，而这些都是烟雾弥漫、人满为患的中部苏格兰赖以生存的基础。到了 1933 年，克莱德造船厂的工人 10 人中有 7 人处于失业状态，而玛丽皇后号等远洋班轮尚未建造完成，还停泊在干涸的船坞里。停滞和衰落使得许多苏格兰人逃往国外，寻找更好的生活。在 20 年代，苏格兰的人口开始下降，每 1 000 个苏格兰人中就有 80 人移民；相比之下，英格兰每千人中只有 5 人移民。总体来说，在两次大战之间，在仅有 500 万人口的苏格兰，有 60 万人移民，中产阶级失去了自信和领导角色。苏格兰并没有发展起那些开始复兴英格兰南部和中部地区的新型产业。1932—1937 年，英国建成了 3 200 家新工厂，制造的产品从飞机到收音机和灯泡，无所不有。但是，苏格兰的工厂很少。一向在苏格兰占据统治地位的政党是自由党，它成了阿斯奎斯和丘吉尔等英格兰政治家的落脚处，最终被分裂，影响力迅速下降。显然，有些事情严重出错了，在那个时代醉心于政治的氛围中，做出激进的回应并不令人意外。

我们已经看到，在那个时代，写作非常重要。战争结束后，外交官们就中欧和亚洲小国的主权主张展开了激烈辩论，苏格兰的年轻人则将注意力转向了自身的困境；许多人认为苏格兰也需要独立，以此战胜贫穷和落后。和全职政治家的工作不同，他们的作品和答案已经被嵌入人们的记忆。艾德温·缪尔是诗人，也是卡夫卡的译者，他出生在奥克尼，在两次大战之间花了一些时间在欧洲中部旅行，成了一个有民族主义倾向的社会主义者。来自凯斯内斯的尼尔·冈恩（Neil Gunn）也是如此。他是一位优秀的小说家，曾经做过税务官，后来成为苏格兰民族主义的早期支持者。还有刘易斯·格拉西克·吉本，他去世的时候非常年轻，正值天才绽放之龄。当然，并非所有试图改变苏格兰人生活氛围的都是左派。康普顿·麦肯齐出生于英格兰，但在苏格兰是一位影响非常巨大的讽刺小说家，在"一战"期间曾经为英国的情报机构工作，而且是约翰·巴肯和劳伦斯的朋友。相比社会主义者，他更像是一个浪漫的詹姆斯二世党人，他也在苏格兰民族主义运动的形成过程中提供了帮助。

例子还有很多。然而在当时，没有人对苏格兰的自我认知产生的影响比克里斯多夫·默里·格里夫（Christopher Murray Grieve）更大。他是邮差之子，来自边境地区，战争期间曾在救护队工作，之后担任新闻记者，后来又转型成为诗人和辩论家，笔名休·麦克迪尔米德（Hugh MacDiarmid）。对他来说，只有一场针对苏格兰灵魂的革命，包括回归古老的苏格兰语，才能将苏格兰从坠落的深渊中拉起。即使在今天，人们对他的看法也是分裂的，许多苏格兰人因为麦克迪尔米德感到尴尬。他的一些诗作实在糟糕透顶。他在政治光谱中踉跄地穿行，有时呼吁某种苏格兰式的法西斯主义，接着又表达对于列宁乃至斯大林的赞赏。他因为共产主义倾向而被踢出了民族主义者的行列，又因为民族主义倾向而被踢出了共产主义者的行列。他的大部分散文现在几乎无法读懂，还在文坛纷争中表现恶劣。某天夜里在伦敦，他喝得醉醺醺的，从一辆公共汽车的顶层掉了下来，幸亏有着一头浓密的头发才捡回一条命。有些人怀疑他是不是真的在那一晚弄丢了脑袋，据说，他后来的诗作变得截然不同了。

然而，麦克迪尔米德的大部分早期作品和他后来作品的框架，都堪称同时期英国最好的作品。就像艾略特、詹姆斯·乔伊斯和埃兹拉·庞德一样，他也在努力重新发明一种语言，这种语言已经陈腐，无法表达出现代生活的观念和复杂性。庞德把手伸向了意大利文和中国的表意文字，艾略特尽力寻求引证、拼贴和咒语，乔伊斯对词语本身进行了拆分，而麦克迪尔米德则使用早已废弃的苏格兰语、深奥的科学短语和政治咆哮。神奇的是，这往往很有用。他也许是一个令人愤怒的人，温和派政客将他视为威胁，但他同时也精力充沛、积极乐观，是苏格兰独立的主要宣传者。他的极端主义反映了那个时代的情绪。他在早期的墨索里尼那里看到了令人钦佩的东西，但丘吉尔也一样；他想要一场民族主义革命，还谈到了苏格兰"民族"，这在现在看来非常奇怪，但是在希特勒崛起和垮台之前，许多作家和政治家都是这样认为的。我们之所以在此关注于他，是因为现代苏格兰迟早会接受他，就像英国人需要记住吉卜林，或者俄罗斯人需要记住索尔仁尼琴（Aleksandr Solzhenitsyn）一样。

奇怪的是，事实证明，苏格兰的左派在应对日益增长的自治要求方面极为无能，反而把它留给了一个由外人和异见者组成的广泛联盟。虽然"红色的克莱德河畔"被夸大了，但苏格兰的社会主义在早期就已得到了强力的支持。独立工党主要是由苏格兰人建立的，格拉斯哥为威斯敏斯特输送了一波激进的工党议员。詹姆斯·马克斯顿（James Maxton）的传记是由后来成为首相的戈登·布朗（Gordon Brown）撰写的，其中提到马克斯顿在离开格拉斯哥的火车站时，允诺建立一个带有苏格兰议会的"苏格兰社会主义联邦"。他这么说是因为，另一位苏格兰工党议员在下议院提出了建立苏格兰议会的提案，认为苏格兰的贫困儿童和其他社会问题只能由一个理解苏格兰问题的议会来处理。一次又一次，威斯敏斯特议会收到了"全面自治"的议案，将苏格兰的自决权同爱尔兰（和英格兰）的权利联系起来。事实上，1914 年胎死腹中的一项关键立法就是关于苏格兰议会的。战后，苏格兰工党议员试图促使威斯敏斯特严肃考虑自治问题，但是他们的努力被漠视了。很快，失业问题和法西斯国家的威胁成了首要问题，即使工党也认为苏格兰的自治必须等等再说。最终在 30 年代，克莱门特·艾德礼成为工党党魁后，这个问题彻底从工党议程上消失了，只留下一片真空状态。

在独立工党之前就有支持独立的组织。理论上，自由党支持自治。有一个苏格兰自治协会，活跃会员的人数达到数千人。还有一个苏格兰民族联盟，想要苏格兰完全独立于英格兰，这个联盟由更加浪漫的詹姆斯二世党人领导，他们通常都住在伦敦。但是把所有这些线索联系在一起的是一位 22 岁的前工党支持者，名字叫约翰·麦考密克（John MacCormic），他创立了格拉斯哥大学苏格兰民族主义协会，随后在 1928 年，在一位制革厂老板的财政支持下创立了苏格兰国家党。苏格兰的古老大学有着一项古雅的民主传统，允许学生选举自己名义上的领袖或校长。1928 年在格拉斯哥，首相斯坦利·鲍德温被选为候选人，新组织起来的民族主义者则推举出我们的老朋友"唐·罗伯特"·坎宁安·格雷厄姆（'Don Roberto' Cunninghame Graham）反对他。让大家震惊的是，他只差 60 多票就能击败鲍德温了。把所有梦想苏格兰独立的不同群体聚集在一起，需要付出代价。这个新政党不是社会主义的，很快就与留在工党中的那些拥护自治法案的人发生了争执。它奉承苏格兰的贵族，并在 1933 年与右翼的苏格兰人党合并，组成了苏格兰民族党。与激进政治的分离似乎彻底完成了。在那个年代，苏格兰的公共生活中充斥着宗派主义的等级秩序——苏格兰长老会尤其提出警告，要注意爱尔兰天主教移民淹没纯粹的新教传统的危险，或者可以简单地称为"绿色恐怖"。民族主义者也参与其中。

与此同时，在苏格兰政治的边缘地带，致力于新芬党战术、私人军队和秘密阴谋的小型分裂团体数量激增，令人眼花缭乱，它们有时也会受到麦克迪尔米德及其朋友们的鼓舞。麦考密克正在努力使自己的苏格兰民族党变得更加体面，从富有的支持者那里募集资金，并且提议与自由党进行某种程度的融合；但是在 30 年代后期，这个新政党在兵役问题上发生了分歧。苏格兰民族党中的激进分子认为，苏格兰人不应当参与大英帝国和纳粹德国之间的战争。到了 1936 年，党内所有男性成员都承诺拒绝在英国军队中服役。苏格兰民族党开始引起军情五处的注意，尽管在 1938—1939 年，该党不情愿地接受了针对即将到来的对抗希特勒的战争而采取的征兵制度，但是在 1942 年再度因为这个问题产生了分歧。历史记载了 1933 年牛津大学辩论社的一场辩论，当时学生们投票大力支持一项动议，即"在任何情况下都不会为国王和国家而战"。但是苏格兰随后的拒绝参战运动更为严重。当然，大多数苏格兰人并不是民族主义者和主张自治的人。他们继续投票给主流的统一派、工党和自由党，就像英格兰人和威尔士人一样。下一场战争将把英国民众在情感上紧紧地团结在一起，同甘共苦，迎来数十年在政治上强烈要求统一的时期。但是如果从 21 世纪的角度来看，诞生于"一战"的民族主义的隆隆雷声至少是意义深远的——部分已经破碎的历史仍然有待解决。

要不要选择法西斯

我们上次提到奥斯瓦尔德·莫斯利时，他仍然与左派有着模糊的联系，但已经表现出明显的领袖崇拜倾向，而且更多地受到墨索里尼而不是希特勒的影响。在威尔士亲王、丘吉尔，甚至像哈罗德·麦克米伦这样理想主义的保守党激进派眼中，他并没有越界。莫斯利需要重新开始，因为新党在 1931 年的大选中彻底蒙羞。他竟然糊涂到从著名的犹太商人、玛莎百货董事长伊瑟尔·席夫（Israel Sieff）那里寻求资金支持，这肯定是英国历史上最愚蠢的政治筹款尝试之一。莫斯利直言不讳地告诉席夫，新运动"必须找到一个让人痛恨的目标，在这里应该就是犹太人"。然后他突然意识到了自己的策略有多么愚蠢，赶紧补充说："伊瑟尔，这并不包括像你这样的犹太人。"但是已经太晚了，席夫让他滚出去。纳粹认为莫斯利不够反犹，但是莫斯利的问题在于，他从墨索里尼那里取得了大量资金，而墨索里尼认为德国在反犹的道路上走得太远了。所以他只能选择模棱两可的招数。尽管在等待一场很大的经济危机把自己推上权力的宝座，但是此时的莫斯利还要依靠国外力量的资助。

1932 年 10 月，莫斯利成立了英国法西斯联盟，墨索里尼提供的资金变得至关重要。这笔钱似乎已经被装在手提箱里带入了英国，小心地存放着，以避免官方的注意。有了这笔钱，莫斯利得以建立自己的总部，这里以前是一所教师培训学院，位于巴特西公园路 232 号，名为"黑房子"。正是在这里，他的黑衫党军队被组织起来开始训练。在地下室里进行着见不得人的工作，包括惩罚性的殴打，但是准备好穿上军国主义制服的男男女女依然络绎不绝。莫斯利的工作能力极强，他的攻击性几乎无法控制。有一次，他跳进观众席，把三个诘问者打得不省人事。还有一次，他认为手下的一名军官侮辱了自己，于是撞倒了他。他很快就得到了右翼贵族、知识分子军官、退役老兵和英国已有的一些碎片化的法西斯组织的支持。在接下来的几个月里，最重要的事情当然就是希特勒以总理的身份登上了德国的权力宝座，罗瑟米尔的《每日邮报》很快刊登了表达钦佩之情的简介。为了号召国内的运动，文章中欢呼："黑衫党万岁！"在1934年的6个月里，罗瑟米尔集团对英国法西斯联盟的支持是疯狂的，就像几年前它对帝国十字军的支持一样。它在黑衫党的集会上买下了数百个席位。罗瑟米尔试图与黑衫党一起开办一个香烟公司，还想为黑衫党女性举办选美比赛。

随后，1934年6月7日，莫斯利在伦敦奥林匹亚举行了最大的一次集会，1.5万人聚在一起聆听他的声音，还有数千名共产主义分子潜入其中严词诘问，整个大厅和外面的街道上都爆发了他们与黑衫军管理人员公开而极端暴力的冲突。在和英国共产党的对抗中，莫斯利面对的是另一群乐于使用暴力的人，他们认为血腥的公开对抗是唤起英国工人的好方法。罗瑟米尔终于意识到了事情的发展方向。公众普遍对奥林匹亚暴乱十分反感，这种转变表明了英国同德国、意大利是多么不同。那年，英国法西斯联盟得到媒体支持，达到了成员有5万人之众的巅峰时期；但是到了1935年，其人数就下降到仅为原来的1/10。莫斯利对于主流媒体倒戈的解释是，罗瑟米尔受到了犹太广告商的胁迫。在希特勒的影响下，他在反犹主义和暴力的方向上越走越远。为了寻求一种新的战略，他瞄准了英国的一小块地区，那里居住着英国1/3的犹太人和大量贫困人口，看起来在那里激起法西斯情绪的可能性非常之大。他决定把伦敦东区作为自己的主战场。事实证明这个决策和奥林匹亚集会一样，是灾难性的。黑衫党演讲者开始在罗瑟希德、贝斯纳尔格林、斯特普尼和肖迪奇煽动反犹情绪。黑衫党暴徒往往都是青年人，他们开始在墙壁上涂抹反犹标语，亵渎犹太人墓地，攻击犹太教会堂和犹太商店。英国法西斯联盟一开始模糊地指控犹太人控制了国际金融体系，但后来则堕落到针对个人，而且往往是贫穷的犹太人发动攻击，如同纳粹在德国所做的一样。

然而，伦敦东区也是工党和共产主义者的大本营，在犹太裔共产主义者的领导下，一系列前线组织开始迅速形成。法西斯分子反过来遭到剃刀和警棍的攻击。莫斯利决定直接进行大规模对抗。1936 年 10 月 4 日，他率领 2 000 名穿着制服的英国法西斯联盟成员游行穿过伦敦东区，以恐吓当地犹太人，团结法西斯分子。从他的角度来看，他犯下了一个关键性的错误，这将会导致其组织永远无法恢复。在卡布尔街，打着反法西斯犹太人民委员会旗号的大约 10 万名反示威者正在等着他，那些人推翻了一辆卡车，并垒起砖块作为路障。警察预料到可能发生的事情，命令莫斯利和他的人群掉头回去，他们同意了。随后，警察转向反法西斯示威者，在接下来的喧闹中，有 100 多人受伤，80 人被捕。伦敦东区的英国法西斯联盟人数有了一次短暂的增长，但是再一次激起了公众强烈的厌恶情绪。内政部和伦敦警察厅一直在讨论取缔法西斯政党的是非曲直，但屡屡以公民自由为由而没有付诸实现。政府通过了《公共秩序法》，禁止在英国街道上穿着准军事制服，不允许政党使用"管理人员"，并赋予警察禁止所有游行的新权力。可能破坏和平的侮辱性言论也被定为非法。

这是一项压迫性的立法，不仅遭到英国法西斯联盟的强烈抗议，共产主义者和绿衫军也表示反对。但是它生效了。莫斯利继续召开集会，其论调转向反对与希特勒德国进行战争，但是影响非常有限。一位记录英国法西斯主义的作者说，莫斯利"建立一个法西斯国家的梦想，已经沦为伦敦东区部分地区的少数群体的反犹亚文化这一现实"。最神奇的是，在英国的法西斯主义者、共产主义者和其他团体之间的所有战斗中，没有一个人被杀。不合时宜地说，大部分功劳必须归于内政部和警方，他们反应温和，拒绝把莫斯利看得太重，主要依靠公众的嘲笑来压制对方。当战争来临的时候，包括莫斯利和他的第二个妻子在内的法西斯主义者将遭到围捕和监禁。他的第一个妻子塞米 1933 年 5 月死于腹膜炎，他开始迷恋一个名为戴安娜·吉尼斯（Diana Guinness）的女人，她是一位社交名媛，然而对于今天的学生来说，她的家族姓氏更加广为人知。关于极端政治如何颠覆直言不讳、活力四射的未成年人，米特福德六姐妹的故事仍然是一项重要的研究。这是一段极具异国情调、几乎令人难以置信的上层社会的家族传奇。如果没有它，我们对这一时代本质的理解将是不完整的。

米特福德家族的悲喜剧

他们当时就很有名，现在仍然非常有名，随着时间的流逝，他们的生活渐渐变成了笑话和一幕幕场景，但依然有着令人震惊的力量。

场景一。

第一次世界大战爆发之前不久，在奇尔特恩的海威科姆地区附近，有一条小溪和一片坑坑洼洼的土地，三个女孩和一个男孩正在狂奔，因为恐惧而发出尖叫，掠过受惊的羊群，在流水间穿行，直到精疲力竭瘫倒在地，只能等待。在他们的后面，落后于他们一些，有一个瘦瘦高高、相当英俊的男人，穿着粗糙的乡村服装，手执鞭子，追在猎犬身后。这个男人是一个小贵族的次子，在布尔战争中负过伤，虽然看起来不太像，但他为《女士》杂志（The Lady）工作，最喜欢的一项运动就是猎童。这是一个游戏，猎犬最终只会舔得孩子满身都是口水，而不是把他们撕成碎片，但看起来依旧非常惊险。

场景二。

1926 年，在格洛斯特郡，还是这个男人，外表依旧令人印象深刻，但是看起来更加愤怒，站在一座詹姆斯一世时期的乡村别墅外，咒骂"该死的下水道"并挥舞长鞭，以此发泄自己的情绪。屋里集合着一群年轻的牛津唯美主义者，穿着他们轻飘飘的宽长裤和色彩斑斓的费尔岛毛衣，系着丝绸领带，他们都是那个男人的大女儿南希（Nancy Mitford）的朋友，留在别墅过夜。其中有一位娘娘腔的马克·奥格尔维－格兰特（Mark Ogilvie-Grant），穿得破破烂烂，步履蹒跚直奔早餐。手持长鞭的男人现在是里兹代尔（Redesdale）男爵，他在哥哥战死沙场之后得到了这个头衔，此时此刻，他看到自己的机会出现了。他欢迎这位年轻人的方式，就是一把掀开盖在碗上的盖子："早餐吃大脑，马克！尝尝猪的思考工具吧！"看到被煮成一摊糨糊的猪脑，奥格尔维－格兰特脸色发青，踉踉跄跄地奔出去狂呕。这位贵族的脸上短暂出现了某种类似于满足的表情。

场景三。

现在是 1931 年，"咆哮的 20 年代"里的唯美主义者和摩登女郎都已成为历史。我们现在身处一座新建的名为斯文布鲁克的别墅的楼上。这座别墅建在科茨沃尔德的温德拉什河边的小山上，是里兹代尔男爵亲手设计的，离之前那座乡村别墅不远。他的家人都认为斯文布鲁克丑不忍睹。两个女孩，一个 14 岁，一个 17 岁，在她们同住的房间里互相怒目而视。一边是"鲍德"（Boud），也就是尤妮蒂·瓦尔基里·米特福德（Unity Valkyrie Mitford），另一边则是她的妹妹杰西卡（Jessica Mitford）。下面让她接着讲述这个故事：

我们从中间把房间分成两半。鲍德那一半用各种各样的法西斯标志进行装饰：有意大利的"束棒"，也就是一捆用绳子捆住的树枝；有墨索里尼的照片……有莫斯利模仿墨索里尼的照片；有新的纳粹党的标志；还有纳粹和意大利青年歌曲的唱片集。我的这一半则成了共产主义的图书馆，在一家二手书店用一先令购买的列宁半身小塑像，还有一摞《工人日报》（*Daily Workers*）。有时我们会用椅子筑起街垒，演起对战场面，互相冲对方扔书和唱片，直到保姆过来要求我们安静一点。[①]

后来，尤妮蒂会说她准备长大之后前往德国拜见希特勒，而杰西卡则会反驳说，她将离家出走，成为一名共产主义者。她俩的小妹妹黛博拉（Deborah Mitford）则说自己将成为公爵夫人——这是一连串完美的预言。战斗结束后，尤妮蒂和杰西卡也会依偎在一起，讨论这样一个问题：如果她们中的一个人接到命令要杀死另一个人，将会作何感想。

场景四。

1935 年 2 月 9 日，在慕尼黑的巴伐利亚客栈，尤妮蒂·米特福德发现自己的双手颤抖不止，根本无法喝到手上端着的热可可。数周来，

---

① Jessica Mitford, *Hons and Rebels*, Gollancz, 1960.

她等待着，在希特勒经过时长久凝视，最后希特勒终于注意到了她。希特勒的好奇心被调动起来，邀请这个女人和自己一起吃饭。尤妮蒂进行了自我介绍，然后两人共同探讨了英德这两个日耳曼民族的国家为什么不应该再度发生战争，还探讨了全球的犹太人阴谋，以及电影和伦敦的建筑。早些时候，尤妮蒂在写给姐姐戴安娜（Diana Mitford）的信件中提到了自己对"长刀之夜"的评价是觉得希特勒很可怜："对于希特勒来说，当他亲手逮捕罗姆（Ernst Roehm），撕下他的肩章时，一定感到非常难过……可怜的希特勒。"在认识希特勒之后，她写信给自己的父亲，也就是那位猎童的贵族："我非常高兴，即便死了也没关系。我认为自己是世界上最幸运的女孩。"在接下来的 4 年里，她与希特勒的私人会面多达 140 次，成为其内部圈子的核心成员，以至于当时人们谣传两人是情人关系。尽管她会坐在希特勒的脚边，希特勒则抚摸着她的头发，尽管希特勒显然对她的存在感到兴奋，但是两人很可能并不是情侣。尤妮蒂把自己的父母、兄弟和几个姐妹都介绍给了希特勒，她参加纳粹的集会，佩戴元首亲自交给她的纳粹标志，给尤利乌斯·施特赖歇尔（Julius Streicher）那份臭名昭著的《先锋报》（*Der Sturmer*）写了一封反犹主义信件，宣称自己是一个自豪的"犹太仇恨者"。后来她接受了一份礼物——一栋位于慕尼黑的豪华公寓，这是一些犹太人被疏散之后留下的，按照纳粹的说法，这些人都"出国"了。

场景五。

1936 年 10 月 6 日，自从逃离猎犬的小女孩那一幕之后就没有再出场的美丽的姐姐戴安娜，现在离了婚，站在一个宽敞的客厅里。她的身边，是她倾尽一生崇拜和支持的奥斯瓦尔德·莫斯利。他们正从戴安娜的好友玛格达（Magda Goebbels）的公寓窗口向外张望。屋外，在公园般的花园里，秋日的阳光在刚刚变黄的树叶上闪耀。恰在此时，一位尊贵的客人来到了。为了不让家人脸红，尤其是考虑到莫斯利的第一任妻子塞米的家人，戴安娜和莫斯利将秘密结婚。这间公寓位于柏林，玛格达正是约瑟夫·戈培尔的妻子，那位尊贵的客人则是希特勒。尤妮蒂也在现场，还有莫斯利的几个见证人，其中一位是军情五处的特工。希特勒所赠的结婚礼物是一幅用银框装裱的他本人的画像。莫斯利和戴安娜一直在催促希特勒允许他们在德国北部建立无线电发报机，这样就可以经营一个商业电台，播放被古板的 BBC 所忽视的流行音乐，通过广告获得收入以资助英国法西斯联盟。希特勒对此并没有拿定主意，在婚礼上也没有时间进行深入的讨论。后来，这个项目将继续进行下去，只是因为战争来临才最终失败，使得莫斯利失去了经费来源。那天晚上，他和戴安娜回到豪华酒店，两人发生了口角，破坏了这完美的一天。

场景六。

1937 年 4 月，西班牙北部的毕尔巴鄂战区。随着佛朗哥军队的推进，共和党人败退，难民涌入巴斯克镇。6 个星期后，毕尔巴鄂也将陷落。在一家小旅馆里，我们找到了杰西卡，也就是拥有共产主义那一半房间的女孩。现在她 19 岁了，已经和表兄埃斯蒙德·罗米利（Esmond Romilly）私奔，此人是温斯顿·丘吉尔的外甥。从 12 岁开始，杰西卡就在通过生日礼物和其他途径攒钱，并将其存入伦敦德拉蒙德银行的账户，明确地标注为"逃跑基金"。把钱攒够之后，她果然逃跑了。她一直仰慕着埃斯蒙德，当时的大众报纸称他为"温斯顿的红色外甥"。罗米利在自己就读的惠灵顿公学创办了一份左翼和平主义杂志《出界》（Out of Bounds），在几乎所有主要的私立学校中传阅。他被学校开除，送进少年拘留所，后来自己在伦敦开了一家左翼书店，继续出版他的杂志。17 岁时，他前往西班牙加入国际纵队，参与了博阿迪利亚 - 德尔蒙特的战斗，后来因为痢疾被送回家。在那里，在莫尔伯勒附近的一次别墅聚会里，这位浪漫的反叛者遇到了杰西卡，杰西卡几乎当场就问他是否会重返西班牙，如果是，自己能不能和他一起去。在略施诡计之后，这两个青少年偷偷溜走，相爱，最终抵达了毕尔巴鄂。埃斯蒙德决心要成为一名战地记者。但是，当时的英国报纸更痴迷于米特福德家族中的那个法西斯主义者，于是利用这个故事大做文章，再加上当事人父母的悲痛欲绝，最后惊动了外交大臣安东尼·艾登出面干预。杰西卡和埃斯蒙德遭到追捕，被迫登上附近港口的一艘英国皇家海军驱逐舰，被带往法国南部。整个欧洲都在报道这个故事。希特勒觉得很有趣，按照尤妮蒂的说法，他热切地盼望着杰西卡能得到幸福。杰西卡嫁给了埃斯蒙德，最终返回英国，住在伦敦东区，开展了有力的反法西斯运动，主要针对的对象就是自己的姐夫奥斯瓦尔德·莫斯利。①

　　毫无疑问，米特福德家族六姐妹和她们的兄弟汤姆（Tom Mitford）的故事，会一直延续下去。这个故事至今看起来依然令人难以置信，这在一定程度上是因为这个家族本身就在散播关于自己的传说。长女南希把她们的童年生活和父母小说化，写成了系列小说，这些小说几乎就像她的朋友伊夫林·沃的作品一样迷人。她把父亲里兹代尔男爵，也就是书中的"马修叔叔"，塑造成了一个伟大的喜剧人物，以至于现在已经很难把这位公认的怒目圆睁但心地善良的贵族同其艺术形象分离开来。杰西卡·米特福德的自传也很出色。新闻界很早就在关注这个故事，追寻这些女孩的足迹，从 20 世纪 20 年代初的聚会，到 30 年代末的灾难和戏剧化的场景，简化、扭曲、美化了整个过程。但是，故事的核心是真实的。这些女孩的确分化成了一个小说家、一个公爵夫人、一个农

---

① 见于大量文献之中：Jonathan and Catherine Guinness, *The House of Mitford*, Hutchinson, 1984; Mary S. Lovell, *The Mitford Girls*, Little, Brown, 2001; Mitford, *Hons and Rebels*。

民、两个法西斯主义者和一个打探丑闻的左翼记者。希特勒的爱人尤妮蒂真的是在加拿大一个名叫斯瓦斯蒂卡 ① 的小镇上受孕的——她的父母当时在那里掘金但是没有成功；她的中间名也的确是瓦尔基里 ②。里兹代尔勋爵的确参与过"一战"和布尔战争，真心厌恶外国人，就像他那个经过小说化的自我一样，在陷入暴怒时会把人拎起来摇晃。他在乡村住宅的生活和看起来一样毫不舒适、令人困扰。

但是除了左右派的对称和残酷的幽默，这个故事还能告诉我们什么呢？首先，这是一个右翼贵族的故事。选择成为社会主义者并最终定居美国的杰西卡是家中最格格不入的一个。戴安娜与莫斯利结婚之后，在监狱里度过了"二战"时期。尤妮蒂成为一名狂热的纳粹反犹分子。小说家南希尽管有时自称站在左派一边，而且在难民营工作过一段时间，但也曾经短暂地加入过黑衫党，是一个声名狼藉的势利小人。里兹代尔男爵和孩子们的母亲悉妮（Sydney Mitford）都对希特勒充满热情。里兹代尔最初是反对纳粹的，在早期一次对德国的访问后他告诉戴安娜，对女儿接受了"一群被我们认为是杀人恶魔的人"的款待感到"十分震惊"。但是在尤妮蒂带他面见希特勒后，他改变了想法。里兹代尔男爵夫人也经历了同样的转变过程。在战争期间，她继续不合时宜地公开发表支持纳粹思想的言论，而她的丈夫已经与这一切决裂了，因此也与她决裂。另一个姐妹帕梅拉（Pamela Mitford）出席过英国法西斯联盟的集会，后来和一位名叫德里克·杰克森（Derek Jackson）的科学家结婚了，此人也非常赞赏莫斯利的法西斯主义。她们的兄弟汤姆在尤妮蒂的影响下见到了希特勒，也参加了纳粹的集会。而且尽管并非公开的政

---

① Swastika，与纳粹标志同名。——编者注
② 德军内部策划的一个暗杀希特勒的计划即名为"瓦尔基里行动"。——编者注

治声明，他也曾告诉朋友．如果他是德国人，那么他将成为纳粹。女孩们的房间被等分成红色和黑色的两半的场景是米特福德家族故事的基础，但并非对家族中政治平衡的完整描述。这未免有点太过刻意了，拿极端主义开了一个过于真实的玩笑。

米特福德家族并不具有代表性，但他们对极右政治的兴趣对于 30 年代的上层阶级来说并不罕见。我们已经看到，乡绅阶层在这些年间正在迅速地衰落。就像成百上千个一度拥有土地的家族一样，莫斯利不得不卖掉了家族的地产。在里兹代尔男爵继承了第一座大型乡间别墅后，他发现自己的现金不足以支撑这样的别墅。在两次大战之间的时期，这个家族的消费不断降级。当这家人再次搬到海威科姆的老磨坊小屋时，年幼的孩子们会在房地产市场上高唱起他们一路下行的曲线："从巴茨福德大厦，到艾斯托尔庄园，到斯温布鲁克住宅，再到老磨坊小屋。"因为旧的乡村秩序受到了持续挤压，对保守派政治不假思索的支持动摇了，这不只发生在米特福德家。许多人从小受到的教育就是对陌生但显然热血沸腾的城市大众和共产主义的可能性感到恐惧，于是开始谈论"希特勒那家伙"也未见得就是不好的。在总罢工期间，杰西卡甚至把自己的宠物小羊羔带入室内，以免它被布尔什维克党射杀。当与纳粹德国的战争最终到来时，几乎所有曾经追随过法西斯主义的人都抛弃了以前的观念，选择为自己的国家而战，只有少数人成了叛徒，而英国法西斯联盟的官方立场也赞成服兵役。但是，大多数并不热爱国民政府的富有的英国人都把目光投向了右翼。他们真正的敌人是共产主义，而不是法西斯主义。

这种状况造就了跨越政治边界的奇怪友谊，也破坏了家族内部的关系。这一次，米特福德家族的故事仍然具有启发性。我们看到，杰西卡与丘吉尔的外甥埃斯蒙德私奔了，他早先曾是一名左翼分子，给莫斯利的奥林匹亚集会制造了麻烦。当他在轰炸德国的战斗中牺牲时，丘吉尔悲痛不已。但是各派别之间的纠缠才刚刚开始。戴安娜有一位闺密是丘吉尔的女儿，无论是在查特韦尔庄园，还是当丘吉尔成为财政大臣、入主唐宁街 11 号之后，戴安娜一直和这家人待在一起。即使已经把生命献给了莫斯利，甚至在她经常访问纳粹德国之后，戴安娜仍然是丘吉尔家一位非常迷人、非常受欢迎的客人。这使得她处于一个极为特别的位置，在战前危机的关键几年里，对于丘吉尔和希特勒都了如指掌。她曾经徒劳地劝说丘吉尔，希特勒也有自己的优点。然而所有这些事实并不意味着英国上流社会中充斥着支持纳粹的人，很容易被德国接管。丘吉尔对此免疫；被称为"克莱夫登派"的上层阶级绥靖主义者规模相对较小，在危机时刻来临时毫无影响力。但在英国，那些领导极右势力的人和那些仍处于政治主流的人极为熟悉。如果经济危机更严重，或者战前英格兰南部和中部地区没有出现温和的复苏，英国的政治形势可能会更加严峻。

也许我们太严厉了。难道米特福德不也是一道娱乐的甜点吗？这也是故事的一部分，而且更好地反映了这个家族中的大多数人。他们的怪癖产生于这样一个世界：与今天更加同质化的英国大众媒体相比，那时有更多人被隔绝于主流之外，生活在相对孤立的家庭群体中，更容易受到冲击，更喜欢创造私人语言。他们中的一些人至少是伟大的嘲笑者，而莫斯利的很大一部分问题就在于他很容易遭到嘲笑。他戴着尖顶帽，穿着长筒靴、马裤和半军用束腰外衣，昂首阔步、大喊大叫，根本不像是个英国人。就连希特勒也认为他应该做得更好，别再模仿德国人和意大利人。南希·米特福德最不出名的小说《激斗》（*Wigs on the Green*）出版于 1935 年，是对黑衫党的讽刺，把她妹妹尤妮蒂的形象塑造得尤为滑稽可笑。这个名叫尤金妮亚·马尔曼斯（Eugenia

Malmains）的年轻角色是"社会统一党"也叫"国旗衫党"的年轻而热情的支持者，初登场时穿着灰色的羊毛裙、橡胶底帆布鞋、印有英国国旗的针织套衫，扎着皮带，拿着一把大大的匕首，站在一个倒扣着的洗衣盆上，对着科茨沃尔德的一个名为查尔福德的小村中的乡巴佬们高谈阔论。她的保姆试图把她拖下来，却被国旗衫党当作肮脏的和平主义者逮捕。尤金妮亚继续讲着腐败的民主主义的危险："今日的英格兰，社会正因为恶习、自私和懒惰而腐烂。有钱人已经背叛了人们的信任，宁愿选择臭气熏天的鸡尾酒吧和夜总会，也不愿过一种健康有益的乡村生活。英国的乡间大宅曾经是其最惹人羡慕的特性之一，如今却变得空空如也——为什么呢？因为英国的大家族一窝蜂地涌入豪华的公寓，并且把祖传的财产都花在了离婚法庭上。"

答案就是：我们需要"上尉"的领导，他英明而坚定，"是一个男人，而不是一只缩头乌龟"。[①] 这是一个相当温和的讽刺，这本书的故事也属于浪漫喜剧，但是戴安娜和尤妮蒂显然都被气疯了。在接下来的 4 年里，莫斯利都禁止南希·米特福德进入自己家里，尤妮蒂表示再也不会和大姐说话。这本书有一种类似伍德豪斯的幽默，但从未再版，很可能就是因为姐妹们的反应。她们可以接受共产主义者的直白反对——杰西卡和尤妮蒂一直保持着朋友关系，但是她们不能容忍嘲笑。伍德豪斯在战争期间天真地沦落到在柏林参与广播工作，但是他也在嘲笑英国法西斯联盟。在他的《伍斯特家训》（*Code of the Woosters*）一书中，也许是模仿两年前南希·米特福德那部作品的风格，他塑造了罗德里克·斯波德（Roderick Spode）爵士，"英国救世主"也叫"黑短裤"的领导人，他是一个"身材高大的小伙子，留着小胡子，目光锐

---

① Nancy Mitford, *Wigs on the Green*, Thornton Butterworth, 1935.

利的眼睛甚至能从 60 步以外撬开牡蛎"。小说主角伯蒂·伍斯特和吉夫斯为他送行。这种讽刺挖苦的国民性不止一次帮助英国维持了自身的平衡。

然而，米特福德故事传递出的最后一条信息，显示出它既是一出喜剧，也是一出悲剧。在选择最后一幕场景时，选项包括被击垮的里兹代尔男爵，因为女儿们的极端主义而陷入绝望；或是社交名媛戴安娜，当希特勒轰炸伦敦时在哈洛威监狱过着悲惨的生活；又或是杰西卡，与家族中的其他大部分成员都分开了。但是最为显眼的场景发生在 1939 年 9 月 3 日，慕尼黑伊萨尔河边的"英国花园"，尤妮蒂·米特福德站在画廊外，拿出她那把柄上镶有珍珠的手枪，对准自己的头部自杀了。深爱的纳粹德国和英国之间发生了战争，这让她无法承受。就在她头部受伤，即将死去时，希特勒再度前来拜访。她活了下来，被送往瑞士，又从那里回到英国。整个战争期间，都是母亲在照顾她，先后住在海威科姆、伦敦和苏格兰小岛因什肯尼斯，直到 1948 年死于脑膜炎。尽管可以说话、走路、拜访朋友，她的智力仅仅维持在 12 岁的水平，且大小便失禁。这是一个可怕的结局，但也是对于战前幼稚政治生活的魔鬼般准确的评论。被米特福德家族的故事撕成碎片的，不只是姐妹之间的私下玩笑，还有这样一种共识：英国上流社会只是在上演一出闹剧，只有小人物们才会当真。

冬天的狮子

━━━

当你不知道做什么的时候，就去写一本书吧。1932 年夏天，57 岁的丘吉尔看起来已经是个老人了，他在伟大祖先莫尔伯勒（Marlborough）公爵的胜利战场上旅行，为一部多卷本的传记进行调查研究。他已经与保守党的领导层决裂了。当国民政府组建时，特意没有邀请他回归。于是，人们发现他和家人待在慕尼黑的一家旅馆里。在这里他被介绍给一个人，正是此人帮助米特福德家的女孩们见到了希特勒。恩斯特·"普茨"·汉夫施丹格尔（Ernst 'Putzi' Hanfstaengl）毕业于哈佛大学，是个艺术经销商，也是狂热的纳粹分子。普茨很想介绍丘吉尔和希特勒这两个大人物相识，并且带来了好消息：希特勒大多数下午都会来到这家旅馆。丘吉尔对此很感兴趣，同意与希特勒进行一场安静的会谈，但也抱怨了这位未来元首的反犹观点。但希特勒决定不来了。丘吉尔已经不担任公职了，不是吗？他告诉普茨，没有人会听取丘吉尔的意见。普茨相当大胆地反驳说，希特勒现在的处境也一样。他后来认为，希特勒对于会见丘吉尔感到紧张，他的政党几天后就离开了这家酒店。

这将是一场饭后的聊天。丘吉尔在希特勒最终取得政权很久之前就密切关注着纳粹运动的兴起，并且警告说希特勒的成功将会威胁到欧洲的和平。只有全然无视事实的丘吉尔崇拜者才敢于声称，自从丘吉尔离开自由党之后，他的事业是一场思路清晰带来的胜利。我们提到过他在 20 世纪 20 年代晚期之前一直支持 10 年原则，把英国国防开销降到了国民财富占比的最低水平，这个数字直到最近才被打破。我们也看到他对印度政府条例草案进行了错误而乏味的阻挠，这个草案本是一种温和的妥协手段，却似乎干扰到了他的浪漫思想。更早一些时候，还有他对英国的布尔什维克暴动始终抱有的偏执想法。这一切使得鲍德温在1936年对唐宁街10号官员兼日记作家汤姆·琼斯（Tom Jones）沉思着说，有一天他会"顺便说几句"关于丘吉尔的话——不是演讲，但内容他已经想好了："我会说当温斯顿出生的时候，很多仙女带着礼物围绕在他的摇篮旁边，这些礼物包括想象力、口才、勤奋、才能。然后又来了一个仙女，她说：'没人有权享有这么多礼物。'她把丘吉尔抱起来，摇了摇，又晃了晃。就这样，丘吉尔得到了所有那些礼物，但失去了判断力和智慧。这就是为什么我们喜欢在议院里听他讲话，但是并不会采纳他的建议。"很多年后，丹尼斯·希利（Denis Healey）在讲到戴维·欧文（David Owen）时也重复了这段话。尽管结尾部分并不准确，但是这段话表达了当时人们对丘吉尔的总体看法。在他就裁军问题向牛津大学的学生发表演讲时，遭到了听众的公开嘲笑。在一次保守党中央委员会的聚会上，他被嘲弄得几乎无法开口；在下议院，他遭到保守党和反对党议员的侮辱，大家认为他粗鲁、言过其实、空话连篇。当麦克唐纳和鲍德温拒绝让他加入政府时，多数报纸都为此喝彩。工党一直攻击他是反动的战争贩子。他的许多老朋友，诸如伦敦德里（Londonderry）勋爵和罗瑟米尔，都向抱怨他对希特勒无礼态度的德国外交官深表同情。他真正被孤立了。

然而在德国问题上，丘吉尔很有先见之明，他是对的，而且始终坚持不懈。希特勒上台后，丘吉尔对于加快重整军备的要求从未动摇过。他很有激情，但也努力忠于事实和准确的数字。在爱德华时代，军备竞赛主要集中于无畏舰；30年代，重点则是空中力量。因此丘吉尔和大臣们之间的大量争论都集中于飞机的数量、针对德国飞机制造业的战略准备、飞行员的训练，诸如此类。他一遍一遍地告诉下议院，德国人的领先程度远远高于政府的预期，英国皇家空军已经大幅落后了。每一次，事实都证明他是正确的。丘吉尔从一个明显的有利位置对国民政府进行政治攻击，他把纳粹德国视为一个充满"战争精神"的国家，"无情地虐待少数民族"，"仅仅以种族为由"就抛弃了文明的价值观。他对于正在发生的事情毫无误解。丘吉尔也许没能见到希特勒，但是似乎很了解他。这导致丘吉尔在 30 年代早期被当成了一个执迷不悟的人，人们骂他抱着某种奇怪的仇怨不放，甚至是在密谋夺取权力。

通过一些爱国但不那么守规矩的国内公务员提供给他的内部信息，他开始动摇大臣，慢慢地扭转了他们的观点。帝国国防参谋部的工业情报主管德斯蒙德·莫顿（Desmond Morton）是丘吉尔的主要消息来源，经常上门拜访并传递了大量机密文件。接下来是外交部官员拉尔夫·威格拉姆（Ralph Wigram）。他与妻子阿娃（Ava Wigram）一起工作，他的上司罗伯特·范西塔特（Robert Vansittart）爵士也在私下里知晓此事。威格拉姆会前往查特韦尔庄园，也会让丘吉尔来自己家，违反了公务员手册上的每一条规则；他死因神秘，可能是心脏病，也可能是自杀，死时年仅 46 岁，令丘吉尔痛苦不已。还有就是范西塔特，丘吉尔走进外交部他的办公室里，对着他喋喋不休，完全不顾及这个人正是自己所反对的那些人的首席公仆。另外还有雷金纳德·利珀（Reginald Leeper），同一个部门的新闻首脑。还有其他很多人，构成了多达 20 个消息来源，包括来自皇家空军、海军和陆军的官员，他们把丘吉尔看作唯一的公共武器，用以对抗效率低下、绥靖主义、毫无想象力的政府。多亏了这些人，丘吉尔的消息异常灵通：英国脆弱的坦克技术的准确状况，夜间飞行训练，马耳他高射炮的数量，皇家空军技术人员效果不佳的培训，飞机机翼除冰问题，还有螺旋桨技术的最新问题。多亏了口风不紧的外交官和商人，他对德国飞机制造业和英国订单的数字也知之甚详。一次又一次，当公开发起攻击时，他比那些大臣更了解事实。

一些被他揭露出来的事实令人震惊。当双方同意让德国观察员参观英国皇家空军的最新型飞机时，空军准备不足，不得不使用假炮塔和匆忙训练的特种飞行员做出比实际更理想的假象。到了 1937 年，内阁也已经了解到，纳粹德国空军在飞机数量和飞行员训练方面遥遥领先，丘吉尔一直都是正确的。对于这位令人恼火的老人的活动，鲍德温－张伯伦内阁的态度总是模棱两可。从一开始，尽管希望丘吉尔是错的，但他们也在某种程度上承认了他可能是对的。鲍德温在赢得 1935 年的选举胜利之后拒绝让丘吉尔成为内阁成员，他在写给保守党党鞭的信中说，丘吉尔"应该保持新鲜感，成为我们战时的首相"，这并不仅仅是一种讽刺。与此同时，丘吉尔想尽办法地施加压力。他写了海量的文章，很快就有一些媒体，特别是著名的《每日邮报》站在了他这边。在下议院里，他无休止地发表演讲，还私下里写信给大臣们。他收获了越来越多的追随者，包括议员哈罗德·麦克米伦和布伦丹·布拉肯（Brendan Bracken），持异见者"红色的"阿瑟尔（Atholl）伯爵夫人，还有不断增加的新闻从业者，工党成员，甚至古怪的工会会员。他出现在萨沃伊酒店时会引人围观，部分民意已经缓慢但确定无疑地开始向他倾斜了。

背地里，英国已经在 1935 年之后开始重整军备，只不过速度缓慢。亨利·蒂泽德（Henry Tizard）爵士是众多不该承受丘吉尔攻击的认真负责的公务员之中的一个，他曾在英格兰南部开发和安装无线电测向电台，这一技术后来以美国人的缩写"雷达"（radar，即 radio detection and ranging）之名广为人知。这项发明既要归功于创造该系统的苏格兰科学家罗伯特·沃特森·瓦特（Robert Watson-Watt），也要归功于蒂泽德对其深远意义的理解；如果没有这些人，英国在战争中必将失败。至于飞机，一个庞大的影子武器工厂系统正在准备之中，这些工厂随时可以转型，全力生产军备。1936 年 2 月，飓风式战斗机的首架原型机进行了测试。私营制造商准确地预测到了政府态度的转变，于是开始计划大规模生产这种战斗机，它们将在 1940 年的战斗中成为主力。制造商的远见在 1936 年 7 月得到了回报，收到了 600 架飞机的订单。尽管有所预见，但经过了多年来对军用需求的忽视之后，他们还是需要花很长时间来准备工厂和改良设计。英国皇家空军定制了 3 500 架飓风式战斗机，但直到 1939 年 9 月，交货的只有不到 500 架。在飓风式战斗机试飞后几个月，雷金纳德·米切尔著名的喷火式马克 1 号战斗机开始在南安普敦进行试飞，米切尔本人觉得这个名字蠢透了。1937 年，他因为癌症去世，其他人继续改进这架飞机的设计。1938 年 8 月，第一架飞机被提交给皇家空军，但是超级马林公司的生产力不足，于是这项工作被分包给了汽车制造商纳菲尔德（Nuffield），他在布罗米奇城堡建立了一个新工厂。纳菲尔德的努力并没有比超级马林更为成功，1939 年年初，只有 46 架性能良好的喷火式战斗机被交付给皇家空军。

在其他方面，丘吉尔和大臣们玩的数字游戏带来了不愉快的结果。为了与纳粹德国空军的优势相抗衡，英国皇家空军在 30 年代后期订购了每一种半现代化的设计，包括在 1940 年被证明已经过时的飞机，如运气不佳的巴特尔轻型轰炸机和布伦海姆式轰炸机。总的来说，丘吉尔和大部分皇家空军的指挥官相信旧日的夸赞，认为轰炸机总是能够完成任务，因此过高地估计了轰炸的效果。战争开始时，只有一小部分轰炸机能够真正抵达柏林，而且荷载量极低。丘吉尔如同鲍德温和其他大多数政治家一样，对轰炸中死亡人数的估计是实际的 10 倍乃至 20 倍，他还坚信双方都将使用毒气。这种对即将到来的战争的毫不畏惧的强硬警告，同人们对无法防御的压倒性空袭的恐惧结合在一起，解释了公众对丘吉尔的暧昧态度。他大胆地说出了真相，但是这些信息令人感到恐惧和绝望。弗吉尼亚·伍尔芙在 1938 年的日记中记录了一位当地的邮递员说，这个国家现在可能在为张伯伦欢呼，"但 5 年后我们可能会说，现在就应该把希特勒打倒。独裁者对权力的渴望是无法停止的。希特勒会变得越来越强大"。然而这位邮局的哲学家又补充道："但是现在我们禁不住为和平而高兴。这是人类的本性。"

退位危机

——

关于 1936 年的退位危机，最难以理解的一点就是，它是作为一个国家历史创伤的时刻而被人铭记的。毕竟，当时有很多其他事情值得担忧。大规模的失业仍然处于可怕的水平；独裁者们正在率军前进；西班牙内战爆发。但是，当外交大臣安东尼·艾登前来告诉首相他最近的外交行动时，鲍德温斥道："我希望你现在不要用外交事务来烦我。"他解释说，自己更担心的是爱德华八世与离异的美国女性华里丝·辛普森（Wallis Simpson）的恋情带来的后果。鲍德温日复一日地与其他大臣、朋友还有反对党领导人就究竟应该怎么做进行角力。整整几个月，正常的政治生活几乎都已停滞不前，大主教、新闻大亨、国会议员、知名律师和皇家顾问纷纷同这位 41 岁的君王争论，也彼此争论。在那个国际广播和互联网之前的时代，大多数公众都对此事一无所知。当然，也有谣言传入英国。美国和其他国家的报纸以极为奢侈的篇幅报道了英王同性感（尽管并不美丽）的辛普森夫人的罗曼史。有人在下议院问道，为什么国内出售的海外新闻杂志里有特定的几页被撕掉了。会意的手指敲打会意的鼻尖，每个人都心知肚明。海外英国公民的信件纷至沓来，例如有人从美国写信给《泰晤士报》的编辑，抗议英国在海外的声誉正被铺天盖地的垃圾和烂泥淹没：国王的所作所为"在短短几个月的时间里已经改变了大不列颠，在普通美国人的心目中，它从一个严肃而高贵的国度变成了令人头晕目眩的巴尔干音乐喜剧，与爵士乐的节奏非常合拍"。[1]

然而直到这一插曲即将结束，国王已经走上退位和流放之路，英国的新闻界对此仍然丝毫没有提及，更不要说 BBC 的广播了。比弗布鲁克男爵曾被爱德华国王召到白金汉宫，请求他帮助对辛普森夫人的第二次离婚进行新闻管制，这次离婚将为他们的婚姻扫清障碍。国王说，她"病了，很不快乐，因为名声问题感到很大的压力"。[2]比弗布鲁克很快答应了。与竞争对手联合报业集团的埃斯蒙德·罗瑟米尔一起，他开始在报业大亨之间制造一场沉默。这条新闻最终泄露，而且显然英国将要失去自己的新国王了，此时比弗布鲁克的《每日快报》同《每日邮报》联手，试图建立一个"国王党"，帮助国王继续斗争。温斯顿·丘吉尔也加入了他们。这又是一个由浪漫而傲慢的局外人（他们就是这样自我定位的）对抗仍然由鲍德温领导的胆小、正统的政治和宗教机构的例子。然而鲍德温并不这么认为。面对北岩提出的关于"贵贱通婚"的想法，即允许两个人结婚，但不允许辛普森夫人成为英国王后，鲍德温告诉他："他和他那肮脏的报纸并不真正了解英国人的思想，而我了解。"在解释为什么国王的结婚计划会震动整个国家的领导层时，鲍德

---

① 引自 Frances Donaldson, *Edward VIII*, Weidenfeld & Nicolson, 1974。

② Lord Beaverbrook, *The Abdication of King Edward VIII*, Hamish Hamilton, 1966.

温又补充说："你是对的。自从上次大战以来，关于道德、责任、自我牺牲和正派的理想当然已经走上了下坡路，但是关于王权的理想却在升华。而且我可以告诉你：英国人永远不会接受你的建议。"[1]

我们并不知道英国人的真实想法。那时，科学的民意调查尚未出现，也没有针对这件事举行投票，我们只能通过日记作者和新闻报道中的印象化描述对街头人群的规模有所了解。尽管如此，看起来鲍德温的确比"国王党"更接近事实。丘吉尔发现自己遭到了嘲笑，于是在下议院大喊大叫。私下里，他为国王受到的待遇痛哭流涕，怒不可遏，这是他一生中最丢脸的一段插曲，而当时他为了赢得重整军备的斗争，正处于需要一切政治信誉的时候。很多人认为，丘吉尔错误地估计了形势，他的声誉永远都无法恢复了。这里依然是一个会被离婚所震惊的国度，特别是辛普森夫人还离了两次，而且这个国家还期待领导人的行为要好于社会上的其他人。后来，在那次著名的广播演说中，从国王突然变成了温莎公爵的爱德华说，自己在爱情和责任之间做出了一个几乎不可能的选择。我们早已习惯了爱情战胜一切的假定，即使是在 1936 年，美国人和许多其他地方的人也都是这样认为的。但在那时的英国，人们对于爱德华放弃责任深感怨愤。当这个故事最终暴露时，大多数新闻媒体都异常苛刻，还有报道说一些受人尊敬的中产阶级拒绝再唱响"天佑国王"。

鲍德温、坎特伯雷大主教和英联邦国家的首脑们曾经希望国王放弃辛普森夫人。但是真正令他们感到恐惧的想法是，国王也许不愿放弃，而且还会试图继续担任国王。因为他并没有这样做，整件事的后果也就没有人明说。但是鲍德温和其他许多人都认为这将摧毁大英帝国，因为君主制正是把帝国凝聚在一起的基础。澳大利亚和加拿大的总理也

---

[1] 由莫妮卡·鲍德温（Monica Baldwin）引自 Donaldson, *Edward VIII*。

是这么想的。如果持有相同观点的加拿大、澳大利亚和南非在早些年就打破了与英国之间的正式联系，那么1939—1945年的故事也许会截然不同。在英国内部，国王和政府之间会出现一场激烈的对峙。鲍德温将辞职，将有一次大选，但是对立的双方政党都不会支持国王。英联邦的高级官员预测，在那之后，支持君主制的王室年俸将会锐减，大众情绪则会不断高涨，最终迫使国王退位。自查理二世回归以来，英国可能会比任何时候都更接近放弃整个君主制体制。所有这些都只是猜测，但这一切有助于解释鲍德温为什么会无视艾登关于海外事务的问题。

君主的生活具有象征性。1936年1月28日，当一小队人把乔治五世的遗体从国王十字街抬到威斯敏斯特，在埋葬前接受吊唁的时候，爱德华已经尝试了一些属于自己的象征性动作。乔治和他的父亲爱德华七世都会把桑德林汉姆的钟表调快半个小时。这很古怪，但也是为了保证时间。新国王径直走过父亲冰冷的遗体，命人把时间调回正常，一个钟表匠在当晚的早些时候被叫过来完成这件事情。也许，爱德华是故意把这当作一种新君主的象征。但是象征并不总是自己选择的。那天早晨，当爱德华没戴帽子走在棺柩后面的时候，可以看到皇冠固定在老人的棺材盖上。当炮车驶入王宫院子时，两位在旁观看的保守党议员见到皇冠顶部的马耳他十字勋章突然倒下，掉在了马路上。一名军士长将它捡起，迅速塞进了自己的口袋。两位国会议员听到新国王感叹道："基督啊！接下来又会发生什么呢？"两人互看一眼，感到这正是一句适合新王时代的座右铭。后来，在这个短暂的时代里，1936年12月1日，英国媒体终于完整地披露了国王的爱情故事，此时水晶宫刚刚在一场大火中被焚毁。正如其中一份报纸所言，"当一座象征维多利亚时代传统的伟大纪念碑在冒烟的废墟中碎裂的这一天"，主教对国王行为的谴责是恰如其分的。[①]

　　然而在很多方面，爱德华（令人困惑的是，他的朋友和家人总是称他为戴维）都让人觉得充满了希望。他个子不高，但非常英俊。他的口音不是当今君主制的上流社会口音，要更加通俗，很多人将之描述为"马童的口音"或者"没有伦敦腔"。他很会穿衣打扮，大多数时候还是一个很好的聆听者。对于数百万英国人来说，他是现代化的绝妙象征，当英国缺乏本土魅力的时候，他恰是一个迷人而不拘小节的超级明星。尽管他对华里丝·辛普森的爱恋破坏了他的统治和名誉，但在当时，所有的作家和知识分子都在呼吁建立诚实的两性关系，这件事完全可以被视为又一次现代化的尝试。每个人都知道他的祖父有情妇，但是只要不引起公开讨论，这一点就是可以接受的。对于爱德华来说，这是一种古老的虚伪，也是不光彩的行为。他一次又一次地被告知，可以把情妇放在幕后，只要不在公开场合"炫耀"就行了。但是从一开始，他就下定决心要将一切公之于众，与这个女人结婚，给予其恰当的地位。他深深陷入了对这位精明、幽默、自信的美国女人的爱恋之中。后来有阴谋论者注意到这个女人在照片里看起来平淡无奇，认为她在性事方面一定对爱德华有一些独特的影响力，甚至说她是男扮女装。这显然是无稽之谈。那些认识她的人都觉得她很迷人，甚至很有魅力，他们相信这就是真爱，是一个简单的浪漫爱情的例子。

　　然而，爱德华自身并不是一个简单的案例。他成长于一个严厉的家庭。他的母亲很难表达自己的想法。至于乔治五世，有这样一个故事，其真实性虽然存疑，但似乎能够传达出他对待孩子们的态度的某种真相。德比（Derby）伯爵是国王最老的朋友，认为国王对于自己的孩子

[①] *Nottingham Journal*, quoted Donaldson, *Edward VIII*.

过于严厉。有一天，他们在散步时谈起这个话题，在长时间的沉默之后，乔治回答说："我的父亲非常害怕他的母亲，我也很害怕我的父亲，我有这样一个该死的想法，想看看我的孩子对我的恐惧。"我们已经看到，乔治五世是一位精明的君主，他掩饰了自己的名声，假装成一个只对着装规范的细节和集邮感兴趣的傻瓜。有人指出，在他统治期间，一共有5位皇帝、8位国王和18个其他王朝消失了，而在20世纪30年代末期，他仍是一个广受欢迎的人物，这就是衡量他的成功的一个标准。然而，他抚养孩子长大的环境是严厉的，对文化和艺术毫不关心。爱德华在这样的环境中生存下来，还在达特茅斯的皇家海军学院度过了一段非常艰难的时光，最终成长为一个充满活力、略带叛逆的年轻人。他是一个既有天赋又有勇气的骑手，在"一战"期间竭力想深入战壕参加战斗。他成为冒险的代名词，甚至基奇纳也发现很难让他远离危险。在20年代早期，作为威尔士亲王，他的英联邦之旅取得了惊人的成功，即使在印度也是如此，那里刚刚经历了阿姆利则惨案，王室的旅行是非常危险的。

然而他也很任性，喜欢享乐，一直在寻找母亲的替代品。他的第一位爱人是达德利·沃德（Dudley Ward）夫人，爱德华在1918年3月遇到她时，这个女人为了避免空袭跑进伦敦上流社会的一幢房子里，随即发现自己闯进了王子和一些朋友举办的聚会。这不是一段短暂的关系。整整15年，沃德与丈夫先是分居而后离婚，而爱德华只要在伦敦，就几乎每天都去看她，还与她的孩子建立了亲密的关系，孩子们称爱德华为"小王子"。但是，在爱德华遇见华里丝·辛普森之后，便用最残酷的方式抛弃了沃德夫人。他直接不再露面了，当沃德像往常一样给圣詹姆斯宫打电话时，接线员抽泣着告诉她，发生了一件很糟糕的事请，不知道该怎么开口："我接到命令，不能把您的电话接进去。"后来，爱德华还无情地抛弃了自己的老朋友，因为这些朋友开始麻烦起来。在 20 年代的伦敦，他同一群富有、喜爱娱乐的人混在一起，他们通常是美国人，小说家康普顿·麦肯齐称他们为"入侵者"："他们是英国最无情、最放荡的热爱娱乐的超级富豪，也是最难相处、最招人讨厌的人。"简而言之，他不仅现代而时髦，还彻底被宠坏了。

当爱德华最初开始和这位离过一次婚，现在已经再婚的华里丝·辛普森夫人做爱的时候，对方非常诚实地表示，爱德华的地位也是吸引力的一部分。辛普森夫人后来说道，这就像是"芝麻开门"，打开了一个以前她没有接触过的闪闪发光的全新世界。"他身上具有毫无疑问的权力和权威的光环。即使是最微小的愿望也似乎总能很快转变为最令人印象深刻的现实。火车唾手可得，游艇近在眼前，酒店里最好的套房总是敞开着，飞机随时待命。最令我印象深刻的是，这一切是如何在毫不费力的情况下实现的。"[1] 事实上，作为威尔士亲王，爱德华还有属于自己的玩具城堡——靠近温莎的贝尔维德尔城堡。极度自我放纵的生活唾手可得，虽然他并不是酒鬼，也没有滥交。但无论怎样，乔治五世还是极为担心，他曾经说："在我死了之后，这个孩子在 12 个月内就会自我毁灭。"爱德华成为国王之后，其随从和职员的经济收入严重缩水，因为他把大笔的钱都用来给辛普森夫人购买礼物和珠宝了。就像他的传记作家所描述的，人们对白金汉宫的侍从们充满同情："他们自己的啤酒钱被削减，同时却受命把大量的香槟酒、家具和盘子搬去辛普森夫人的公寓，因此充满了怨愤。"[2]

这一切都与人们印象中的爱德华八世的形象格格不入，人们认为他是一个天生的社会改革家，与鲍德温时期的英国那古老顽固的保守主义

---

[1] The Duchess of Windsor, *The Heart Has Its Reasons*, Michael Joseph, 1956.
[2] Donaldson, *Edward VIII*.

截然不同。的确，当直接面对贫穷和其他苦难的时候，他有着一颗跳动的良心。在成为国王之前，作为国家社会服务委员会的赞助人，他游历了英国最萧条的地区，筹集资金、招募志愿者来提供帮助。在威尔士，失业的家庭被给予土地，使他们能够种植农作物，自给自足。他也很善于去拜访那些伤残的退伍军人。而他最著名的一次工业访问，是以国王的身份到南威尔士去参观萧条的煤田和一个已经关门的钢铁厂，并带着深情宣布："必须采取一些措施，帮他们找到工作。"但这其实毫无意义。他承诺将竭尽所能帮助那些人，也承诺要解决失业问题。但在他这样做的时候，不仅心知肚明自己没有这个权力，也知道自己很快就将永远离开这个国家：当时他已经告诉了鲍德温和自己的家人，他决定退位。

比这些针对社会政策的短暂考察更值得注意的，是爱德华对于纳粹德国的明显热情。真的是这样吗？柏林方面当然是这样想的。利奥波德·冯·赫施（Leopold von Hoesch）是 30 年代中期德国驻伦敦的大使，他自己并不是纳粹，但向上司保证，爱德华对于德国有着"温暖的认同感"，至少"我们能够保证，英国王座上的那个统治者并不缺乏对于德国的理解"。在当威尔士亲王时，爱德华就非常不喜欢外交部的反纳粹路线。与此同时，部分由于担心官方文件在贝尔维德尔城堡里被随手乱扔，外交部门对提交给国王的官方文件进行了审查和删减，这在历史上是第一次，也是最后一次。萨克森－科堡－哥达（Saxe-Coburg-Gotha）公爵比赫施走得更远。他是爱德华的隔代表亲，在维多利亚时代曾经因为王公人数不足而从伊顿公学被送往德国，并在"一战"后成了极端右翼分子。1936 年，他遇到了国王，给希特勒送去了一份关于二人谈话的备忘录，记录了爱德华对于英德联盟的热情，以及如下陈述："我问他，让鲍德温和希特勒进行讨论是否可行，他回答说：'谁才是国王？鲍德温还是我？我希望自己能够直接与希特勒对话，在这里或者在德国都行。请转告他吧。'"① 这些话可以被视作外交官对于一位独裁者的曲意逢迎，但意大利大使和希特勒的外交部长也做过类似的报告。即便是一些国王的支持者，比如社会名流、保守党议员和日记作者亨利·钱农（Henry Channon），也认为爱德华"走的是独裁、支持德国的路线，反对草率的民主。如果说他的目标是成为一位温和的独裁者，我也不会觉得奇怪"。后来，在退位之后不久，他便以温莎公爵的身份和新婚妻子一道访问了纳粹德国，会见了所有纳粹政要，也见到了希特勒。

包括纳粹高层在内的很多人都相信，爱德华是因为政治观点而被迫退位的，幕后黑手就是鲍德温和反对德国的阴谋集团。1940 年夏天，当希特勒正在策划入侵英国时，他的手下的确在葡萄牙试图引诱或者强迫温莎公爵，让他成为潜在的傀儡统治者。丘吉尔显然意识到了这一点，最终把这对夫妇弄到了巴哈马群岛，让爱德华担任总督，远离战争。但是，没有任何理由认为爱德华是作为绥靖者或者半个纳粹而被迫退位的。在当时和后来，他退位的每一个阶段都被主要参与者描述出来。鲍德温曾经努力劝说国王放弃辛普森夫人，继续在位，他认为国王的选择会带来极其可悲的破坏性的后果。其他人试图劝说爱德华把辛普森夫人送到国外待一年，等到加冕之后，国家也适应了他的存在，那时两人可以重新团聚。我们也提到过，爱德华的许多朋友都支持"贵贱通婚"这一解决方案。所以，爱德华有很多机会可以找到继续保留王位的方法，是他自己坚持要立即与刚刚第二次离婚的辛普森夫人结婚，这才使得退位不可避免。

---

① 全部引自 Donaldson, *Edward VIII*。

鲍德温并不是一个恶霸，他对待这位比自己年轻的国王的态度缓慢而有耐心。而要反驳建制是由于爱德华支持纳粹才密谋将之驱逐的说法，最显而易见的理由是，纳粹德国的许多最强大的敌人都站在国王一边——丘吉尔本人当然算是一位，还有保守党大臣和日记作家达夫·库珀，以及媒体大亨比弗布鲁克。总的来说，绥靖主义者反而对爱德华更有敌意，但必须再次强调的是，即使是他的敌人，似乎也希望他能继续当国王——顺从和遵循惯例的老习惯很难改掉。这次退位是英国的好运气。爱德华走了，他尽职尽责的弟弟、又一位乔治，成了国王。乔治年幼的女儿伊丽莎白起初非常讨厌这种转变，她更喜欢安静舒适的家庭生活，而不是无趣、拘谨的白金汉宫。鲍德温在首相的位置上一直待到了乔治六世加冕，然后选择辞职，把权力传给了和自己共事多年的财政大臣尼维尔·张伯伦。乔治会是一位好国王。30 年代晚期的退位危机把一个幼稚、无用、任性的人驱离了王位，这对英国来说绝不是一次打击，而是最神奇的好运。罗斯福并不是唯一一个帮了英国大忙的美国人。

绥靖政策谁之过

《土地》杂志（*Field*）是猎狐和地主阶层的精美圣经，其编辑很少出现在全国的舞台上。但是在 1937 年 10 月，这位编辑扮演了一个龙套角色。他拿起钢笔，给外交部的二号人物哈利法克斯伯爵写了一段话，邀请他参加一个国际狩猎展览会。这没什么特别令人惊讶的。哈利法克斯，即曾经的欧文男爵，曾在担任印度总督时与甘地进行谈判。他对猎狐犬情有独钟，并且甚称专家。但这次的邀请是以德国狩猎组织负责人洛文施泰因（Lowenstein）亲王的名义发出的，而且那个展览要在柏林举办。这是英国在1937—1939年玩弄的外交棋局中默默走出的第一步，此后被简单地称为"绥靖"（appeasement），这个单词曾经只是一个意为"带来和平"的中性词，如今则有了羞耻和尴尬的意味。这是英国的政客和外交家带着技巧、决心乃至勇气所玩的一场游戏，有时也有其他人介入。唯一的问题在于，希特勒最初并不想玩这场游戏。

因为随后发生的事情，政治领导人关于绥靖政策的立场对于英国政治的影响一直持续到了20世纪50年代，甚至是60年代——1964年的保守党首相仍然会因为在这项政策里扮演了边缘角色而遭人诟病。我们随便地把少数政治家当作替罪羊，认为他们是"罪人"，正是他们的懦弱和愚蠢怂恿了希特勒的侵略。但我们忘记了绥靖政策曾经广受欢迎。曾经有数十万热情洋溢的民众涌上伦敦街道，为张伯伦欢呼。在金融城，在报纸、私人信件和日记里，都对绥靖政策赞誉有加。因为这项政策，张伯伦在下议院享受了全体起立鼓掌的待遇。他被极其兴奋的投票者送来的信件和私人礼物包围了，有钓竿、金表，还有粗花呢西装。这是30年代的故事中最难以理解的一个，但这不应成为肮脏的国家机密。

哈利法克斯经常与张伯伦一起，因为对希特勒推行绥靖政策而遭到指责，但他并不是一个热爱德国的人。他来自一个富有的高派圣公会家庭，因为哥哥的去世而倍感孤独，且出生时便只有一只手。他就读于伊顿公学和牛津大学，成为一名议员，并在"一战"中服役。战后，他失望地发现不能烧毁德国的城镇来给德国人一点教训，但无论如何必须让他们得到恰当的羞辱。他高大、无趣、气派十足，第一次到达贝希特斯加登的时候，他误把希特勒当成了侍从，试图把大衣扔给对方。然而哈利法克斯并不是一个顽固不化的人。我们已经提到，对于甘地的请求，他比丘吉尔表现得更加开放，到了 30 年代中期，他已经对 1918 年时自己想要羞辱德国的热情进行了彻底的反思。他认为《凡尔赛和约》是不公平的，国际联盟体系试图通过国际外交维持和平的政策已经明显失败了。一些德国人被留在了满目疮痍的捷克斯洛伐克，那里是旧日奥匈帝国的残余，如果他们想要加入希特勒帝国，有什么不好呢？如果在但泽的德国人也有同感，有什么不好呢？如果德国人希望以前的殖民地能够回归，又有什么不好呢？

作为一名大英帝国支持者，哈利法克斯对于干涉其他欧洲国家的内部事务毫无热情。狩猎展览会这个借口很快就被曝光了，哈利法克斯的朋友们得知他要去德国会见纳粹领导人后，便敦促他提及当时德国正在进行的镇压活动。但他几乎毫不在意，只是冷冷地提了一句，德国的体系中有很多事情英国人难表赞同——"对教会的处理；对犹太人的处理，虽然不赞同这一条的人数较少；对工会的处理"。[1] 他还认为，种族主义十分强大，但并非不道德，而且至少纳粹是反对共产主义的，而他和张伯伦都将共产主义视为更大的威胁。简而言之，让他作为给希特勒送信的人，简直是个灾难。他还携带着一份备忘录，由外交官内维尔·亨德森（Nevile Henderson）于 1937 年 5 月记录，其中提出：允许希特勒按照自己的方式征服捷克斯洛伐克、与奥地利合并、向东欧扩张、收回德国殖民地，并不违背英国的利益。这些都将对苏联形成限制，更何况无论怎么说，战争都是更为糟糕的选择。亨德森还说，要安抚希特勒，不要把他看作一只疯狗，否则就会真的把他变成疯狗。如同

---

[1] 引自哈利法克斯在 Andrew Roberts, *The Holy Fox*, Weidenfeld & Nicolson, 1991 中的文章。

莎士比亚的悲剧一般，1939 年时亨德森恰好是驻柏林的大使，正式宣布英国参战的便是他，由此承认了自己政策的彻底失败。

哈利法克斯的访问将这些信息忠实地直接传递给了希特勒，由此定下了随后很多问题的基调。哈利法克斯自己提起了捷克、但泽和奥地利的德语地区的问题，给德国独裁者留下了非常明确的印象：只要可以在不发动全面战争的情况下解决这些问题，英国就会满意。凡尔赛时代至此终结。希特勒和哈利法克斯吃了一顿阴郁的午餐，然后元首告诉这位前印度总督，他给党卫军播放了电影《抗敌英雄》（*Lives of a Bengal Lancer*），因为它展示了一个高等种族应该如何表现，他还建议应当枪毙甘地。

哈利法克斯非常震惊。但是这有什么好惊讶的呢？他代表着一个帝国，这个帝国不久前还曾经用野蛮的空中轰炸手段镇压毫无抵抗能力的部落，而且公开声称印度人和非洲人没有能力建立自治政府；他会为种族主义辩护，也和张伯伦一样不喜欢犹太人。看起来，哈利法克斯之流和希特勒之流之间真正的鸿沟，并不在于前者认为种族主义理论以及高等种族的统治是错误或者不自然的，也并不是前者对普遍人权有着更为进步的观点。问题只在于德国做得太过分了，而且过于粗暴；又或许在英国的种族等级制度里，犹太人和斯拉夫人的地位要高于印度人和非洲人。因此，轰炸部落是一回事，洗劫犹太人的商店又是另一回事了。

德国人是有点粗鲁，这也是戈林（Hermann Goering）留给哈利法克斯的印象。拜访希特勒之后，哈利法克斯终于在狩猎展览会上遇到了戈林。戈林穿着皮马裤和紧身上衣，戴着一顶绿色的帽子，拿着一把插在红色剑鞘里的匕首，和蔼可亲，令人放心。哈利法克斯对此留下了深刻的印象，他觉得戈林尽管是个杀手，但很有趣："坦率地说，他非常有吸引力，就像是一个学校里的大男孩，拥有复合的人格——电影明星、关心地产的地主、首相、党派领袖、查特斯沃思庄园的猎场看守人。"[1]

现在已经不可能回到过去，充分理解当时人们的想法了。接下来发生的事情太过恐怖、太过严重。有人认为，总体而言绥靖主义是一项明智的战略，多年来英国国防开支低下，导致张伯伦不得不做出这样的选择。难道不是这样才使得英国得以从 1935 年开始制造飞机、重建军队，满足了与德国战斗的需要吗？难道不是由于张伯伦和哈利法克斯赢得了时间，才使得英国能够在 1940 年幸存下来吗？这是一个巧妙的论点，其中包含了某些事实，而且具有推翻某些既定共识的吸引力。但是它建立在一个前提上，即绥靖是一种狡猾的战略，试图通过把希特勒的目光转向东欧，拖延其在西线发动战争的时间，同时又始终明白战争终会来临。这根本不符合历史事实。张伯伦后来自认已经在任期内买到了和平，还说希特勒值得尊敬，这些并不是在撒谎。哈利法克斯说到希特勒对于犹太人和内部异见的处置并不关英国的事，这也并不是客套话。两个人都意识到了战争也许不可避免，而且如果是这样，英国就需要进行更充分的准备，特别是应对空袭的准备。但他们同样也认为，希特勒德国的不满是正当的，而且希特勒可以持续被收买，这就是他们努力要达成的目标。不过哈利法克斯对于纳粹野心的认识要远远早于张伯伦。当然，英国投入战争并不是为了帮助欧洲的犹太人或者捍卫凡尔赛体系，甚至也不是为了挽救波兰。

另外一种解释绥靖政策的观点是，已经永久地与这一政策联系在了一起的首相张伯伦是一个褊狭、不学无术的人，对于国际事务毫无头绪。这也是错误的。在几乎所有同事的描述当中，张伯伦都不是一个有

---

[1] Andrew Roberts, *The Holy Fox*, Weidenfeld & Nicolson, 1991.

趣的人。在政治上，他尖刻、冷酷、具有明显的党派意识，但绝不无知。作为伟大的大英帝国支持者约瑟夫·张伯伦的儿子，他很清楚帝国和关税的重要性。作为拉姆齐·麦克唐纳和鲍德温两任政府的财政大臣，他从 30 年代初开始便插手了几乎每一项国际事务，见证了早期的财政紧缩措施，以及之后的重整军备，还有同欧洲各国和帝国各部分之间的各种谈判和协议。他的问题不在于无知，而在于自负。终于成为首相的时候，他已是一个 68 岁的老人了，他的整个后半生都投身于国家政治，工作时间长得可怕，感觉自己是真正的工人，支撑着懒惰的首相。他并不是一个保守党人，而是一个老派的自由党，关于租金控制、住房供给和失业救助的改革措施在一定程度上缓解了他铁腕的经济观点。他知道自己是正确的。所以当入主父亲以及同父异母的哥哥奥斯丁都没有迈入过的唐宁街 10 号时，他扬扬自得地说："我都没有抬一下手指，现在就轮到我了，因为这里已经没有其他人了。"只有凭借他的智慧才能使英国避免被卷入西班牙内战，也只有他才能够安抚墨索里尼。他曾写道，作为财政大臣，他几乎连一块卵石都动不了，"而现在，只要我举起一根手指，整个欧洲的面貌都会改变"。他的确是一个自负的老人。

但是我们也能看到，同意他观点的大有人在。有数百万的普通投票者对于重整军备抱有敌意，他们对战争的怀疑和恐惧与张伯伦毫无二致。但是又一次，我们把一切都归罪到一只替罪羊身上，在明智和道德方面，这个国家总是事后诸葛亮。我们把最终的选择简单化了——面对阿道夫·希特勒，交易还是不交易？我们忘记了绥靖是一段历时 5 年的漫长过程，既不明确也不简单，但在每一个阶段都很受欢迎。它开始于1934—1935 年墨索里尼针对阿比西尼亚发出威胁，那时英国仍然崇拜着这位意大利的独裁者，希望将他作为制衡德国的盟友。各种各样的交易和阴谋被策划出来，把阿比西尼亚的一部分交给了意大利人，最终结果是一位外交大臣的辞职、在国际联盟中的徒劳无功，以及禁运威胁。鲍德温知道，除非得到确定的武力支持，威胁对独裁者毫无作用，但依然拒绝开展必要的大规模重整军备。两年前，在富勒姆东部进行 1933 年的补选时，希特勒已经掌权，来自欧洲的威胁已经明确，国民政府的候选人却被持有和平主义观点的工党候选人击败了。这场补选并不是只争论了这一个问题，但它给鲍德温带来了足够的压力，成了他后来不愿推进重整军备的理由。

富勒姆东部的补选并非唯一一次警告。我们此前已经提到过，在 1933 年牛津大学辩论社的辩论中，学生们决心不为国王和国家而战，还有苏格兰的民族主义者也反对征兵。更为重要的是和平承诺联盟，该组织成立于 1934 年，圣保罗大教堂的教士理查德·谢泼德（Richard Sheppard）给《曼彻斯特卫报》写了一封信之后；到 1937 年，其成员已经超过了 10 万人。反战团体数量激增。1934 年，工党又以将会鼓励战争为由反对加强英国皇家空军的力量，第二年仍以同样的理由反对增加预算的国防白皮书。那一年，在议会外，一个拥护国际联盟的团体组织了一场"和平投票"，1 160 万人参与了投票，绝大多数人表示如果某一国入侵了另一个国家，支持首先使用制裁和外交手段，只有一小部分人赞同把战争作为最后手段。鲍德温从中得到了一个教训，但并不是有关道德的：他在参与 1935 年选举时，隐瞒了即将大幅提高军费开支的计划。他解释说："假如我对民众说，德国正在重整军备，因此我们也必须重整军备，在我看来，没有什么比这样做更能导致选举失败了。"那些虽然不一定最聪明但声音最响的人都强烈反对为战争做准备。在左翼，共产主义者们遵循着莫斯科的路线；在右翼，英国法西斯联盟更是反对同德国和意大利开战。

这种观点又得到了那些不那么关心政治的大多数人的强化，因为他们害怕就像斯坦利·鲍德温所强调的那样，轰炸机总是能够突破而来。在 30 年代中期，对空袭的恐惧已经很普遍了。无论是绥靖主义者，还是反对绥靖主义的人，都把纳粹德国空军设想得比实际更加强大：军方领导人和丘吉尔都认为，德军的第一次空袭就将杀死 15 万人，这个数字超过了整个"二战"期间死于德国进攻的人数。

之后，这些恐惧又被表现西班牙内战期间德国对格尔尼卡的无情轰炸的电影所煽动。当希特勒率领军队重新踏足莱茵兰的时候，英国一点都不想步入战争。当佛朗哥的叛乱撕裂了西班牙共和国的时候，除了左翼，英国也一点都不想干涉。所以当哈利法克斯去拜会希特勒的时候，一种清晰的模式已经形成。英国人民反对重整军备，支持绥靖政策。英国政府也许应该尝试引导这个国家走向不同的方向，但此时对于公众舆论却十分谨慎，因而只能轻声细语。将一切归罪于几个软弱的政界要员太简单了，只是令人感到安慰的民主神话。它为工党、共产党、和平主义运动、众多不想为重整军备出资的商业巨头，以及数百万支持张伯伦举动的人都进行了开脱。

当张伯伦构思出"Z 计划"时，绥靖政策已经成为一种习惯。"Z 计划"是一种戏剧性的想法，即通过亲自飞往慕尼黑与希特勒会面，阻止德国对捷克斯洛伐克的入侵，从而避免一场即将到来的战争。希特勒在赌博，但他已经看过对手的牌了。德国还没有准备好，他并不想在 1938 年同英国开战，但他的确想同捷克斯洛伐克开战。理论上，这将把法国卷入，随后是英国，就像"一战"通过联盟关系席卷各国一样。而实际上，他知道英国人害怕战争。

这里还要再重复一遍，张伯伦并不是在争取时间。他把自己飞往德国的行动视作终结"疯狂军备竞赛"的更宏观图景的一部分，可以实现全面的绥靖。他没有告诉内阁自己打算做什么，直到出发的前一天，也就是 1938 年 9 月 14 日才吐露了自己的飞机行程。这在全世界轰动一时，人们对这种大胆的全新外交形式交口称赞。第二天早晨，张伯伦带着他那把著名的折叠伞，乘坐一架租用的洛克希德公司小型客机从伦敦北部的赫斯顿机场出发，随行人员中没有一个懂德语。这是这位老人第一次真正坐飞机。希特勒最初被这个举动吓了一跳，以为张伯伦是来当面宣战的。当首相抵达慕尼黑时，他受到了纳粹的敬礼和"希特勒万岁"口号的欢迎，于是挥舞着自己的小礼帽作答。经过了前往贝希特斯加登的三个小时的火车之旅，他对于希特勒的第一印象并不深刻，随后二人开始了面对面的交谈。

这是第一次现代意义上的"峰会"，但几乎全程都是英国提议，德国作答。尽管双方正式表达了相互尊重，希特勒也花了很长时间抗议捷克斯洛伐克的残暴，但会议核心还是在于张伯伦提出，可以接受 300 万讲德语的捷克斯洛伐克公民加入德国，并承诺要强迫捷克斯洛伐克人同意。他得到的仅仅是一段短暂的沉默，随后是一个保证：只要没有发生边境或者"恐怖"事件，德国就不会动用军事手段，且整件事将以一种有序的方式进行。实际上，英国是把它最近刚刚帮助建立的国家的一部分出卖了。然而张伯伦返回国内之后，迎接这一耻辱的却是民众的热情，因为这样做推迟了战争。希特勒得出了显而易见的结论。

第二次峰会是两周之后在莱茵河畔举行的，希特勒开始得寸进尺，要求德国军队能立即进入捷克斯洛伐克的苏台德地区，而捷克斯洛伐克军队必须在两天之内撤离。张伯伦目瞪口呆，随后进行了抗议。但是捷克斯洛伐克已经开始全国动员，他除了赢得了短期的拖延外，没有取得任何进展。这一次，当他回到伦敦，发现民众的情绪发生了变化。张伯伦又建议，英国和法国保证捷克斯洛伐克不进行武装抵抗，并且把这一地区移交给德国，作为回报，希特勒也要承诺不使用武力。现在，那些一直担心张伯伦的外交部官员都处于悲痛和愤怒的情绪之中。高级官员贾德干（Alexander Cadogan）爵士在日记中写道，他知道英国没有战斗的条件，但"我宁愿被击败，也不愿受到侮辱。在此之后，我们还怎么面对外国人？怎么控制埃及、印度和其他地区？"[①] 他因此扰乱了自己的上司哈利法克斯的良心。这位外交大臣一夜无眠，第二天的内阁会议上，他决定转而反对张伯伦。

温斯顿归来

———

　　转变立场的不只是哈利法克斯。随着逐渐理解了背叛捷克斯洛伐克的全部意义，整个国家的情绪都发生了转变。张伯伦第二次从赫斯顿机场出发时，已经在欢呼声中听到了一些嘘声。一方面，英国开始准备战争，包括挖掘战壕和地下防空洞，发放 3 000 万只防毒面具（尽管完全没有适用于儿童和婴儿的型号），以及对于如何令自己的家免于轰炸提出外行的建议，这些让整个国家都打了个寒战。另一方面，张伯伦的外交看起来失败了，依然带来了战争，而且是以非常可耻的方式。1938年，这个国家还没有准备好，只有 5 个中队的现代飓风式战斗机可以使

---

① 见 David Reynolds, *Summits: Six Meetings that Shaped the Twentieth Century*, Allen Lane, 2007。

用，而且缺乏足够多的高射炮和阻塞气球的保护。在广播中，张伯伦利用了这一点，认为所有这些准备都是不现实的："多么可怕，多么奇怪，仅仅因为遥远国家里那些我们根本不认识的人之间发生了争执，我们就要在这里挖掘战壕、试戴防毒面具。"人们之所以记住了这句话，是因为无论有意无意，这种半尴尬地疯狂自我洗白的行为完美地概括了张伯伦的政策。

历史学家现在推测，如果希特勒继续入侵捷克斯洛伐克，持不同政见的政治家和军官会准备发动政变：讽刺的是，他可能反而是被最后一刻的外交运作拯救了。因为希特勒反悔了。他没有入侵，而是召集了四国峰会，邀请张伯伦、墨索里尼和法国领导人达拉第（Edouard Daladier）来到慕尼黑。张伯伦在下议院做报告的最后几分钟里通过一张字迹潦草的纸条知悉了这个消息，他把纸条上的内容当场宣读出来，在许多议员看来，这简直是天意。张伯伦本人称之为"在悬崖的边缘，绝望地抓住了最后一根稻草"。这次峰会对于捷克斯洛伐克人来说不是一个好消息，虽然他们被攫取的土地面积小了一些，时间也延长了一些。张伯伦知道自己需要带回更多东西，于是在与希特勒进行了进一步的正式谈话之后，打出一张简短但满是废话的便笺，劝说希特勒在上面签字。

便笺上谈到了英德关系的重要性，还提到了早些时候关于两国海军的协议，它"象征着我们两国人民永远不再彼此开战的愿望，处理任何问题都应当采取协商的方法"。这并不是什么激动人心的东西，但是当张伯伦返回赫斯顿时，一大群人正在雨中等待他，他挥舞并朗读了这张"和平的便笺"，然后驱车前往伦敦。国王在白金汉宫对他表示感谢，二人共同向宫外的民众挥手致意。回到唐宁街之后，张伯伦又遇到了另外一群人，放纵地将身子探出窗外。他谈到了欢迎迪斯雷利从柏林议会归来的那次招待会，告诉民众，这是第二次，"我们带着荣誉与和平从德国归来，我相信这是我们这个时代的和平"。此时此刻，这是一个非常愚蠢的说法，张伯伦很快意识到了这一点，但是已经太迟了。然而我们不应该忘记，绥靖的故事是属于站在街道上向上仰望的人民的，而不仅仅属于那个对着下方讲话的人。

不久，关于丘吉尔，报纸和全国大部分地区的态度都发生了 180 度大转弯。在希特勒入侵波兰后，英国即将最终宣战的前夕，要求丘吉尔重返政府、进入海军部或陆军部的呼声不断高涨。张伯伦嗅到了这种气息。他表示对自己来说，有这样一个难以控制的人到处横冲直撞很不方便。呼声越来越大，甚至来自那些最近刚刚嘲笑过丘吉尔的人。在新闻媒体上，从共产党的《工人日报》，到《曼彻斯特卫报》和《新闻纪事报》（*News Chronicle*），再到右翼的《每日邮报》和《每日电讯报》，都在呼吁丘吉尔的回归。

在德国，希特勒内阁的一位成员私下里说，丘吉尔应该回归，因为他是最后一个令希特勒感到恐惧的英国人。有名的将军纷纷登门拜访。他被带到比根希尔参观，观看战斗机训练，还听到了一些传言，说很快将会出现一种新型的原子武器。他已经被作为即将上任的战时领袖对待了。但是张伯伦拒绝放弃。他和丘吉尔在下议院的私人会员休息室里争吵。伦敦出现了匿名的海报，上面写道："丘吉尔要多少钱？"这实际上是一位名叫比布尔（Beable）的广告商出钱做的。张伯伦前往下议院参与一次危机辩论时，一路上经过了 6 个拿着夹板广告牌的人，广告牌上写的都是"丘吉尔"。宣战之后，张伯伦立即顺应大势，邀请丘吉尔加入战时内阁并重返海军部。丘吉尔上次在海军部任职还是 1915 年，他的一幅关于英国战舰部署情况的地图仍然悬挂在橱柜里。海军部向舰队发出通知："温斯顿回来了。"但是，最能代表英国人的可能要数科林·桑顿－凯姆斯利（Colin Thornton-Kemsley）了。作为丘吉尔选区的一名党内成员，今年早些时候，他曾经试图以对保守党不忠的罪名把丘吉尔逐出下议院。现在，他在军营里写了一封可怜巴巴的道歉信："一只羊齿下的蚱蜢曾经让田野里充斥着自己烦人的叫声，它现在并不以此为荣了。"①

———————————

① 本段内容和前文中有关丘吉尔的内容一样，极大地仰赖于马丁·吉尔伯特（Martin Gilbert）爵士所著的丘吉尔官方传记第 5 卷，这是一个非常宝贵的资料来源。

The Making of Modern Britain

第四部分

浴火新生

1939—1945

所谓勇气，

就是在经历一次又一次的失败之后，

仍然满怀热情！

——

温斯顿·丘吉尔，1940 年

"人民的战争"

━━━

    失败比成功更能铸就一个国家。尽管英国是"二战"中胜利的一方，但在最初几年里，它是一个失败者，经历了很多挫折。发生在1939—1940年冬季和1942年春季的事情，激发了英国人的巨大变化。这座岛屿如同一座围城。尽管经历过饥饿、无聊和恐惧，但这座围城仍然展示出极大的创造力，并且构建起了一种新型的国家情感。它把一些因政治直觉、社会背景或者外国出身而具有了免疫力的人排除出去。几年之后，它又开始烦躁起来。贫困、失眠和恐惧被反复咀嚼。但是在大约20个月的一段关键时期，大多数人被融合在了一起，这永久地改变了这个国家。这才是大英帝国——这个如今已经昏昏沉沉的征服者的岛屿的真正结局，也是现代英国的真正开端。人们在报纸和被击败的士兵脸上看到了失败，在配给发放的食物里尝到了失败，在烧焦的建筑物中闻到了失败。他们在追问，自己究竟是如何走入了失败的困境。他们严厉地审视着旧日的统治者，也甄别着翻山越岭而来的可能的解放者——苏联人和美国人。他们梦想着新的开始，期待一个更公平、更现代、更有效率的国家。这种民族情绪的变化塑造了我们每一个人，早在诺曼底登陆之前就已经被确立了。

"二战"和"一战"有很多相似之处，很多历史学家把它们看作同一场漫长冲突中的两个章节。对于英国来说，很明显的一个事实就是两次大战的主要敌人都是同一个——德国。英国再一次与法国、俄国和美国站在同一条战线上。还有其他共同点。如同1914年一样，1940年的战役开始于德国成功穿越比利时和法国北部，而当时英国的远征军（它使用的还是那个古老的名字）规模很小，装备极差。两次战争都重新塑造了英国，带来了高额的税收、无数的新调整、女性角色的巨大变化以及对美好未来的热情承若。1917年，英国几乎被德国发动的对大西洋船只的U型潜艇进攻战打败。1942年，同样的事情再次发生。"一战"把那位精力充沛、饱受争议的保守党领导人劳合·乔治高高抛起，他喜欢近乎独裁的权力，经常与将军们发生激烈的争吵。下一场战争则把他的老朋友和追随者丘吉尔推上了首相的宝座，他同样喜欢享受个人的权威，也同样经常与将军们争吵不休。还有，在两次战争中，美国都介入得很晚，却在很大程度上改变了战力的平衡。

当然，两次战争的相异性远远大于相似性。"一战"本质上是陆地战争，主要是职业军人、志愿军以及后来的募兵在法国进行的战斗，他们遭受了巨大的损失。尽管遭遇过战舰、齐柏林飞艇和哥达轰炸机的袭击，但是影响英国民众的主要是灰暗的情绪、物资的短缺和丧失亲友的打击。而在"二战"中，因为战争前期英法军队的失利，最主要的战斗发生在空中和海上，直到1944年反攻欧洲大陆。英国军队还在北非和远东进行了战斗。但是大部分英国人的活动范围都是在岛上，只能等待。在1940年形势最为严峻的时期，丘吉尔反思道："一旦习惯了这种情形，这是一场很适合英国人的战争。他们更喜欢所有人都处于前线，参与在伦敦的战斗，而不是像在帕斯尚尔战役中那样，只能无助地旁观。"[1] 同时，平民们发现，沿着考文垂、南开普敦、伦敦和格拉斯哥似乎存在"一条前线"。大约有 6 万名平民被杀。在战争的前三年里，在战争中被杀死的妇女和儿童比阵亡的英国士兵的人数还要多。还有成千上万的人受伤，数百万人失去了自己的家园。这从本质上改变了屠夫欠下的人命账单。

在"一战"中，数百万人的生活发生了变化，成为军需品工厂的工人，或者到农田里帮忙；而在"二战"中，事实上这个国家已经被全部动员起来。相比较于其他国家，英国在战斗中投入了更多人力和财富。与德国和苏联不同，英国征募了女性。许多英国城市惨遭毁坏，作为报复，英国也对德国的平民发动了空袭，虽然至今这都是一件比较有争议的事情。在政治层面上，这两场战争也是不同的。当美国第二次介入战争的时候，其身份不是一个姗姗来迟的帮手，而是救世主。正如我们已经看到的，在"一战"开始时，英国的极端主义正在发酵，而战争的结局则是保守派占了上风。"二战"开始的时候，英国处于保守党，也就是正式的国民政府统治之下，激进主义是一盘散沙，工党看上去距离权力非常遥远。但是，战争使得国家政治迅速并且大幅度地左转。到了战争结束时，丘吉尔发现自己领导的是一个庞大的国家，具有高额税收、秉持干预主义的政府，其中的很多著名人物都是社会主义者。在丘吉尔身上，古老的不列颠尼亚和全新的现实扭曲地交织在了一起。

所有这一切，都使得 1939—1945 年的战争被称为"人民的战争"，事实也的确如此。英雄主义被广泛传播，包括退休人员、消防队员、防空队员和护士。然而，参与战争的仍然主要是男性、白人和上层

---

[1] John Colville, *The Fringes of Power*, Hodder & Stoughton, 1985.

阶级。在指挥战争方面，没有女性占据关键性的职位。许多塑造了战时政策的知识分子，包括约翰·梅纳德·凯恩斯以及威廉·贝弗里奇，还有重要的白厅官员、军队的指挥官和大多数议员，都是毕业于公学和牛津剑桥的男性。只有在日益重要的科学研究者的世界里，以及在少数出身工人阶级的工党大臣（最为突出的是欧内斯特·贝文）那里，我们才能听到比较粗犷的声音。文法学校毕业生们在 20 世纪 50 年代的英国将变得非常重要，但当时还默默无闻。他们已经开始崭露头角，在军队中，在工厂里，但尚未到达国家领导人的层面。"人民的战争"中的人民曾经是追随者，现在他们开始厌恶自己的追随者地位，最终将对战时领导人不屑一顾。尽管在 1939 年的时候，这一切根本不可想象，更不要说有任何实现的可能性了。

阿道夫·希特勒输掉了战争，他的诸多错误之一就是认为英国人不会参战，即使参战也坚持不了很长时间。但是希特勒在身后留下了一个改变了的英国。他给英国带来的改变远远超过任何一个英国领导人。希特勒调动了全部力量进攻英国，用统一的意识形态发起了非常有组织的战争，迫使英国变得更有组织，也更团结。虽然这是一场为国内（也可以说包括海外帝国）的自由而战的战争，但英国人民在战争结束时收获了前所未有的对税收、规则和自律的重视。虽然在战争之前，的确应该谴责无能政客的领导能力，但是在战争期间和战争之后，政治阶层达到了一个历史性的高点。第一位记录这场战争的伟大史学家是丘吉尔本人。他的著作因为辞藻华丽、细节生动、叙事宏大而具有很强的可读性，但是他对发生的一切进行了美化，他的叙述带有感性色彩。在他之后，出现了源源不绝的军事回忆录、战争电影、日记、通俗战争历史读物，在湍流的底部，还涌现出给男孩们看的战争漫画。它们同样掩饰了英国的失败，以丘吉尔的方式对其进行理想化——黑暗的岁月，美好的时光，潮流的逆转。喷火式战斗机飞行员是冷漠的公学学生心目中的英雄，英国大兵坚韧而顽强，德国人是愚蠢的虐待狂，而英国公众则清心寡欲、坚守一切，至于美国佬，他们来得太晚了。而代表苏联人的刻板印象，从冷战年代开始，就算没有自大众对战争的记忆中消失（这实在有些荒唐），至少也被推到了一边。

所有这一切都是自然的。战争已经够痛苦的了。"一战"幸存者书写的反战主题没有再次出现，对于希特勒我们没有提出异议的余地。直到 20 世纪 60 年代，一些历史学家才开始重新审视战时政治，发掘出了一些埋藏在令人陶醉的丘吉尔式叙述之下的罪恶、争论和失败。80 年代，修正主义最终涉及了伟大的丘吉尔本人。不过这些对战时领导人的批评对于英国公众毫无影响，在 BBC 的民意调查中，他仍然是有史以来最伟大的领导人，他的书籍销量依然不俗。最近几年来，一小部分作者（主要是美国人）提出了以前不可想象的论点：如果英国没有参战，而是寻求与纳粹德国达成和平条约，那么对世界可能更好。他们说，随后希特勒可能仅仅是把犹太人送走，很可能是送往非洲，这样就不会有全球性的冲突——没有斯大林格勒战役，没有德累斯顿大轰炸，没有广岛原子弹事件。希特勒或许会变得软化，或许会被推翻，总之人们付出的代价会更小。这些都取决于对一个平行世界或"反事实"的 20 世纪的大胆猜测。随着越来越多的历史学家深入研究纳粹德国，这种可能性看起来也越来越小。在英国，这一想法本身就足以激起愤怒的反应。这场战争，以及我们对它的记忆方式，仍然是非常重要的。最新一批有关"二战"的书籍主要是口述史、日记、信件、对日记和访谈的大量观察档案，它们自下而上地讲述了战争的故事，这是与丘吉尔的叙述相对的人民的历史。这些故事引人入胜，但并不是历史的全部，并不比早期通过政治家、将军和飞行员的眼睛看到的历史更完整。

本书的篇幅不可能涵盖完整的历史。但是我们可以尝试汇集最重要的事实，探寻最明显的问题。我们做得怎么样？我们是怎样改变的？总体而言，相关图书可以分为描写军事和后方的书籍。前者主要适用于男性读者，由纸上谈兵的战略家所写，充斥着有关枪支、装备、飞机的细节和当时的第一人称战场描述。后者包含政治历史和"人民史"。但是，"人民的战争"意味着，战争是由人民塑造的，是民众的战斗。因此，军事故事不能被推到一边。挪威战役、法兰西战役、敦刻尔克大撤退、大西洋之战、利比亚和其余各地的战役，提供了必要的故事背景和推动力。如果没有这些，就不可能理解英国生活的变化。英国人勇敢地战斗，其他人也是如此。但是在战争的前半段，英国组织不力，装备不善，遭遇了一系列的失败。仅仅记住勇敢和诙谐，将会错失一半的要点。我们从来没有被入侵过。然而我们又的确被入侵了，入侵者是我们的朋友美国人，而且这种入侵始终没有停止。

从张伯伦到丘吉尔

在安静到不可思议的 8 个月里，英国诞生了一位广受欢迎的战时领导人。在刚刚开始时兴的民意调查中，他的支持率达到了 70%。1939—1940 年的秋天、寒冬和早春季节，尽管抱有对大规模空袭的恐惧，张伯伦的战争看起来和他本人一样稳重。伴随宣战，第一次防空警报拉响，从城市疏散儿童的行动几乎立即开始了。英国军队来到了法国，沿着法国和比利时边境在寒冷的防空壕、谷仓和房屋里驻扎下来。他们装备极差，但目前这一点并不十分明显。在那里没有发生任何事。英国军队很不礼貌地向巡逻中的德国人开火，遭到了其法国盟友的斥责。但是并没有炸弹落下来。在海上，早期的状况相当尴尬：一艘 U 型潜艇成功地进入了斯卡帕湾的海军主要停泊处，炸沉了一艘老式军舰。英国海军也取得了一些胜利，尤其是炸沉了德国战舰斯佩号，丘吉尔返回海军部的大部分时间里都在大肆宣扬这件事。然而，海军的主要作用是封锁德国，人们对此寄予了荒唐的希望。那个国家过得要比英国更好，它的工业需求很快就能得到充分满足，战争准备也更加充分。然而张伯伦还是一如既往地自负，他写道，自己有一种预感，战争将会在春天结束，因为德国人会意识到"不值得为了战争而变得越来越穷"。英国皇家空军开始用传单轰炸德国。在严肃地宣战之后，经历过最初的恐惧，这个国家变得越来越迷茫，在怀疑和乐观之间摇摆不定。

许多人都认为战争将很快结束。随后，人们开始感到厌倦。使用显而易见的双关语堪称英国人的种族天赋，于是执着追求双关语的报纸助理编辑们开始将这场战争称为"无聊战争"。[1] 直到后来，美国风格的"假战争"一词才流行起来。丘吉尔反对这种无聊。当时很多中产阶级家庭已经拥有收音机，于是他通过无线电向全国发表讲话，其内容听起来就好像他负责的范围早已超过了皇家海军。他对历史和许多中立国家的旁敲侧击激怒了张伯伦，但这一切却开始重塑丘吉尔的声誉，使得其影响力远远超出了白厅。几乎没有人注意到张伯伦对自己内阁的改组。唯一的例外就是对莱斯利·霍尔－贝利沙（Leslie Hore-Belisha）的解雇，这是一位精力充沛的部长，引进了人行横道，并开始重组军队，但

---

① 无聊战争（Bore War）和布尔战争（Boer War）只在字母次序上有细微差别。——编者注

与将军和大臣们发生了冲突。他具备宣传天赋,张伯伦一直想让他成为新闻大臣,但是被人劝阻了。为什么呢?因为霍尔－贝利沙是犹太人,这样做可能会遭到德国人的嘲笑。他得到了另外一个职位,但是拒绝接受任命。各家报纸理所当然地极为震怒。

与此同时,昂贵的餐馆仍在营业,聚会仍在继续,新型汽车仍在生产,汽车行业还远未专门用于生产坦克和战机。但英国已经不同了。不管张伯伦内阁对战争的进行是多么漫不经心或迷迷糊糊,他们在国内实施的重组工作还是相当活跃的。在战争开始之前,政府负责建立了影子工厂系统,以分散和加速军工制造业,另外还有前面提到过的加大飞机生产的工作。政府参照 1914 年的《领土防卫法案》颁布了《紧急权力法案》,赋予自己对大部分公共生活的独裁权力,可以依法窃听、跟踪、拘留、审查、管理和逮捕公民。电话遭到了监听。

新闻部以宣传为导向开始工作,尽管不是很有说服力。供给与粮食部等新设立的政府部门掌握了权力,控制了许多进口和配额。共有 150 万人登记接受了各种形式的民防训练。政府还编制了全国所有公民的登记册,每个人都获得了一张棕色的身份证和一个号码。根据 1917—1918 年的经验教训,战争爆发的前三个月没有实施定量配给,但是随着登记的完成,每个人都拿到了配给供应本。为了把工会和商业领导人带往军工业的方向,也进行了首次跌跌撞撞的努力。张伯伦也许是个傻瓜,但他是一个工作努力、有条有理的傻瓜。

在社会领域,唯一最明显的即时变化就是官方的疏散。1939 年 9 月,在仅仅三天的时间里,就有将近 150 万人从城市来到小镇和乡村。这些被疏散者只是移动人口的一小部分。据某些估算,几乎有 1/3 的人转移,大部分都是私人行为。他们生活条件较好,花钱住在寄宿公寓或酒店里,或者与朋友们待在一起,躲避即将到来的空袭大屠杀。那些留在家中的人提到"防空洞"时则充满了轻蔑。但是，最重要的疏散是由政府组织的，负责把穷人转移到不大可能遭受攻击的"接收区域"。这一行动中有人是志愿的，也有人是被强制的。大部分官方疏散的对象是学校的孩子，大概有83万人，还有母亲和婴儿、孕妇，以及7 000名残疾人。他们离开了伦敦以及几乎所有的工业城市、港口和首府城市，从南部海岸的南安普敦和朴茨茅斯，到中部地区的曼彻斯特、利物浦、纽卡斯尔，以及所有苏格兰的主要城市。大部分英国人的主要疏散渠道是那时仍广泛存在的铁路系统，尽管也有一些人乘坐公共汽车甚至是轮船。学校人员被集体疏散，但是只有不到一半的疏散对象真正离开。许多人拒绝相信威胁已经迫在眉睫。还有一些家庭认为，即使要死，也要选择死在一起。

几乎就在被疏散人员带着打包好的换洗袜子、长裤、牙刷（如果有的话）和食物上路的同时，运输计划出了岔子。没有几个焦虑的乡村社区接收到了预期的人数。有一些城镇和乡村是相当井然有序的，等候已久的官员们把疲惫不堪、困惑不已的孩子们送到教堂大厅或者学校里，在那里他们会被分配到不同的家庭。而在其他地方，当地人只把自己看得上的被疏散者挑出来带走。粗壮的男孩会被农民当作廉价劳动力，而挑剔的家庭主妇则会挑选最聪明、最干净的孩子，或者直接选择最可爱的。那些更脏、更穷的孩子则往往被留在了后面，就像被挑剩下的蔬菜一样，盼望着最后能有人把自己捡走。由此开始了一场冲击英国的最具戏剧性的社会实验。而且正如最著名的研究大后方的历史学家所说："因为被困在火车里，因为与父母分离让他们心烦意乱，或者因为想象乡村的黑暗中一定藏有鬼怪……从阿伯丁郡到德文郡，无数的孩子尿床了。"[1]

---

[1] Angus Calder, *The People's War: Britain*, 1939–1945, Cape, 1969/Pimlico, 1992.

被疏散者所做的还不止这些。他们很多人来自格拉斯哥、利物浦、曼彻斯特和伦敦东区等最贫困的地方，身上满是跳蚤、虱子和诸如脓疱病等皮肤病，也没有接受过卫生习惯的教育。他们不习惯洗澡、刷牙或者使用现代化的厕所。一些人在室内排便，或者就在卧室的角落里解决。其他人从来没有坐在桌边吃过饭，从来没有睡过床。按照英国的礼貌标准，他们的语言污秽不堪。许多被疏散的母亲也是如此，抽烟，喜欢饮酒，管教孩子的态度过于宽松，对那些收留她们的牧师太太、店主和教师来说，她们似乎不是荡妇就是懒汉。许多孩子只有薄薄的橡胶底帆布鞋，还有人的冬天衣物是缝死的，许多人没有换洗衣服、没有内衣，甚至从来都没有听说过这些东西。于是，英国中产阶级产生了恐惧、厌恶和怜悯之心，第一次因为嗅到贫民窟生活的残酷现实而皱起了鼻子。一些家庭以基督教的仁慈做出了回应，对孩子们非常好，以至于被疏散的孩子都不想回家了。他们长胖了，带着敬畏的心情看着自己饲养的第一只绵羊、第一头奶牛或者种下的第一棵苹果树，食物如此新鲜香甜，就像来自另一个世界。另一些家庭谴责城市里那些无知、没有道德感的父母，要求把生在自己家的被疏散者送走。毫无疑问，还有一小部分家庭会残忍地虐待孩子。

尽管疏散中最肮脏的故事的确有点夸大其词，乡村的流言蜚语也变成了民间故事，但是那些通过疏散暴露出来的事实的确令很多保守党人，也就是最自负的那部分英国人感到震惊。信奉国教的英国女人第一次遇到了犹太人，苏格兰长老会的农民第一次遇见了罗马天主教徒。就像我们之前看到的那样，20世纪30年代的英国已经极端分裂了，一些地区变得繁荣兴旺，另一些地区则腐朽不堪。疏散使得这两种地区接触到了彼此。这是身体上的接触，有气味、有声音，其冲击力远远超过了单纯的语言。我们无法对此进行衡量。但是半个世纪以来的鲜活记忆、当时媒体评论的发酵，更不必说政治家之间极为痛苦的辩论，都表明疏散是一场全国范围内的社会震荡。无论一位口若悬河、吞云吐雾的知识分子利用打字机在《新政治家周刊》（*New Statesman*）上敲出了什么样的文章，即便是乔治·奥威尔亲自出马，都不如洗澡时暴露的疥疮或者见到新鲜鸡蛋时露出的困惑表情有说服力。几个月之后，由于轰炸机没有出现在城市和工厂上空，数十万家庭重返家园。到了圣诞节的时候，一多半的人都回来了。许多人还会不得不再度逃离，但那时的安置情况会好一些。同时，在整个国家，疏散已经开始悄悄改变英国人的政治观念。

但是，疏散仅仅是战争的一部分。在邓迪编织了数百万只沙袋，装满了从沙滩和露天矿场挖来的沙子，堆积在办公楼、医院和车站的前面。在首都和其他一些城市，特大号的银色阻塞气球在天空中飘荡。公园里挖了战壕，预制构件的防空洞无处不在，这些防空洞以当时负责的大臣安德森（Anderson）的名字命名为安德森掩体。许多备战措施实际都没有用上，幸运的是，其中也包括防毒面具。就在战争爆发之前，大约有 3 800 万只防毒面具被分发出去，它们被精准地描述为"猪鼻子和死脑袋的可笑组合"。为了应对可能的毒气攻击，政府在战前做了一系列精心的准备工作。开战一年后，许多人已经不再费心随身携带防毒面具了，然而政府又向孩子们发放了新款的面具，甚至还有用于婴儿的气袋系统。报纸上关于数十万人伤亡的可怕预测，以及人们对之前战争中使用毒气的普遍记忆，都让地方议会十分警醒，纷纷订购了裹尸布和纸板棺材，以备不日的屠杀。

"灯火管制"是另一种早期的戏剧化创新，在战争的大部分时间里一直都在实施。天黑之后，任何人的窗户中都不允许流露出灯光，以防惊动德军飞行员。房主们不得不把厚厚的窗帘钉在窗户上。路灯被关掉了。汽车只能用车头灯照亮一条窄窄的区域。对反灯光的狂热达到了荒谬的程度，甚至是燃烧的烟头或光线微弱的家用电筒都可能会招致一声"关掉那该死的灯光"的怒吼，其实这些从道尼尔飞机上是很难看到的。这样做导致的后果之一就是死于交通事故的人数增加了一倍；另外一个后果则是户外性爱的增加。但要小心：现在有新的官员在街道上巡逻，他们拥有新的权力。空袭保护管理员的等级制度在 1937 年就已经开始筹备了，到了闪电战时期，这些人被证明十分有用，做出了英勇的行为。但是在战争早期阶段，20 万名强壮的劳动力在"他们的"辖区大摇大摆地闲逛，俨然是这些地方的主人，不时斥责或告发邻居。在许多人眼里，他们就是拿了钱专门多管闲事。平民的半军事化组织被证明是英国的战争努力中最具有戏剧性的一幕，不只有空袭保护管理员，还有志愿消防员和成立于 1938 年的妇女志愿服务组织。不久之后，地方志愿军就使得英国充满了新的官僚。所有这些都表明，这个由张伯伦政府统治的国家正在迅速成长，虽然它仍然是由具有老派自由主义思想的保守党领导的，这些人从小就用怀疑的眼光看待这个国家。希特勒功不可没。

然而，与他作战究竟是什么样的呢？在可怕的 1940 年那令人震惊的春天之前，也就是张伯伦即将离开唐宁街 10 号时，官方对于希特勒战争机器的态度是很自负的。据报告，希特勒的部队士气高昂，但行动生疏笨拙。甚至波兰的惨败也并没有让西方的将军们明白将装甲、飞机和步兵合为一体的闪电战的力量。他们假设，如果德国人直接攻击法国，一场残酷的长期消耗战将会随之而来，在最坏的情况下，英国政府自信能在佛兰德斯坚持三年时间。英国军队的规模比德国小得多，但是法国有一支庞大的军队，还吹嘘自己拥有一些世界上最先进的坦克。大英帝国总参谋部非常看重法国的战斗能力，法国在周边修筑了著名的马其诺防线，配置了堡垒、要塞和重型火炮。根据丘吉尔的公开讲话，他似乎也同意这一点。但也有人向他提出了不同的建议。英国伦敦国家美术馆馆长肯尼思·克拉克（Kenneth Clark）在德国进攻前去了巴黎，发现包括宣传部门在内的每个人都抱着令人费解的乐观态度："我突然明白了为什么巴黎的每个人都那么快乐。因为法国没打算战斗。他们经历过'一战'的冲击，无论是人员损失还是国土沦陷，他们都不想再经历一遍了。"回到伦敦之后，他把这些汇报给了丘吉尔。"他弓着腰坐着，偶尔点点头咕哝一声。他没有说话。他早就知道这些了。"[1]

与此同时，巴黎和伦敦方面也在寻找其他战斗地点，双方都看中了斯堪的纳维亚半岛。这在今天看来很奇怪，但是背后的确有些原因。著名的德国钢铁制造商弗里茨·蒂森（Fritz Thyssen）是反纳粹分子，他向伦敦方面发送的一份备忘录中指出：谁控制了瑞典北部和挪威的巨大铁矿床，谁就能赢得这场战争。在苏联同德国签署友好条约，对芬兰展开进攻，却遭遇了意想不到的挫折之后，英法获得了一个干预该地区事务的绝佳理由。西班牙内战期间，英国和法国躲在了后面。但这是苏联红军对于一个中立国家的入侵，而两国中仍有许多人把红军视为"真正的敌人"。也许运作一番既能够帮助芬兰，又能切断德国至关重要的钢铁供应？

英国派出了皇家空军的飞机去帮助高贵的芬兰人。1940年1月，在伦敦设立了一个办公室，鼓励志愿者前往芬兰参加战斗，结果招募到了300人。内阁则要求参谋长们讨论同时对苏联和德国宣战的利弊。这个轻率的主意出台之前，芬兰人正在争取和平。而在白厅，辩论仍在继续。挪威乃至瑞典的中立原则是否应当被违背？丘吉尔自然是一位热心的拥护者。他的批评者也自然会彼此使个眼色，嘴里嘟囔一句"加里波利"。最终，大家都同意海军在挪威水域布下水雷，阻止德国人得到钢铁资源，

---

[1] Kenneth Clark, *The Other Half*, John Murray, 1977.

同时，英法军队将保护位于挪威北部的纳尔维克的安全，随后进入瑞典，完全无视已经吓坏了的挪威和瑞典政府的抗议。当德国人对丹麦、荷兰和比利时采取同样的行动时，盟军的抗议活动也不过如此。所有这些决策都在白厅的讨论和英法对话时花费了很长时间。与此同时，希特勒选择在同一个日子发动突袭。他越过军事指挥官，亲自控制了整个行动。德国军队使用诡计和空中力量夺取了挪威主要的港口和机场，不到 6 个星期就占领了这个国家。英法军队继续战斗了一阵之后终于撤离，给希特勒的海军造成了一些损失。但是对希特勒来说，这场胜利异常简单，简直令英法蒙羞。英国军队抵达时，甚至没有准备雪地鞋；法国阿尔卑斯部队备有雪橇，但带错了绑绳；英国皇家海军在丘吉尔的怂恿下，跟着德国船只走错了方向。不过这场战役也并非全是灾难，德国战舰遭受的损失，确保了它接下来已无力发动对于英国本土的入侵。

即便如此，挪威战役仍然是一次巨大的失败，影响深远。它表明一个有勇气、崇尚机会主义的独裁者可以轻易踏平民主的犹豫不决。柏林方面理所当然在欢呼。它也表明英法联盟是无效的。它给出了令人震惊的证据，证明英国军队的组织能力和装备极差，提醒了每一个人，皇家海军虽然对于英国的生存至关重要，但在赢得欧洲大陆的陆地战争上发挥不了什么作用。其他教训则没那么明显。站在丘吉尔的角度，挪威事件证明了一个乐观的信念是错误的，那就是如果不去管他，希特勒就会待着不动，逐渐变得不那么危险。其他人则指出，希特勒之所以攻占挪威，是因为英国也打算这么做，他只是先发制人。丘吉尔吸取了教训，认为如果进攻开始得更早、规模更大，也许可能成功，白厅的犹豫不决是灾难性的。在战役开始之前，他已经私下里对一位海军上将大发雷霆：“我们在各个方向挥霍自己的力量。你有没有意识到，我们正在走向失败？"① 批评他的人则指责他干涉军务、公开吹嘘、过度渴望浪漫的冒险。

丘吉尔在白厅肯定是不受欢迎的。因为胡乱插手，他激怒了军队首脑；因为在内阁讨论中不断插话，他也引起了同事的不满。他积极竞选，终于得以担任军事协调委员会主席和参谋长委员会主席，从而可以有效地掌控战争。伦敦一半以上的官员似乎都聚集在一起反对这件事。其中一位内部观察者就是乔克·科尔维尔（Jock Colville），他是张伯伦时期唐宁街里的一位年轻外交官，记录着一本充满着流言蜚语和政治细节的日记。他不久后会成为丘吉尔忠心耿耿的私人秘书，但在此时，他对丘吉尔还充满敌意。科尔维尔有一次和陆军部常务秘书谈到了丘吉尔及其密友、帝国总参谋部的指挥官艾恩赛德（Edmund Ironside）勋爵，这个人个子很高，因此被称为蒂尼（Tiny）："我们一定要在温斯顿和蒂尼插手把战争搞得一团糟之前，让首相参与进来。"稍后，当挪威战役失败之后，科尔维尔记录了丘吉尔在 1940 年 5 月一个潮湿的日子中所说的尖刻话语："如果我是 5 月的第一天，我应该为自己感到羞耻。"科尔维尔又对此补充说："私下里，我觉得他无论如何都应该为自己感到羞耻。"稍晚一点，当张伯伦辞去首相职务之后，科尔维尔记录了主要的保守党密谋者巴特勒（R. A. Butler）所说的话："英国政治优良纯净的传统，现在已经被出卖给了现代政治中最大的冒险家。"巴特勒继续写道，丘吉尔及其乌合之众的胜利是一场严重的灾难，保守党的领导层已经"懦弱地让位给了一个混血的美国人"。②

---

① Martin Gilbert, *Winston S. Churchill*, vol. V, *Prophet of Truth, 1922–1939*, Heinemann, 1976.
② 全部引自 Colville, *The Fringes of Power*。

这些言辞也许很极端，但类似的想法并不罕见。在成为首相之前，保守党党鞭认为丘吉尔应对挪威事件负责，并大肆询问他是否应该被解雇。在进入唐宁街 10 号之后的几个月内，丘吉尔面对的是大部分保守党议员冰冷的沉默，而张伯伦每次出现在下议院时都会引发欢呼。早些时候的民意调查显示，一旦张伯伦被迫辞职，还有其他人，尤其是风度翩翩的安东尼·艾登，可以成为更受欢迎的接班人。尽管劳合·乔治年龄很大，而且最近正在恭维希特勒，但他也是很受欢迎的。但在保守党的圈子中，目前最受欢迎的是哈利法克斯伯爵，我们之前已经描述过的那位猎狐的教徒。张伯伦期待哈利法克斯接班，国王也是这么想的，他一直对丘吉尔抱持着深深的怀疑——这并不奇怪，因为在退位危机中，丘吉尔拥护的是爱德华八世。哈利法克斯的其他支持者包括社会主义政治家休·多尔顿（Hugh Dalton）、赫伯特·莫里森、斯塔福德·克里普斯，再加上劳合·乔治。因此，虽然如今看来，丘吉尔登上权力巅峰是显而易见的事情，但在当时其实是非常令人惊叹的。在议会里，支持他的人相对来说也很少，在执政党保守党内部的支持者就更少了。大多数工党运动都讨厌他，把他看作一个讽刺漫画中典型的阶级敌人，因为他曾命令军队镇压工人，还在粉碎总罢工中助了一臂之力。白厅和许多军队首脑都不信任他。他得到了一些来自新闻界的支持，但这种支持并非压倒一切，主要集中在那些被威斯敏斯特所无视的"便宜的"报纸上面。而且无论怎样划分责任，他都是挪威惨败的罪魁祸首之一。那么他究竟是怎么成为首相的呢？

发生在 1940 年 5 月 7 日到 8 日的挪威辩论的故事，已经被讲述过很多次了。这是有史以来最伟大的议会时刻之一，而且这一刻并不是必然会发生的。政府占有压倒性的多数。尽管议员中有一小部分人密谋反对张伯伦，但丘吉尔的出现以及公众的忠诚使他们在内阁中失去了天然的领导者。然而重要的是，张伯伦的演讲很糟糕，而且带着刺耳的嘲讽。同样重要的是，一位身着盛装的愤怒的海军上将谴责张伯伦应该为战役失败负全责，而且表示自己代表了在海上战斗的那些"很不高兴的"海军官兵。当然，还有非常重要的一点是，一位曾经是张伯伦父亲支持者的口出狂言的保守党议员，费心重读了奥利弗·克伦威尔的一段评论，在演讲的最后，他直接看着首相说："你在这个位置上坐得太久了，这对你要做的事没有好处。我想说，离开吧，让我们摆脱你。以上帝的名义，走吧。"具有讽刺意味的是，利奥·艾默里（Leo Amery）选择的这段话是克伦威尔在议会里说的，当时他正准备建立起无情的军事独裁，而这样的独裁正是英国现在正在对抗的敌人，但当时似乎没有人注意到这一点。语言起到了效果，下议院沸腾了。随后又有很多人发表了演讲，包括年迈的劳合·乔治。工党也决定不予合作。艾德礼曾经担心这么做会使得保守党更加团结，张伯伦的位置更加稳固，但是气氛很快发生了转变。在情绪的高潮中，41 名保守党议员投票反对政府，他们中的很多人都是身着制服的年轻议员，再加上弃权的，张伯伦的支持者从多数的 231 票下跌到 81 票。

这是一次残酷的指责。但这就是结局了吗？张伯伦不是这么想的。丘吉尔真正的吸引力是在议会之外，作为国家形象的代言人，他看上去正是政府所缺乏的战斗精神的化身。如果张伯伦能够组建一个国民联合政府，招纳反对党工党和自由党，那么他可能仍然能够留在首相的位置上，但是无疑丘吉尔将在政府中扮演非常重要的角色。丘吉尔本人也同意并劝说张伯伦留任。为什么呢？也许他并未真的想过领导一场战争；又或许，他认为张伯伦无论如何都已经完了，所以根本不在意；更有可能的是，他认识到自己在保守党内部的地位还很弱势，现在补刀会使得自己更加难以成功。张伯伦询问工党领导人是否愿意加入自己领导的国民政府。工党当时正在举行年度会议，几位领导人认为自己的党内不会接受张伯伦的提议，但还是答应在大会上提出以下两个问题：工党愿意加入张伯伦领导的政府吗？工党愿意加入其他人领导的政府吗？但当他们乘车来到伯恩茅斯的海克利斯酒店时，来自伦敦方面的问题已经变成了：除了张伯伦以外，谁会成为那个"其他人"——哈利法克斯还是丘吉尔？

上面所说的这三个人和保守党党鞭一起，在唐宁街 10 号面面相觑，等待抉择。对于他们具体说了什么有着不同甚至是互相矛盾的描述，但张伯伦显然是第一个发言的，他表明自己可以在任何人的手下工作。党鞭代表保守党表示，至少"某些"保守党人更倾向于哈利法克斯。接下来的问题是，哈利法克斯身处上议院，是否没有资格担任首相？丘吉尔感觉到其中有诈，于是什么也没说。他只是转过头去，长时间地望着窗外，时间超过了两分钟。哈利法克斯接着说，他觉得自己作为贵族，已经失去了资格。于是丘吉尔在这块小而重要的战场上占据了指挥地位。在这场危机中，议会借用反议会的克伦威尔的独裁语言来表达反抗；而现在，这个国家最雄辩的演说家则什么也没说就赢得了胜利。结论是，工党决定在一个他们大多数人多年来一直极力反对的人的手下工作，此人对于工人阶级来说曾是最主要的反动之锤；艾德礼从伯恩茅斯打电话给张伯伦，告诉他工党将加入政府，但不能在他的领导之下。5 月 10 日，张伯伦面见国王，提出辞职。那天下午，丘吉尔也见到了国王，行了吻手礼，从而改变了世界的命运。

跌宕起伏吗？夸张吗？丘吉尔就是能带来如此效果。按照他司机的说法，他回来后几乎要哭了，说道："我希望这一切还不算太晚。"自然，这些事件已经经过了无休止的研究和审视。[①] 它们构成了英国经历过的最为重要的政治危机。一些历史学家认为，哈利法克斯最终证明了自己是某种基督徒式的英雄：他知道自己不适合出任战时领导人，于是选择退到一边。其他人则认为丘吉尔和张伯伦进行了交易，从而影响了局势平衡：显然，丘吉尔继任之后仍然需要张伯伦，哈利法克斯则不然。不管怎样，丘吉尔固执地认为，只要有可能，他就要成为英国的战时领袖。他并不是像我们所相信的"人民的战争"这一神话中说的那样，在民众的欢呼声中获得权力的。他鼓舞士气、慷慨激昂的演讲极大地调动了全国的情绪，当他出现在新闻短片中时，电影院的观众们都在向他欢呼。但是，从消息灵通、有影响力的媒体角度来看，公众舆论对丘吉尔的看法最多也就是仍有分歧。在下议院，也就是他的权力的一部分基础之地，他近来是很不受欢迎的，甚至被看作一个可笑的人物。他是被其他政治家推上权力宝座的，来自保守党的异见者利用挪威投票的灾难性后果密谋策划了张伯伦的倒台。帮了他大忙的还有工党领袖克莱门特·艾德礼，以及那些站到一边给他让道的人——张伯伦和哈利法克斯。

这些人之所以这么做，是因为在当时的英国，没有任何一位能与丘吉尔相匹敌的一流政治家，能够像他那样全身心地投入战斗和胜利之中。哈利法克斯试图通过与德国人谈判争取和平。有证据表明，他的副手巴特勒即使在丘吉尔上台之后，仍在密谋发出和平的试探，告诉可能的中间人瑞典人，"顽固分子"不能阻止英德之间达成妥协，英国的政

---

① 我的写作仰赖于丘吉尔个人对其战争史的记叙；还有约翰·卢卡奇（John Lukacs）的杰作 *Five Days in London*, Yale University Press, 1999; Paul Addison's *The Road to 1945*, Cape, 1975; Angus Calder's *The Myth of the Blitz and The People's War*, Cape, 1991 and 1969; Gilbert's *Winston S. Churchill*, 8 vols., Heinemann, 1966–82; 及 Roy Jenkins, *Churchill,* Macmillan, 2001。

治将由"常识而不是虚张声势"来决定。与此截然不同，丘吉尔给新内阁的信息则是这样的："我们将继续下去，我们将在这里或其他地方战斗，如果这个漫长的故事终将结束，那么它不应结束于投降，而只能结束于我们毫无知觉地倒在地上的时候。"[1] 即使是那些接受正义战争这一概念的人也知道，战争在一定程度上必然是疯狂的。希特勒的梦想有着瓦格纳式的疯狂。要想战胜他，仅凭头脑冷静和理智计算是不够的。丘吉尔疯狂的方式与希特勒不同，但他对人类历史抱有的单纯、几乎是孩子气的浪漫主义观点，也同样鲜活。他蔑视弱小的种族，相信自己的"种族"和自己的命运。在正常时期，这使他成为一个尴尬和令人厌烦的人。但此刻正是属于他的时代，有可能阻止他的大部分人都同意这一点。张伯伦很快因癌症去世。哈利法克斯发现自己在危机的关键时刻胃疼和牙疼，对所有的事情都无能为力。事态越糟糕，丘吉尔就表现得越亢奋。这也是一个关于人类意志力和生命力的神话。同时，与被丘吉尔简单地称为"那个人"的敌人相比，英国的政治危机真是相形见绌。

敦刻尔克精神

━━

1940 年 5 月，法国败于德国的闪电战，这并不是英国政策的失败，也不是英国的将军和士兵们的失败。进攻开始的时候，英国在法

---

[1] Ben Pimlott, ed., *The Second World War Diaries of Hugh Dalton*, Cape, 1986.

国的 25 万军队只是进行战斗的士兵中的一小部分。英国远征军有 5 个正规师，还有 5 个是由以前的民兵组成的。相比之下，法国拥有一支庞大的部队，共 220 万兵力，尽管其中包括 88 个师的预备役军人和募兵。德军有 106 个师。换一种说法，英国远征军的规模不仅小于德军的1/10，甚至小于荷兰军队，也远远小于比利时军队。众所周知，数字不能代表一切。如果把装备也进行比较，英国远征军甚至比单看数量还要弱。他们只有一个坦克师，还不是满员的。英国的坦克主要有三个品种。第一种拥有坚固的装甲，但是只配有机枪，因此对于德国装甲部队毫无用处；第二种配有穿甲炮，但是自身的装甲非常脆弱；第三种的装甲和武器都很有效，但是数量很少，一共只有 23 辆，而且到达战场也太晚了。运输部队由从英国各地的邮局、肉铺和其他商业公司征用的厢式货车和卡车组成，它们被涂成卡其色，而且往往年久失修。蒙哥马利（Bernard Montgomery）将军指挥了其中的一个师，他指出，这支军队不仅不适合打一场一流的战争，甚至不适合参加正式的演习。军队确实配有反坦克步枪，但很少有能用的；也配有最新的法国霍奇基斯机枪，但在登陆法国时，没有任何英国军队里教授过如何开火。身处法国的英国皇家空军确实有一些新的飓风式战斗机，但主要还是依赖巴特尔轻型轰炸机，那是战斗中最危险、最没用的飞机。几乎所有的巴特尔轻型轰炸机都被迅速击落，虽然飞行员勇气可嘉，但是这些飞机毫无用处。

然而，关于"法国之战"的可怕故事却不能完全归咎于装备的失败。毕竟，德军使用的步枪和英军一样老旧，而且其整体的机械化程度甚至更低，其运输是依靠马匹进行的。相比纳粹德国空军，法军拥有更多现代化战斗机，而且至少从纸面上看，他们的坦克也比德国装甲部队的更好。但英军很快就震惊于盟友的士气低落和纪律涣散。从本质上说，德军的策略更出色、更勇敢，其战略打得英法指挥官手忙脚乱。盟军的战斗表现如何呢？——不怎么样。德军"挥镰行动"的推进依赖于一次佯攻，把英法部队吸引到比利时，而全力进攻其实是在更远的南部。这个战略执行得非常完美。德军使用运输机把士兵迅速送往前线，而他们的空军力量利用被占领的机场持续地一步步向前跳跃前进。最重要的是，他们不是以分散的坦克支援移动缓慢的步兵，而是使用大型坦克编队直接发动攻击，步兵和飞机作为后方支援。

在理论上，这些策略并不新鲜。英国的坦克理论家也提出过类似的部署方式，如巴兹尔·李德－哈特（Basil Liddell-Hart）就曾向被撤职的霍尔－贝利沙和后来加入了英国法西斯联盟的富勒（John Fuller）将军提出过建议。这些英国理论家提出的理论，被奥尔德肖特的英军视为只是在做自我宣传而加以无视，在柏林却得到了仔细的研究。法国的理论更加过时。最大的一次溃败就来自法国，然后荷兰和比利时也随之崩溃。法国的将军们流下了眼泪。法国的政治家是公开的失败主义者。所以英国的将军和士兵不应该受到谴责，但英国的政治家应该被谴责，因为他们把筹码压在了规模庞大的法国军队身上。他们视察了马其诺防线上的要塞，受到那些亲切的法国指挥官的美酒佳肴款待，听了一肚子有关法国新型坦克和战斗机的情况。但是，法国政治中长期存在着极端主义和两派分裂，极左派和极右派之间无休止地时而联合、时而尖锐对立，而英国政治家并没有考虑到这一切将会带来怎样的后果。他们也没有发现征募的法国士兵和主要用于殖民地的小型职业部队之间的差距。他们透过阳光灿烂、闪闪发光的眼镜来看待法国，这也许正是那些前往地中海度过夏季假期的政治家所期望看到的。

而且，此时的英国远征军也已经不再是 1918 年击败德国人的那支部队了，其表现非常糟糕。这并不是说英国士兵没有英勇作战。当现代化的英国坦克"马蒂尔达"被用于一次罕见的反击时，甚至引起了隆美尔（Erwin Rommel）的警惕。一次又一次，在看似不可能的情况下，英军步兵以布伦式轻机枪、步枪和手榴弹为武器，在后方阵地进行了英勇的战斗。痛苦的是，正因如此，当他们最终在沃尔姆豪特和帕拉迪丝等村庄投降时，遭到了恼羞成怒的德军的屠杀。偶尔，英国军队也会因为恐惧而逃跑，一位军官在试图撤退时被其他人射杀。随着结局即将来临，部队的士气也开始瓦解，英国军队潮水般地涌入敦刻尔克，一些懦弱和自私的场景开始上演。但也出现了不少英雄事迹，还有英国人的怪癖中最优秀的那些传统。其中一个是冷溪近卫团的贝克威思－史密斯（Beckwith-Smith）准将，他不得不宣布这样一个消息：有一个营奉命驻守外围，因此无法撤离。他发动了自己的汽车，大声喊道："吉米，有好消息！这是有史以来最好的消息！我们被赋予了最高的荣誉，要守卫敦刻尔克。吉米，告诉你们团，快点，把这个好消息告诉他们！"接下来，令战友们感到高兴的是，贝克威思－史密斯教了他们怎么对付斯图卡式俯冲轰炸机："勇敢地面对它们。把布伦式轻机枪扛在肩上射击，就当它们是飞得很高的野鸡。把足够的铅弹射向它们，打下来一架飞机奖励 5 英镑。"[1]

然而，最后的抵抗、好玩的笑话和个人的英勇行为都无法掩盖令人震惊的惨败事实。22 年以来，德国军队一直渴望为 1918 年的失败复仇。丘吉尔进行了绝望的也是最后的外交努力，包括破天荒地提供英法双重公民身份，依然无法阻止崩溃的发生。随之而来的是英国一方原始的自私行为，这毒害了英法这对近邻的关系，影响了整整一代人。即使法国被击败了，他们也并没有准备好放弃。英勇的法国将军和士兵仍在与英国远征军并肩作战，一路向西一路战斗。他们相信，根据联盟

---

[1] 出自 Hugh Sebag-Montefiore, *Dunkirk: Fight to the Last Man*, Viking, 2006。

的条款，英军将继续战斗，直到最后；或者至少无论怎样，撤退事宜已经预先谈好，将会联合进行。但事实并非如此。指挥英国远征军的陆军元帅戈特（Gort）认为情况已经毫无希望，于是违反了与法国指挥官魏刚（Maxime Weygand）达成的协议，以保护自己在敦刻尔克的登船地点。从那时起，英军的唯一目标就是让尽可能多的人员撤退，完全不顾及法国人是否被抛弃了。戈特命令手头的三个营守住比利时军队投降后在防御工事上留下的漏洞，而不是组织反击。后来，法国请求更多英国军队留在法兰西，或者承诺以后还会返回，但都被拒绝了。在撤离的早期阶段，法国军队多多少少地被推到一边，直到魏刚绝望地向丘吉尔提出请求，某种程度上的平等才得以建立起来。遭到轰炸的血迹斑斑的海滩与丘吉尔政治幻想中的英法联合精神相去甚远。最终，在敦刻尔克获救的 33.8 万人中，有 12.3 万是法国人。他们中的很多人又马上返回，加入仍在西部抵抗的军队，继续战斗。

敦刻尔克的故事依然是一部微型史诗。但是人们应当从此拨开记忆中的层层迷雾。当斯图卡式轰炸机俯冲下来时，士兵们仍在海滩上耐心地排成一排，这并非事实：人们的确曾为抢夺船上的空间而打架，还有人严重酗酒，甚至彻底崩溃。英国军队被勇敢的船主们带过英吉利海峡的小游艇所拯救，这也并非事实：很多渔船、救生艇和商业船只都直截了当地拒绝提供援助，许多在希尔内斯装配起来的船只在被拖过海峡的过程中便消失了。英国皇家海军一直都一马当先，冒着荒谬的风险，承受着严重的伤亡，只为撤离这些军队。同样并非事实的是，英国远征军回国时满怀着对于德国兵的轻蔑，希望尽快重返欧洲参与战斗：从很多见证者和第一人称的描述中，可以看到这些人士气低落、愤怒不已、几近叛乱，他们被击溃、被羞辱，返回了英国的港口。一个来到多塞特郡布里德波特的娱乐官员，发现城镇中挤满了愤怒的士兵，表达着"亵渎神明的愤怒"，有个人在酒吧里"大张旗鼓地批评高射炮营的下级军官夺取了唯一的运输工具，自己前往法国海岸，把士兵们留下来自生自灭。这些沮丧的人，自尊遭到了严重的伤害，只能通过严厉批评那些让他们沦落至此的人来寻求安慰。我们承诺在战争期间，决不说出那天晚上看到和听到了什么，我们也的确保持了沉默"。[1] 尽管英国皇家空军在海滩上英勇战斗，但他们的飞机能够覆盖的范围很小，防线还是经常被德军飞机突破。敦刻尔克事件之后，战斗机飞行员并不是英雄，而是士兵们大肆公开嘲笑的对象。

然而，即便承认了所有这些事实，即便看破了政府对战败和撤退进行的巧妙宣传，依然可以在敦刻尔克事件中找到一些珍贵的精神内核。疏散是一次随机应变和坚持不懈的辉煌胜利。当 BBC 呼吁各类小船都来参与营救的时候，其实并不是为了把海峡对面的军队带回来，实现这个目标需要更大型的船只。但是，迫切需要有小船深入海岸线，把士兵送往等候在远处的渡轮、驱逐舰和征用的荷兰摩托艇。那些游艇、舢板、小渔船和泰晤士河上的私人机动游艇被牵引着穿过海峡，随即切断绳索，到达沙滩和敦刻尔克的防波堤，把人带了回来。其中一些船被征用了，由海军驾驶；还有一些船员是由退休的陶工、埃塞克斯的渔民和业余水手组成的，他们连用猎枪打兔子的声音都没听过，更别说目睹战争的硝烟了，于是出现了搁浅和许多混乱场面。但如果没有他们，撤离的规模将会小得多。如果德国的冯·伦德施泰特（Gerd von Rundstedt）将军没有在最后一轮攻击之前停止坦克的进攻，这一切也不会发生。后来，希特勒声称这是出于某种柔性战略的需要：他不想摧毁大英帝国，因为德国无力捡拾所有的碎片；这是一场"公平的竞

---

① 引自 Calder, *The People's War*。

争"。更有可能的是，停止进攻的命令来自伦德施泰特本人，他这么做是出于谨慎，也因为德国人认为，英国人已经被打败和包围，当务之急是进攻南部，摧毁剩余的法国抵抗力量。

回过头看伦敦，那里仍然存在着法国会继续战斗的乐观情绪。政客们对最新情况一无所知，而丘吉尔并不喜欢前线指挥官传达给自己的那些残酷事实。然而，在掌管英国皇家空军的休·道丁（Hugh Dowding）男爵坚持提出需要战斗机保卫本土之后，他就对法国需要皇家空军派出更多飞行中队的请求保持了敬而远之的态度。至少，科尔维尔的唐宁街10号日记在6月6日记录了关于这一点的考量："如果把所有战斗机都派到法国去，那我们一定是疯了。如果失去了全部战斗机，我国将在两天内被打败。然而如果防空力量完好无损，即便法国投降，我们仍然能够赢得这场战争。"这大概反映了唐宁街的对话。即使在法国投降之前的最后几个小时里，丘吉尔仍然打算亲自去会晤法国总理保罗·雷诺（Paul Reynaud），而且抱着渺茫的希望，罗斯福总统能向法国提供来自美国的积极支援。英国将军艾伦·布鲁克（Alan Brooke）子爵被送回法国指挥"英国第二远征军"，这支部队主要由苏格兰人和加拿大人组成。奇怪的是，其中有些人的航行大张旗鼓，衣着华丽，还会在途中用餐。当然，此举主要为了体现政治意义，丘吉尔的目标是让法国继续战斗。布鲁克本人乘坐一艘荷兰轮船抵达，很快就得出结论，认为自己的处境完全没有希望。他怒气冲冲地与丘吉尔通了半个小时的电话，然后下令撤离法国海岸。直到后来法国曾经的战争英雄、现在的主和派领袖贝当元帅命令所有法国军队放下武器之后，布鲁克才乘坐渔船返回。显然，没有人想到要把投降之事提前告知名义上的英国指挥官。

51旅、卡梅隆团、奥尔巴尼公爵团、黑卫士兵团、阿盖尔团和边民团等人英勇的断后行为突显了战争的绝望。他们在恶劣的条件下坚守圣瓦莱里，耗尽了所有的水、食物和弹药，最终德国炮兵占领了悬崖，让他们完全失去了撤退的可能。在周围的法国人投降之后，他们也投降了，8 000 人在战争时期沦为俘虏。但是，他们还是比在圣纳泽尔登上了冠达邮轮公司的班轮兰开斯特里亚号的大多数士兵、飞行员、水手、妇女和儿童都要幸运。这艘船因被炮弹击中而沉没，大约 3 500 人丧生，其中许多人是被烧死的，一些人被自己的救生衣扯断了脖子，还有少数人依照自杀协定彼此射击。英国有史以来最大的海难事故不是泰坦尼克号，而是兰开斯特里亚号。[①] 在伦敦，丘吉尔做了最后的努力，希望法国坚持战斗。科尔维尔在 1940 年 6 月 13 日星期三激动地记录道："有人提出了一个了不起的想法：宣布英国和法国在政治上完成统一。"内阁大臣爱德华·布里奇斯（Edward Bridges）走出内阁会议室，宣读了一份联合宣言。"这听起来非常鼓舞人心，可以让法国人重整旗鼓，也可以鼓舞英国民众。这是一份历史性的文件，它的影响将比本世纪已经发生的任何事情都更深远——也许也会更持久？"科尔维尔至少打了个问号；而有趣的是，法国方面对此事的灵感来自一个年轻人让·莫内（Jean Monnet），他后来成了欧盟的创始人。与此同时，没有人告诉乔治国王他的帝国到底做了什么；当晚有一位大臣被派去见他。他根本不必为此担心，因为第二天雷诺就辞职了，贝当则选择投降。

英国根据敦刻尔克的经历编织了三次广为人知的即时宣传，流传甚久。其中最著名的当然要数 6 月 4 日丘吉尔在下议院发表的讲话："我们将毫不动摇，永不言败。我们将战斗到底。我们将在法国作战，我们将在海上和大洋中作战，我们将以日益高涨的信心和力量在空中作战，我们将不惜一切代价保卫我们的家园。我们将在海滩上作战，我们

---

① 见 Sebag-Montefiore, *Dunkirk*。

将在敌人登陆的地点作战。我们将在田野和街头作战，我们将在山区作战。我们绝不投降。"他妄着承诺，在"上帝认为适当的时候"，美国会来拯救和解放旧世界。英国将停止在法国的战斗。丘吉尔所说的在空中"日益高涨的力量"指的是他在 20 世纪 30 年代时对构建英国皇家空军的痴迷、当时仍处于保密状态的雷达网络，或许还有关于雷达在敦刻尔克出色表现的报告。然而谈论在海滩、登陆点、田野和街头作战，则意味着他认为尽管拥有喷火式战斗机，入侵仍会随之而来。索恩（Thorne）将军曾经参与敦刻尔克的战斗，现在指挥着伦敦南部的英军，他在 1940 年 6 月 30 日告诉丘吉尔，在萨尼特和佩文西之间，可能将有 8 万名德国士兵登陆。丘吉尔没有那么悲观，但也对英国能够坚守住整个海岸线的看法并不乐观。索恩警告他："部队几乎没有任何装备，德军左翼可能会被挡在阿什当森林，但是没有什么能够阻止德军右翼穿过坎特伯雷到达伦敦。"①

另一种对立的观点认为，战争中发生的下一个事件将是滑翔机和空降部队的大规模着陆。英国的许多体育场和板球场里都堆满了废弃的机器、木材和农具，以阻止滑翔机的降落；高尔夫球场被官方破坏了，道路上布满了铁栅栏。警察装备了武器，以便能够射击伞兵；还成立了当地国防志愿军，不久即发展成为英国地方军。全国到处都是关于空中飘浮的白色物体被当地人用猎枪或棍棒追逐的谣言。基于同样的原因，道路和铁路上的标志被破坏撕毁，以防向入侵的德军透露地理位置，工厂和酒店的名字上都被刷了漆，甚至战争纪念碑上的村庄名字也被凿掉了。在下议院，在麦克风里，"我们绝不投降"这句激愤的话语到处回响，人们都认为，在敦刻尔克之后，下一场战役必然将横扫英格兰南

---

① Colville, *The Fringes of Power*.

部。这看起来极有可能。德军在比利时和法国的惊人进展令人感到战战兢兢。德国人是否还没有准备好入侵，能不能安全渡过海峡，在当时尚不明朗。"克伦威尔"这一代码就是为可能的入侵准备的，1940 年 9 月 7 日，这个信号被过早地发出了。丘吉尔的写作技巧是：让全国人民因为即将来临的灾难而屏住呼吸，同时又承诺这部电影最后会有戏剧性的大团圆结局——这是一种可以为希特勒所理解的史诗般的想象，但其基础是"混血美国人"对英美两国真正实力的现实评估。

有关敦刻尔克的第二场著名的宣传活动是在一天之后，由当时唯一在影响和受欢迎程度上能与丘吉尔匹敌的广播演说家——特立独行的社会主义作家普里斯特利发起的。他的论调截然不同，专注于那些小船："我们平日都知道这些花里胡哨的小汽船，还会讥笑它们，管它们叫'花一先令买头晕'的船。我们看到成群的假日游客不断上上下下，绅士们情绪高涨、肚子里灌满了啤酒，女士们吃着猪肉馅饼，孩子们舔着薄荷糖。"但是现在，怀特岛的渡轮格蕾西·菲尔兹号沉没了，"我们再来看看这艘小汽船吧，就像她所有那些勇敢而饱经风霜的姐妹一样，她是不朽的。她会在敦刻尔克的史诗中骄傲地航行。当我们的曾孙回顾我们在这场战争中是如何从失败中攫取荣耀，继而大获全胜时，也将知道这些小小的假日汽船是如何航向地狱，又光荣归来"。丘吉尔和普里斯特利都理所当然地认为自己正在经历一个重大的历史时刻（但是他们的曾孙真的会学习这段历史吗），然而，丘吉尔在挑战中夹杂着黑暗的警告，普里斯特利却快活而乐观。丘吉尔用华丽的言辞横扫世界，普里斯特利则关注本土的观念。哪一个更打动人心，效果更好呢？丘吉尔口中的"我们"和普里斯特利口中的"我们"是完全不同的，前者的意思其实是"我"——"我绝不投降"对那些忧心忡忡的听众提出了挑战，让他们把自己代入那个"我"。后者才是真正的"我们"，也许听起来多愁善感，但更为明确地指向了这场战争将要带来的民主化进程。

敦刻尔克事件后宣传的第三幕是一本黄色封面的小册子，由三个为比弗布鲁克工作的年轻记者写成，这三人分别是后来的工党领袖迈克尔·富特（Michael Foot）、《伦敦标准晚报》的弗兰克·欧文（Frank Owen），还有彼得·霍华德（Peter Howard）。他们的书是在敦刻尔克事件之后的 4 天里写成的，名为《罪人》（*Guilty Men*），作者署名为凯托（Cato）。他们列出了 15 个人，包括拉姆齐·麦克唐纳、鲍德温和张伯伦，加上另外 1C 位内阁部长，还有两个需要对英国没能重整军备抗击侵略负责的人，从 1931 年日本对中国东北的侵略开始算起。维克托·戈兰茨出版了这本书。这是一次粗鲁、尖刻，而且并不公正的攻击，是在恐惧和愤怒的高峰期创作出来的。其中一些攻击目标毫无道理，例如托马斯·英斯基普（Thomas Inskip）爵士，他曾经将英军的重点从轰炸机转向战斗机，就在《罪人》出版的那个月，战斗机恰是急需品；还有完全默默无闻的雷金纳德·多尔曼－史密斯（Reginald Dorman-Smith）爵士，因食品生产不力而受到指责。但这是一次发生在正确时刻的猛烈攻击，所以大为畅销，尽管遭到史密斯（W. H. Smith）的封禁，仍卖出了大约 20 万本，而在那时，封禁对书籍销售的影响比今天更大。现在看来，作为中间派和左派记者的作品，该书的行文用力过度，怪异而浮夸："一个伟大的帝国，拥有强大的武器和绝对安全的自由"，却被带到了"国家毁灭的边缘"。

这本书所使用的谴责性语言技巧非常有效，即便文笔不佳，但其结论非常残酷："已经决心抵抗和征服的人民仍然需要一个最终的绝对保证，那些现在负责修补城墙上的裂缝的人，不应该与那些让城墙倒塌的人为伍。让那些罪人退休吧，这就等于是他们为我们所有人正在不懈追求的胜利做出的贡献了。"这三个人盯上了战前的绥靖一代，主要是保守党人，谴责他们对敦刻尔克的灾难负有全部责任，并因此为丘吉尔适时发布的一项分析奠定了基础，这项分析还帮助促成了 1945 年的政治报复。那些被《罪人》一书的分析排斥和羞辱的人当中也包括鲍德温本人。某种程度上，在普里斯特利对敦刻尔克事件民主式的感伤之后，这本书则是一把利刃。它预示着丘吉尔在国内的最大困境：作为保守党领袖，他领导了一场"人民的战争"，站在了自己所属政党的对立面。然而在 1940 年 7 月，丘吉尔并没有想到这一点。就像其他英国人一样，他也在抬起眼睛望向天空。

喷火式战斗机的神话

不列颠之战是英国战争史上最为重要的一幕，在大多数英国人的头脑中，这是一笔私人的财富。它就在那里，如同我们英国人的温泉关①。当我们闭上眼睛，会看到什么呢？当然是喷火式战斗机在阳光下闪耀。在人类历史上制造出来的所有用来杀死其他人的武器和机械之中，马克 1 号超级马林喷火式战斗机也许是最优美的，如同芭蕾般简单而优雅，却赢得了战争。我们会看到须发蓬乱的时髦年轻人玩弄着烟斗，或者将一品脱啤酒一饮而尽，然后奔向正在等待的飞机。他们是英

---

① 温泉关之战是第二次波希战争中的一次著名战役。希腊军队在这个狭小的关隘依托优势地形，抵抗了三天，阻挡了数十倍于自己的波斯军队，300 名斯巴达勇士全部牺牲。——编者注

勇的英国业余飞行员的绝佳范例，将要出发去搜寻那些冷酷无情、组织良好并且具有压倒性优势的纳粹德国空军。他们冒着极大的危险战斗，返航，迅速地睡上一觉，又重回空中。我们每被击落一个人，都要带走对方的三四个人。我们不是亲眼看到，而是听到了丘吉尔最著名的一句话："在人类冲突的战场上，从来没有如此少的人为如此多的人做出这么大的牺牲。"我们可能只对沉默寡言的英国皇家空军领导人留有非常模糊的印象，他们肩并着肩站在背景之中。但他们毕竟只是少数人，而在这场罕见的具备现代骑士精神的斗争中，这个国家的其余人只能站在那儿，仰头看天，眼神中充满惊奇。

上面这段话中的大部分都是不真实的。这的确是一场最重要的战役，喷火式战斗机也的确很美。但并不是这种飞机赢得了不列颠之战的胜利。参与战斗的飓风式战斗机的数量是喷火式战斗机的两倍，尽管机型无法与最好的德国战斗机梅塞施米特109式战斗机相匹敌，但驾驶它们的飞行员中也有很多和喷火式战斗机的驾驶员一样的王牌飞行员。飓风式战斗机的生产速度更快，而且喷火式战斗机很难维修，所以一旦受损，无法参加战斗的时间会更长。那些公学毕业生又是怎么回事呢？英国皇家空军中确实有种"小伙子"精神，传统上钟爱猎手型飞行员，认为这样的人能飞得更好。飞行一般都是昂贵而迷人的。英国皇家空军的飞行员被其他兵种嘲笑为"发胶男孩"，部队的行为准则中满是坚定沉着，其行话也显出冷淡和漠不关心。然而，也有大约2/5的中士或飞行中士出身工人阶级，1/5根本不是英国人，而是新西兰人、南非人、波兰人、捷克人、加拿大人和法国人。他们可能会吸烟，但是战役期间几乎不会喝酒。他们太疲惫了。并不是所有人都是英雄。8月12日，在肯特郡的一个皇家空军机场，连续不断的轰炸使得飞行员都躲进了防空洞，一些人无视长官的劝说，拒绝走出来。9月15日，几个飓风式战斗机飞行员在前方发现了梅塞施米特式战斗机，没有喊出"哒嗬"，而是机智地返航了。[1] 这是一场战役，不是漫画书。

皇家空军的飞行员也并不是缺乏训练的外行。随着战役的继续、损失的加大，训练被削减了。但是参与战斗的皇家空军都受过良好的训练，专业化程度很高；如果一定要说的话，纳粹德国空军对业余的骑士更加狂热，对王牌飞行员和勋章也极为痴迷。英国皇家空军所面临的困境也并不那么严重。笨重的斯图卡式俯冲战斗机基本上就是战斗机里的炮灰，德国轰炸机也纯粹是靶子，如果不算这两种机型，纳粹德国空军可用的战斗机一共有 963 架，英军则是 666 架。德军的数字里还包括了笨重的双重发动机的 ME-110 战斗机。与英军可用的战斗机直接对等的德军飞机有 702 架，双方数量大致相同。的确，在任何时候，喷火式战斗机和飓风式战斗机都寡不敌众，因为它们要防守德军进攻的英格兰南部的大片区域。但另一方面，德国人在燃料耗尽之前所剩的时间不多，不得不很快掉头回家。奇怪的是，他们并没有使用过可抛式油箱。所以，这场战争并不像人们通常认为的那样一边倒。

最重要的是，至少这一次，当空战爆发时，英国比德国的组织更加完善。人们往往认为这是丘吉尔的功劳，多亏了上文中提到的他在战前发起的运动，而他的观点是正确的。但实际上，是张伯伦在 20 世纪 30年代晚期听取了道丁的意见。道丁坚持认为，只有创建杰出的战斗机武装，才能避免遭到轰炸从而导致溃败。如前所述，雷达是新系统必不可少的组成部分。在徒劳无功地探寻"死亡射线"的过程中，人们发现了雷达的功效，沿着海岸线秘密修建了著名的雷达站链条。德国人知道这些事，但是从来不曾理解雷达的重要性，部分原因在于道丁在同一时期

---

[1] 见 Calder, *The Myth of the Blitz*。

创立的指挥和控制系统。在皇家空军中，位于道丁之下的是战斗前线的伟大天才、新西兰人基斯·帕克（Keith Park），他极富灵感，负责指挥英国东南部的第 11 空军大队。他和本身就比较迟钝的道丁时常被另一位空军中将利－马洛里（Trafford Leigh-Mallory）密谋针对，后者认为应该聚集更多战斗机进行致命一击，也就是所谓的"大机群作战"。他的策略让道丁和帕克在之后的职业生涯中受到了冷落，他们甚至没有在空军部关于这场战争的官方历史中被提及。幸运的是，这在当时并没有阻碍对于战斗的有效指挥。[①]

把新型的喷火式战斗机和飓风式战斗机送往前线中队，是一个漫长的过程。英国机械制造业的落伍状况令人震惊，构建飞机的大部分机床以及许多组件都必须依靠进口。但丘吉尔上任后最早的任命之一，就是把狡猾的新闻大亨比弗布鲁克男爵任命为负责飞机生产的大臣。通过一系列恐吓、哄骗、盗窃和破坏白厅系统的活动，比弗布鲁克把战斗机月产量从 1940 年 4 月的 256 架提高到了 7 月的将近 500 架，达到了顶峰。从城镇到工厂食堂再到矿山，他说服了全国的一半人筹集资金"购买一架喷火式战斗机"。英国每生产三架飞机时，德国只能生产两架，他们根本想不到自己距离摧毁英国皇家空军还有多远。

人们的确在某些令人焦虑的日子里开始担心飞行员的匮乏，但这种恐惧只是加快了英军的训练速度，并开始招募海军及其他飞行员，从而完全弥补了这一缺口。尽管在 1940 年的夏天，参战的大约 3 000 名皇家空军飞行员中有 500 人丧生，但是从战争开始到结束，可用的战斗机作战力量反而增加了约 40%。[②] 英军不仅在个体战斗的数量上超过了

---

① 见 Len Deighton, *Blood, Tears and Folly*, Vintage, 2007。
② 关于此处以及这一部分中的其他信息，我浏览了大量文献，特别推荐 Stephen Bungay, *The Most Dangerous Enemy: A History of the Battle of Britain*, Aurum Press, 2000。

纳粹德国空军，杀伤率也更高。这并不是一场"少数人"的战斗，而是由很多人共同取得的军事成就。在 3 000 名战斗机飞行员的身后，还站着皇家空军的另外 40 万人，包括机械师、装配工和运送损坏战斗机和新机的飞行员，其中有一些还是女性。还有防空侦察队、探照灯站的工作人员、炮手和雷达操作员。在他们身后还有疯狂赶工的工厂，通常位于易受攻击的东南部地区；以及让少数人得以飞行的飞机维修人员。这是一场涉及工业力量和工业组织、复杂的通信系统、高水平的专业训练以及最新技术的战斗。无论其自身如何运转，英国皇家空军都是一个纪律严明的精英机构。简而言之，不列颠之战的胜利并不是来自业余的公学毕业生的勇气，而是因为这一次，我们调动了和德国人一样的关注力和组织能力来进行战斗。

然而这些都丝毫无损于年轻战士们非凡的勇气。他们非常年轻，最年长的皇家空军中队长也只有 24 岁。战斗机飞行员坐在 85 加仑 [①] 的燃油之后，相比于被活活烧死或被烧得面目全非的恐惧，被子弹射中反而是仁慈的——阿奇博尔德·麦金杜（Archibald McIndoe）在东格林斯特德的医疗单位的植皮技术需求量大增。运气、良好的视力和反射神经、杀手的本能，都必不可少，但往往有了这些也还不够。尽管只有比根希尔这一个关键机场因为德军的轰炸而在短时间内无法使用，但飞行员不得不经常紧急着陆，或在海上跳伞，这样做的生存概率极小。在他们试图跳伞降落到安全地带时，又会面临在空中遭到射击的危险。活下来就是成就。如果面对希特勒迄今为止无人匹敌的战争机器，英国皇家空军失去了制空权，那么英国遭受入侵的可能性会大得多。陆军已经把坦克、大炮、机枪、交通工具和大部分步枪都丢在了法国。如果德国国

---

① 1 加仑约合 3.785 升。——编者注

防军在多佛尔或布赖顿上岸，在肯特郡和萨塞克斯郡境内，几乎没有什么能够阻拦他们。如果没有必要，希特勒也不想武力入侵，他的确对被击败的敌人提出了自认为合理的和平条款。拒绝这些条款的不是丘吉尔或者他手下的某位大臣，而是一个自作主张的 BBC 播音员。而且，德国入侵英国的"海狮计划"究竟能否成功，是一个无法回答的问题。对于一场海上入侵来说，德国军队装备不足，仍然依赖于马匹运输，而且当时也没有足以同英国皇家海军相匹敌的战舰的支持。这将是另一场巨大的赌博，而当时的希特勒是一个手气正旺的赌徒。

不列颠之战是战争爆发以来这个国家取得的第一次真正的胜利。它使得英国皇家空军从最无足轻重的部门一举变成了民族英雄。它让所有生活在英格兰南部的人意识到，这是一场不同于以往的国家战争，是真正在自己国家的领土上进行的。就像"停止进攻"的命令使得英国远征军在敦刻尔克成功逃脱一样，常常有人说英国是因为德国的另一个错误而得救的，即戈林决定将空袭目标从英国皇家空军的机场转向伦敦。然而，这种转变的发生并不像历史记录中那样分明，一些最艰难的战斗是在闪电战开始之后进行的。考虑到英国成功的雷达系统、飞机生产能力和杀伤率，即使纳粹德国空军的袭击再持续几个星期，英国皇家空军也不会被摧毁。但在当时，前景并不清晰。疲惫产生了影响。眼前的经验表明，战争中的屠杀是民主分配的：英国可能不会遭遇陆上入侵，但是仍然可能面临轰炸。就如同疏散也是一种失败一样，防御的成功也并不等于胜利。英国人从来没有对时事如此充满热情，然而值得注意的是，在 1940 年夏天，只有 3% 的人认为自己的国家将会输掉这场战争。

闪电战纪事

——

　　如果"闪电战"指的是对伦敦的轰炸，首先是1940—1941年的飞机轰炸，然后是1944年的飞弹和火箭轰炸，那么这种闪电战显然发生了不止一次。几乎每一个主要的工业城市和许多小城市都遭到了轰炸。从贝尔法斯特到埃克塞特，从克莱德班克到赫尔，今天的街道和城市布局仍然反映着发生的一切。但第一次闪电战是针对伦敦的。世界上已经发生过很多次剧烈的空袭，有西班牙内战期间的格尔尼卡空袭，还有波兰战役和对鹿特丹的袭击。然而，从1940年9月开始，第一次有人真正试图通过轰炸平民让一个国家的国民士气崩溃，最终投降。在某种程度上，英国已经对此做好了准备。25万名志愿者被组织起来，担任管理员、消防员、护士，甚至组成了业余拆弹队。一个全国性的民防和空袭保护体系正在运作。公共避难所已经备好，尽管后来证明它们的数量仍然远远不足。安德森掩体和莫里森防空室是内衬钢材的室内掩体，已经被广泛分发。许多人悄悄地离开了伦敦，到1940年11月，整个城市中已有大约1/4的人离开。在伦敦东区的一些街道，大多数人在轰炸开始前便已离家。疏散也发生在另一个层面。查理一世国王曾经丢掉了自己的脑袋，如今差点又丢了一次：范·戴克绘制的他骑在马背上的巨幅画像是英国伦敦国家美术馆在此期间转移出去的海量收藏之一，其目的地是威尔士一个板岩采石场里的洞穴。这幅画不小心卡在了一座铁路桥的下面，人们没有毁坏绘画，而是把桥拆掉了一部分。各种贵重物品，包括公共和私人物品，都被悄悄运出了首都。第二批疏散的对象是儿童和一些妇女，到1941年年底，有125万人被带到农村或小城镇。每个主要人口中心都有空袭警报系统在运作。

当轰炸真正到来的时候，并没有战前预言家所说的那么致命。德军使用的是轻型轰炸机，最初是为支援军队而不是消灭城市的目的设计的。第一个斥巨资在重型轰炸机上的国家是英国而非德国。然而，轰炸的影响是难以言表的。一个人可以罗列出成千上万个冷静的词汇来讲述恐怖故事，但还是无法触及真实的体验。数百人被碾压埋葬在地铁站里，或者死于直接的撞击，或者死于恐慌导致的踩踏；人们被掉落的平板玻璃切成两半；街道上横躺着孩子们的尸体碎片；老人到处流浪，因为失去家人而变得疯疯癫癫；一筐筐的人体碎片被送到停尸房，进行拼接鉴别；孩子们被活埋了好几天，身边是死去的父母。德军的轰炸和后来的火箭袭击共导致 6 万人死亡，其中半数死于伦敦，4.3 万人死于 1940—1941 年。约有 23 万人受伤。在前 6 周里，就有大约 25 万伦敦人失去了自己的家园。在死亡和破坏的统计数字之余，还有恐惧、肮脏、屈辱和厌倦。人们无视政府的建议，涌入地下铁道居住，那里最初毫无卫生设施，没有水，没有适当的通风和隐私，是一个虱子遍布、恶臭难当、毫无尊严的地下世界，其气味让后来者感到窒息。在战后，偶尔也有一些白痴政客扬言要将这里或那里的人"炸回石器时代"。而在当时，数千名伦敦人已经成了名副其实的穴居人，在肯特郡古老的奇斯尔赫斯特洞穴里露营——每晚都有专列。其他人则住在铁路的拱桥下。斯特普尼的蒂尔伯里拱桥下塞满了各个种族的人，肮脏不堪，甚至引来了观光客驻足围观。社会等级的另一端是那些最有特权的人，他们可以在多切斯特酒店的土耳其浴室里找到避难所。但阶级并不是保证书：白金汉宫曾三次遇袭，豪华的巴黎咖啡馆遭受了直接打击，当时那里挤满了在摇摆乐队伴奏下跳舞的狂欢者，伤亡惨重。

在伦敦闪电战最糟糕的日子里，有超过 17.5 万人睡在地铁里。在他们头顶上，消防员（他们之中有 700 多人死于空袭）、防空队员、护士、妇女志愿服务队、救护车小组、警察和拆弹队以无畏的勇气行动着，进行灭火、挖掘、包扎、喂养、安抚和掩埋的工作。大火四处燃烧，断裂的电线和水管、下水道和电缆都需要修补。尽管有饵雷装置，但还是挖出了未引爆的炸弹：圣保罗大教堂之所以能幸存下来，是因为有两个人不服从命令，挖得很深，最后找到一颗很可能会炸死他们的巨大炸弹。1941 年 5 月 10 日，在对市中心进行了一次特别猛烈的毁灭性袭击之后，第一次伦敦闪电战结束了。那时，下议院被摧毁，威斯敏斯特教堂、伦敦塔和大英博物馆遭到撞击，大英博物馆成了书籍的地狱。无可替代的艺术品、记录、雕塑和建筑都消逝了。英国皇家外科学院遭到三次直接轰炸，甚至一块世界级的化石收藏也被炸成了碎片，恐龙和已灭绝的哺乳动物的尸骨散落在当地的花园里。发生了 2 000 多次大火，造成 3 200 人伤亡。许多道路和大部分铁路线都被截断，消防员花了 11 天时间奋力扑灭大火。这一切结束之后，伦敦已经发生了彻底的变化。但是 1944 年这座城市还将经历第二次袭击浪潮，先是飞弹，然后是战后时代的先驱 V2 火箭。炸弹如雨点般坠落，又杀死了 8 000 人。克罗伊登曾经是一个美丽的市镇，后来发展为一座混凝土大都市，它所受到的打击尤为严重。

尽管伦敦的情况最糟，但按照比例来看，它的损失并不一定比其他遭受闪电战袭击的城市更大。以考文垂为例，1940 年 11 月 14 日晚，德国轰炸机使用交叉无线电波和燃烧弹引导轰炸，令考文垂失去了老城中心的大部分地区、1/3 的房屋、大教堂和铁路连接，这一事件尤其令人痛心。它是一个相对较小的城镇，人们感到它已经失去了自己的灵魂，到处都是恐慌、歇斯底里和混乱。那么克莱德班克怎么样呢？它拥有 1.2 万栋房屋，袭击发生之后，只有 7 座完好无损。那里的人口从

4.7万下降到了2 000人。普利茅斯遭遇了两夜的闪电战,被彻底摧毁。多数房屋都遭受了两次袭击,以至于遇袭数字超过了房屋的总数。据估计,大约有5万人长途跋涉来到乡村,在谷仓中、田野里,甚至就在达特穆尔高地上睡觉。但默西赛德郡、伯明翰和布里斯托尔也遭受了同样严重的打击,还有人认为赫尔才是受灾最严重的城市。重点在于,闪电战遍及整个英国,恐惧和不安从苏格兰北部延伸到英格兰西部乡村,甚至也抵达了非工业化的小型城镇。尤其是在英国对古老的吕贝克港进行轰炸之后,德国以著名的"按图索骥大轰炸"(Baedeker raids)作为回应,按照旅游手册专门挑选出历史名城和风光秀丽的城镇进行轰炸。正是在此时,民众才感受到了这场"人民的战争"。

全民皆兵

士气并没有崩溃。那个有关快乐的伦敦人"接受一切"继续前行的神话也许只是夸张的宣传,但是只剩下三面墙的商店仍在继续营业,招牌上还写着"比平时更开放";工人们挣扎着从被毁坏的房屋赶回工厂。这些故事都是真实的。闪电战可以被比作一次严重的疾病,影响了大部分人。它会导致睡眠不足、疲惫、对未来的恐惧、愤怒和迷茫。就像在医院的病房里一样,它让除了不幸以外毫无相同之处的人们聚在了一起。它提供了一个单一的话题,而且就像某些慢性疾病一样,它实际上给了很多人一个生活的主题。在战争年代,自杀率下降了;根据现有的估计，抑郁症也有所减少。它肯定没有摧毁英国的战斗意志，也没有阻碍战时经济的发展。即使在最支离破碎的城市，比如考文垂、布里斯托尔和南安普敦，劳动生产量也很快就恢复到正常水平，轰炸反而激励着工人加紧工作。然而到了 1943 年，英国向德国投掷了 15 倍乃至更多倍于 1940—1941 年纳粹德国空军投掷的炸弹，显然是错误地认为，虽然轰炸在这里不起作用，在那里却一定会发挥作用。

闪电战的政治影响是什么呢？它显然把整个国家绑在了一起。当然并不是整个国家都一样，都以同样的方式受到影响。我们应该对英国人完全团结一心、具备独一无二的勇气或毅力这样的观点持谨慎态度。当远离英国本土、更靠近法国的海峡岛屿在 1940 年被遗弃给德国人时，岛民们的举动和法国、比利时或荷兰占领区的人们非常接近。由于没有军队，他们没有试图进行抵抗，当一支小规模驻军抵达时，发现大多数房前都飘起了白旗。代表当局的议员、邮递员、教师和警察与德国人进行了合作。国王的画像仍然悬挂在墙上，在战争的大部分时间里，英国货币也继续流通。泽西岛和根西岛上的少量犹太人被送往大陆的集中营。这两座岛上都有女孩同德国人发生关系，有的还生了孩子。也存在反抗的例子，有几位英雄和几个彻底的叛徒。一些岛民冒着很大的风险帮助被调遣来的奴隶劳工建造大西洋壁垒抵御入侵，而其他人则在黑市工作，过着快乐的生活。战后，许多事都被遗忘了。从其他欧洲人的行为中可以看出，所有这一切都在意料之中：这表明英国人并没有什么不同。

值得记住的还有，这已经是一个缩小版的联合王国了。南爱尔兰已经独立，并将保持中立。1938 年，不顾丘吉尔的强烈抗议，英国放弃了使用爱尔兰的"条约口岸"科夫、贝雷岛和阴影湖的权利，战争到来后，新生的爱尔兰共和国也拒绝重启对该问题的谈判。爱尔兰人在一定程度上依赖于大西洋护航队，这个决定让他们的旅程变得更加危险了：丘吉尔甚至考虑过进行报复性的封锁。在战争开始的那一年，考文垂遭到的第一次炸弹袭击并不是来自纳粹德国空军，而是来自爱尔兰共和军，他们在一个购物中心里杀死了 5 个人。那一年，在伦敦、布莱克浦和利物浦，爱尔兰共和军又发动了其他恐怖袭击。就像在"一战"时一样，德国特工在爱尔兰非常活跃。1941 年，英国甚至派出了 4 个师的兵力前往北爱尔兰，以防敌军从南部发动入侵。[1]1945 年，当希特勒最终在地下室中自杀时，都柏林政府通过德国大使馆表达了哀悼之情。然而另一方面，至少有 15 万爱尔兰公民在英国参与了战争工作。由于担心在北爱尔兰征召民族主义者所带来的政治影响，英军在爱尔兰的任何一部分都没有进行征兵。有趣的是，来自爱尔兰共和国的志愿者反而更多，大约有 5 万人，而面积较小的北爱尔兰提供了 4.2 万人。

在苏格兰和威尔士，战前的民族主义情绪也得到了抑制。苏格兰民族主义领袖之一道格拉斯·扬（Douglas Young）认为纳粹会赢得战争，他拒绝服兵役，打起了一场漫长的法律之战。1944 年在柯科迪，他差一点就赢得了补选，苏格兰民族党在接下来的一年里也的确做到了这一点。由于"剩余妇女"被征召送往英格兰参与战争相关工作，在苏格兰也出现了怨恨之情和小型的运动，反对把无辜的苏格兰女性派往南方。德国人认为值得创建一个专门针对苏格兰的宣传站——加勒多尼亚电台，还梦想着招募威尔士民族主义者来支持他们的事业。在战争爆发之前，威尔士党的积极分子确实攻击过英国皇家空军的轰炸机基地。然而，英国被包围所带来的命运相连的感觉，再加上持续不断的爱国宣传，产生了强大得多的效果。BBC 正处于其权势的巅峰。战争影片对苏格兰人和威尔士人极尽关注，由总部设在邓迪的汤姆森公司制作的战

---

[1] Calder, *The Myth of the Blitz*.

争故事片自然也是一样。苏格兰最伟大的战时政治家汤姆·约翰斯顿（Tom Johnston）开始创建公共工程，并利用民族主义的威胁从丘吉尔那里得到自己想要的东西。只有当军人带着在法国、意大利、北非和远东的共同故事返回家园后，"我们全都在一起"的信念才会得到强化；而落在威尔士南部和英格兰南部、克莱德河和泰晤士河的炸弹也并无不同。在战后的几年里，统一派政党达到了空前的巅峰，这并非巧合。保守党在 20 世纪 50 年代主导了苏格兰的政治。

然而战争带来的最大的政治影响还是在于阶级差异。在军队中，在民防领域，曾经的社交新秀和曾经的女仆在工厂的长时间轮班中一起制造炸弹，不同的口音开始在战场上和防空洞里渐渐融合，曾经的差异变得略微没那么重要了——只是略微，戴安娜·米特福德就差点被赶出自己在空袭时的工作岗位，因为其他女性对她的声音忍无可忍。税率飙升：在战争早期，所得税就上升到了闻所未闻的 50%。随着熟练工人在关键工厂里长时间工作，他们的收入也增加了。同时，可供花钱的东西更少了，还有着无穷无尽的爱国储蓄计划，可支配收入的不平等程度大大降低。除了身处最顶端、大部分人根本见不到的少数人，着装、饮食和生活方式上的区别都变得模糊了。最为重要的是，闪电战微妙地削弱了长久以来的统治者的威信，因为正是他们把国家带到了这个地步，而同时闪电战又增强了被统治者的信心。随着轰炸的继续，英国官方变得更加有组织了。铺位被安置在地铁站；设置了收容所和休养所；更大的避难所开始兴建，尽管为时已晚，没有派上用场；拆除和清理工作也在进行。防空炮台被安置在重要的城市区域，极大地鼓舞了人们，尽管被掉落的炮弹碎片砸死的平民比被炮弹击落的德军机组成员更多。

然而，位于前线的民众也仍然是民众，那些帮助民众的人主要都是志愿者，他们也是同样的民众，从街道、工厂、办公室或俱乐部而来，只是现在戴上了钢盔和臂章。主要多亏电视喜剧片，让我们记住了英国地方军，这个组织比其他组织的人数更多，最初叫作当地国防志愿军，是在闪电战最激烈的时期建立的。在陆军大臣安东尼·艾登通过电台进行呼吁的几周后，150万因为年龄或职业原因不能直接参加战斗的人，投入了保卫英国不受侵略的事业。每一个阶层的人，从退休的将军到乡村里的偷猎者，从煤矿工人到学校教师，从左翼铁路工人到前任印度帝国统治者，都接受了初步的指挥。最初，大多数人都没有制服，只有臂章，在列队行进时戴着圆顶礼帽、普通帽子或者猎鹿帽，而不是头盔。他们的武器装备很简陋，这也是当然的，因为撤退的正规军本身也缺乏武器。在乡村地区可以找到猎枪，但是英国地方军确实曾在全国各地用长枪、高尔夫球杆、鹤嘴锄，还有木头雕刻的"枪"来对付那些粗心大意的人。兰开夏郡的一个小队拥有步枪，其历史可以追溯到维多利亚时代中期，也就是克里米亚战争和印度民族大起义时期。他们甚至还有矛。

英国地方军既危险又有用，尽管这两者很少同时出现。说他们有用，是因为他们守卫着无穷无尽的海岸线、火车站、桥梁和工厂，如果没有他们，这些事务将会耗尽正规军的兵力。说他们危险，特别是在早期，是因为他们倾向于向各种各样的物体开火，从夜间游荡的隐约可见的牛群，到没能听到声音及时停下来的汽车，不少司机和无辜的动物都被杀了。在闪电战中，他们帮助进行了民防、救火、把人们挖出来以及引导幸存者前往安全地带的工作。战争后期，他们获得了军装制服、靴子和头盔，也有了步枪甚至机枪，并学会了使用它们。他们有了高效的交通工具，并且成了一个更年轻的组织，大量青少年加入其中，在应召加入全职军队服役之前就接受了半军事化训练。他们之中有骑兵、沼泽地专家、河流巡逻队，甚至还有海军陆战队。他们也有军乐队，服役于防空部队，并对在练习赛中挑战全职军人产生了极大的热情。毫无疑问，对于许多人来说，英国地方军成为男人们一种令人满意的替代生活方式，半是俱乐部，半是一种孩子气的冒险行为，有助于缓解战争带来的苦闷。英国地方军还将不同阶级混杂在一起，银行经理和管理人员会发现自己受到了邮递员或工厂工人的检阅，于是略微动摇了阶级划分。这也是人民战争的一部分。从手握长矛的志愿军到志愿消防队、拆弹队、女工和护士，这种"自发参与"是对独裁者战争的回应。除了不列颠之战、闪电战和随之而来的社会剧变，它还是一种真正的全民体验。官方宣传认识到了这一点：在电影和广播中，消防队员和工厂工人取代了将军和大臣，占据了中心的位置。

对抗封锁

———

　　虽然联邦和帝国还在，但在 1940—1941 年的大部分时间里，英国是"独自屹立"的。生活迅速变得更单调、更艰难、更平等。配给制最初很受欢迎，后来却广受憎恶。在不列颠之战期间，丘吉尔曾警告粮食大臣伍尔顿（Woolton）勋爵不要追随战争风气："输掉战争的方式，就是强迫英国公众接受牛奶、燕麦片和土豆等饮食，最多在节日里再加点柠檬汁。"这指的是"基础菜单"这一极端计划，如果出现最坏的情况，该计划能帮助人们维持健康。伍尔顿本人很受欢迎，他比丘吉尔更了解自己的工作。他在战前曾是百货公司大亨，再之前还做过社工。他以弗雷德里克·马奎斯（Frederick Marquis）之名在利物浦的贫民窟生活的时候，就对饮食产生了浓厚的兴趣，因为他隔壁的邻居死于营养不良。他给自己定下的目标就是：确保每个人目前都有足够的食物，即使是单调的食物。由萨沃伊酒店的主厨发明的"伍尔顿馅饼"也许是最著名的例子，它由蔬菜、燕麦片和全麦面包混合而成。即便如此，伍尔顿的名声依然未受影响。他的诀窍是食品教育再加上严格的公平，结果使得学校的免费午餐、儿童的免费牛奶和两岁以下儿童的免费果汁大量增加。在遭受围困的过程中，英国的穷人反而变得更加强壮和健康了。

1940 年秋，食物还是很容易弄到的，特别是肉。公平而易于理解的积分制度最早被用于糖、熏肉、人造黄油和茶叶。那时 U 型潜艇舰队的规模仍然较小，才刚刚开始转移到法国的港口，在那里它们将会造成最严重的破坏。战前每年能够运输进来 5 500 万吨食物，到了 1942 年只能运进来不到一半了。定量配给制度在稳步扩大，涵盖了肉罐头、蔬菜罐头、三文鱼罐头、水果干、炼乳、豌豆罐头、早餐谷物、饼干、糖浆和燕麦片。这一制度之所以广受欢迎，是因为当时人们对于富人产生了广泛而合理的怀疑，认为他们并没有和大家分担痛苦，享用着普通家庭享受不到的奢侈的野味和罐头食品。非营利性质的"英国餐馆"是在闪电战中涌现出来的一个点子，由地方当局在 2 000 多个地点提供廉价的自助餐。但是说来也许有些奇怪，普通的餐馆也在继续开着。

战争时期的日记表明，许多条件优越的人的确在很长一段时间里能够大吃大喝。丘吉尔的私人秘书乔克·科尔维尔在 1941 年 2 月一份关于"国内意见"的审查报告中注意到："很多人都期待这场战争将会终结阶级界限，废除巨大的财富不平等。这里并没有反民主的情绪。配给和短缺对富人的影响微乎其微，因为他们可以支付额外的价格，在供应充足的餐馆里就餐，这一事实理所当然地引发了一些不满。"战争期间，啤酒、面包、土豆和烟草并未限量供应，但伍尔顿和克里普斯大力推荐馅饼、乱炖、假冒的甜点和高糖蛋糕等灰色食品，再加上宣传册、传单、报刊广告和广播的一大波宣传攻势，最终把大多数人都逼疯了。马肉、海鸟肉、鲸鱼肉和其他令人不快的意外之物都可以在厨房里找到。黑市经济开始繁荣起来。

食物是最重要的配给品，但很快，私人汽车开始难以获得汽油，服装也遭到了严格控制，还有家具、瓷器和化妆品。为了提高生产效率，生产产品的范围被大幅削减。1942年，出现了使用有限种类的面料制作的"实用类"服装，扣子和褶裥的数量不能超过上限，内衣的种类也受到了限制。女人们发现大多数装饰品都被禁止了，裙子变短了，夹克也变得更加四四方方。男人们不仅很难买到剃须刀片，还发现自己身上的口袋减少了，裤子没有了翻边，长袜子也不见了，衬衫短到根本塞不进腰带里。大多数样式的家具停止了生产，取而代之的是有限的几种"实用"设计。杯子只有白色的，通常没有把手，铅笔的式样仅剩下几种，床上用品和家居用品也一样。任何形式的"无用之物"都会受到官方的谴责，甚至玩具也被列入了禁止生产的名单。所有这些规则都是由全新的国家机器制定并监督执行的，其严谨和关注细节的风格同战后斯大林治下的苏联有些相似。

这些措施之所以能够被接受，不仅仅是因为在这个被围困的国家需要团结起来时，它们似乎可以减少阶级分化，还因为这是不言而喻的必要选择。为了保持通往英国的航路通畅，有超过4万名商船船员被淹死、炸死或烧死。大西洋之战在U型潜艇和飞机、护航舰队和水雷、德国突袭舰和小型护卫舰之间展开，双方都在发明和对抗新技术，形成了一场永无止境的成功和失败间的拉锯战。这就是真正的围困。丘吉尔和希特勒都设想过由古老的大型战舰主导的海战，他们两个都错了。有一些海盗式的战斗，特别是相对较新的德国俾斯麦号击沉了一艘已经过时的大型战列舰胡德号，随后又被英军追逐并击沉。在太平洋战争中，美日海军之间的对决非常重要，展示了空中力量对水面舰队的压制。而在对英国最为重要的大西洋，大型水面舰艇只是配角。生死存亡的斗争是由邓尼茨（Karl Doenitz）海军上将领导的，他是 U 型潜艇舰队的领导人，基地位于布列塔尼一个沙丁鱼商人的别墅里。另一方则是英国的一名患有脊髓灰质炎的民事律师罗杰·温（Rodger Winn），他和一名特许会计师一起运行着英国皇家海军的潜艇追踪室，这个部门设在唐宁街附近一座丑陋的混凝土建筑里。双方的虚张声势、策略改变、秘密拦截，和整场战争中的其他部分一样，对于维持英国继续战斗至关重要。

到战争结束时，德国人建造的 1 157 艘 U 型潜艇已经损失了大半。在全球海洋中，被潜艇击沉的船只超过 2 280 艘，大部分是被 U 型潜艇击沉的试图抵达英国的商船。双方都犯下了严重的错误。如果希特勒能早点认识到 U 型潜艇拥有决定战争胜负的力量，投入更多资金来建设和改进其舰队，他本可以在 1941 年春，美国准备参战之前，就让英国的食品和燃料供应断绝；而如果英国使用更多飞机与 U 型潜艇作战，而不是去轰炸德国的城市，那么也许可以一举摆脱 U 型潜艇的威胁，挽救成千上万海员的生命。然而战争总是一场关于错误和远见的竞赛。双方都开发了新技术，从德方的令 U 型潜艇可以在水下进行长距离航行的换气装置，以及更加致命的水雷，到盟军精密的机载雷达、深水炸弹和密码分析。微小的变化可能导致巨大的影响。

举一个例子：对德国恩尼格玛密码机的破解以及对秘密交通体系的开发，是由布莱奇利公园的英国学者、国际象棋大师、数学家、语言学家和军事人员共同完成的，这是战争中最著名的有关科学成就的故事之一。（我们应该记住的是，波兰数学家和特工、法国间谍、英国海军登船队、懒洋洋的德国情报官员，也都是恩尼格码传奇的一部分。）如果没有截获恩尼格玛密码机发送的情报，潜艇追踪室就是半盲状态。这种机器的工作原理是用三个转子来加密信息，1941 年夏天，德国人开始怀疑密码已经被破解了，于是增加了第 4 个转子，极大地增加了破译密码的难度。盟军的航运损失随之增加了 4 倍。[1] 最终，新型雷达系统、新型反潜火箭、新型深水炸弹和新型英国海军密码共同击败了邓尼茨的"群狼"战术。在 1941—1942 年该战术最为致命的阶段，U 型潜艇的指挥官和海员都成了德国的名人。但后来，U 型潜艇的损失越来越大。随着空中掩护覆盖了大西洋上的空隙区域，U 型潜艇的杀伤率急剧下降，直到战争的最后一年，大多数曾经足以赢得战争的潜艇都成了出不了门的靶子。

这场造成了众多海洋垃圾、充斥着恶劣天气和科学应用的战斗产生了直接和立竿见影的效果，不仅影响了英国人的食物和衣着，还改变了英国的样貌。上千万张海报和传单都在宣传"为了胜利而挖土"。公园、运动场和草坪都被挖开种上了蔬菜。近 7 000 家"养猪俱乐部"涌现出来，在国内饲养肉猪。到了战争中期，大约 1/4 的新鲜鸡蛋都来自那些在花园里建起铁丝围栏和鸡笼的人。大约 60 万处额外的农园是由草坪、花坛和荒地改造而来。兔子和老鼠面临一场艰难的战争：著名的妇女土地服务队一共有 8 万名成员，其中 1 000 人全职负责捕鼠。但这一切根本无法与主流农业的扩张相比。被开垦耕地的面积增加了一半，种植土豆的土地翻了一倍，种植小麦的土地增加了 2/3，几乎恢复到了维多利亚时代中期那个田园英国的状况。丘陵地、果园和高尔夫球场都被占用了。这和过去的日子不太一样。英国的农业如同德国的军队一样，仍然主要是由马力驱动的。到战争末期，仍然有超过 50 万匹马在地里干活。与此同时，拖拉机主要是从美国进口的，数量翻了两番。挖

---

[1] 见 Deighton, *Blood, Tears and Folly*。

掘机、新肥料和更大的田地面积提高了产量。遍布农场的声音可能是女人的伦敦腔、粗犷的格拉斯哥口音，甚至还有外语：上万名意大利和德国俘虏被雇佣进行收割、挤奶、剪羊毛和播种的工作。

因此，即便是英国最宁静、最后方的地区，也感受到了战争以及 U 型潜艇和护航队的长期战斗的影响。在 1939 年，英国的乡村地区陷入了萧条和贫困的状态。除了伤感小说家所写的关于撒克逊村庄和幽默乡巴佬的故事，很少有作家笔下会提到这些地区。无论是轻型工业和消费主义的新英国，还是发出抗议的左翼分子，都忽视了从事农业的那部分英国。它被留给了苦苦挣扎的农民、猎狐者和假日观光客。大多数农场没有自来水供应，只有 1/4 的村庄通了电。极低的农场工资，地面泥泞的小屋，最低限度的教育，逐渐老化的村庄，这些在全国大部分地区都很常见。1940 年，为了帮艺术家找点事做，也为了保护传统的水彩画和素描技艺，政府开启了一项深谋远虑的计划，要记录被纳粹德国空军破坏之前的英国。劳工大臣利用美国的慈善捐款，雇佣了约翰·派珀（John Piper）、肯尼思·朗特里（Kenneth Rowntree）和菲利斯·戴蒙德（Phyllis Dimond）等人进行这项工作。

他们的作品组成了一部辉煌而浪漫的画册，但它并不是关于英国的，而主要是关于英格兰，尤其是乡村英格兰的。英国伦敦国家美术馆馆长肯尼思·克拉克爵士列出了一些主题分类，包括"大片土地上的美丽风景、即将拆毁的古老建筑物、年久失修的教区教堂"以及乡间别墅和公园，因为"这些东西中很多在战后都将被遗弃，或者会倒塌，或者被改造成疯人院"。[①] 它们可以构成迷人的画面，但根本不是纳粹德国空

---

① David Mellor, Gill Saunders and Patrick Wright, *Recording Britain*, David & Charles/V&A, 1990.

军的中心目标。在战争期间，人们对英国乡村的印象与其真实情况之间的差距既拉大了，也缩小了。对旧式乡村的感怀，夏尔马的形象，在古老教堂的屋檐下飞行的燕子，都被用来鼓舞士气。然后，志愿农场工人、土地服务队的女孩、业余养猪人和被疏散的人，这些城市居民开始惊讶地了解到乡村生活的真相。很多人甚至刚刚发现，原来牛奶产自奶牛，而土豆并不是长在树上的。

决胜沙漠战场

━━━

　　动摇丘吉尔地位的政治挑战是由军事失败直接引起的，对于这次失败，他本人也负有部分责任，但并非全都怪他。他是一位伟大的领导人，一位伟大的政治家，但从来不是一位伟大的将军。加里波利是梦想家的一意孤行，挪威那次也一样。的确会有人花费了太多的时间来研究地图，结果适得其反。在法兰西战役的最后几天，丘吉尔的想法过于乐观，完全不顾军事力量的现实，寄希望于法国坚持抵抗。他与将军们争论不休，直到英军被击败撤退。在希腊和北非，这种模式仍然延续下来。在今天，尽管"沙漠之鼠"蒙哥马利、隆美尔和阿拉曼战役已经成了我们民间传说中的一部分，但人们常常模糊地认为利比亚和埃及的战役只是幕间的杂耍表演。美国和苏联经常会这么说，但事实并非如此。如果英国在战争早期就彻底击败意大利的沙漠部队（这是很有可能发生的），那么接下来两年的战斗就都可以避免了，到 1941 年，纳粹欧洲的"柔软的下腹部"面对反攻将会门户大开;另一方面,如果英国军队被隆美尔从埃及驱逐出去(这也是很有可能的),那么德国就可以从高加索和北非发动钳形攻势,实现拿下中东油田的愿景,为希特勒赢得战争。这一盘赌注极高。

热爱诗歌的帝国将军阿奇博尔德·韦维尔(Archibald Wavell)是在布尔战争时期开始战斗生涯的,北非的第一场战役便由他领导,取得了惊人的战绩。在埃及,过时的意大利军队向过时的英国军队挺进。然后,在奥康纳(Richard O'Connor)将军的指挥下,大胆的英国和印度部队通过闪电战一举把意大利人赶了回去,并乘胜追击。一场快速突袭开始了。在这场长达 62 天的战役中,英国坦克部队和澳大利亚步枪部队创造了非凡的英雄事迹。1941 年 2 月战役结束时,大英帝国军队已经向前推进了 500 英里,俘虏 13.3 万人和数以百计的坦克。然而,就在韦维尔的军队终于即将在北非终结意大利人的进攻之际,丘吉尔命令他转而帮忙保护希腊人。希腊也遭到了墨索里尼军队的攻击,而且也非常有效地击退了他们。但是现在,德军在巴尔干半岛的新盟友的帮助下,准备取道南斯拉夫夺取希腊。就像试图保住法国一样,丘吉尔也试图让希腊继续作战,他命令韦维尔派遣 6 万名士兵击退德国人。虽然有着英国皇家空军和坦克部队的支持,但当时英德飞机的数量比是 1∶10,远远低于不列颠之战中的比例,坦克也坏掉了不少。英国、澳大利亚和新西兰军队毫无获胜的机会。他们迅速地被轻易击败,很快撤退到克里特岛,上演了一出地中海上的敦刻尔克,只是少了令人振奋的政治宣传。克里特岛对各方来说都是重要的中转站,在随后的一次大胆、血腥、对于英国人来说非常耻辱的战役中,它被德军伞兵占领了。尽管德军取得了成功,但是伞兵损失惨重,因此德军后来再也没有尝试过大规模的伞降突击;然而这一点显然被盟军忽略了,他们反而开始训练伞兵,试图模仿德军。

与此同时，当英国和英联邦军队在利比亚的班加西等待命令再次向前推进，准备把意大利人干掉的时候，出现了一个小小的问题。这个问题的名字叫作埃尔温·隆美尔。隆美尔是德国的军事名人，希特勒派他来领导新成立的非洲军团，帮助镇守意大利战线。韦维尔手下的高级官员认为，在沙漠中，由于燃料和水的供给线很长，德军不太可能发动早期进攻。然而在数周内，隆美尔便向前冲锋，迫使筋疲力尽的英国军队慌忙撤退。在短短的三周时间里，他就收回了奥康纳从意大利人手中赢得的所有领土，包围了守卫托布鲁克的澳大利亚军队和其他人，开始了一场长达 6 个月的围城战。德军将凶猛的 88 毫米高射炮当作反坦克武器，粉碎了英军的反击。丘吉尔将韦维尔撤职，任命了一名来自印度军队的新指挥官克劳德·奥金莱克（Claude Auchinleck）将军，命令他发动新的攻击。但奥金莱克和韦维尔一样，认为必要准备不足，拒绝发动进攻。

同时，隆美尔还准备进行另一场强攻，把英国军队赶出埃及，使得德军进入油田。从理论上讲，这将是一个足以赢得常规战争的开局：对英国来说，开罗是整个冲突的关键地点，连接着地中海、印度、石油和非洲，失去埃及将会带来灾难性的后果。如果隆美尔从希特勒那里得到了他想要的坦克和部队，这一切完全有可能发生。隆美尔眼下正是纳粹领导人的狂热拥护者，然而当他去拜访希特勒时，却奇怪地发现希特勒心不在焉，对于沙漠战役的未来没有什么明确的想法。这并不令人感到意外，因为希特勒正在进行更大的计划。1941 年 6 月，他对苏联发动入侵，用 300 万人开始实施巴巴罗萨计划，这一手最终导致了他的战败。在战争中牺牲的德军士兵中有 4/5 都是死于苏联前线，而且这使得英国获得了其两个主要盟友中的第一个，也确保了隆美尔永远不会得到坦克、石油、人员和装备，这些都是他在地中海击败英军所必需的。但在 1941 年年初，所有这些尚不明朗，更不确定。与此同时，隆美尔打算从夺取托布鲁克开始自己的计划。

众所周知，他发现这件事并不容易。11 月，一场期待已久的英军反攻终于开始了，从长期包围中解救了孤立的守军。世界格局正在发生变化。就在 1941 年 12 月隆美尔下令部队撤回的同一天，日本袭击了位于珍珠港的美国太平洋舰队。4 天之后，美国参战，英国得到了第二个也是至关重要的盟友。1942 年 5 月，隆美尔重新振作起来，一如既往地大胆发起了反击，最终拿下了托布鲁克，用规模很小的部队俘虏了 3 万名英军士兵。这是一条羞辱性的新闻，对丘吉尔来说尤其苦涩，因为他是在美国访问期间从罗斯福总统那里得到这个消息的。丘吉尔的回应是赞赏了隆美尔的聪明和传奇般的智慧："我可以说，在战争的浩劫中，这是一位伟大的将军。"于是隆美尔也怪异地成了一个英国人的英雄。与此同时，这位伟大的将军已经穿越战争的浩劫，在眼前看到了通往开罗的道路。横亘在他道路上的是狭窄的战斗地带里最后一个关键的防守区域，位于海洋和沙漠之间的阿拉曼。奥金莱克正在那里为下一次战役积累兵力。我们知道政治和军事战略经常发生冲突，现在又是如此，而且导致了血淋淋的结果。丘吉尔急需一次快速的胜利。他的美国新盟友正在带领英美联军执行"火炬行动"，从西方登陆法属北非地区，绕到隆美尔的背后。为了丘吉尔自身的地位、英国的荣誉以及英军现在已经不大好听的名声，让隆美尔败于旧世界而非新世界之手是很重要的。

这并不是战争和政治纠缠在一起的唯一方式。如果德国人有一位标志性的军事英雄，那么英国也必须有一个。在 1942 年 8 月，这个人出现了，那就是总在进行气人的自我宣传、粗鲁但偶尔也会有杰出表现的伯纳德·蒙哥马利。丘吉尔对谨慎的奥金莱克失去了信心，就像他对谨慎的韦维尔失去了信心一样。他将奥金莱克和其他一些重要的将军撤职了。这些人不仅建立了第 8 集团军，而且制订出很多最终得到采纳实施的计划，后来蒙哥马利把这些功劳都据为己有。蒙哥马利是丘吉尔的第二选择——第一选择已经因为飞机失事而去世了。作为一名战略家，蒙哥马利甚至更加谨慎。在他的指挥官哈罗德·亚历山大（Harold Alexander）爵士的保护下，他利用自己的个性和自信让丘吉尔同意了推迟进攻时间，甚至比奥金莱克的计划还要晚。替代者享有特殊的权利。其他英国将军都是些短小精悍、传统守旧、沉默寡言的人；蒙哥马利则光彩四射、鼓舞人心，正是适合这个时代的名人将军。他是军方宣传人员和大众报纸的完美素材，它们把他塑造成了一个明星。

隆美尔的帽子上套着英国产的护目镜，站在德国装甲部队的坦克上摆姿势。蒙哥马利则在照片里戴着一顶软踏踏的贝雷帽，手持一架双筒望远镜，站在英国坦克上。[1] 这顶贝雷帽并不是他自己的主意，而是英国军队电影部负责人的想法，我们今天称这种人为政治化妆师。蒙哥马利言辞粗鲁，出现任何问题总是谴责其他人，自己则揽尽成功的名声。在他的总司令亚历山大爵士用词谨慎的回忆录里，对他进行了干巴巴的讽刺。但是在他的下属和英国公众的心目中，蒙哥马利是一位伟大的英雄，就像隆美尔在德国的地位一样。他的哄骗、鼓舞、嘲弄和聒噪都是以前的英国将军们从未有过的。许多曾经和他在一起近距离工作的人似乎都很讨厌他，巴顿（George Patton）将军就是其中之一，而且从个人角度来说，丘吉尔也不喜欢他。但是，蒙哥马利有一种赶尽杀绝的精神，他隐晦地称之为"放纵"（binge）。一次又一次，在沙漠战场以及后来的诺曼底登陆中，他在追击时总是行动缓慢，因此错过了很多好机会。他认为必须集合不可抗拒的力量，然后一举摧毁敌人。尽管戴

---

① Nigel Hamilton, *Monty, Master of the Battlefield, 1942–44*, Hamish Hamilton, 1983.

着松软的帽子，一直进行自我宣传，但蒙哥马利绝非一位绅士。

在阿拉曼战役之前，他既吵闹又安静。他的吵闹表现为在公开场合讲话时鼓舞士气，反对一切撤军的计划。他的安静则表现为默默接收和改进奥金莱克的战斗计划，并确保英国在空中力量、坦克和人员方面都占据压倒性优势。他拥有近 20 万名士兵，而隆美尔一方的人数是 10.4 万；他还拥有 950 辆坦克，其中很多是来自美国的新坦克，是罗斯福下令从美军中调拨过来的，而德国和意大利军队加起来只有 450 辆重型坦克。考虑到效率问题，他的优势甚至更加明显。多亏恩尼格玛密码机的破译者，他对于隆美尔跟希特勒说了什么了如指掌，经常能够在希特勒之前就读到德军的报告。即使是这样，他也有战败的可能。他很可能会被引诱到开阔地带，让性能更优的德国坦克能够更自由地发挥作用，虽然英军占据绝对优势的火力一定会使之成为一场硬仗。

1942 年 10 月 23 日，第 8 集团军实施大规模的炮火轰击，开始了一场为期 11 天的战斗，这场战役后来被誉为战争的转折点——尽管真正的转折此时正发生在东北方 1 500 英里外的斯大林格勒，那场战斗的规模要大得多。英国人通过绞肉战取得了血腥的正面突击进展，粉碎了非洲军团，病中的隆美尔匆忙从德国返回指挥这场战斗，被迫违抗希特勒“要么胜利要么战死”的命令，趁着还有一军完好无损时撤退了。为了破坏轴心国的一辆坦克，蒙哥马利能够承受损失两三辆坦克的代价，然后继续前进。尽管战役中有很多曲折，但本质上他就是这样做的。现在美军也参与进来。隆美尔拒绝了希特勒对德军离开北非在意大利重新集结的许可，非洲军团的大部分人员最终在漫长的追逐和战斗中被俘。如果丘吉尔和蒙哥马利把攻击推迟到美国军队从后方向隆美尔发起冲击的时候，那么死亡的人数会减少很多，但那将是非常丢脸的行为。蒙哥马利的传记作者和一些历史学家对此进行了反驳，认为阿拉曼战役之所以这么早开始，是为了削弱驻扎在突尼斯的支持贝当的法国军队的士气，从而帮助美军登陆。虽然动机很难在这么久的事后证明，但这似乎并不是一个很有力的论证。

英军的进攻是在美军舰队和登陆部队到达北非前两周发动的。这场战役的胜算很大。在大胆的战术推进方面，它并没有把英军变得与德军旗鼓相当——德国军官认为自己的对手反应迟钝、缺乏想象力、易于预测。但它确实表明，英国已经明白了协调空军、强大的补给线和压倒性力量的重要性，更不用说切断隆美尔许多供应的海军了。胜利对于英国人来说就像是一道突如其来的希望之光。BBC 的新闻播音员激动不已，忘掉了公司平静中立的传统："我将向你们宣读一条新闻，一条重大的好消息！"尽管在早期，作为总司令的亚历山大获得了该战役的大部分声誉，但蒙哥马利的名字很快便家喻户晓，使他一举成为全球名人。丘吉尔下令在英国各地敲响教堂钟声庆祝胜利。蒙哥马利受封为贵族，戴着他那顶即将众所周知的贝雷帽、穿着皱巴巴的套衫拍摄了照片。他的虚荣心变得更强了，但在接下来的战争里，他的名声给了第 8 集团军自信和鼓励，让他们一路追击德军穿过北非、西西里岛，进入意大利本土。第 8 集团军有自己的报纸、古怪的衣服和自嘲精神，它变成了一种公民军队，由一位新型的民粹主义将军领导。阿拉曼战役是英国和英联邦国家的一次伟大胜利，也是西方主战场上的最后一次胜利。因为从现在起，美国将与英国并肩作战，成为英国更高大、更富有、装备更好的年轻兄弟。此外，阿拉曼战役还在战争的低谷时期挽救了丘吉尔的声誉。就像他自己说的，在此以前只有失败，在此之后只有胜利。

事实上，最糟糕的失败并不是敦刻尔克（正如我们所看到的，这主要是法国的失败），也不是托布鲁克的投降，而是新加坡的沦陷，这是大英帝国在东南亚的主要堡垒。众所周知，这个岛在面向陆地的一侧并无防卫，1942 年 2 月，日本军队通过马来亚抵达这里。两艘英国战舰已经在一次袭击中被日本飞机击沉了，这主要应当归咎于战前英国对日本飞行员的训练。日军利用自行车快速移动，乘坐小船进行攻击，切断了英军和澳大利亚的联系，迅速控制了新加坡的淡水供应，这也就意味着驻军和民众已经无路可走了。即便如此，这也是一支 10 万人的军队在向只有 3 万人的日本军队投降。丘吉尔告诉一位老朋友，他担心"我们的士兵不是其父辈那样的优秀战士，我们在新加坡有这么多人，他们本应做得更好"。帝国总参谋部指挥官布鲁克直率地总结说，如果军队不能学会更好地战斗，那么英国活该失去自己的帝国。蒙哥马利的胜利表明，如果英军拥有物质上的优势和鼓舞人心的领导，也可以和在"一战"中表现得同样优秀。然而他们却一次又一次地陷入严重缺乏准备的境况，或者被更大胆的敌军指挥官所智取，或者因为简陋的装备而溃败。他们也是政治的受害者，不只包括多年的绥靖政策和对军队投资的缺乏，也包括战争爆发后丘吉尔的决定。在政治宣传、谈论胜利的过程中，在人们普遍认为"英格兰"最终绝不会输的情况下，这些显而易见的事实又渐渐回到了国内公众的视线中。

自由与独裁

战争时期的政治总是依赖于战斗的进展。最终，伴随着英国的胜利，国家重新在国内赢得了尊重。但在那之前，有一段漫长的牢骚、失望和抗议时期。政治不会停止，它只是被扭曲成了奇怪的形状，在当时就显得很陌生，现在则已经被遗忘了。国家变得更加重要了，它指导劳动、控制财产、安排日常生活的细节，而议会的作用则变得更小。对于1940—1945年的大部分时期来说，丘吉尔的公众地位实在太高，以至于下议院实际上放弃了制约首相的巨大权力。而且，尽管战时国民政府建立在1935年议会的基础上，从议员人数上看主要由保守党控制，但在战争结束时，政府主要是被社会主义或者至少也是中左派的观点统治着。渐渐地，选举产生的国内领导阶层让位给了没有经过选举的知识分子，包括白厅的官员。保守党曾经默许了张伯伦的下台，使自己缓慢地适应了公象般的丘吉尔。随后，他们又在敦刻尔克事件之后遭受了"罪人"论调的攻击。现在，保守党则发现真正的政府和自己几乎毫无关系，只是丘吉尔和他的一些亲信坐在政府的管理职位上，手下全是亲苏联的大臣、左翼规划者和基督教联邦的理想主义者。这一切是如何发生的呢？

我们必须从丘吉尔本人的立场开始讲起。确实，他把自己视为战时领导人，而不仅仅是一位首相。他长时间地研究军事地图、与将军们密谈，比他花在教育和健康问题上的时间要多得多。他并不是一位民主的独裁者，和流行的看法相反，他一次又一次地在辩论中失败。他反对服装定量配给，但最后让步了，因为他对于俾斯麦号的追逐战更感兴趣。他在1941年反对征募女性入伍，但是被否决了。在苏联参战之后，他反对在正式场合演唱《国际歌》，但是被无视了。他想要禁止被他认定为失败主义的内容，但其他人却觉得这些只是公正的评论。有一部根据漫画家戴维·洛（David Low）笔下的角色"百战将军"改编而成的著名电影，丘吉尔愤怒地要求将之下档，但电影依然安然无恙。他还反对任命著名的左翼教士威廉·坦普尔（William Temple）为坎特伯雷大主教，但也失败了。这只是一些很小的例子，然而可以从中看出一种更广泛的模式。战后重建计划中的确有保守党的参与，主要是党内年轻的改革派。但该计划主要是由左翼的舆论之风塑造的，丘吉尔对此几乎无能为力，当他注意到这一点的时候，自己也已经被这股舆论之风吹跑了。

这股风气并非来自政党。就像下议院一样，政党体系也因为震荡而处于半昏迷的停滞状态。工党坚定地成为战时国民政府的一部分。一些本地政党曾反对战争，在早期呼吁通过谈判寻求和平，但是它们很快就沉默了。在下议院里，对于丘吉尔来说，安奈林·贝万是一个孤独但聪明的工党对手。共产党人召开了人民代表大会，呼吁建立人民政府并吸引了一些同道之人的支持，但是当苏联遭到入侵、莫斯科方面的路线发生变化之后，他们立即转向了全面支持战争的爱国行为。战争后期，一个名为"共同富裕"的基督教左翼政党成立，采取公有制和平等的立场，参与并赢得了几次补选。但这些都只是暂时的举措，最终还是要等到工党回到自己的旗帜下自由地战斗。

相反，这股舆论之风来自战场的失利，以及越来越受到公认的一种观点，那就是英国效率低下、毫无组织。工党的领袖们开始在后方占据主导地位，他们相信计划和更庞大的国家机器。克莱门特·艾德礼给了丘吉尔很大的支持，因为他相信为了战后的世界，英国必须推行"积极的、革命性的"项目，承认"旧秩序"即将终结。在工党的指导下，伟大的工会领袖欧内斯特·贝文掌握了决定商业、工资和工时的权力，这是战前的社会主义者做梦都不敢想的。赫伯特·莫里森曾经统治伦敦，作为内政大臣的权力使他成为全国性的人物，迈克尔·富特称他为"生活在郊区的软心肠的斯大林"。工党在国民政府开始组建时拥有 16 名大臣，结束时则达到了 27 人，完全控制了内阁中负责经济和社会问题的次级委员会。他们无处不在，从清理遭到闪电战袭击的城市，到更合理地规划农业用地，从输送妇女前往产量提升的工厂劳动，到为制造飞机的工人乃至矿工争取更高的工资。有充分的证据表明，这就是更加自信独断的国家机器所能做的事情。丘吉尔需要从一个完全被动员起来的国家里挤出每一分额外的努力，因此他没有什么可抱怨的。然而正是这些帮助打赢了战争的大臣，正坐在委员会里，期待着按照社会主义路线重建国家。

在威斯敏斯特之外，这似乎就是时新的公众意见，主流报纸、教会和大众广播都在表达这个意思。1940年，主要的教会领袖签署了一封联名信发给《泰晤士报》，他们对于更加美好的未来的要求清单中的第一项就是"应该废除财富和财产上的极端不平等"。几个月之后，一群神职人员和基督教知识分子聚集在莫尔文，断言工业私有制本身就是一个错误。左翼的企鹅图书大为畅销。随着苏联被拖入战争，丘吉尔如芭蕾舞演员般优雅地旋转转身，从其著名的反共产主义信仰一下子转为对新盟友表示热情欢迎，风向转变之快简直像是刮起了一场飓风。"亚洲怪物"斯大林被称赞为办事效率高的铁腕人物。英国共产党在伯爵宫组织了一场新盟友庆祝会，切姆斯福德主教和冷溪近卫团军乐队也出席了活动。几个月之后，在1943年2月阿尔伯特音乐厅举办的另一项活动中，演奏了威廉·沃尔顿等作曲家的音乐，朗诵了路易斯·麦克尼斯（Louis MacNeice）的一首名为《向红军致敬》（*Salute to the Red Army*）的诗歌，还有近卫团为斯大林吹响了号角。非凡的立场转变还体现在比弗布鲁克那里，他是右翼资本主义和大英帝国的拥护者，现在却离开了政府，投身一场开辟第二战场帮助苏联的运动，他告诉美国听众，战争可以在1942年结束："斯大林领导下的共产主义造就了欧洲最英勇的军队和这场战争中最好的将军们。"保守党大臣开始赞扬斯大林，工人们在即将送往苏联的坦克上用粉笔写着拥护共产主义的标语，共产党员的人数增加了 5 倍。艾略特是最保守主义也最谨慎的诗人，他拒绝出版乔治·奥威尔的《动物庄园》（*Animal Farm*），因为这可能会冒犯斯大林。这实在是一段非常奇怪的时光。

丘吉尔对国内政治的转变感到不安，于是把自己投入了对战争的伟大战略的思考之中，尽管他也会阶段性地关注战后重建问题。他希望并且假定自己的首相生涯能够一直持续到战后的和平时期，引导国民政府继续前行。他从未濒临失去首相职位的困境，尽管英国军队在西部沙漠中失败时，他身边的很多人都以为他完蛋了。在战争最低潮的时期，随着第 8 集团军在隆美尔面前节节败退，斯塔福德·克里普斯爵士是接替首相职位的热门人选。他也是一位基督教素食主义者和曾经的革命者，曾担任英国驻莫斯科大使。通过广播，他批评英国"缺乏紧迫感"，仿佛"我们是旁观者，而不是参与者"，苏联才是榜样。他的广播大受欢迎。紧随其后的是军事上的屈辱。两艘德国战舰溜出海峡，从尴尬的英国皇家海军手中逃离。更具有典型意义的是，新加坡落入了日本人的手中，在丘吉尔看来，这是英国历史上最大的灾难，是真正的丢人现眼。他把克里普斯纳入战时内阁，负责领导下议院，克里普斯在那里极力主张更多的紧缩、自我牺牲和效率。但此刻在内部人士眼中，他作为战时领袖候选人的魅力正在褪去。

1942 年，北非的托布鲁克驻军失败之后，出现了更为严重的激烈反应，反对不称职的战时领导人。比弗布鲁克男爵认为自己是可能的替代人选，但是一位新闻大亨成为首相的想法注定只是幻想。一名保守党议员在下议院提出了一项关于战争方向的不信任动议，后来又把事情弄糟了，因为他呼吁让国王年轻且默默无闻的弟弟格洛斯特（Gloucester）公爵掌管军队。这个提议实在太愚蠢了，议员们只能用憋红的脸和强忍住的笑声来回应，丘吉尔的危机在笑声中消于无形。安奈林·贝万的攻击更加危险，他指出："丘吉尔在一场场的辩论中取胜，却在一次次的战役中失败。大家都说，他在辩论时如同在打仗，而打仗时如同在辩论。"丘吉尔再度挺过了这一次攻击，但是声望有所削弱。然而，这就是对他的权威最具威胁性的挑战了，而且它不是来自下议院，而是来自隆美尔的坦克。难怪丘吉尔永远都在斥责将军们攻击不利，并且不停地撤换他们。

战争后期，国民政府在一系列补选中都输给了独立或来自"共同富裕"的候选人，他们都属于左翼，并正确地指出了丘吉尔的问题，他们对丘吉尔个人表示赞赏，但是坚持认为国家需要在道德方向上做出改变。同时，一个本应在 1940 年大选中彻底洗牌的古老的下议院，权力逐渐萎缩，沦为传声筒。各类政府委员会和低级官员都在努力制订详细的战后计划，其中最著名的要数贝弗里奇（William Beveridge）的福利国家蓝图。出身英国的另一位伟大的公共知识分子凯恩斯则在悄悄推翻财政部正统学说方面取得了很大进展。无论如何，随着英国因为战争而破产，这一学说的垮台都是不可避免的。至于下议院，它最重要的角色其实是丘吉尔的个人舞台。在 1940 年的半歇斯底里状态中，甚至有人提议，按照逻辑得出的结论，应当在此期间关闭议会。一群年轻的保守党人，包括哈罗德·麦克米伦和鲍勃·布思比（Bob Boothby）这些 20 世纪 50 年代中关键的保守党政治家，建议成立公共安全委员会，实施戒严法，让议会靠边站，只是偶尔召集他们听取陈述并对所需的物资进行投票。丘吉尔断然拒绝了这一提议。对于一个正在为民主而战的国家来说，反而因此搁置民主是很奇怪的。然而在大多数方面，政府主要听从大臣们的命令来运行，民主实际上已经被搁置了。

战争期间，议会的靠边站对自由来说意味着什么呢？理论上，几乎所有的公民自由都被暂时取消了。劳动导向意味着人们要按照命令去某处做某种工作。英国变成了一个军事化的被控制的社会，被成千上万的新法律所束缚，有些至关重要，有些微不足道。有些审查行为值得注意，比如取缔共产党的报纸《工人日报》。许多人被拘禁，范围从极右翼的保守党议员和反犹主义者拉姆齐上尉，到奥斯瓦尔德·莫斯利和他的妻子，还有爱尔兰共和军。大多数人在战争期间都被释放了。丘吉尔说，自己讨厌把人关起来，对人身保护令的中止感到悲哀，而且在任何情况下，他都认为那些"肮脏的共产主义者"比英国的法西斯分子更加危险。

在早期人们对间谍和第五纵队的歇斯底里中，不幸的德国人、奥地利人和意大利人被围捕并送往英格兰北部或马恩岛的拘留营。这些人中有许多是刚刚逃离希特勒的犹太专业人士。结果马恩岛成了战时欧洲的其他任何地方都无法匹敌的文化中心，演说、弦乐四重奏、理论科学和艺术都在蓬勃发展。遭到监禁的还有那些在英国生活了大半辈子的意大利人，他们做过的最危险的事就是向岛上的居民们提供美味的冰淇淋、炸鱼薯条、橄榄油和咖啡。在一次驱逐出境的可怕过程中，许多人在被送往加拿大时淹死在海里。意大利人的餐馆和商店遭到了可耻的攻击，但这阵歇斯底里很快就过去了，没有"一战"中砸窗户、放火烧店的行为那么严重。到1943年，绝大多数的被监禁者得到释放，参与到战时工作中来。

同样，与"一战"相比，对待出于良心拒服兵役者的方式更人道了。而且这一回此类人更多了，毫无疑问地反映了30年代的和平主义情绪。一些最勇敢的拆弹队和前线医疗工作队都是由这些人组成的。和平主义者包括英国最著名的作曲家本杰明·布里顿（Benjamin Britten），他在战争期间创作了自己最出色的一些作品；还有著名的小说家和"一战"回忆录作家维拉·布里顿（Vera Brittain），她最著名的和平主义作品出版于1942年，销量达到1万册。在战争正在进行中时，也可以对其提出抗议。罗切斯特主教贝尔（George Bell）曾在战前发起运动帮助德国难民，在拘留营出现后，又帮助了被监禁者。贝尔与德国国内一些最勇敢的反对希特勒的基督教人士保持着友好关系，他公开抨击英国皇家空军轰炸敌方城市的行为是精神的堕落，呼吁终止轰炸。他抨击上议院的做法"威胁到了文明的根基"，尽管很多人对此颇有怨言，但他依然可以自由行事。

1940 年事态最危险的时候，和平承诺联盟的积极分子张贴海报，呼吁人们不要参加战斗。他们在一个治安法庭受审。地方法官驳回了这个案件，说："这是一个自由的国家。按照我的理解，我们之所以战斗，就是要维护它的自由。"[1] 大臣们也有惊慌失措的时候。其中一位对《每日镜报》上菲利普·泽茨（Philip Zec）的漫画反应激烈。泽茨画了一个救生艇上的水手，大概是 U 型潜艇攻击的幸存者，他们运送燃料的船沉没了。图下的说明文字是另一位《每日镜报》记者威廉姆·康纳（William Connor）所写的："'汽油的价格又上涨了一便士'——官方通告。"这其实很老套，只是劝告人们要记住战士们的牺牲，并不是在抱怨。但战时内阁认定这是在攻击政府牟取暴利，威胁要关停报社。康纳本人曾经以"卡珊德拉"为笔名撰写一个很受欢迎的专栏，出事后离开报社参了军。不过这只是一个比较罕见的例子。审查并没有很极端。对战争行为的批评普遍存在，甚至有时声音相当洪亮。理论上，议会默许了战时独裁统治的建立，拥有残暴的压迫性权力。然而在实践过程中，这是一种令人满意的柔性独裁。

---

[1] 全部内容参见 Calder, *The People's War*。

向美国靠拢

我们已经看到丘吉尔如何在国内政治中失去了很多主动权，也看到了他如何试图干涉军事决策，但并不总能成功。他作为战时领导人最精明的地方，在于他对美国热情而狡猾的追求，接着又通过更加不屈不挠的努力来影响美军参战的地点和时间。"一战"中并没有发生类似的事，因为那时的英国相对来说还比较强大。丘吉尔同麦克唐纳、鲍德温、张伯伦这些 20 世纪 30 年代的领导人的关键区别就在于，那些人对美国有些蔑视，而丘吉尔则是一位热情、浪漫的仰慕者。他的母亲是美国人，也有很多美国朋友，最重要的是，早年他通过在美国写作和演讲赚了很多钱。也许对于英国来说最幸运的是，丘吉尔是一个懂得伸手要钱的"混血"写手，而不是像人们可能会误解的那样，是一个富裕的英国贵族。后来他曾反思，如果有机会重活一次，他会希望自己是美国人。尽管他是一位老派的大英帝国支持者，但在情感上，他已经为一个由美国领导的世界做好了准备。他的著作《英语民族史》（*History of the English-Speaking Peoples*）这一书名既是在承认现实，也是在奉承他视为故乡的这个岛屿。

自从 1940 年法国溃败之后，丘吉尔就明白了这样一点：只有美国参战，德国才可能被击败。他固执的演说从一开始就认可了存在这样的可能性，战争会在"新世界"展开，这个"新世界"当然也包括加拿大。战争一爆发，他就开始与罗斯福总统秘密通信，警告他美国将面临"纳粹统治下的欧罗巴合众国"，比美国更强大，装备也更好。接下来，丘吉尔开始纠缠罗斯福，让他派废弃的美国驱逐舰保护大西洋护航队返回英国基地，并终于在 1940 年 8 月达成了协议。最后，他否定了反对英国的美国大使约瑟夫·肯尼迪（Joseph Kennedy）的说法，慢慢说服满怀疑虑的美国总统，让他相信自己代表着英国人民的声音。即使是看上去很过分的行为，比如为了防止法国地中海舰队落入德国之手而将之击沉（这件事使得法国官方多年来都对英国没什么好脸色），也意在说服罗斯福，自己已下定决心死战到底。罗斯福的使者埃夫里尔·哈里曼（Averell Harriman）、哈里·霍普金斯（Harry Hopkins）和取代肯尼迪成为新大使的吉尔伯特·怀南特（Gilbert Winant）都被丘吉尔火力全开的魅力征服了。他花了大量时间对他们推心置腹，在首相别墅招待他们度过精彩的周末，奉承他们，还在战争期间亲笔给罗斯福写了超过 2 000 封信。丘吉尔就像是砌砖工和油漆工，可以把感情涂得厚厚的。

也许关于丘吉尔争取美国的最不寻常的例子，就是 1940 年 9 月亨利·蒂泽德率领代表团访问华盛顿，把英国最机密的科学研究装在一个手提箱里，几乎是拱手交给了美国人。对于科学可能制造出的新武器，人们越来越神经质了。希特勒本人就常常针对这项即将出现的新发明发出警告，官方则对各种自称能够造出死亡射线的怪人不胜其烦。蒂泽德是一个了不起的人。他是真正的科学家，一位在"一战"中亲自驾驶皇家陆军航空队的飞机对自己的理论进行测试的航空专家。随着"二战"的爆发，他已经成为英国政府的主要顾问之一。他很早就对喷射引擎和雷达感兴趣，来自曼彻斯特大学的第一份关于即将到来的核武器的详细备忘录就被提交到了他的手里。蒂泽德的想法是把英国的塑性炸药、火箭、瞄准镜、雷达以及更多秘密告诉美国，然后运用美国强大的生产能力来帮助英国。他告诉丘吉尔，自己这次的使命应该是"告诉他们想知道的一切，给他们尽可能多的帮助，确保美国的武装力量能够达到最高水平"。① 对于这种手段，在白厅曾经发生了短暂的争执。毕竟，此时距离美国参战还有很长时间。美国值得信任吗？他们会回报我们吗？

丘吉尔允许蒂泽德继续行事。于是蒂泽德乘坐水上飞机踏上了寒冷而危险的旅程，途中主要靠保卫尔牛肉汁果腹，而团队的其余人则乘坐船只前往美国。蒂泽德明智地坚持拒绝由英国皇家空军、海军和陆军的高级官员陪同，而是选择了那些最近参与过战斗的现役军官。他携带的礼物中包括空腔磁控管，这是一种可以产生微波的高能真空管，目前仍在微波炉中使用。1940年在伯明翰大学研发出的空腔磁控管将雷达波束的有效功率提高了1 000倍，远远超过了美国人制造的同类产品，很快就使得雷达可以在夜间战斗机和搜索U型潜艇的轰炸机上使用了。被带到华盛顿的那个样品差点在尤斯顿车站丢失，后来又被幸运地找回。且不说其他秘密，单单这个空腔磁控管就是一种足以改变战争的设备，一位美国历史学家称其为"被带上我国海岸的最有价值的货物"。

在加拿大短暂停留之后，蒂泽德最终抵达美国，前去会见罗斯福总统。为了防止遭到偷拍，他从后门偷偷进入了白宫，因为那时华盛顿的气氛还是拥护中立的。接下来，在英国代表团和美国的军事首脑及科学家之间，展开了一场智力上的脱衣扑克，双方都说："如果你让我看你的牌，我就让你看我的牌。"最终英国的秘密被交了出来，但当时移交的并不是全部。两名流亡的德国科学家在核武器问题上的全面突破，以及英国核科学家团队，是稍晚一些才被移交的。蒂泽德很早就相信利用核能的可能性。他曾经在战前对比利时的矿主发出警告，因为比利时统治下的刚果拥有世界上唯一的铀矿，结果这些铀被运往美国，造出了世界上第一颗原子弹。现在，他只是把总体的细节传达给美国科学家，

---

① Ronald W. Clark, *Tizard*, Methuen, 1965.

他们对于英国人的方法还抱有怀疑。弗兰克·惠特尔（Frank Whittle）和喷射引擎的故事也是一样。这位出身卑微、喜爱冒险、反对建制的英国皇家空军军官转行当了科学家，多年来一直在从事喷射推进的研究工作。在 30 年代末，由于官方对此缺乏兴趣，他几乎失去了一切。正是部分由于这一拖延，使得德国人的喷射引擎升空比英国皇家空军早了 9 个月。但在 1940—1941 年，惠特尔要远远领先于美国人。蒂泽德再一次埋下了线索。

作为回报，英国人并没有得到什么有用的信息。即使在珍珠港事件之后，美国对其最新式的投弹瞄准器的细节依然有所保留。但全面的事实交换其实并不是蒂泽德的目的。他认为，英国的很多工业在战前就已经过时了，还有很多工业现在正在遭受猛烈的轰炸，因此不可能制造出雷达设备，更别提原子弹了，至少不可能在生产上千架战机、坦克和大炮的同时再制造其他东西；而受到保护且规模更大的美国工业基地能够做到这一点。和丘吉尔一样，他坚信无论英国是否战败，美国都会被拖入战争，如果是这样，美国就需要变得尽可能地强大。最后，只有让美国人相信英国是全心全意的盟友，能够分享所有的秘密，他们才可能全力援助英国。在所有的方法中，蒂泽德的代表团、丘吉尔的拉拢以及 1940 年残酷的国际形势，都发挥了作用。美国的援助物资大幅增多，随后又出台了《租借法案》，并对大西洋一侧的大片土地进行了保护，这些都发生在美国参战以前很久。

1941 年 8 月，苏联是盟友，美国不是。丘吉尔和罗斯福在纽芬兰海岸边的两艘军舰上首次会面，公布了双方对战后世界的共同目标《大西洋宪章》，但其中关于大英帝国未来的部分只是模糊地一带而过。真正值得注意的是，当时英国在战斗，而美国显然是中立的，双方却就战争的目标达成了一致。当年年末，1941 年 12 月 7 日，珍珠港事件爆发。此时罗斯福已经开始了第三届任期，领导美国加入战场。战争发展至全球规模，尽管有些奇怪的是，是纳粹德国在 12 月 11 日首先向美国宣战，而不是美国先宣战。丘吉尔听到日本进攻珍珠港的新闻时正在与罗斯福派来的哈里曼和怀南特进行密谈，他的反应广为人知："我们终于要赢了！"这是一个头脑清醒的判断。在美国参战之后，丘吉尔仍然在罗斯福身上花费了大量时间，并且冒着相当大的个人风险前往华盛顿拜访他。美国总统几乎是爱上了他，对他表现出来的尊重和喜爱是斯大林从来没有过的。

如果说丘吉尔伟大外交胜利的第一个阶段是求爱，那么第二个阶段则是无穷无尽的挑逗、戏弄和拖延，这导致了美国人的巨大挫败感。尽管发生了珍珠港事件，但是罗斯福很早就认定主要敌人还是德国，如果纳粹被打败，日本也会随之崩溃。但是要在何时何地击败他们呢？美国的军事指挥官想尽快在法国登陆。压力很大的斯大林也希望如此，他当然不想帮忙巩固大英帝国。丘吉尔和以艾伦·布鲁克子爵为首的英国军事战略家们则有着不同的想法。他们被希特勒士兵的战斗力所震撼，也对"一战"中的大屠杀记忆犹新，因此不相信在 1942 年甚至 1943 年登陆法国能有很大的成功机会。只有当军队、坦克和空中力量均占有压倒性优势之后，也就是像阿拉曼战役时那样，登陆才值得一试。当然，丘吉尔和他的将军们不能公开如此表态。如果他们这样说，罗斯福可能就会把精力转向太平洋。英国人必须设法引诱美国派出更多军队来到英国，坚持"德国优先"的战略，但实际上在很长一段时间内并不打算进攻法国。

在华盛顿方面和伦敦方面的紧张峰会上，丘吉尔卓有成效地欺骗了自己最亲密的新盟友。他说服美国总统将美军的早期登陆地点放在北非，也就是前面提到过的火炬行动，然后采取通过意大利向北推进的战略。与此同时，他允许美军在英国越聚越多，但不断推迟所有对法国发动早期攻击的计划。他显然同意美国的想法，又总是温和地推托，但我们在此不必关心这场精彩对弈的细节。历史学家和纸上谈兵的将军们，再加上某些真正打过仗的将军，将会无休止地争论盟军若更早进攻能否产生效果，能否在 1943 年就结束战争。这种可能性看起来很小。因为这意味着英国军队将会扮演主导性的角色。这支军队最近刚刚被纳粹国防军打败，他们的指挥官私下里非常怀疑自己的战斗能力，即使在阿拉曼战役之后也是如此。在坦克和登陆艇方面，英国军队装备极差。就像丘吉尔经常指出的那样，一次失败的进攻根本帮不到苏联。尽管会很尴尬和困难，但一路拖延直到胜利很可能是正确的选择。

然而，这么做已经离说谎不远了。丘吉尔一直在滔滔不绝，喷出了一堆关于欧洲即将到来的"活动高潮"的废话，这些都是甜言蜜语，也都是哄骗之辞。有些美国人很早就认识到了这一点，但其中似乎并不包括罗斯福。后来，一些参与了这场游戏的英国指挥官表达了歉意。伊斯梅（Hastings Ismay）将军是一个从战壕里爬出来的老兵，他在回忆录中说道："我认为我们应该清清白白，比现有的言行更加清白，直接承认说：'我们真的因为曾经经历过的事情而被吓坏了，除非胜利已是板上钉钉的事实，否则我们不想再进入这样的境地。'"[1] 当然，这种漫长的拖延造成了一定的后果。美国和苏联都在怀疑英国是否还具备发动全面登陆战役的勇气和自信。它削弱了大英帝国的声誉，最终意味着胜利更多地属于苏联和美国而非英国，特别是苏联。当终于开始筹备代号为"霸王行动"的诺曼底登陆时，被任命为最高指挥官的不是布鲁克，而是艾森豪威尔（Dwight Eisenhower）。战后世界的部分形状已经在会议上被披露出来——英国相对美国处于弱势地位，试图通过甜言蜜语

---

[1] Andrew Roberts, *Masters and Commanders*, Allen Lane, 2008.

得到更好的结果，苏联则认为这两个西方国家都是骗子。从表面上看，丘吉尔对英国作战部队的勇猛充满了溢美之词，浑身上下洋溢着英勇和自信。然而与此同时，他却在进行着一系列顽固而又令人疲惫的拖延战斗的行为。这从某种角度来说是不光彩的。然而，这也是丘吉尔最明智的地方。成熟就是一切。

1942 年 1 月，几乎就在美国刚刚参战之时，3 000 名美国大兵抵达贝尔法斯特。他们是一大批人力和物力资源之中的先遣队，把英国的各个角落变成了军营，并将永远改变英国人和美国人相互之间的态度。到 1944 年春天，一共有 140 万外国军队涌入英国，美国大兵就超过了 100 万，加入的还有波兰、自由法兰西、加拿大、澳大利亚、新西兰、南非、荷兰、捷克，甚至一些苏联和中国的军队。如果说如今的英国是一个"世界性的岛屿"，那么在当时就已经有了一次短暂的预演。从一开始，美国人就非常突出。他们个子更高，嗓门更大，穿得更好，更有钱。他们有巧克力棒和香烟，有大把的钱在酒吧和俱乐部里消费。他们还带来了数以百万计的避孕套、剃须刀、尼龙袜以及其他难得一见的日用品。美国的摇摆舞和音乐已经在 30 年代风暴般席卷英国，好莱坞明星们在莱斯特、格拉斯哥或朴茨茅斯也都像在美国国内一样知名。美军的广播电台很快吸引了当地的英国听众。他们的漫画不断被传阅，直到破旧不堪。他们的俚语就像传染病一样散播开来。

市镇大小的美军营地不断涌现，陌生且大到令人难以置信的卡车、坦克运输车和汽车在德文郡和威尔士的乡间小路上挤来挤去，东英格兰的大片土地被移交给美国空军，与此同时，美国化也意味着性、声音、味道和友谊。如果美国拥有自由世界的未来领导权，那么美国大兵看起来和听起来就像是未来的样子。不出所料，这一切都让英国男人很不满意，包括那些穿着更臃肿过时的制服的薪水微薄的士兵，因为他们的妻子或女友都在觊觎更好的东西。英国人嘲弄说："工资太高，性事频繁，都在此处。"美国兵则回应道："没什么性生活，没什么报酬，只有艾森豪威尔当上司。"据估计，大约有 2 万名婴儿出生，他们都是英国女性和美国军人发生关系的产物。在战后，将有超过 10 万名"美国新娘"从英国移民到美国。

有一个问题成了公众讨论的话题，而且无疑是对战后英国的一次预演。有超过 1/10 的美国大兵，也就是约 13 万人是黑人。为了理解这是多么令人震惊的事情，我们必须指出，在战前英国的黑人人口总数仅为 8 000 人。美国当局试图保留"肤色歧视"或"种族歧视"的规定，这些规定在美国国内禁止黑人和白人在一起饮酒或社交。① 而在英国，一些人表达了对此的惊骇之情。战时内阁做出决定，美国不应期待英国公民或军队帮助他们实行种族隔离："迄今为止，就小卖部、酒吧、剧院、电影院等设施而言，有色人种的出入将不受任何限制。"1943 年的一项民意调查显示，英国人强烈反对种族隔离。然而，英国也是一个种族主义的社会。即使是在与希特勒的战争中，它也明显是反犹主义的，而且帝国的巩固也正是基于对人种等级制度的残余信念。所以，在出现英国女性和美国黑人亲密关系的报道之后，有人在报纸中使用了"丛林行为"的字眼，这并不足为奇。而且，英国男人也发现了允许美国黑人进入夜总会的危险。如果黑人被平等对待，那么联邦的印度人和非洲人怎么办呢？在这里，在战争期间，一个更自由、更左倾的国家"新态度"开始形成，与帝国主义者的旧有观念发生了冲突——因为马来亚的日本人，这种白人至上的旧观念遭遇了最终的打击。

英国的美国化不仅是政治上的，也是情感上的。它将持续下去，

---

① David Reynolds, *Rich Relations*, HarperCollins, 1995.

而不是像 1942 年支持苏联的那股狂热一样消退。这意味着战后的英国将对美国商品和美国态度更加习惯，这些东西很快就将席卷西方世界。许多家庭与回国的美国人还保持着联系。丘吉尔既是英国人的英雄，也几乎成了美国人的英雄，他对两个英语国家在精神上应当保持统一的信仰在 50 年代和 60 年代被广泛接受。反过来，罗斯福在 1945 年去世时，英国人的反应就像对待自己国家的领导人去世一样。英国人对他的广泛而深切的哀悼是任何一个当代美国总统都不可能享有的。同样重要的是，此时的工党关键领导人也身处国民政府之中，艾德礼和贝文将在战后世界里合力缔造出北约组织。战时的峰会、争吵、诡计和协议所造成的后果仍然在影响着我们如今的生活。它们并不只是历史。

轰炸德国

战争的第二阶段表明，如果英国人得到（美国人）充足的物资供应，并受到一个意志坚定的政府的有效指挥，能够做到什么程度。英国变成了一个围绕单一目标组织起来的国家。它一部分成了军营，另一部分则成了国有化的工业巨人。当时有 3 200 万英国人处于工作年龄，也就是超过了 14 岁，其中有 2 200 万人以各种方式被动员起来。正如战后新闻部的小册子所言，毫不夸张地说，"英国为了战争，狂热地把自己扒光了"。除了诗歌、性和梦境之外，政府的控制似乎涉及所有领域。只有不到 5% 的消费被花在没有受到控制的商品上，控制手段或者是定量配给，或者是规定价格。国家设定的工资和劳动条件从欧内斯特·贝文的劳工部向各个领域扩展，包括农场工人、茶馆服务员、铁路工人和砖匠。乡村女孩和城市里的老人会接到命令，前往几十或几百英里以外的有需要的地方工作。大约有10万人被迫成为煤炭工人。自从1943年12月以来，通过一场投票选出了1/10的17岁男孩在矿井下而不是军队里为国家服务，引发了大量怨恨之情，虽然最后只有2.1万名男孩真的下了井。

在所有那些得到部分合理化且由白厅控制的工业里，飞机生产是最为著名的。到1944年年中，有超过170万人以各种方式参与了制造轰炸机和战斗机的工作：英国的飞机年产量从战前的3 000架提升到1944年的2.6万架，而且制造的飞机也更为复杂了。发动机产量上升了近5倍。铝、铁矿石、木材和钢材的产量也有了飞跃。总而言之，在战争期间，英国一共生产出令人惊讶的10.2万架飞机，包括喷火式战斗机、蚊式轰炸机，还有大型的兰开斯特式和哈利法克斯轰炸机，以及新型的喷气式流星战斗机。完成这些成就意味着英国工业发生了巨大的变化。在最顶尖的领域，竞争对手开始相互合作。大众汽车制造商福特在曼彻斯特建立了一家新工厂，雇用的工人中包括部分女性，并和至关重要的梅林发动机的制造商劳斯莱斯合作，精简了其在德比郡的痛苦生产过程，缩短了发动机的生产时间，成本也缩减了1/3。这只是英国效率跳跃式提高的一个小例子，是战前的英国做不到的，在此之后也无法再次做到了。的确，整体模式是一种孤注一掷，但也具有独创性和即兴的灵活性。从家庭主妇和小型木工公司，直到位于南安普敦或布罗米奇堡的主要工厂，都被纳入了分包商的链条。雕刻教堂长椅的木工和制造钢琴的匠人都开始制造蚊式轰炸机。兰开斯特式轰炸机的零件由鞋厂和客车修理厂制造出来，再在北安普敦的一个机场里进行组装。原本为商店制造橱窗卷帘或印刷纸箱的公司，为炸鱼薯条店制作炸锅的公司，都在制造飞机机身和炮塔。这个国家被动员起来了，但它动员的只是工匠和小商人，和苏联或者国家社会主义的德国并不相同。

对于数百万人来说，从事战时生产在疲惫的同时也获得了解放。女人首次进入工厂，找到了友谊和成就感，当然也有酸痛的脚踝和厌倦感。战前被归为无特殊技能的男人匆匆接受了培训，发现自己的钱包鼓起来了。年轻的工会积极分子或谈判代表发现更高层的工会领导者给他们施加的压力不存在了，因为那些领导者很多已经成为政府工作人员，留下了权力的真空。尽管战争一开始，罢工就被认定为非法，但是罢工仍然在继续，特别是在煤矿，还有生产飞机、枪支和坦克的工程行业。1943 年爆发了 1 700 多次罢工，第二年则有将近 2 200 次，按照战前和战后的标准来看，这只是毛毛雨，但是足以让丘吉尔和贝文忧心忡忡。罢工的原因是工作时间太长，老派的管理者激怒了新工人，而熟练工人试图保持比新人高一等的地位。这些罢工并不是来自共产党的煽动，恰恰相反，他们为了帮助莫斯科方面，很希望能保持工业产量。为了鼓舞工人的士气，政府新建了食堂、休息区和娱乐场所，广播电台增加了"工作时的音乐"栏目，还可以观看来自国家娱乐服务联盟以及音乐与艺术促进委员会的旅行歌手和音乐家们的演出。国家娱乐服务联盟中有许多喜剧演员和明星，比如维拉·林恩（Vera Lynn）和乔治·丰比（George Formby），他们在工厂间旅行，在午餐时间举行音乐会。但其中也夹杂着一些相当低级的节目，遭到了很多人的抱怨。音乐与艺术促进委员会是更加高端的组织，最终演变为艺术委员会。它会安排朗诵经典，甚至演出不带妆的歌剧。

这并不是英国永久性产业剧变的开始。它是暂时的，持续时间也许比人们当时的预想更加短暂。在战争的压力之下形成的工业合作网在和平时期将会破裂，老对手们重新宣战。1945 年政府实施的国有化给工业带来了一些合理化，但是距离新型产业的核心还很遥远。更为重要的是，英国为了赢得这场战争，付出了国际力量破产的代价。大英帝国将会消失，之前重要的海外资产遭到清算，作为接受帮助的代价被支付给美国人。从工业上来说，英国的战争是一头满怀恐惧的中老年动物进行的一次精疲力竭的一次性冲刺，而不是一位训练有素的运动员在世界舞台上的亮相。在某些领域，英国的工业成就仍然是世界一流的。其中最壮观的例子也许要数大型"桑树"人工港，这些巨大的钢铁建筑物由上万名焊工和劳工在肯特沼泽和南安普敦秘密建造完成，被拖到诺曼底海滩，为诺曼底登陆提供了即时港口。喷气式飞机、复杂的雷达系统、出色的轰炸机、弹跳炸弹和极为强力的发动机，这些在 1939—1945 年生产出来的产品，显示出英国人仍然保有着自己的聪明才智，但也掩盖了其老旧不堪的工业基地和失血严重的财政状况。当和平到来时，后两者才过于明显地暴露出来。

对于战争的指挥官来说，最重要的问题是如何使用这种强大但只是暂时性的国家力量。生产错误的东西毫无用处。我们已经看到了丘吉尔如何想方设法推迟对法国的进攻。他一直以来提出了各种进攻德国的新路线，比如通过巴尔干半岛、通过罗马、通过挪威，但是直到诺曼底登陆之日，他真正的选择其实很有限。这导致了英国所做的重大决定中一个最具争议也最无从辩驳的选择：对德国城市的集中轰炸。在战争的早期阶段，英国皇家空军的轰炸通常是低效且低调的。英国轰炸机太小，数量也太少，造成不了太大的破坏。与德国不同，英国更关注防御雷达，而不是进攻性的无线电波束追踪，所以英军的准确性比纳粹德国空军要差。将英国皇家空军的轰炸机中队派遣出去，与其说是严肃的战争行为，不如说是为了鼓舞士气，是一个已经倒下的国家发出的挑衅嘘声，而不是一个站立着的男人的一记重拳。但是随着在围困中等待的时间越来越长，认为可以通过轰炸赢得战争的信念变得更强了。20 世纪30 年代的军事思想家和科学家都坚持这一点。作为帝国警察力量建立起来的英国皇家空军过于信赖轻型轰炸机的力量——它们可以方便地将伊拉克的村庄夷为平地，也可以恐吓当地的牧民，然而在对抗现代军事力量方面就没那么好用了。到 1941 年，出现了新一代的远程轰炸机，但缺乏有效的定向设备，无法从高空中精准打击军事基地或工厂；如果低空飞行，则缺乏足够的防卫能力。在那一年，轰炸机司令部损失惨重，却几乎没有对德国造成影响。据一位历史学家说："从统计数据上看，轰炸机司令部的整个前线在不到 4 个月的时间里就被抹去了。"[1]既然如此，这些新型轰炸机还能用在什么地方呢？

到了 1942 年春天，飞机制造厂向英国皇家空军提供了数百架新型的四引擎轰炸机，并装备了更先进的无线电定向系统。新政策也出台了：摧毁德国城市。提出这一想法的是出生于德国的科学家弗雷德里克·林德曼（Frederick Lindemann），现在已经成为彻韦尔（Cherwell）子爵。他是丘吉尔最亲密的朋友和顾问之一，丘吉尔曾经认定，彻韦尔的大脑就是"一台绝妙的机械装置"。这台装置现在把目标转向了毁灭。他写信给丘吉尔，声称自己仔细分析了突袭对赫尔和伯明翰的影响，并据此做出预测，英国生产的重型轰炸机可以令居住在德国 58 个主要城镇中的 1/3 的人口无家可归，"这无疑会击溃人民的斗志"。因为彻韦尔讲到德国人"将被赶出家园"，这个备忘录后来被称为"拆房文件"。当然，考虑到燃烧弹和高爆炸弹的效果，拆房也意味着对非战斗人员的大规模杀戮，包括妇女和儿童，但这一点并没有明说。无论如

---

[1] Max Hastings, *Bomber Command* Michael Joseph, 1979.

何，这招能奏效吗？英国的士气就没有崩溃嘛。

　　一场争执开始了。彻韦尔是一个傲慢而固执的人，与另一位颇受青睐的顾问蒂泽德爆发了激烈的争吵，后者从华盛顿的代表团归来后就失去了工作。这两个人在很多方面都有些相似。和蒂泽德一样，彻韦尔在"一战"期间花了很多时间对自己有关飞行器的激进理论进行实验，并亲自担任试飞员。两个人都坚信一点：依靠科技能够打赢这场战争。在对待"德国佬"的问题上，两人都不心慈手软，但彻韦尔更加极端，他甚至支持在战后将德国"田园化"，令其退回没有工业的农业社会。蒂泽德更谨慎，也不那么傲慢，他对彻韦尔的建议做出了回击，指责他"极具误导性"，走向了"完全错误的方向，将会给战争带来灾难性的后果"。他并没有说摧毁德国城镇是不道德的，而是说这么做不会像彻韦尔设想的那样产生决定性的影响，而且他担心，把英国的资源投入到地毯式轰炸中去会危及大西洋之战的战况。彻韦尔对此嗤之以鼻，而且也确有资格这样做，因为丘吉尔听他的。当时蒂泽德不知道的是，彻韦尔故意错误地引用了轰炸对赫尔和伯明翰影响的数据。[1] 事实上，在相关文件中没有发现这两个城市中出现任何恐慌的迹象，轰炸也没有对市民的士气或健康产生任何重大影响。这是一次很不光彩的数据篡改，而且将带来可怕的后果。

　　轰炸机司令部的领导者是阿瑟·哈里斯（Arthur Harris）爵士，他在历史上以"轰炸机哈里斯"之名著称，但是对于他手下伤亡惨重的机组成员来说，更为熟知的名字是"屠夫"。他曾经作为一名飞行员参加过"一战"，并在战争结束之后指挥着帝国的轰炸机中队。他精力充沛、行事粗鲁、直截了当，其他军队负责人都害怕他对丘吉尔的影响过

---

① 见 Max Hastings, *Bomber Command*, Michael Joseph, 1979。

大，不过丘吉尔似乎也发现哈里斯有点太过分了。有一次他被警察拦住了，因为他开着宾利车以飞快的速度在位于海威科姆的总部和伦敦之间飙车。警察对他说："先生，你这样可能会出人命的。"哈里斯回答说："年轻人，我每天晚上都会杀死上千人。"他坚信轰炸能够结束战争，声称这是击败"德国佬"的唯一方法。只要力度够大，时间够长，那么这样的攻击"是世界上任何国家都无法承受的"。他又补充说，但是谁也说不准这需要多大的力度、多长的时间。他早期突袭的目标之一是吕贝克，那是一个古老的中世纪港口，几乎没什么防御能力，哈里斯说它"建造得更像一个打火机，而不是人类居住点"。他希望自己的手下更加"嗜血"，就像在猎狐时一样，并且对这场发生在一个温和而不重要的地方的大屠杀感到高兴。他显然是一个直截了当的战士。

到战争末期的时候，他已经掌握了一支强有力的令人敬畏的空军队伍，拥有1600多架四引擎轰炸机。据估计，在战争期间建造、维护和使用这支庞大队伍的花费占据了全国资源总量的1/3，这是一个非常巨大的数字。这些铝和钢、工厂和技术、机械工具和石油，原本可能会被用于制造远程飞机为舰队护航，或制造坦克和武器以应对未来的入侵。但选择已经做出。超过5.5万名轰炸机司令部机组人员牺牲，近1万人被击落后被俘。这使得英军轰炸机成为战争双方中第二危险的工作地点，仅次于德军U型潜艇。尽管轰炸机司令部中涌现出了一些富有魅力的名人，包括伦纳德·切希尔（Leonard Cheshire）和盖伊·吉布森（Guy Gibson），但多数人都出身中下阶层，不如战斗机司令部的"发胶男孩"那么富有魅力。他们吃尽了苦头，但是仍然士气高涨。

付出了这么大的代价，收获是什么呢？据估计，大约有60万男人、女人和孩子死于轰炸机司令部以及1942年抵达东英格兰的美军轰炸机所进行的空袭。他们中的大多数都不是军人，甚至也不是重要的产业工人。许多人都是来自被纳粹德国占领的欧洲其他地区的难民或者奴隶劳工。在轰炸了吕贝克之后，接下来便是科隆、汉堡、鲁尔、埃森、柏林和德累斯顿。这场屠杀令德国人感到震惊，导致出现了海量反对戈林和希特勒的笑话，但是德国人民无力推翻政权。在对城市的地毯式轰炸之外，英国皇家空军也会有一些其他关注点，在不同时期受命专注于石油供应、运输网络，并在诺曼底登陆之前集中打击军事目标。然而，由于德国工业领导人阿尔伯特·施佩尔（Albert Speer）进行了产业分散和类似英国的临时转移，据估算，空袭只令德国的工业产量降低了不到 1/10。直到地面战争失败之后，德国工业才最终崩溃。轰炸使得位于苏联前线的纳粹德国空军和大量的炮兵部队转移了目标，斯大林为此十分高兴；同时轰炸还在诺曼底登陆之前为丘吉尔争取了更多的时间。我们不知道空袭是否扭转了哪场战役，但它的确没有赢得战争。它并没有摧毁德国人的斗志，就像闪电战没有摧毁英国人的斗志一样。

事实上，空袭在 1945 年 2 月 14—15 日结束于德累斯顿。如今，德国实际上已经战败，摇摆在投降的边缘。轰炸机司令部和美国人带着大规模的机群一次又一次地往返，在这个德国第七大城市制造了一场大火，烧死和炸死了 10 万人。这次轰炸的目的是切断德国与东部的联系并打击"士气"。德累斯顿曾是古代德国最可爱的城市，是闻名于世的文化和艺术中心，规模和威尼斯相当。它的毁灭所带来的颤抖乃至战栗，甚至传到了盟军的战争霸主那里。丘吉尔曾经说东德城市是"特别具有吸引力的目标"，他和其他人一样对德累斯顿的毁灭负有责任，然而现在却改变了论调。他写信给空军参谋长说，"德累斯顿的毁灭是对盟军轰炸行为的严重质疑"，命令空军"更精确地集中在军事目标上，而不是仅仅进行恐怖袭击和肆意破坏，无论这些行为多么令人印象深刻"。军事历史学家马克斯·黑斯廷斯（Max Hastings）公正地评论说："这份备忘录无非是经过首相精心算计的政治企图，目的是让自己同德累斯顿轰炸以及围绕进攻地区不断升级的争议保持距离。"轰炸机司令部没有被授予任何战斗勋章，哈里斯也没有得到像其他军事领导人那样的荣誉——他为了抗议手下人受到的待遇而拒绝接受贵族身份。8年之后，丘吉尔坚持让他获得了从男爵的头衔。1992年，他的雕像由王太后揭幕，但没有一位内阁成员出席仪式。

时代的终结

————

从美国军队在英国逐渐聚集，到希特勒的战争在柏林结束，这一过程漫长而血腥。美国、英国和加拿大军队于1944年6月6日开始在法国5个海滩实施的霸王行动，从技术、勇气和战术上来说都是令人震惊的成就。这一切都是秘密进行的，充气坦克组成的幽灵军队、野心勃勃的错误信息，以及极端严密的安全措施，使得德军最高指挥官伦德施泰特直到最后一刻仍然坚信入侵将来自更偏东的地方，在加来和迪耶普之间，尽管希特勒一直怀疑会是诺曼底。虽然如此，虽然盟军的无敌舰队非常庞大，但由于受到登陆艇和海岸大小的限制，所以在第一次进攻中，只有9个师抵达了法国。相比之下，防守方的德军有58个师，其中10个是能够快速移动的装甲部队。德军的防线的确很长，而且在1944年春天，他们的空军力量已经完全被击败。但是如果德军指挥官的行动更迅速，情报工作做得更好，还是很有可能在最初几天就把入侵者击退的。

这是一次非常可怕的危险操作，再多的计划也无法使它的风险降低。

和在北非、意大利时一样，英美指挥官会发生争执，之后还会就究竟是谁犯了错争执不休。艾森豪威尔是霸王行动中所有盟军地面部队的最高指挥官，蒙哥马利在他之下。在伦敦西区的圣保罗中学，艾森豪威尔制订了一个为期 90 天的计划，首先占领海岸并突围，然后由英军把德军主力引到东部，让美军继续向西推进，前往法国中心地带。恶劣的天气推迟了整个计划，还发生了一场争论，那就是蒙哥马利的坦克在卡昂附近取得重大进展之后，是否错失了一个很好的突破机会。当然，英国军队被困住了，而差点毁灭了卡昂的轰炸行为从此以后一直被批评为一项战争罪行。美国的军事指挥官们，尤其是蒙哥马利的老对手巴顿将军，认为蒙哥马利行动过于缓慢，否则原本是可以摧毁脆弱的德国防线的。

后来，当英国军队抵达比利时的安特卫普，距离莱茵河已不到 100 英里时，他们再一次停顿下来。事实证明，那里的德军防御简直微不足道，按照一位军事历史学家的话来说，包括"警察、水手、康复中的病人和伤员，还有 16 岁的男孩"。[1] 当时盟军在坦克方面的数量优势大概是 20 ∶ 1，而且几乎完全掌握了制空权，有极大的机会在 1944 年 9 月就结束战争。这样一来，英美士兵的死亡人数将减少 50 万，英军的第 1 空降师自然也就不会在阿纳姆战役的失败中白白牺牲。能因此从集中营中获救，以及逃过城市轰炸的人数更是难以估量，而且苏联也就不会大举西进。关于为什么没能抓住这次机会的争论层出不穷，英美指挥官在情报、战略、策略和勇气各方面都在相互指责。

当时，英国公众都知道，英勇登陆的消息传出之后，进一步的进展似乎缓慢得令人沮丧，就像在意大利时一样。为什么呢？真相似乎

---

[1] Basil Liddell-Hart, *History of the Second World War*, Putnam, 1971.

很复杂，指挥权的分散、糟糕的运输系统（有 1 400 辆英国制造的卡车因为活塞问题而无法使用）、对于德国必然崩溃的自满，所有这些都是原因。其根源则是对希特勒的力量以及数百万人效忠于他这一事实的误解。德国军队被告知自己是在保卫祖国免于毁灭性的打击，因此在战斗中十分拼命，打得既机智又顽强。从诺曼底的障碍物到莱茵河畔，盟军每前进一步都很艰难。1944 年 12 月，遵循一道疯狂的"希特勒命令"，德国军队发动了突然的反击，就在 1940 年对法国发动闪电战的同一个地方，目的也同样是切断英军，制造第二个敦刻尔克事件。这让美国人完全措手不及，尽管反攻被控制住了，但这是又一次的血腥冲击。

在亚洲，英军也遇到了同样的打击。战争早期屈辱地被日本人打败之后，很多战争进展都是美国在太平洋上付出巨大代价之后取得的。在缅甸，奥德·温盖特（Orde Wingate）的钦迪游击队（这个名字取自缅甸神话中半狮半鹰的怪兽）重拾了英国人的一些骄傲，证明学习新的战斗方法是可能的。但是在 1944 年 3 月，和德国人一样已经寡不敌众且失去了制空权的日本人，从缅甸发起了反击，这是一次勇敢的最后行动，目的是侵入印度。他们突破了印度边境，多亏有空投支援，科希马和英帕尔两地的殊死防守才取得了成功。幸运的是，大英帝国的军事力量，包括印度教徒、锡克教徒、穆斯林、尼泊尔族人和非洲人组成的军队，都由卓越的将军威廉·斯利姆（William Slim）进行指挥。斯利姆是一名身材魁梧、深受爱戴的印度军官，他顽强地追逐着日本残余部队穿越缅甸，在可怕的环境下战斗。有人认为这一切都是不必要的，只是丘吉尔想要在过去几年帝国经历耻辱之后恢复英国的骄傲。斯利姆的军队被称为"被遗忘的第 14 军"，一直觉得自己在战后没有受到应得的奖赏，然而正是他们牵制了上万名日本士兵，令其无法防卫太平洋的岛屿，给美军帮了大忙。

所以，这场战争最后的行动给英国带来的是模棱两可的信息。在男孩子的漫画和自我吹嘘的回忆录之外的世界里，很难说英国人天生就比其他国家的人更善于战斗。在法国、德国和缅甸，看起来已经溃不成军的敌军，没有空中掩护，没有美国的庞大工业支持，也没有人数众多的军队，却仍然可以给英国军队带来讨厌的意外。那么现在，谁才是"优等民族"呢？战后，远东战役中的主导影像是日本战俘营的野蛮环境，这是很有说服力的。紧接着的是书籍、绘画和电影，英国人几乎是受虐狂般地把自己描述成形容憔悴、遭到殴打，有时甚至是堕落的幸存者。这一切都是人类精神在恶劣条件下取得胜利的赞歌，而不是一个仍然存在于世的帝国的军事史诗。日本是被美国庞大的战争机器打败的，因为原子弹而最终崩溃。骑着自行车的"小个子黄种人"粉碎了英国统治者的记忆已无法抹去：印度和巴基斯坦无论怎样都会独立，但正是同日本的战争令其最终成真。

　　我们也无法宣称，战争在每一个方面都取得了光辉的胜利。除了欧战胜利日本身带来的欢乐和解脱以外，被摧毁的德国城市和集中营的恐怖都给事物投下了灰色的阴影，苏联盘踞在欧洲一半的领土之上，那些回顾过历史的人都知道这意味着什么。1944 年 10 月，在莫斯科进行的一次与斯大林的峰会上，丘吉尔默许了第一阶段的瓜分，然后询问苏联领导人："如果你占有罗马尼亚 90% 的控制权，我们占有希腊 90% 的控制权，而在南斯拉夫咱们一半对一半，你觉得怎么样？"[①] 然后他在一张纸上涂写了对于这些国家影响的百分比，还加上了匈牙利和保加利亚，斯大林则只是用蓝色铅笔打了一个勾。苏联控制了大部分地区已经是军事上的既成事实了，更糟的也许是丘吉尔和斯大林开起了玩笑，

---

① Winston Churchill, *The Second World War*, vol. VI, *Triumph and Tragedy*, Cassell, 1954.

谈到了波兰人不可描述的处境。这与他最初反对布尔什维克的初衷相去甚远，也与英国在 1939 年因波兰遭到侵略而宣战的初衷相去甚远。这将是一个新世界，从中间被撕成两半，已经没有大英帝国的容身之地，英国甚至无法发出独立而强有力的声音。在国内的一系列补选中，独立人士和社会主义者纷纷击败了保守党和国民政府的候选人。汤姆·哈里森（Tom Harrisson）的大众观察组织在记录英国人的战时感受方面进行了大量工作，早在 1944 年，他就写道，英国人将会看出"战时领导人温斯顿、战争中的斗牛犬"以及"一位不爱和平、不关注国内政策也不通人情的首相"之间的差别。①

可以说，这是丘吉尔时代的终结。在历史上的任何时刻，英国扮演的角色都没有 1900—1945 年那么重要，那是世界上最糟糕的战争时代。这个时代能够与伊丽莎白时代、帝国节节胜利的时代以及处于发明创造全盛期的维多利亚时代相媲美，尽管这个国家的侵略性乃至活力都已经有所减弱。在这个只比一个现代人的半辈子略长一点的时代里，英国从一个本质上持有贵族价值观、放眼海外的帝国主义岛屿，变成了现在这样一个更关注自己的国家。我们曾经走向了世界。现在，世界回到了我们身边。在丘吉尔年轻时，英国曾经是一片喧闹不休、崇尚武力、极度不平等、崇拜皇家海军的土地。欧战胜利日时的英国则成了一个支离破碎、如释重负、固执己见的民主国家，我们在惊恐和自由中成了现代英国人。人群在欢呼"我们的温斯顿"，向他打出他经典的胜利 V 字手势，但这其实也是在对他说再见。他已经是古老故事中的插图了。在研究这个故事的时候，我发现丘吉尔及其军事领导人在文献中屡屡提及英国士兵缺乏战斗精神。随着战争的结束，这些私人评论已经被遗忘，淡

① 见 Kevin Jeffreys, *Finest and Darkest Hours*, Atlantic Books, 2002。

出了人们的视线。我们向前看了。然而，有时候最重要的真理就是随口说出的。真相就是，在"一战"之后，英国不那么想打仗了。这并非如丘吉尔所想的那样，是一种羞耻，而是一种合理的现代人的反应。只有那些曾经遭受了屈辱战败的打击、被狂热的意识形态所扭曲的国家还依然渴求战争。第二次世界大战开始时，英国并不是一个这样的国家。

到战争结束的时候，大不列颠已经变成了英国。通过一场人类历史上最惨烈的战争，人类终于摆脱了优等民族高于劣等民族的幻觉，也让"普通人"得以稍微轻松一点地喘口气。大不列颠曾经是伟大的，其公仆们往往都是高尚的体面人，而不是恶霸和虐待狂。但是它并没有展现出纳粹和苏联那种活力，也没有美国那种流动着的能量。在国内它很平凡；在国外，英国民众已经失去了对于领土扩张或者令他人臣服于自己的欲望。所以最终，这个人类历史上最大也最不像帝国的帝国将要死去了。然而，死亡之时恰恰是大不列颠最光辉的时刻。1940 年，丘吉尔领导下的英国没有做出最显而易见的选择，躲避战争。他们聚集在一起，愚蠢地、缺乏想象力地、极不合理地继续战斗。这很荒唐，但现代英国就是我们应得的回报。

A History of
Modern Britain

致 谢

———

写作是一个孤独的过程，需要坐在椅子上度过大段的时间。和创作其他书籍时一样，如果没有他人的帮助和鼓励，我根本无法忍受这一过程。这一鼓励首先来自我的妻子杰姬（Jackie Ashley）和孩子们。本书的大部分写作都是在一个花园的小棚子里进行的，周围环绕着野生长尾小鹦鹉的声音，这就是我的伦敦。但是，如果没有精彩的伦敦图书馆及其可爱的员工们，本书的创作也是不可能完成的。在这个时代，似乎很多机构都腐败了，或者对自己的本职工作不够尽心尽力，这所私人会员图书馆对我来说就是灯塔和避难所（这种描述让它听起来有点像个炎热的洞穴，事实的确距此不远）。

如果没有我那位尖刻而幽默的经纪人埃德·维克托（Ed Victor），本书也无法面世。他喂我吃鱼，并在每一个恰当的时间点督促我。菲莉帕·哈里森（Philippa Harrison）对我的上一本书进行了指正、重塑和顺序调整；她也对本书进行了雕琢和打磨。麦克米伦出版团队的成员都对我报以无条件的善意，他们包括最初的安德鲁·基德（Andrew Kidd）、后来的乔恩·巴特勒（Jon Butler）、高层安东尼·福克斯-沃森（Anthony Forbes-Watson），以及令人惊叹的杰奎琳·格雷厄姆（Jacqueline Graham）和洛兰·格林（Lorraine Green）。最近，我们一起度过了一段艰难的时光，我实在无法想象能有比他们更好的队友了。他们使得出版成为一种巨大的乐趣，我也希望的确如此。

最后，我还要感谢另外一个团队，他们把孤独的写作过程转换为纪录片的制作过程，使其成为一场移动盛宴。BBC 二台的罗利·基廷（Roly Keating）和贾尼丝·哈德洛（Janice Hadlow）制作了这部系列纪录片。我那位优秀的同事和朋友克里斯·格兰隆德（Chris Granlund）是这部片子的导演。单集导演分别由罗宾·达什伍德（Robin Dashwood）、法蒂玛·萨拉利亚（Fatima Salaria）、弗朗西斯·惠特利（Francis Whately）和罗杰·帕森斯（Roger Parsons）担任，每个人都尽可能采用最好的方式攻克了一些难题；还要感谢摄影天才尼尔·哈维（Neil Harvey）和劳伦斯·加德纳（Lawrence Gardner）、善于倾听的西蒙·帕门特（Simon Parmenter），以及埃德蒙·莫里亚蒂（Edmund Moriarty）、露露·瓦伦丁（Lulu Valentine）和凯米·马吉科杜米（Kemi Majekodunmi）的努力研究。米歇尔·克林顿（Michelle Clinton）和艾莉森·康纳（Alison Connor）在办公室里把我们召集到一起。斯图尔特·罗伯逊（Stuart Robertson）是一位非常成功且毫不留情的档案研究员，利比·汉德（Libby Hand）则负责所有的组织工作。在编辑部门的创意工作室里，迈克·杜利（Mike Duly）、乔·韦德（Jo Wade）和杰德·墨菲（Ged Murphy）担任编辑。我们努力工作；因为人生苦短，我们偶尔也会努力玩得尽兴。我是一个很幸运的人，我要向所有这些人举杯致意。

图片版权鸣谢

01: © Bettmann / Corbis. 03: © Private collection / The Stapleton Collection / Bridgeman Art Library. 04: image courtesy of the estate of Graham Laidler / Punch. 05: © Getty Images. 06: © Getty Images. 07: © Getty Images. 08: © Mary Evans Picture Library. 09: © Press Association Images. 10: © Getty Images. 11: © Getty Images. 12: © National Portrait Gallery，London. 13: © Blue Lantern Studio / Corbis. 14: © National Portrait Gallery, London; © Mary Evans Picture Library. 15: © Mary Evans Picture Library. 16: © Mary Evans Picture Library. 17: © Mary Evans Picture Library. 18: © Getty Images. 19: © Getty Images. 20: © Getty Images. 21: © Private Collection / The Stapleton Collection / Bridgeman Art Library. 22: © Getty Images. 23: © Bettmann / Corbis. 24: © Getty Images. 25: © Mary Evans Picture Library. 26: © Mary Evans Picture Library. 27: © Getty Images. 28: © Getty Images. 29: © Getty Images. 30: © Mary Evans Picture Library. 31: © Mary Evans Picture Library. 32: © Getty Images. 33: © Getty Images. 34: © Kibbo Kift Foundation / Museum of London. 35: © Kibbo Kift Foundation / Museum of London. 36:© National Portrait Gallery，London. 37: © National Portrait Gallery，London. 38: © Mary Evans Picture Library / Illustrated London News. 39: © Getty Images. 40: © Getty Images. 41: © Getty Images. 42: courtesy of the British Cartoon Archive，University of Kent © Mirrorpix. 43: © Getty Images. 44: © Getty Images. 45: © Getty Images. 46: © Getty Images. 47: © Getty Images. 48: image courtesy of The Advertising Archives. 49: image courtesy of NRM － Pictorial Collection / Science & Society Picture Library. 50: © Mary Evans Picture Library. 51: © Mary Evans Picture Library. 52: © Getty Images. 53: © Getty Images. 54: © Getty Images. 55: © Bettmann / Corbis. 56: © Getty Images. 57: © Getty Images. 58: © Getty Images. 59: © Imperial War Museum，London. 60: © Getty Images. 61: © Getty Images. 62: © Imperial War Museum，London. 63: © Getty Images. 64: © Getty Images. 65: © Getty Images. 66: © Getty Images. 67: Bettmann / Corbis. 68: © Getty Images.

引用文本鸣谢

Angus Calder for *The People's War* (Jonathan Cape, 1969).

The Estate of Winston Churchill for excerpts from his letters. Reproduced by kind permission of Curtis Brown Group Ltd, London.

The Estate of Frieda Lawrence Ravagli for *Women in Love* by D. H. Lawrence.

The Estate of Colin MacInnes for *Sweet Saturday Night* © Colin MacInnes 1967). Reproduced by kind permission of Curtis Brown Group Ltd. London.

Robert K. Massie for *Castles of Steel* (Jonathan Cape). Reproduced by kind permission of The Random House Group Ltd.

The Estate of J. B. Priestley for *The Edwardians* © J. B. Priestley 1970). Reproduced by kind permission of PFD (www.pfd.co.uk).

The Estate of George Sassoon for 'Blighters' and *Diaries of Siegfried Sassoon* © Siegfried Sassoon).

Sony/ATV Music Publishing for 'Livin' in the Future' lyrics © Bruce Springsteen Music 2007).

The Estate of H. G. Wells for *Anticipations*, *Mankind in the Making* and *Ann Veronica*. Reproduced by kind permission of A P Watt Ltd.

The Estate of Virginia Woolf for *The Diaries of Virginia Woolf* (Hogarth Press). Reproduced by kind permission of the executors of the Virginia Woolf Estate and The Random House Group Ltd.